논어정의論語正義

Lun Yu Zheng Yi —The Corrected Meaning of the LUN YU—

【四】

(권7 · 권8)

논어정의論語正義【四】
Lun Yu Zheng Yi —The Corrected Meaning of the LUN YU—

—

1판 1쇄 인쇄 2023년 11월 13일
1판 1쇄 발행 2023년 11월 27일

—

저 자 ㅣ 유보남劉寶楠
역 자 ㅣ 함현찬
발행인 ㅣ 이방원
발행처 ㅣ 세창출판사
　　　　신고번호 제1990-000013호
　　　　주소 03736 서울시 서대문구 경기대로 58 경기빌딩 602호
　　　　전화 02-723-8660 팩스 02-720-4579
　　　　이메일 edit@sechangpub.co.kr 홈페이지 www.sechangpub.co.kr
　　　　블로그 blog.naver.com/scpc1992 페이스북 fb.me/Sechangofficial 인스타그램 @sechang_official

—

ISBN 979-11-6684-282-5 94140
　　　979-11-6684-221-4 (세트)

—

이 역주서는 2017년 대한민국 교육부와 한국연구재단의 지원을 받아 수행된 연구임.
(NRF-2017S1A5A7020726)

—

이 책은 한국연구재단의 지원으로 세창출판사가 출판, 유통합니다.
잘못 만들어진 책은 구입하신 서점에서 바꾸어 드립니다.

논어정의

論語正義

Lun Yu Zheng Yi —The Corrected Meaning of the LUN YU—

【四】

(권7 · 권8)

유보남劉寶楠 저

함현찬 역주

세창출판사

차 례

논어정의
論語正義
【四】

전체 차례

논어정의
論語正義

해 제
일러두기
범 례

해 제

1.『논어정의』번역의 가치

유학(儒學) 관련 경학 자료에는 동일한 원전 자료에 대해 오랜 기간 동안 수많은 학자들이 남긴 기록이 축적되어 있으며, 그것을 통해 이들의 형상이 어떻게 형성되는가를 살필 수 있다. 중국의 경우『논어(論語)』관련 주석서는 총 1,100여 종에 이르는데, 현전하는 가장 오래된 주석은 위(魏)나라 하안(何晏) 등이 쓴『논어집해(論語集解)』이다. 이 책은 후한(後漢)의 포함(包咸)·주씨(周氏)·마융(馬融)·정현(鄭玄)과 위나라 진군(陳羣)·왕숙(王肅)·주생렬(周生烈) 등 7인의 주석과『고논어(古論語)』의 공안국(孔安國) 주(注)를 모두 종합하여 집대성한 것이다. 이『논어집해』는 양(梁)나라의 황간(皇侃)이 쓴『논어의소(論語義疏)』를 통하여 후세에 전해졌다. 그런데 이 하안의『논어집해』를 근거로 한『논어』의 판본은 남북조시대(南北朝時代)에서 시작하여 수(隋)·당(唐)·오대(五代)를 거쳐 북송(北宋)에 이르기까지, 특히 황간의『논어의소』본에 기대어 세상에 유행하였으나, 그 뒤에는 한동안 유행하지 않았다. 그 이유는 주희(朱熹)의『논어집주(論語集註)』가 크게 유행함에 따라 자취를 감추게 되었기 때문인 것으로 생각된다. 다만 송(宋) 진종(眞宗) 3년(1000)에 칙명으로 형병(邢昺) 등이 하안의『논어집해』를 다시 풀이하여『논어주소(論語注疏)』

를 썼는데, 이것이 『십삼경주소(十三經注疏)』에 끼여 있는 논어의 전통적인 주해서(注解書)이다. 이것은 황간의 『논어의소』에서 집해(集解)를 따로 떼어 지은 것이라고 하는데, 그 내용은 원칙적으로 황간의 『논어의소』를 따랐으나 장구(章句)의 훈고(訓詁)가 더욱 상세하였으므로, 황간의 『논어의소』를 밀어내는 까닭이 되었다. 그런데 이 황간의 『논어의소』는 당대에 일본에 전해졌다가 청대(淸代)에 청나라로 다시 전해짐으로써, 남송 때 없어진 이후 5백 년 뒤에 다시 유행하게 되었다.

한편, 주희의 『논어집주』는 형병의 『논어주소』의 경문을 바탕으로 고인(古人)들의 여러 해설을 참고하여 지은 것인데, 이로부터 논어의 해설은 이 『논어집주』가 단연 권위를 지니게 되었고, 오경(五經)을 중심으로 하던 유학이 사서(四書)를 더 중시하게 되었다. 또한, 『사서집주(四書集註)』가 나온 뒤로 『논어』는 더욱 존중되고 널리 읽혔다. 『사고전서총목(四庫全書總目)』을 통해 보면 『논어집주』를 이어 송대에 나온 『논어』의 주해서가 10여 종이며, 원대(元代)에도 다시 10여 종이 나왔고 명대(明代)에는 30여 종이 넘고 있다. 청대에는 더욱 많아 백여 종이 넘는다고 알려져 있다. 이것은 주희 이후로 유가의 경전이 오경에서 사서 중심으로 옮겨 갔으며, 그중에서도 『논어』가 가장 존중되었음을 뜻하는 것이다. 따라서 주희 이후로는 유가의 경전 중에서도 『논어』가 가장 중시되어 모든 공부하는 사람의 필독서가 되었다. 원대 이후로는 과거(科擧)에 있어서도 필수과목으로 채택되어 『논어』의 권위는 더욱 높아졌다. 특히 청대에는 고증학(考證學)이 발달함에 따라 진전(陳鱣)의 『논어고훈(論語古訓)』, 반유성(潘維城)의 『논어고주집전(論語古注集箋)』, 유보남의 『논어정의(論語正義)』 등 많은 연구서가 나왔다.

한국은 고려시대 말에 들어온 성리학을 그대로 계승·발전시켰으므로 『논어』가 더욱 중시되었다. 태조 원년(1392)에 확정된 과거법 이후 계속 과거에서 시험 과목으로 중시되었으며, 성균관에서의 교육 과목에서도 사서삼경은 가장 중요한 교과 과목으로 채택되었다. 역대 임금들도 사서오경에 대해 깊은 관심을 가졌으며, 여러 기록으로 미루어 사서오경은 임금과 태자로부터 모든 지식인에 이르기까지 꼭 읽어야 할 필독서로 자리를 잡고 있었음을 알 수 있다. 이에 따라 예로부터 있어 오던 구결(口訣) 또는 토(吐)를 달아 원문을 읽는 법에서 한 걸음 나아가 경서의 언해(諺解)가 시도되었다. 언해는, 유숭조(柳崇祖)가 칙명을 받아 『칠서언해구두(七書諺解口讀)』를 지은 것이 처음이라고 하나[유희춘(柳希春)의 『미암일기(眉巖日記)』, 안종화(安種和)의 『국조인물지(國祖人物志)』] 전하지 않는다. 이황(李滉)도 선조 3년(1570) 『삼경사서석의(三經四書釋義)』를 지었으나, 이보다도 본격적으로 우리나라에서 읽힌 언해본으로는 선조의 칙명으로 이루어진 『논어언해(論語諺解)』 4권과 이이(李珥)가 지은 『논어율곡언해(論語栗谷諺解)』 4권이 있다. 이 밖에 작자 미상의 『논어정음(論語正音)』 4권도 있다. 송시열(宋時烈)의 『논맹문의통고(論孟問義通攷)』도 있는데, 이것들을 통해 볼 때, 조선시대의 학자들은 무엇보다도 경문 자체를 올바로 읽고 정확하게 해석하려는 노력을 크게 기울였음을 엿볼 수 있다. 특히 정약용(丁若鏞)의 『논어고금주(論語古今注)』 등은 경학 연구 면에서 독특한 업적이었다고 할 수 있다.

그런데 한국에서의 『논어』 관련 경학 자료는 거의가 주희의 집주에 근거한 것이 대부분이다. 이는 고려시대 말의 성리학 도입 이래, 관리 등용에 있어 과거제도를 도입하여 관리를 선출했는데, 경전학 관련 과거는 오직 주희의 집주에 근거해 치러졌기 때문이라고 할 수 있다. 따라서 중국의 경우 『논어』 관련 주석서가 총 1,100여 종에 이르지만 우리나라의 경우는 조선시대에 성리학이 국교였던 관계로 중국에 비해 양적·질적으로 부족한 실정이며, 번역 및 해석서도 주희의 집주와 관련된 자료가 대부분이다. 뿐만 아니라 지금까지의 『논어』 관련 고전 자료의 대부분이 현대적으로 가공되지 않고 집성(集成) 형식으로 단순 정리됨으로써 자료적 가치에 비해 학문적 활용도를 담보하지 못하고 있다.

이제 완역된 본 『논어정의』는 하안의 『논어집해』, 황간의 『논어의소』, 주희의 『논어집주』와 더불어 『논어』 주소(注疏)의 사거서(四巨書)로 손꼽히는 유보남의 『논어정의』를 번역한 것으로 논어학의 체계적 정립에 기여하고, 한편으로는 『논어』가 담고 있는 광범위한 영역과 주제를 총체적으로 조망할 수 있는 기회를 제시할 것이다. 또한 현대적인 문맥에서 접근 가능한 표준적인 번역 작업을 수행하는 동시에 표점과 주해를 더하여 한국 유학에 있어『논어』에 대한 새로운 이해와 해석의 지평을 넓혀 줄 수 있을 것이다.

2. 원저자 소개

유보남은 중국 청나라 때의 고증학자이다. 자는 초정(楚禎), 호는 염루(念樓)이다. 강소성(江蘇省) 보응(寶應) 출신으로, 문안(文安)·삼하(三河)의 지현(知縣)을 지내기도 하였다. 유보남은 처음에 모씨(毛氏)의『시경(詩經)』과 정씨(鄭氏)의『예(禮)』를 연구하였는데, 뒤에 유문기(劉門淇)·매식지(梅植之)·포신언(包愼言)·유흥은(柳興恩)·진립(陳立) 등과 함께 경전을 공부하면서 각각 하나의 경전을 연구하기로 약속하여, 자신은『논어』를 맡았다.

유보남은『논어』관련 주석서 중 황간과 형병의 소(疏)에 오류가 많고, 청담과 현학에 관련되었다고 탄식하였으며, 거친 곳이 있는 것을 병통으로 여겼다. 이에 한나라 이래 여러 학자의 학설을 두루 모으고, 송유(宋儒)의 의리론과 청유(淸儒)의 고증(考證)·훈석(訓釋)을 참고해서 초순(焦循)이『맹자정의(孟子正義)』를 저술한 체재에 따라 먼저 장편을 만들고 그런 뒤에 모으고 비교와 절충을 진행하였다.

유보남은『논어정의』를 도광(道光) 8년(1828)에 처음 쓰기 시작하였는데, 함풍(咸豊) 5년(1855)에 장차 완성되려 할 때 병으로 사망하였다. 이에 그의 아들 유공면(劉恭冕)이 저술을 계속하였으며, 동치 4년(1865)에 전서가 완성되었다.『논어정의』의 완성은 전후 38년이 소요되었으며, 동치 5년에 간행되었다.

그런데 유보남의『논어』연구는 가학(家學)에 기초한 것이지만, 그의『논어정의』는 그가 38세에 뜻을 두고 착수하여 평생을 바친 저작으로, 청대『논어』연구의 결정판으로 널리 알려져 있다. 그리하여 유보남의 『논어정의』는 흔히 한유(漢儒)의 구주를 망라한 하안의 『논어집해』, 위(魏)·양(梁) 제가(諸家)의 관점을 광범하게 수집하고 있는 황간의 『논어의소』, 주희의 『논어집주』와 더불어 『논어』 주소의 사거서로 손꼽힌다.

사실 청대의 고증학 중심의 『논어』 연구는 청나라 중기를 거치면서 유태공(劉台拱)의 『논어병지(論語骿枝)』, 초순의 『논어하씨집해보소(論語何氏集解補疏)』, 송상봉(宋翔鳳)의 『논어정주(論語程注)』에 오게 되면 한위경사(漢魏經師)의 『논어』 연구와 구주의 분석에 이르게 된다. 이러한 연구 성과와 초순의 『논어통석(論語通釋)』의 실사구시(實事求是) 제창은 경서에 대한 신주소(新注疏)가 생겨날 수 있는 토양이 되었는데, 그 위에서 성립된 것이 바로 유보남의 『논어정의』였다.

유보남은 『논어』를 연구함에 있어 정현의 주석을 높이 받아들였으며, 『논어집해』에 대해 "버리고 취함에 어긋남이 많고 의리가 조략하다."라고 하였고, 『논어의소』와 『논어주소』에 대해서는 "의리를 발명(發明)하지 못하고 뜻이 천박하여 미언대의에 대해서는 알지 못하고 전장훈고와 명물상수도 빠진 것이 많다."라고 하였다. 더욱이 송유의 논어학에 깊은 이해를 가지고 있었던 유보남은 자신의 이해를 시대적인 토양과 결합시킴으로써 한송겸채(漢宋兼采)의 논어학을 완성할 수 있었는데, 이것은 『논어정의』가 가지고 있는 최대의 특징이자 장점이다.

유보남의 저서로는 『논어정의』 이외에도 『석곡(釋穀)』, 『한석례(漢石例)』, 『염루집(念樓集)』 등이 있다.

3. 『논어정의』 소개

『논어』의 주석은 많으나 대표적인 것은 삼국시대 위나라의 하안이 몇 사람의 설을 편집한 『논어집해』와 남송의 주희가 새로운 철학 이론으로 해석한 『논어집주』

이다. 일반적으로『논어집해』를 고주(古註),『논어집주』를 신주(新註)라 한다. 고주를 부연·해석한 것이 송나라 형병의 소인데, 이는『십삼경주소』에 수록되었다. 위·양 제가의 관점을 광범하게 수집하고 있는 황간의『논어의소』는 앞에서 언급한 바와 같이『논어』주소의 사거서로 손꼽히기는 하지만, 본국에서 일찍 없어지고, 후한 정현의『논어』주석은 당나라 말기에 없어졌으나, 20세기 초 둔황[敦煌]에서 발견된 고사본(古寫本)과 1969년 투루판[吐魯蕃]에서 발견된 사본에 의해서 7편 정도가 판명되었다. 그리고 청나라의 유보남이 지은『논어정의』는 훈고·고증이 가장 자세하다. 따라서 중국에서『논어』의 제 주석(注釋) 가운데 가장 대표적인 것이 하안의『논어집해』와 주희의『논어집주』, 유보남의『논어정의』인데, 세 가지는 각기 그 시대를 대표하는 저작으로서 각각의 특징을 최고(最古:『논어집해』), 최정(最精:『논어집주』), 최박(最博:『논어정의』)으로 정의할 수 있다.

『논어정의』는 기본적으로『논어』를 20편으로 분류하되,「팔일(八佾)」·「향당(鄉黨)」이 예악제도를 많이 말하였으므로 자세하게 주석하여,「팔일」을 2권(권3, 4)으로 나누고「향당」을 25절 3권(권11, 12, 13)으로 나누었으며, 권24에는 하안의「논어서(論語序)」를 수록하였고, 부록으로「정현논어서일문(鄭玄論語序逸文)」을 붙이고 유공면의「후서(後序)」를 더하여 모두 24권으로 구성되어 있다.

유보남은 도광 8년(1828)에 처음『논어정의』를 쓰기 시작하였으나, 만년에 벼슬을 하게 되자 그 정리를 아들 공면에게 맡겼다.『논어정의』의 편찬이 완성된 것은 함풍 5년 겨울인데, 유보남은 그해 가을에 완성을 보지 못하고 죽고 말았다.『논어정의』는 권1에서 권17까지는 권의 제목 아래 "보응유보남학(寶應劉寶楠學)"이라고 되어 있고, 권18에서부터 권24까지는 "공면술(恭冕述)"이라고 되어 있어, 앞의 17권은 유보남이 저술한 것이고, 그 뒤로는 아들 유공면이 완성시킨 것임을 알 수 있다.『논어정의』는 동치 4년(1865)에 전서가 완성되었으니, 책 편찬의 시작부터 전서의 완성까지, 전후 38년이 소요되었으며, 동치 5년에 간행되었다.

『논어정의』의 편찬 종지는 아들 유공면이 "자기의 견해를 주로 하지 않고 또한 한 · 송의 문호의 견해를 나누고자 하지 않았다. 성인의 도를 발휘하고 전례를 증명하여 실사구시하기를 기약했을 뿐이다."라고 한 것을 보면, 한학과 송학의 장점을 아울러 취하여 『논어정의』를 완성한 것이라고 할 수 있다.

　『논어정의』는 범례상에 있어서 경문(經文)과 주석의 글은 모두 송 형병의 소본(疏本)을 따랐고, 한과 당의 석경(石經), 『논어의소』 및 『경전석문(經傳釋文)』의 각 본의 이문(異文)을 소 가운데 열거하였다.

　『논어정의』의 경문은 『십삼경주소』의 형병의 소본을 저본으로 하고, 주문(注文)은 하안의 『논어집해』를 사용하고 있다. 그리고 유보남이 경문의 문자 교감(校勘)에서 중시하고 있는 것은 당송 이래의 판본이다. 한 · 당 · 송의 석경은 물론이고, 황간의 소, 육덕명의 『경전석문』에 실려 있는 명본(名本)을 형병의 소본 문자와 비교하여 자신의 새로운 소 안에 반영하고 있지만, 명 · 청 시기에 새로 출현한 문자의 차이에 대해서는 생략하고 논하지 않는다. 이 또한 『논어정의』의 특징 중 하나이다. 유보남은 황간의 소에 실려 있는 하안의 주석이 비록 상세하기는 하지만 대부분 전적의 근거가 없는 것이라고 보고 대신 형병의 소에 실려 있는 하안의 주석을 사용한다.

　청나라 때의 관료이자 학자인 장백행(張伯行, 1652~1725)의 『청사열전(淸史列傳)』에서는 『논어정의』의 장점을 다음과 같이 요약하고 있다.

　"『논어정의』가 경문의 해석에서 뛰어난 것이 있는데, 예를 들면 『논어』 「학이」의 제12장인 '유자언체지용(有子言體之用)' 장을 『중용』의 설이라고 밝힌 것과, '50세에 천명을 알았다.'라는 것을 '하늘이 나에게 덕을 주셨음을 알았다.'라는 의미로 해석한 것, 자유 · 자하가 효를 물은 것에 대한 해석에서 '사(士)의 효'라고 말한 것, '뗏목을 타고 바다로 떠나겠다.'라고 한 것을 지금의 고려(한국)를 가리킨다고 해석한 것, '시에서 흥기시키며, 예에 서며, 음악에서 완성한다. 백성은 따르게 할 수는 있어도 알게 할 수는 없다.'를 공자의 교육 방법으로 본 점, '문왕이 이미 돌아가셨으니 문(文)이 이 몸에 있지 않겠는가?'를 간책(簡策)을 얻었음을 가리킨다고 한 것, '번지가 무우대에서 놀다가 덕을 높이며, 간특함을 닦으며, 의혹을 분별함에 대해 물은 것'에 대해 노나라가 기우제를 지낼 때, 번지가 기우제의 제사문을 가지고서 물었다는 것을 밝힌 것, '벗 사이에는 간절하고 자상하게 권면하며, 형제간에는 화락하여야 한다.'라는 것에 대해 벗 사이에는 책선(責善)하지만 형제간에는 책선해서는 안 된다고 해석한 것, 백어(伯魚)에게 『주남』·『소남』을 배웠느냐?'라고 물은 것을 백어가 장가를 든 다음에 규문(閨門)의 훈계를 내린 것으로 해석한 것, '사해곤궁(四海困窮)'을 홍수의 재난으로 보아 요임금이 순임금에게 명령하자 순임금이 이를 받들어 다스린 것으로 해석한 것 등이다. 이 모두는 2천여 년 동안이나 드러나지 않았던 옛 성현의 뜻을 비로소 밝힌 것이다. 「팔일」·「향당」 두 편에서 밝힌 예제(禮制)는 상세하고도 정확하다."

이 외에도 『논어정의』의 특징을 정리해 보면, 유보남은 "옛사람들이 책을 인용할 때 원문을 검증하지 않았기 때문에 간혹 착오가 있을 수 있다."라고 보고, 이를 고려하여 한나라 이후 여러 서적이 인용하고 있는 『논어』의 어구에 대해 교감의 근거를 밝히지 않는다.

그리고 『논어정의』를 보면 문자훈고(文字訓詁)나 선진사사(先秦史事), 고대의 전적을 박람(博覽)하면서도 요령이 있다. 광범위하게 인용하고 좋은 것을 골라서 따랐으며, 책 속에서 충분히 앞사람의 『논어』 연구 성과를 흡수하였다. 청인(淸人)이 집록한 정현의 남아 있는 주석을 모두 소 안에 수록하고 『논어집해』를 사용하여 한·위의 옛 모습을 간직했다. 경의 해석은 주를 근거로 하고 있으며, 또 경에 의거해 소를 보충하였고, 소에 잘못이 있으면 경의 뜻에 근거해 변론하였다. 또한 『논어정의』에서는 청대의 고증학을 드러내고 문자훈고와 사실의 고정(考訂)에 주의하였으며, 전장(典章), 명물(名物), 인명, 지명, 역사적 사건에 대해 모두 하나하나 주석하고 고증하여 자세하게 갖추었다. 그러나 책 속에 채택된 여러 사람의 학설에 구애되지 않았으므로 중류(衆流)를 절단(截斷)하였으나 대의가 남김없이 모두 개괄되었다. 또한 내용이 박흡(博洽)하고 고석(考釋)이 자세하게 갖추어져 있으며 정밀하다.

또한 『논어정의』는 가장 최후에 나온 저술답게 이전의 여러 주석서의 장점을 고루 흡수하였다. 한·위의 고주를 보존하였을 뿐 아니라, 이런 고주에 대해 상세하게 소해(疏解)하였고, 그 결과 『논어』의 주석 내용을 풍부하게 했으며, 고거(考據)와 의리를 아울러 중시하였고 간혹 송유의 학설을 채택하기도 하였다. 뿐만 아니라, 『논어정의』는 금문학파에 대한 이해도 있으며 건륭(乾隆)·가경(嘉慶) 고증학 황금시대의 다음 시대 저술로서 제가의 설을 집대성한 것이 이 책의 제일 공적이라고 할 수 있다.

이 외에도 『논어정의』의 또 다른 특징이라고 한다면 일본(日本) 오규 소라이[荻生徂徠]의 『논어징(論語徵)』에서 『논어』 「술이(述而)」의 "子釣而不網" 구절과 "子貢曰, 有美玉於斯" 구절의 2조를 인용한 점이라고 할 수 있겠으며, 당시 시대상을 반영하는 문제들, 즉 동서문화우세론(東西文化優勢論)이나 민본사상(民本思想)에 관한 내용도 함께 담고 있는 점을 그 특징으로 꼽을 수 있다.

4. 『논어정의』 번역의 필요성

한국에 『논어』가 전해진 것이 언제인지는 분명하지 않지만, 일본 『고사기(古事記)』 응신왕 대(應神王代, 270~310)의 기록에 의하면 백제의 조고왕(근초고왕)이 보낸 화이길사[和邇吉師: 왕인(王仁)]가 『논어』 10권과 『천자문(千字文)』 1권을 가지고 왔다고 한 것을 보면 늦어도 3세기 중엽 이전에 전래된 것으로 볼 수 있다. 이렇게 『논어』가 한국에 전해진 이후로 이에 대한 많은 연구가 진행되었다. 통일신라시대인 682년(신문왕 2) 국학이 체계를 갖추었을 때 『논어』를 가르쳤으며, 그 뒤 독서삼품과(讀書三品科)로 인재를 선발할 때도 『논어』는 필수과목이었다. 조선시대에는 오경보다 사서를 중요시하는 주자학이 등장하여 사서의 중심인 『논어』는 벽촌의

학동들까지 배우게 되었다. 이황의『논어석의(論語釋義)』와 그의 문인 이덕홍(李德弘)의『사서질의(四書質疑)』가 그 면모를 짐작하게 해 준다. 또한 정약용의『논어고금주』는 한·당의 훈고와 송·명의 의리에 매이지 않고 문헌 비판적·해석학적 방법론에 따라『논어』를 해석하였다.

그런데, 국내에『논어』를 연구하고 이해할 수 있는 원전이 번역되어 있기는 하지만, 그것이 거의 성리학 중심의 원전이라는 것은 주지의 사실이다. 중국의 경우『논어』관련 주석서는 총 1,100여 종에 이르는데, 한국의 경우 나름의 특색과 독특한『논어』관련 연구 성과가 간혹 눈에 띄기는 한다지만, 조선이 성리학을 토대로 성립한 국가였던 관계로 대부분 성리학이나 정주(程朱) 계열의 학문 풍토를 벗어나지 못하고, 그에 따라 중국에 비해『논어』와 관련된 다양한 주석서에 대한 연구가 양적·질적으로 매우 부족한 실정이다. 뿐만 아니라『논어』나 그 밖의 연구·주석 역시 주로 주자 내지는 송유들의 전거에 의존하는 비율이 큼에 따라 한대 이후『논어』에 대한 다양한 연구·주석서를 접할 기회가 많지 않았으며, 오늘날에는 한글 전용의 분위기에 따라 한글로 번역된『논어집주』를 제외하면 거의 다른 주석서들에 대해서는 접근할 엄두조차 내지 못하게 되었다.

한대의 훈고학이나, 청대 고증학의 문장은 대단히 어렵다. 그들의 학문적인 깊이와 박식함에서 오는 어려움도 적지 않지만, 논리의 전개가 우리들의 허를 찌르는 부분이 많기 때문이기도 하다. 또 한국의 경학이 주자학 일변도로 걸어오면서 나름대로 형성된 주자학적 문리(文理)의 언어적인 전통이 다양한『논어』해석학의 글에 접근하기 힘들게 한다.

그렇지만 어렵다고 그냥 내버려 둘 수가 없는 것이 바로 유보남의『논어정의』이다. 앞서 소개하였듯이『논어정의』는 중국에서『논어』의 제 주석 가운데 가장 대표적인 것으로, 고증학자의 귀납적 추리법이 고도로 발휘된 책이기 때문이다. 더욱이 송유의 논어학에 깊은 이해를 가지고 있었던 유보남은 자신의 이해를 시대적인 토양과 결합시킴으로써 한송겸채의 논어학을 완성할 수 있었는데, 이것은『논어정의』

가 가지고 있는 최대의 특징이자 장점이라고 할 수 있다. 따라서『논어정의』를 우리 말로 번역하고 주해한다는 것은 논어학에 대한 전체적인 계통을 확인할 수 있고, 또 한 성리학적 해석과의 차별성에 대해서도 알아볼 수 있는 훌륭한 학문적 기초를 마련하는 작업이라고 할 수 있다. 아울러『논어』와 공자, 맹자의 사상, 그리고 선진시대의 각종 제도나 사상에 대해서 이만큼 집요하게 관련 자료를 제시하고 있는 책도 많지 않다는 점에서『논어정의』에 대한 번역 작업은 한국의 논어학 관련 연구에 있어 무엇보다 필요하다고 할 수 있다.

5. 선행 연구

유보남의『논어정의』는 논어학 연구에 있어서 해석이 가장 뛰어나면서도 이전에 있던 여러『논어』주석서의 장점을 고루 흡수한 해석서임에도 불구하고, 우리나라에서는 이 책에 대해 천착하거나,『논어정의』만을 단독으로 다룬 전문 선행 연구 성과가 거의 전무한 실정이다. 그나마 유보남의『논어정의』가 언급된 연구 성과물로는 2010년 윤해정의『朱熹의 '論語集注'와 劉寶楠의 '論語正義'에 나타난 '仁'의 해석학적 비교』가 있고, 또 2003년 김영호의「중국 역대 《논어》 주석고」가 있지만, 모두 단편적으로『논어정의』에 대해 언급하고 있을 뿐이며, 그 외에 유교 경전학 관련 연구 논문에 언급되는 내용 역시 이 책이 갖고 있는 특징 내지는 서지적 정보에 대한 언급만 있을 뿐, 이 책에 대한 전반적인 연구는 아직 이렇다 할 만한 성과가 없는 실정이다.

따라서『논어정의』의 경전학적 가치의 입장에서 볼 때, 이 책에 대하여 현대적인 문맥에서 접근 가능한 표준적인 번역 작업을 수행하는 동시에 표점과 주해를 더하여 한국 유학에 있어『논어』에 대한 새로운 이해와 해석의 지평을 넓히기 위한 번역 작업이 무엇보다 시급하다고 여겼다.

    역자는 유교철학을 전공하여 박사학위를 받았으며 한문 전문 연수기관인 성균관 한림원에서 사서오경을 중심으로 한문을 공부하였다. 현재 성균관대학교 유학·동양학과 겸임교수로 재직하면서, 학부 및 대학원에서 강의하고 있으며, 성균관 한림원 교수로서 한문을 가르치고 있다.

    그동안 역자는 기초 한문 교재를 대상으로 『(교수용 지도서) 사자소학』·『(교수용 지도서) 추구·계몽편』·『(교수용 지도서) 격몽요결』을 집필하기도 하였다. 또한 역자는 한국연구재단의 명저번역지원사업을 통해 오규 소라이의 『논어징』을 공동 번역한 연구 성과가 있으며, 또한 연구재단의 토대연구지원사업을 통해 『성리논변』·『동유학안』(전 6권)·『주자대전』(전 13권)·『주자대전차의집보』(전 4권)를 공동 번역하여 출판한 연구 성과가 있다. 이 외에도 역자는 왕부지의 『독사서대전설』을 공동 번역하여 『왕부지 대학을 논하다』·『왕부지 중용을 논하다』라는 번역서를 출판하였고, 성균관대학교출판부를 통해 『논어』·『맹자』를 공동 번역하기도 하였는데, 이 『논어』는 『교수신문』 선정 최고의 『논어』 번역본으로 선정되기도 하였다.

일러두기

* 이 책은 1958년 중화민국(中華民國) 47년 4월에 중화총서위원회(中華叢書委員會)에서 간행한 유보남(劉寶楠)의 『논어정의(論語正義)』를 저본으로 삼고, 1990년 3월 중화서국(中華書局)에서 출판한 고유수(高流水) 점교본(點校本) 『논어정의(論語正義)』를 대교본으로 삼았다.

* 이 책의 표점은 기본적으로 1990년 3월 중화서국에서 출판한 고유수 점교본 『논어정의』를 따르되, 기본 원칙은 성균관대학교 한국유경편찬센터(http://ygc.skku.edu)의 표점 기준을 따르기로 한다.

* 청(淸) 유보남(劉寶楠)의 『논어정의』 24권을 완역했다. 아울러 부록(附錄)한 「정현논어서일문(鄭玄論語序逸文)」과 유공면(劉恭冕)의 「후서(後敍)」, 그리고 「청사고유보남전부유공면전(淸史稿劉寶楠傳附劉恭冕傳)」도 함께 완역했다.

* 주석은 『논어정의』 원문에서 원전의 내용을 인용한 경우는 출전만 밝히고, 『논어정의』 원문에서 출전만 밝힌 경우는 원전의 원문과 함께 번역을 싣는다.

* 주석의 내용이 같거나 중복될 경우 각주는 되도록 한 번만 제시했다.

* 한글과 한자를 한글(한자)로 병기하였다.

* 서명과 편명이 명확한 경우에는 책은 '『』'로, 편은 '「」'로 표시하고, 명확하지 않은 경우에는 모두 '『』'로 표시했다.

* 각주의 서명과 편명과 장 제목, 인명(人名)과 지명(地名)의 한글과 한자는 권마다 처음으로 제시할 때만 한글(한자)로 병기하였다.

* 인용부호는 " ", ' ', " ", ' '의 순서로 표시했다.

* 이해를 위해 역자가 추가로 삽입한 문장이나 낱말은 '()'로 표시됐다.

* 인명과 지명에 한해서 원문에 밑줄을 표시했다.

* 유보남의 『논어정의』에는 매우 많은 인명이 등장함에 따라 주요 인물의 인명사전을 부록으로 붙였다.

범 례

恭冕述

공면이 서술함

一. 經文「注」文, 從邢「疏」本. 惟「泰伯」篇: "予有亂臣十人", 以子臣母, 有干名義, 因據『唐石經』刪"臣"字, 其他文字異同, 如漢·唐·宋『石經』及皇侃「疏」·陸德明『釋文』所載各本, 咸列於「疏」. 至山井鼎『考文』所引古本, 與皇本多同. 高麗·足利本與古本亦相出入, 語涉增加, 殊爲非類, 旣詳見於『考文』及阮氏元『論語校勘記』·馮氏登府『論語異文疏證』, 故此「疏」所引甚少. 古本·高麗·足利本, 有與皇本·『釋文』本·『唐石經』證合者, 始備引之, 否則不引. 至「注」文訛錯處, 多從皇本及後人校改, 其皇本所載「注」文, 視邢本甚繁, 非關典要, 悉從略焉.

하나. 경문 「주」의 문장은 형병(邢昺)의 「소」본을 따른다. 다만 「태백(泰伯)」의 "나에게는 다스리는 신하 열 사람이 있다."라고 한 구절은 자식으로서 어머니를 신하로 삼아 명분과 의리를 구함이 있으니, 『당석경(唐石經)』을 근거로 해서 "신(臣)"

22

자를 삭제했을 뿐이고, 그 외의 글자의 다르고 같은 것들, 예를 들어 한(漢)과 당(唐)과 송(宋)의 『석경』 및 황간(皇侃)의 「소」와 육덕명(陸德明)의 『경전석문』에 실려 있는 각 판본과 같은 것은 모두 「소」에 나열해 놓았다. 야마노이 가나에[山井鼎: 야마노이 곤론[山井崑崙]]의 『칠경맹자고문(七經孟子考文)』에 인용한 고본(古本)과 같은 경우 황간본과 많은 부분이 같다. 고려본(高麗本)과 아시카가본[足利本]은 고본과는 역시 서로 차이가 있고 말이 증가된 것 같으니, 전혀 같은 종류가 아니고, 이미 자세한 것은 『칠경맹자고문』 및 완원(阮元)의 『논어교감기(論語校勘記)』와 풍등부(馮登府)의 『논어이문소증(論語異文疏證)』에 보이므로, 이 「소」에서 인용한 부분은 매우 적다. 고본과 고려본과 아시카가본에 황간본과 『경전석문』본, 그리고 『당석경』의 증거들과 일치하는 것이 있는 것들은 처음 보이는 것은 구체적으로 갖추어 인용하였고, 그렇지 않은 것은 인용하지 않았다. 「주」의 글 중 잘못되었거나 뒤섞인 것은, 대부분 황간본과 후대 사람들이 교정하고 바로잡은 것을 따랐는데, 황간본에 실려 있는 「주」의 문장은 형병본보다 매우 번거롭기 때문에 불변의 법칙[典要]과 관계된 것이 아닌 것은 생략하기로 한다.

一. 「注」用『集解』者, 所以存魏·晉人著錄之舊, 而鄭君遺「注」, 悉載「疏」內. 至引申經文, 實事求是, 不專一家, 故於「注」義之備者, 則據「注」以釋經; 略者, 則依經以補「疏」; 其有違失未可從者, 則先疏經文, 次及「注」義. 若說義二三, 於義得合, 悉爲錄之, 以正向來注疏家墨守之失.

하나. 「주」에서 『논어집해』를 사용한 것은 위(魏)나라 사람들과 진(晉)나라 사람들이 저술하고 기록한 오래된 것들을 보존하기 위한 것이고, 정군[鄭君: 정현(鄭玄)]이 남긴 「주」는 모두 「소」 안에 기재했다. 경문(經文)을 인용해서 의미가 확대된 경우에는 실질에 힘써 진리를 구한 것이므로 한 학파에만 국한되지 않기 때문에 「주」에서 구체적으로 뜻이 잘 갖추어진 것은 「주」에 의거해서 경문을 해석하였고, 생략된 것은 경문에 의거해서 「소」를 보충하였으며, 어긋나거나 잘못된 부분이 있어 따를 수 없는 것은 먼저 경문을 소통시킨 다음에 「주」의 뜻에 미쳤다. 만약 말의 뜻이 두세 가지라도 의리에 부합할 수 있는 것이라면 모두 기록해서 그동안의 주석가들이 묵수하던 잘못을 바로잡았다.

一. 鄭「注」久佚, 近時惠氏棟·陳氏鱣·臧氏鏞·宋氏翔鳳成有『輯本』, 於『集解』外, 徵引頗多. 雖拾殘補闕, 聯綴之迹, 非其本眞, 而舍是則無可依據. 今悉詳載, 而原引某書某卷及字句小異, 均難備列, 閱者諒諸.

하나. 정현의 「주」가 일실된 지 오래되었으나, 근래에 혜동(惠棟)과 진전(陳鱣)과 장용(臧庸)과 송상봉(宋翔鳳)이 『집본(輯本)』을 완성했으니, 『논어집해(論語集解)』외에도 증거로 인용할 만한 것들이 자못 많아졌다. 비록 해진 것들을 주워 빠진 부분을 보충해서 잇고 꿰맨 자취가 그 본래 진면목은 아니지만 이마저 버리면 의거할 만한 것이 없게 된다. 그러므로 이제 모두 상세히 실어 놓고 인용한 어떤 책이나 어떤 권 및 자구가 조금 차이 나는 것을 근원해 보았으나, 고루 다 갖추어서 나열하기는 어려웠으니, 이 책을 열어 보는 자들이 이를 혜량(惠諒)해 주기를 바란다.

一. 古人引書, 多有增減, 蓋未檢及原文故也. 翟氏灝『四書考異』, 馮氏登府『論語異文疏證』, 於諸史及漢·唐·宋人傳注, 各經說·文集, 凡引『論語』有不同者, 悉爲列入, 博稽同異, 辨證得失, 旣有專書, 此宜從略.

하나. 옛사람들은 책을 인용함에 더하거나 뺀 것이 많은데, 이는 아마도 점검이 원문에 미치지 못했기 때문인 듯싶다. 적호(翟灝)의 『사서고이(四書考異)』와 풍등부의 『논어이문소증』은 여러 역사서 및 한나라·당나라·송나라 사람들이 전한 주석과 각각의 경설(經說)과 문집(文集)에서 『논어』를 인용한 것이 같지 않은 점이 있는 것은 모두 나열해서 삽입하고, 널리 같고 다른 점을 고찰해서 잘잘못을 변별하고 증명해서 이미 전문적으로 다룬 저작이 있으니, 여기서는 마땅히 생략하기로 한다.

一. 漢·唐以來, 引孔子說, 多爲諸賢語·諸賢說. 或爲孔子語者, 皆由以意徵引, 未檢原文, 翟氏『考異』既詳載之, 故此「疏」不之及.

하나. 한·당 이래로 공자의 학설을 인용한 것은 대부분은 제현들이 한 말이거나 제현들의 학설이다. 혹 공자가 한 말이라고 생각되는 것은 모두 의도적으로 증거를 인용함으로 말미암아 원문을 검토하지 않았는데, 적씨(翟氏)의 『사서고이』에 이미 상세히 실렸기 때문에 여기의 「소」에서는 언급하지 않는다.

一. 漢人解義, 存者無幾, 必當詳載, 至皇氏「疏」·陸氏『音義』所載魏·晉人以後各說, 精駁互見, 不敢備引. 唐·宋後著述益多, 尤宜擇取.

하나. 한나라 사람들의 해의(解義)는 보존되어 있는 것이 거의 없으니, 반드시 상세하게 기재하는 것이 마땅하고, 황씨(皇氏)의 「소」와 육씨(陸氏)의 『음의』에 실려 있는 위나라와 진나라 사람들 이후의 각각의 설들은 정밀하고 잡박한 것들이 번갈아 보여서 감히 구체적으로 갖추어서 인용하지 않았다. 당나라와 송나라 이후에는 저술들이 더욱 많아졌으므로 더더욱 가려서 취함이 마땅하다.

一. 諸儒經說, 有一義之中, 是非錯見. 但采其善而不著其名, 則嫌於掠美; 若備引其說而竝加駁難, 又嫌於葛藤. 故今所輯, 舍短從長, 同於節取, 或祇撮大要, 爲某某說.

하나. 여러 유학자의 경전에 대한 설명은 한 가지 뜻 안에서도 옳고 그른 것이 뒤섞여 보인다. 다만 그 잘된 것을 채록하되 그 이름을 밝히지 않으면 좋은 점만 훔친 것에 혐의가 있게 되고, 만약 그 말을 구비해서 인용하되 잡박하고 난해한 것까지 아울러 더해 놓으면 또 갈등을 일으킴에 혐의가 있게 된다. 따라서 이제 수집한 것을 단점은 버리고 장점을 좇아 똑같이 적절하게 취하되, 더러는 단지 큰 요지만을 취해서 아무개 아무개의 말이라고 하였다.

一. 引諸儒說, 皆擧所著書之名. 若習聞其語, 未知所出何書, 則但記其姓名而已. 又先祖考國子監典簿諱履恂著『秋槎雜記』, 先叔祖丹徒縣學訓導諱台拱著『論語騈枝』·『經傳小記』, 先伯父五河縣學訓導諱寶樹著『經義說略』, 「疏」中皆稱爵.

하나. 인용한 여러 유학자의 설은 모두 저서의 이름을 거론했으나, 그 말은 익히 들었지만 어느 책에서 나온 것인지 모르는 것과 같은 것은 단지 그 성명만 기록했을 뿐이다. 또 선조고(先祖考)이신 국자감 전부(國子監典簿) 휘(諱) 이순(履恂)이 저술한 『추사잡기(秋槎雜記)』와 선숙조(先叔祖)이신 단도현(丹徒縣) 현학(縣學)의 훈도(訓導) 휘 태공(台拱)이 저술한 『논어변지(論語騈枝)』와 『경전소기(經傳小記)』, 그리고 선백부(先伯父)이신 오하현(五河縣) 현학의 훈도 휘 보수(寶樹)가 저술한 『경의설략(經義說略)』은 「소」 안에 모두 작위를 칭하였다.

논어정의 권7

論語正義卷七

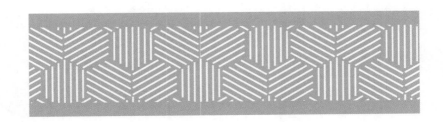

雍也第六(옹야 제6)

원문 正義曰: 皇「疏」言『古論』以「雍也」爲第三篇, 此僞本不足據.

역문 정의에서 말한다.

황간(皇侃)의 「소」에 『고논어(古論語)』에는 「옹야(雍也)」를 제3편으로 삼았다고 했는데, 이는 위본(僞本)으로 근거로 삼기에는 부족하다.

○ ● ○

集解(집해)

○ ● ○

凡三十章(모두 30장이다)

6-1

子曰: "雍也, 可使南面." 【注】 包曰: "可使南面者, 言任諸侯治."

공자(孔子)가 말했다. "옹(雍)은 남면(南面)하게 할 만하다." 【주】 포함(包咸)이 말했다. "'남면하게 할 만하다'라는 것은 제후(諸侯)의 정치를 맡길 만하다는 말이다."

- 「注」, "可使南面者, 言任諸侯治."
- 正義曰:『周官』「撣人」「注」, "面, 猶鄉也." 人君嚮明而治, 故位皆南面. 鄭此「注」云"言任諸侯之治", 與包同.『說苑』「修文篇」, "當孔子之時, 上無明天子也. 故言'雍也可使南面'. 南面者, 天子也." 與包·鄭微異.『鹽鐵論』「殊路篇」, "七十子皆諸侯卿相之才, 可南面者數人." 亦兼天子·諸侯言之.

o 「주」의 "'남면하게 할 만하다'라는 것은 제후의 정치를 맡길 만하다는 말이다."

o 정의에서 말한다.

『주관(周官)』「탐인(撣人)」의 「주」에 "면(面)은 향함[鄉]과 같다."[1]라고 했다. 임금은 밝은 곳을 향하여 다스리기 때문에 자리가 모두 남쪽을 향한다. 정현(鄭玄)은 여기 「옹야」의 「주」에서 "제후의 정치를 맡길 만하다는 말이다."라고 했으니, 포함의 설과 같다.『설원(說苑)』「수문(修文)」에 "공자 당시에는 위에 명철한 천자(天子)가 없었다. 그러므로 '옹은 남면하게 할 만하다.'라고 말한 것이다. 남면하는 자는 천자이다."라고 했으니, 포함이나 정현의 설과는 조금 차이가 난다.『염철론(鹽鐵論)』「수로(殊路)」에, "70 제자들은 모두 제후나 경(卿)·재상의 인재들이었고, 남면할 만한 자도 여럿이었다."라고 했으니, 역시 천자와 제후를 겸해서 한 말이다.

원문 古人爲學, 皆以盡倫. 學也者, 效也, 學之爲父子焉, 學之爲君臣焉. 推之昆弟·夫婦·朋友, 莫不各有當然之則, 卽莫不各有當學之事. 舍人倫, 無學也. 學修於己, 自能成物, 而得勢以行其所學, 故能措施裕如,『中庸』所謂"道前定則不窮"者也.『大學』言"格物·致知", 而極之"治國·平天下", 夫治國平天下, 皆天子·諸侯之所有事, 而列於『大學』之目, 此正言人盡倫之學. 若曰"爲君而後學爲君, 爲臣而後學爲臣", 則當其未學, 便已廢倫,

---

1 『주례주소(周禮注疏)』권33, 「하관사마하(夏官司馬下)·탐인(撣人)」정현(鄭玄)의 「주」.

一旦假之以權, 其不至於敗乃事者幾希.

역문 옛사람들이 했던 학문은 모두 인륜을 극진히 하는 것이었다. 학(學)이라는 것은 본받음[效]이니, 부모와 자식 됨을 본받고 임금과 신하 됨을 본받는 것이다. 이를 형제·부부·붕우에게까지 미루어 나아가는 것인데, 각각 당연한 법칙이 있지 아니함이 없으니, 바로 각각 마땅히 배워야 할 일이 아닌 것이 없다. 따라서 인륜을 버리면 배울 것이 없다. 학문이 자기에게서 닦이면 저절로 남을 이루어 줄 수 있고, 그 기세를 몰아 배운 것을 실천하기 때문에 일을 처리함에 여유로울 수가 있으니, 『중용(中庸)』의 이른바 "도(道)가 미리 정해지면 궁해지지 않게 된다."[2]라는 것이다. 『대학(大學)』에서는 "격물(格物)·치지(致知)"를 말하여 "치국(治國)·평천하(平天下)"까지 이르는데, 나라를 다스림[治]과 천하를 화평하게 함[平天下]은 모두 천자와 제후들이 맡은 일로서 『대학』의 조목에 열거되어 있으니, 이것은 바로 사람으로서 인륜을 극진히 하는 학문을 말한 것이다. 만약 "임금이 된 뒤에 임금 노릇 하는 것을 배우고, 신하가 된 뒤에 신하 노릇 하는 것을 배운다."라고 한다면, 아직 배우지 않았을 때에는 곧바로 이미 인륜을 폐기하고 순식간에 권세를 가지고 임금 노릇과 신하 노릇을 차용해서 가장할 것이니, 큰일을 그르치는 지경에 이르지 않는 자가 거의 없을 것이다.

원문 孟子謂士志仁義, 不能"殺一無罪", 此亦指天子·諸侯言之, 故曰"大人之事備矣". 大人以位言之, 擧位則德自見, 蓋德必稱其位, 而後爲能居其位. 故夫天子·諸侯·卿大夫·士位之差, 卽德之差. 其德能爲天子而爲天子, 則舜·禹之由登庸而進也. 其德能爲天子·諸侯, 而僅爲卿·大夫, 或

2　『중용(中庸)』 제20장.

僅爲士, 則孔·孟之不得位以行其道也. 『孟子』云: "匹夫而有天下, 德必若舜·禹, 而又有天子薦之者. 故仲尼不有天下." 『荀子』謂, "聖人之得勢者, 舜·禹是也; 聖人之不得勢者, 仲尼·子弓是也." 子弓卽仲弓.

역문 맹자(孟子)는 선비가 인의(仁義)에 뜻을 두면 "한 사람이라도 죄 없는 사람을 죽이는 짓을" 하지 못한다고 했는데,[3] 이 또한 천자와 제후를 가리켜서 한 말이기 때문에 "대인(大人)으로서의 일이 갖추어진 것이다."라고 말한 것이다. 대인이란 지위를 가지고 말한 것으로, 높은 지위에 오르게 되면 덕이 저절로 드러나니, 대체로 덕이 반드시 그 지위에 걸맞은 뒤에야 그 지위에 거처할 수 있는 것이다. 따라서 천자·제후·경·대부(大夫)·사(士)의 지위의 차이는 바로 덕의 차이인 것이다. 그 덕이 천자가 될 만하면 천자가 되는 것이니, 순(舜)과 우(禹)가 이로 말미암아 등용되어 천자의 지위에 오르게 된 것이다. 그 덕이 천자나 제후가 될 만한데도 겨우 경이나 대부가 되거나 혹은 겨우 사가 되기도 하는데, 이 때문에 공자와 맹자가 지위를 얻어 그 도를 실행하지 못했던 것이다. 『맹자(孟子)』에 "평민으로서 천하를 소유하려면 덕이 반드시 순이나 우와 같아야 하고, 또 천자의 추천도 있어야 한다. 그러므로 중니(仲尼)께서 천하를 소유하지 못한 것이다."[4]라고 했다. 『순자(荀子)』에는 "성인으로

3　『맹자(孟子)』「진심상(盡心上)」: 제(齊)나라 왕자(王子) 점(墊)이 물었다. "선비는 무엇을 일삼습니까?" 맹자(孟子)가 말했다. "뜻을 고상하게 가집니다." "어떻게 하는 것을 뜻을 고상하게 가진다고 합니까?" "인의에 뜻을 두는 것일 뿐입니다. 한 사람이라도 죄 없는 사람을 죽이는 것은 인이 아니며, 자신의 소유가 아닌데 가지는 것은 의가 아닙니다. 선비가 자처할 것이 어디에 있겠습니까? 인이 그것입니다. 선비가 가야할 길이 어디에 있겠습니까? 의가 그곳입니다. 인을 자처하고 의를 따른다면 대인으로서의 일이 갖추어진 것입니다."[王子墊問曰: "士何事?" 孟子曰: "尙志." 曰: "何謂尙志?" 曰: "仁義而已矣, 殺一無罪非仁也; 非其有而取之非義也. 居惡在? 仁是也; 路惡在? 義是也. 居仁由義, 大人之事備矣."]

4　『맹자』「만장상(萬章上)」.

서 권세를 얻은 자는 순과 우가 그들이고, 성인인데도 권세를 얻지 못한 자는 중니와 자궁(子弓)이 그들이다."[5]라고 했는데, 자궁은 바로 중궁(仲弓)이다.

원문 夫子議禮考文作『春秋』, 皆天子之事. 其答顔子問爲邦, 兼有四代之制. 蓋聖賢之學, 必極之治國・平天下, 其不嫌於自任者, 正其學之分內事也. 夫子極許仲弓, 而云"可使南面", 其辭隱, 其義顯. 包・鄭均指諸侯, 劉向則謂"天子", 說雖不同, 要皆通也. 近之儒者, 謂"爲卿・大夫", 不兼天子・諸侯, 證引雖博, 未免淺測聖言. 『文選』「思玄賦」「注」引『論語摘輔像』曰: "仲弓淑明淸理, 可以爲卿." 彼自爲文, 不足證此.

역문 공자가 예를 의논하고 문헌을 고증해서 『춘추(春秋)』를 지었으나, 이는 모두 천자의 일이다. 안자(顔子)의 나라 다스리는 질문에 대한 그의 대답에는 사대(四代)[6]의 제도가 겸해 있다. 성현의 학문은 반드시 치국・평천하를 극진히 하는 것인데, 그들이 자임하기를 꺼리지 않은 것은 바로 그들 학문의 분수 안의 일이었기 때문이다. 공자는 중궁을 적극 인정하면서 "남면하게 할 만하다"라고 했는데, 그 말은 은미하지만 그 뜻은 분명하다. (남면에 대하여) 포함과 정현은 똑같이 제후를 가리켰고, 유향(劉向)은 "천자"라고 했으니, 말은 비록 같지 않지만 요지는 모두 통한다. 근래의 유학자들은 "경이나 대부로 삼는다는 것이다."라고 하고, 천자나 제후는 아울러 거론하지 않았으니, 증거나 인용이 아무리 넓다 하더라도 성인의 말을 천박하게 억측한 데서 벗어날 수 없다. 『문선(文選)』「사현부(思玄賦)」의 「주」에는 『논어적보상(論語摘輔像)』에서 "중궁은 균형을

---

5   『순자(荀子)』「비상편(非相篇)」.
6   사대(四代): 중국 우나라・하나라・은나라・주나라의 네 시대(時代).

잘 이루어[7] 맑게 다스렸으므로 경으로 삼을 만했다."라고 한 것을 인용했는데, 저 나름대로 말이 되기는 하지만, 이를 증명하기에는 부족하다.

6-2

仲弓問子桑伯子, 【注】王曰: "伯子, 書傳無見焉." 子曰: "可也! 簡."
【注】孔曰: "以其能簡, 故曰'可'也." 仲弓曰: "居敬而行簡, 以臨其民,
不亦可乎?【注】孔曰: "居身敬肅, 臨下寬略, 則可." 居簡而行簡, 無
乃大簡乎?"【注】包曰: "伯子之簡太簡." 子曰: "雍之言然."

중궁이 자상백자(子桑伯子)에 대해 묻자, 【주】왕숙(王肅)이 말했다. "자상백자는 경서(經書)와 전주(傳注)에는 보이지 않는다." 공자가 말했다. "가능하다! 소탈하니." 【주】공안국(孔安國)이 말했다. "그도 능히 소탈하기 때문에 '가능하다'라고 한 것이다." 중궁이 말했다. "경건함을 근거로 소탈함을 행하여 백성들을 다스린다면 또한 가능하지 않겠습니까? 【주】공안국이 말했다. "몸가짐이 경건하고 엄숙함을 근거로 아랫사람 다스리기를 관대하고 소탈하게 한다면 가능하다는 말이다." 소탈함을 근거로 소탈함을 행한다면 지나치게 소탈한 것이 아니겠습니까?" 【주】포함이 말했다. "자상백자의 소탈함은 지나치게 소탈한 것이다." 공자가 말했다. "옹의 말이 옳다."

---

7   양(梁)나라 소통(蕭統)이 편찬하고, 당(唐)나라 이선(李善)이 주석한『문선주(文選註)』의「주」에 "숙(淑)은 선(善)이다. 숙명(淑明)은 균형을 이룬다[衡]는 말이다.[淑, 善也. 淑明, 謂衡也.]"라고 했다.

원문 正義曰: 鄭「注」云: "子桑, 秦大夫." 以公孫枝字子桑, 故爲秦大夫. 然『左傳』言子桑之忠, 知人能擧善, 竝無行簡之事, 鄭此說未可據也.『莊子』「山木篇」, "孔子問子桑雽"云云: "異日, 桑雽又曰: '舜之將死'"云云.『釋文』, "雽音戶, 本又作雽, 音于. 李云: '桑姓, 雽其名, 隱人也.' 或云: '姓桑雽, 名隱.'"『釋文』所載二說, 以前說爲是. 至「大宗師篇」言"桑戶與孟子反 · 琴張爲友",『楚辭』「涉江篇」以接輿 · 桑扈竝擧. "雽", "戶" · "扈", 音近通用. 與孔子同時.『漢書』「古今人表」列於周顯王之世, 非也. 王逸『楚辭注』謂桑扈爲隱士, 與『莊子』李「注」同. 則『通志』「氏族略」以爲魯大夫者, 亦非桑氏伯字. 下"子"字, 爲男子之美稱; 上"子"字, 則弟子尊其師者之稱, 如子沈子 · 子公羊子之例.『楚辭』云: "桑扈臝行." 王逸「注」, "去衣裸裎, 效夷狄也."

역문 정의에서 말한다.

정현의 「주」에 "자상(子桑)은 진(秦)나라의 대부이다."라고 했는데, 공손지(公孫枝)의 자가 자상이었기 때문에 진나라의 대부라고 한 것이다. 그러나 『춘추좌씨전(春秋左氏傳)』에 자상이 충성함에 있어 사람을 알아보고 인재를 잘 천거했다[8]고 말하면서 소탈함을 행한 일을 아울러 거론한 것이 없으니, 정현의 이 말은 근거로 삼을 수 없다. 『장자(莊子)』「산목(山木)」에 "공자가 자상호(子桑雽)에게 물었다."라고 운운하면서 "다른 날 자상이 또 말하기를, '순이 장차 죽으려 할 때'"라고 운운했다. 『경전석문(經典釋文)』에 "호(雽)는 음이 호(戶)이고, 판본에 따라 또 雽로 되어 있기도 한데, '우(于)'로 발음한다. 이이(李頤)[9]는 '상(桑)은 성이고, 우(雽)

---

8 『춘추좌씨전(春秋左氏傳)』「문공(文公)」 3년: 자상(子桑)이 충성함에 있어 사람을 알아보고서 인재(人才)를 잘 천거했다.[子桑之忠也, 其知人也, 能擧善也.]

9 이이(李頤, ?~?): 진(晉)나라 영천(潁川) 양성(襄城) 사람. 자는 경진(景眞)이며, 자호는 현도

는 그의 이름인데, 은자(隱者)이다.'라고 했다. 혹자는 '성이 상호(桑雽)이고 이름이 은(隱)이다.'라고 한다."¹⁰라고 해서, 『경전석문』에는 두 가지 설이 실려 있는데, 앞의 설이 옳다고 여겨진다. 심지어 「대종사(大宗師)」에서는 "상호(桑戶)가 맹자반(孟子反)·금장(琴張)과 친구가 되었다"¹¹라고까지 했다. 『초사(楚辭)』「섭강(涉江)」에는 접여(接輿)와 상호(桑扈)를 나란히 거론하기도 했다. "호(雽)"는 "호(戶)"자나 "호(扈)"자와 음이 가까워서 통용한다. 상호·맹자반·금장은 공자와 동시대 사람들이다. 『전한서(前漢書)』「고금인표(古今人表)」에는 주나라 현왕(顯王) 시대에 열거해 놓았는데, 잘못이다. 왕일(王逸)의 『초사주(楚辭注)』에는 상호(桑扈)를 은사(隱士)라고 했으니, 『장자』이이의 「주」와 같다. 그렇다면 『통지(通志)』「씨족략(氏族略)」에서 노나라의 대부라고 한 것도 역시 상(桑)이 성씨이거나 백(伯)이 자는 아니다. 뒤의 "자(子)" 자는 남자(男子)의 미칭(美稱)이

자(玄道子)이다. 저서에 『장자집해(莊子集解)』30권이 있다.

10 『경전석문(經典釋文)』권27, 「장자음의중(長子音義中)·산목제20(山木第二十)」.

11 상호(桑戶)·맹자반(孟子反)·장금(琴張): 세 사람의 이름이다. 주희(朱熹)는 『논어집주(論語集注)』「옹야(雍也)」제1장의 「주」에서 "자상백자(子桑伯子)는 노(魯)나라 사람으로, 호명중(胡明仲)이 '어쩌면 바로 장주(莊周)가 말했던 자상호(子桑戶)인 것 같다.'라고 했는데, 옳다.[子桑伯子, 魯人, 胡氏以爲'疑卽莊周所稱子桑戶者', 是也.]"라고 했고, 같은 「옹야」의 '맹지반(孟之反)은 자랑하지 않는다[孟之反不伐]'라고 한 곳의 「주」에서 "맹지반은 노나라 대부로, 이름은 측(側)이며, 호명중이 '반(反)은 바로 장주가 말했던 맹자반인 것 같다.'라고 했는데, 옳다.[孟之反, 魯大夫, 名側, 胡氏曰: '反卽莊周所稱孟子反者', 是也.]"라고 했으며, 『맹자집주(孟子集注)』「진심하(盡心下)」의 '금장·증석(曾晳)·목피(牧皮)와 같은 자들이 공자(孔子)의 이른바 광인(狂人)이다.[如琴張·曾晳·牧皮者, 孔子之所謂狂矣.]'라고 한 곳의 「주」에서 "금장은 이름이 뇌(牢)이고 자는 자장(子張)이니, 자상호가 죽자 금장이 상을 치르는 곳에서 노래를 불렀다. 그 일에 대한 기록이 『장자』에 나온다.[琴張, 名牢, 字子張, 子桑戶死, 琴張臨其喪而歌. 事見『莊子』.]"라고 했다. 이 견해를 따르면 여기의 세 사람은 모두 공자와 동시대의 인물이다.

고, 앞의 "자(子)" 자는 제자가 그 스승을 높이는 칭호이니, 예를 들면 자심자(子沈子)라든가 자공양자(子公羊子)와 같은 예이다. 『초사』「석송(惜誦)」에 "상우(桑扈)는 나체로 다녔다."라고 했는데, 왕일의 「주」에 "옷을 버리고 벌거벗고 다녔으니, 오랑캐[夷狄]의 풍습을 본받은 것이다."[12]라고 했다.

원문 『說苑』「修文篇」, "孔子曰: '可也! 簡'. 簡者, 易野也. 易野者, 無禮文也. 孔子見子桑伯子, 子桑伯子不衣冠而處, 弟子曰: '夫子何爲見此人乎?' 曰: '其質美而無文, 吾欲說而文之.' 孔子去, 子桑伯子門人不說曰: '何爲見孔子乎?' 曰: '其質美而文繁, 吾欲說而去其文.' 故曰文質修者謂之君子, 有質而無文謂之易野. 子桑伯子易野, 欲同人道於牛馬. 仲弓曰'太簡'." 此卽孔子所指爲簡之事.

역문 『설원』「수문」에 "공자가 '(남면하게 하는 것이) 가능하다! 소탈하니.'라고 했는데, 소탈함[簡]이란 소박하고 촌스러운 것[易野]이다. 소박하고 촌스러운 사람은 예로 문식(文飾)함이 없다. 공자가 자상백자를 만났을 때 자상백자가 의관을 갖추지 않은 채 거처하고 있었는데, 제자가 '선생님께서는 무엇 때문에 이런 사람을 만나십니까?' 하고 물으니 공자가 대답했다. '그이는 본바탕이 아름답지만 문식이 없으니, 그를 설득해서 문식을 하게 해 주고 싶었다.' 공자가 떠나자 자상백자의 문인들이 기뻐하지 않으면서 '무엇 때문에 공자를 만나 보신 겁니까?'라고 묻자, 자상백자가 대답했다. '그이는 본바탕은 아름다우나 문식이 번거로워서 내가 설득해서 그 문식을 버리게 해 주고 싶었다.' 그러므로 다음과 같이 말한

---

12 『초사장구(楚辭章句)』 권4, 「구장장구제4(九章章句第四)·석송(惜誦)」 왕일(王逸)의 「주」.

다. 문식과 본바탕이 잘 닦인 사람을 군자라 하고, 본바탕은 있으나 문식이 없는 사람을 소탈하고 촌스럽다고 한다. 자상백자는 소탈하고 촌스러워서 사람의 도리를 소나 말과 동일시하려고 하였다. 그러므로 중궁이 '지나치게 소탈하다'라고 한 것이다."라고 했는데, 이것이 바로 공자가 소탈하다고 지목한 일이다.

원문 當時隱者多是如此, **仲弓**正之曰: "居敬而行簡, 以臨其民", 居敬則有禮文, 禮毋不敬也. 居敬, 卽**大舜**之共己; 行簡臨民, 卽**大舜**之無爲而治. 此足見**仲弓**成己・成物之學與隱士有異. 『說苑』所謂"**仲弓**通於化術, 孔子明於王道, 而無以加**仲弓**之言"者, 是也. **朱子**『或問』謂"夫子雖不正言其居簡之失, 而所謂'可'者, 固有未盡善之意. **仲弓**默契聖人之微旨, 而分別夫居敬・居簡之不同, 夫子所以深許之." 此說亦是.

역문 당시의 은자들은 대체로들 이와 같았으므로 중궁이 이를 바로잡아 "경건함을 근거로 소탈함을 행하여 백성들을 다스려야 한다."라고 했는데, 경건함을 근거로 하면 예로 문식함이 있으니, 예는 경건하지 않음이 없는 것이다. 경건함을 근거로 한다는 것은 바로 위대한 순[大舜]이 자기를 공손하게[13] 한 것이고, 소탈함을 행하여 백성을 다스린다는 것은 바로 위대한 순이 인위적으로 행함이 없이도 천하를 다스린 것이다.[14] 여기에서 중궁의 자기를 이루고 남을 이루어 주는[15] 학문이 은둔자와는 차

---

13 공기(共己): 공기(恭己)와 같다. 『순자』「왕패편(王霸篇)」에 "천자는 자기를 공손히 할 뿐이다.[天子共己而已矣.]"라고 했는데, 양경(楊倞)의 「주」에 "공(共)은 공(恭)의 뜻으로 읽어야 한다.[共讀爲恭.]"라고 했다.

14 『논어(論語)』「위영공(衛靈公)」: 공자가 말했다. "인위적인 행함이 없이도 다스린 자는 순(舜)임금이실 것이다. 무엇을 하셨겠는가? 자기를 공손히 하고 바르게 남면을 하였을 뿐이다."[子曰: 無爲而治者, 其舜也與! 夫何爲哉? 恭己正南面而已矣.]

이가 있음을 충분히 알 수 있다. 『설원』「수문」의 이른바 "중궁은 교화의 방법에 능통했고, 공자는 왕도(王道)에 밝았으니, 중궁의 말에 더 보탤 것이 없다."라고 한 것이 이것이다. 주자(朱子)의 『혹문(或問)』에 "공자가 비록 소탈함을 근거로 하는 잘못을 바로잡아 말하지는 않았지만, 이른바 '가능하다[可]'라는 말에는 본래 지극히 좋지는 못하다는 뜻이 있다. 중궁이 성인의 은미한 뜻에 묵묵히 부합하므로 경건을 근거로 하는 것과 소탈을 근거로 하는 것이 같지 않음을 분별했으니, 이것이 공자가 중궁을 깊이 인정한 까닭이다."[16]라고 했는데, 이 말 역시 옳다.

원문 皇「疏」此節與上章別, <u>邢「疏」</u>則聯上爲一章.『說苑』云: "<u>雍</u>之所以得稱南面者, 問<u>子桑伯子</u>於<u>孔子</u>"云云. 是以此節<u>仲弓</u>所言, 爲"可使南面"之證, 足知當日弟子類記, 不爲無意.

역문 황간의 「소」에는 이 구절과 앞 장을 구별해 놓았고, 형병(邢昺)의 「소」에는 앞 구절과 연결해서 한 장으로 해 놓았다. 『설원』「수문」에 "옹이 남면할 만하다는 칭찬을 듣게 된 까닭은 공자에게 자상백자에 대해 질문하자"라고 운운했는데, 이는 이 구절에서 중궁이 말한 것을 "남면하게 할 만하다"는 증거로 삼은 것이니, 대화를 나눈 당일에 제자들이 분류해서 기록한 것인지라 의미가 없을 수 없음을 충분히 알 수 있다.

---

15 『중용』 제25장: 성(誠)은 자신을 이룰 뿐만 아니라 남을 이루어 주니, 자신을 이룸은 인(仁)이고, 남을 이루어 줌은 지(智)이다.[誠者, 非自成己而已也, 所以成物也, 成己, 仁也; 成物, 知也.]

16 『사서혹문(四書或問)』 권11, 「논어(論語)·옹야제6(雍也第六)」.

- 「注」, “伯子, 書傳無見焉.”
- 正義曰: 王未考『莊子』·『楚辭』·『說苑』, 又不從鄭, 故云“未見”.
- ○「주」의 “자상백자는 경서와 전주에 보이지 않는다.”
- ○ 정의에서 말한다.

　왕숙이 아직『장자』와『초사』, 그리고『설원』을 고증하지 못했고, 또 정현의 설을 따르지 않았기 때문에 “보이지 않는다.”라고 한 것이다.

- 「注」, 孔曰: “以其能簡, 故曰‘可’也.”
- 正義曰: 皇本無“孔安國曰”, 以“可”爲美辭, 非經旨.
- ○「주」의 공안국이 말했다. “그도 능히 소탈하기 때문에 ‘가능하다’라고 한 것이다.”
- ○ 정의에서 말한다.

　황간본에는 “공안국왈(孔安國曰)”이 없는데, “가능하다[可]”를 찬미한 말로 본 것은 경전의 본뜻이 아니다.

- 「注」, “居身敬肅, 臨下寬略, 則可.”
- 正義曰:『爾雅』「釋詁」, “簡, 大也.” 寬大之治, 有似疎略.『毛詩』「匪風」「傳」, “亨魚煩則碎, 治民煩則散.” 煩與簡相反. 夫子以“居上不寬”爲不足觀, 又言“寬則得衆”, 是亦尙行簡之意. 是故居敬則有威儀可觀; 行簡則不大聲色於以化民, 民自能順帝則, 又且用得其賢, 衆職咸理, 此“居敬行簡”之所以爲可也. 若不能居敬, 而所行事又簡, 在己已無法度可守, 所行必至怠惰, 或更放誕無禮, 斯臨民亦必無綱紀廢弛, 而不可爲治矣.
- ○「주」의 “몸가짐이 경건하고 엄숙함을 근거로 아랫사람 다스리기를 관대하고 소탈하게 한다면 가능하다는 말이다.”
- ○ 정의에서 말한다.

　『이아(爾雅)』「석고(釋詁)」에 “간(簡)은 크다[大]는 뜻이다.”라고 했으니, 관대한 정치는 소탈함[疎略]과 같은 점이 있다.『모시(毛詩)』「비풍(匪風)」의 「전」에 “생선을 조리할 때 번거로우면 으스러지고, 백성을 다스릴 때 번거로우면 흩어진다.”라고 했는데, 번거로움과 소탈함은 서로 반대이다. 공자는 “윗자리에 있으면서 관대하지 않음”을 족히 살필 만한 것이 없다고 여겼고,[17] 또 "너그러우면 민중의 마음을 얻는다"[18]라고 했는데, 이 역시 소탈함을 실천함을 높였다는 뜻이다. 따라서 경건함을 근거로 하면 볼 만한 위의(威儀)가 있고, 소탈함을 행하면 민중을 교화시킴에 목소리나 낯빛을 대단하게 하지 않아도[19] 민중들은 스스로 임금의 법칙을 따를 수 있고, 또 등용할 때엔 그 현명한 인재를 얻어 온갖 직책이 다 다스려지니, 이것이 "경건함을 근거로 소탈함을 행함"이 남면하기에 가능한 까닭이다. 만약 경건함을 근거로 하지 못하면서 행하는 일이 또 소탈해서 자기에게조차 지킬 만한 법도가 없으면, 소행이 반드시 게으르고 나태해지거나 혹은 더욱 방탕하고 허탄하며 무례해져서 이에 백성을 다스리는 것도 또한 반드시 기강이 없어지거나 폐기되어 다스릴 수가 없게 될 것이다.

6-3

哀公問, "弟子孰爲好學?" 孔子對曰: "有顏回者好學, 不遷怒, 不貳過, 不幸短命死矣. 今也則亡, 未聞好學者也." 【注】凡人任情, 喜怒違理, 顏回任道, 怒不過分. "遷"者, 移也, 怒當其理, 不易移也. "不貳過"者, 有不善, 未嘗復行.

애공(哀公)이 "제자 중에 누가 배우기를 좋아합니까?" 하고 묻자,

---

17 『논어』「팔일(八佾)」: 공자가 말했다. "윗자리에 있으면서 관대하지 않고, 예를 행하면서 경건하지 않으며, 초상에 임하여 슬퍼하지 않는다면 내가 무엇을 가지고 그 사람의 예를 살피겠는가?"[子曰: "居上不寬, 爲禮不敬, 臨喪不哀, 吾何以觀之哉?"]

18 『논어』「양화(陽貨)」·「요왈(堯曰)」: 너그러우면 민중의 마음을 얻고, 미더우면 남들이 일을 맡기며, 민첩하면 공(功)이 있다.[寬則得衆, 信則民任焉, 敏則有功.] 「양화」에는 "民任"이 "人任"으로 되어 있다.

19 『중용』제33장: 공자가 말했다. "목소리와 낯빛은 민중을 교화시키는 데 있어 지엽적인 것이다."[子曰: 聲色之於以化民, 末也.]

공자가 대답했다. "안회(顔回)라는 자가 배우기를 좋아해서 노여움을 남에게 옮기지 않고 잘못을 거듭 저지르지 않았는데, 불행히도 수명이 짧아 죽었습니다. 그리하여 지금은 없으니, 배우기를 좋아하는 자가 있다는 말을 아직은 듣지 못했습니다."【주】일반인들은 자기 뜻대로 행동해서 기뻐하고 노여워함이 사리에 어긋나지만, 안회는 도를 따라서 노여움이 분수를 넘지 않았다. "천(遷)"은 옮긴다[移]는 뜻이니, 노여워함이 그 사리에 합당하면서도, 남에게 옮기지 않은 것이다. "불이과(不貳過)"는 잘못이 있더라도 일찍이 다시 저지르지 않았다는 말이다.

원문 正義曰: 『說文』, "夵, 吉而免凶也. 從夭從屰. 夭, 死之事, 故死謂之不夵." 言不能免凶也. "短命"者, 言顔子受命短也. 『史記』「仲尼弟子傳」, "顔回少孔子三十歲. 年二十九, 髮盡白, 蚤死." 未著卒之歲年. 『家語』「弟子解」始云"三十一, 早死." 王肅「注」, "按其年, 則顔回死時, 孔子年六十一."

역문 정의에서 말한다.

『설문해자(說文解字)』에 "행(夵)은 길(吉)하게 되어 흉함을 벗어난다[免凶]는 뜻이다. 요(夭)로 구성되었고 역(屰)으로 구성되었다. 요(夭)는 죽음의 일이기 때문에 죽음을 불행(不夵)이라고 한다."[20]라고 했으니, 흉함을 벗어나지 못했음을 말한 것이다. "단명(短命)"이란 안자의 수명이 짧았다는 말이다. 『사기(史記)』「중니제자열전(仲尼弟子列傳)」에 "안회는 공자보다 30살이 어렸다. 29살에 머리털이 완전 백발이 되어 일찍 죽었다."

---

20 『설문해자(說文解字)』권10: 행(夵)은 길(吉)하게 되어 흉함을 벗어난다[免凶]는 뜻이다. 역(屰)으로 구성되었고 요(夭)로 구성되었다. 요(夭)는 죽음의 일이기 때문에 죽음을 불행(不夵)이라고 한다. 호(胡)와 경(耿)의 반절음이다.[夵, 吉而免凶也. 從屰從夭. 夭, 死之事. 故死謂之不夵. 胡耿切.]

라고 했는데, 죽은 연도와 나이는 밝히지 않았다. 『공자가어(孔子家語)』 「칠십이제자해(七十二弟子解)」에 비로소 "31세를 일기로 일찍 죽었다."라고 했는데, 왕숙의 「주」에 "그의 나이를 비교해 보면 안회가 죽었을 때 공자의 나이는 61세였다."라고 했다.

원문 李氏鍇『尚史』辨之云: "顔子卒於伯魚之後." 按『譜』孔子七十而伯魚卒, 是顔子之卒, 當在孔子七十一之年, 顔子少孔子三十歲, 是享年四十有一矣. 江氏永『鄉黨圖考』同.

역문 이개(李鍇)[21]의 『상사(尚史)』에는 이를 변별해서 "안자는 백어(伯魚)보다 뒤에 죽었다."라고 했다. 『연보(年譜)』를 상고해 보면 공자의 나이 70세에 백어가 죽었으니, 안자의 죽음은 당연히 공자의 나이 71세 되던 해에 있었고, 안자는 공자보다 30살이 어렸으니, 향년 41세이다. 강영(江永)의 『향당도고(鄉黨圖考)』에도 같다.

원문 臧氏庸『拜經日記』, "『史記』「列傳」但云'蚤死', 夫五十以下而卒, 皆可謂之蚤. '三十一'之文, 不知所本, 必係王肅僞撰. 『公羊傳』「哀」十四年, '顔淵死, 子曰: "噫! 天喪予." 子路死, 子曰: "噫! 天祝予." 西狩獲麟, 孔子曰: "吾道窮矣!"' 何休「注」, '天生顔淵・子路爲輔佐, 皆死者, 天將亡

---

21 이개(李鍇, 1686~1755): 청나라 한군(漢軍) 정황기(正黃旗) 사람. 자는 철군(鐵君)이고, 호는 미생(眉生) 또는 치청산인(豸青山人), 유구자(幽求子), 초명자(焦明子)이다. 이휘조(李輝祖)의 아들이다. 일찍이 필첩식(筆帖式)에 충당되었다가 얼마 뒤 그만두고 돌아왔다. 건륭(乾隆) 원년(1736) 홍박(鴻博)에 천거되었지만 합격하지는 못했다. 악장대학사(岳丈大學士) 색액도(索額圖)가 성세(聲勢)를 떨치자 이를 피해 반산(盤山) 치봉(豸峰) 아래 은거했다. 시도 탈속의 분위기를 담았지만 억지로 고아함을 구해 조탁의 흔적을 지우지 못했다. 저서에 『첩소집(睫巢集)』과 『상사(尚史)』 등이 있다.

夫子證. 時得麟而死, 此亦天告夫子將沒之徵.' 又『史記』「孔子世家」, "'河不出圖, 雒不出書, 吾已矣夫!" 顏淵死, "天喪予." 及西狩獲麟, 曰"吾道窮矣!'" 夫子曰'天喪予'·曰'天祝予'·曰'吾道窮'·曰'吾已矣'者, 皆孔子將沒之年所言, 故『公羊春秋』及「弟子傳」皆連言之. 則顏子之死, 必與獲麟, 子路死, 夫子卒, 相後先. 孔子年七十一獲麟, 七十二子路死, 七十三孔子卒. 顏子少孔子三十歲, 孔子七十, 顏子四十也. 又『史記』「世家」云: '伯魚年五十, 先孔子卒.' 以核『家語』孔子年二十而生伯魚之說, 尙不甚遠, 則伯魚卒時, 孔子年六十九. 據『論語』顏子死在伯魚之後, 則孔子年七十, 顏子正四十也. 魯哀·季康之問, 皆在哀十一年孔子反魯之後, 時顏子新卒, 故聖人述之, 有餘痛焉."

역문 장용(臧庸)의 『배경일기(拜經日記)』에, "『사기』「열전(列傳)」에는 단지 '일찍 죽었다'라고만 했으니, 대체로 50세 이전에 죽으면 모두 일찍 죽었다고 할 수 있다. '31세에 죽었다'라는 글은 무엇을 근거로 한 것인지 모르겠으나, 반드시 왕숙의 위찬(僞撰)과 관련이 있다. 『춘추공양전(春秋公羊傳)』「애공(哀公)」 14년에, '안연(顏淵)이 죽자 공자가 말하길 "아! 하늘이 나를 버리는구나."라고 하였고, 자로(子路)가 죽자 공자가 말하길 "아! 하늘이 나를 끊어 버렸구나."라고 하였으며, 서쪽 사냥터에서 기린을 잡자 공자가 말하길 "나의 도가 다하였구나!"라고 했는데, 하휴(何休)의 「주」에 '하늘이 안연과 자로를 내어 보좌하게 했는데, 둘 다 죽은 것은 하늘이 장차 공자를 죽게 할 것이라는 증거이다. 당시 기린을 잡아 죽게 했는데, 이 또한 하늘이 공자가 장차 죽을 것이라는 조짐을 알려 준 것이다.'라고 했다. 또 『사기』「공자세가(孔子世家)」에 "'황하(黃河)에서 하도(河圖)가 나오지 않고, 낙수(雒水)에서 서판(書版)이 나오지 않으니 나도 이제 끝이로구나!"라고 했고, 안연이 죽자, "하늘이 나를 버리는구나."라고 했으며, 서쪽 사냥에서 기린을 잡음에 미쳐서는 "나의 도가 다하였구나!"라고 했다.'라고 하였다. 공자가 '하늘이 나를 버리는구나', '하늘이 나를 끊어 버렸구나', '나의 도가 다하였구나', '나도 이제 끝이로구나'라고 한 것은 모두 공자가 장차 죽던 해에 했던 말이었기 때문에『춘추공양전』및「중니제자열전」에 모두 연이어 말한 것이다. 그렇다면 안자가 죽은 것은 분명 기린을 잡거나 자로가 죽은 것, 그리고 공자가 죽은 일과 서로 앞서거니 뒤서거니 하는 일이다. 공자 나이 71세 때 기린이 잡혔고, 72세 때 자로가 죽었으며, 73세에 공자가 죽었다. 안자는 공자보다 30살 어리고 공자의 나이가 70세라면, 안자의 나이는 40세이다. 또『사기』「공자세가」에 '백어는 나이 50세 때 공자보다 먼저 죽었다.'라고 했는데, 이 설을 가지고『공자가어』에서 공자 나이 20세 때 백어를 낳았다는 설을 자세히 살펴보면 오히려 크게 차이나지 않으니, 그렇다면 백어가 죽었을 때 공자의 나이는 69세였다.『논어』에 의거하면 안자의 죽음이 백어의 뒤에 있으니, 그렇다면 공자 나이 70세 때였고 때 안자의 나이 딱 40세 때였다. 노나라 애공과 계강자(季康子)의 질문은 모두 애공 11년, 공자가 노나라로 되돌아온 뒤에 있었는데, 당시에 안자가 막 죽었기 때문에 성인(聖人)이 이를 말한 것이니, 남은 애통함이 있었던 것이다."라고 했다.

원문 案, 臧說甚核. 毛氏奇齡『稽求篇』·孔氏廣森『公羊通義』竝略同. 但與李鍇說差少一年, 今更無文定之也.

역문 살펴보니, 장용의 설명이 대단히 자세하다. 모기령(毛奇齡)의 『논어계구편(論語稽求篇)』과 공광삼(孔廣森)의 『춘추공양통의(春秋公羊通義)』 모두 대략 같다. 다만 이개의 설과는 1살 적다는 것이 차이가 나는데, 지금은 고쳐서 이 글이 없으니, 수정한 것이다.

원문 又案, 秦·漢人說顔子卒年, 本多乖互. 『列子』「力命篇」, "顔子之才, 不出衆人之下, 而壽十八." 『淮南子』「精神訓」"顔淵夭死." 高誘「注」, "顔淵十八而死." 『後漢書』「郞顗傳」, "顔子十八, 天下歸仁." 皆以顔子卒年爲十八, 此眞異說, 非可據也. 『三國志』「孫登傳」, "權立登爲太子, 年三十三卒. 臨終上疏曰: '周晉·顔回有上智之才, 而尙夭折, 況臣愚陋, 年過其壽.'" 亦以顔子卒年未至三十三, 則或與『家語』同, 未可知也.

역문 또 살펴보니, 진(秦)나라와 한나라시대 사람들이 말하는 안자가 죽은 나이는 판본마다 서로 어긋나는 점이 많다. 『열자(列子)』「역명(力命)」에 "안자의 재주는 보통 사람[衆人] 이하로 떨어지지 않았으나 18세까지 살았다."라고 했고, 『회남자(淮南子)』「정신훈(精神訓)」에는 "안연이 요절했다."라고 했는데, 고유(高誘)의 「주」에 "안연은 18세에 죽었다."라고 했으며, 『후한서(後漢書)』「낭의전(郞顗傳)」에도 "안자의 나이 18세에 천하 사람들이 모두 인(仁)하다고 칭송했다."[22]라고 했는데, 모두 안자가 죽은 나이를 18세라고 여긴 것으로, 이는 참으로 이설(異說)이니 근거할 만한 것이 못된다. 『삼국지(三國志)』「손등전(孫登傳)」에는 "손권(孫權)이 손등(孫登)을 옹립해서 태자(太子)로 삼았으나, 나이 33세에 죽었다. 임종(臨終)할 무렵 소(疏)를 올려 아뢰었다. '주진(周晉)과 안회는 상지(上智)의 재주를 지녔으나 오히려 요절했거늘, 더구나 신은 우매하고 고루하며, 나이도 그들의 수명을 넘어섰습니다.'"라고 했는데, 역시 안자가 죽은 나이가 아직 33세가 되지 않았다고 여긴 것이니, 그렇다면 혹 『공자가어』의 설과 같지만, 아직은 알 수가 없다.

---

22 『논어』「안연(顔淵)」. 유보남은 「안연」의 정의(正義)에서 "以'歸仁'爲稱仁.", 또는 "懷·歸幷訓稱也."라고 해서 "歸"를 "稱"과 같은 뜻으로 보았다.

원문 皇本"問"下有"曰"字.『釋文』云: "本或無亡字, 卽連下句讀." 兪氏樾『群經平議』謂"旣云'亡', 又云'未聞好學', 於辭複." 此與「先進篇」語有詳略, 因涉彼文而誤衍"亡"字, 當據『釋文』"或本"訂正.

역문 황간본에는 "문(問)" 아래 "왈(曰)" 자가 있다.『경전석문』에 "어떤 판본에는 더러 망(亡) 자가 없이 곧바로 아래 구절과 이어서 읽기도 한다."[23] 라고 했고, 유월(兪樾)의『군경평의(群經平議)』에 "이미 '없다[亡]'라고 하고, 또 '아직 배우기를 좋아하는 자가 있다는 말을 듣지 못했다.'라고 한 것은 중복된 표현이다."라고 했다. 이 문장은「선진(先進)」의 말과 자세함과 생략됨의 차이가 있는데,[24]「선진」의 문장과 연관됨으로 인해 잘못 "망(亡)" 자가 불어난 것이니,『경전석문』에서 말한 "혹본(或本)"에 근거해서 정정(訂正)하는 것이 마땅하다.

● 「注」, "凡人"至"復行".

● 正義曰: "喜怒"者, 七情之發. 凡人任情, 多致違理, 不中節也. 但喜雖違理, 無所傷害於人, 故夫子專以怒言之.『春秋』言"君子善善及子孫, 惡惡止其身." 是喜雖違理, 不失爲君子, 若怒則不宜, 違理也.『左』「宣」十七年「傳」, "范武子曰: '喜怒以類者鮮, 易者實多.'" 杜「注」, '易, 遷怒也.' 蓋喜怒當其理謂之類, 類者, 比也. 若遷怒, 則不依其類而違理矣. 顔子好學, 能任道, 故善養其氣而幾於中和也.

○ 「주」의 "범인(凡人)"부터 "부행(復行)"까지.

---

23 『경전석문』권24,「논어음의(論語音義)·옹야제6(雍也第六)」.

24 『논어』「선진(先進)」: 계강자가 "제자 중에 누가 배우기를 좋아합니까?" 하고 묻자, 공자가 대답했다. "안회라는 자가 배우기를 좋아했었는데, 불행히도 수명이 짧아 죽었습니다. 지금은 없습니다."[季康子問, "弟子孰爲好學?" 孔子對曰: "有顔回者好學, 不幸短命死矣. 今也則亡."]

o 정의에서 말한다.

"기뻐하고 노여워함[喜怒]"이란 칠정(七情)이 드러난 것이다. 일반인들은 자기 뜻대로 행동해서, 많은 경우 도리에서 어긋나는 짓을 저지르게 된다. 이것은 절도에 맞지 않는 것이다. 다만 기뻐하는 것은 비록 도리에 어긋난다 하더라도 남을 해침이 없기 때문에 공자는 오로지 노여워함만 가지고 말한 것이다. 『춘추공양전』에 "군자가 선(善)한 일을 칭찬하는 것은 자손에게까지 미치고, 악한 일을 비평하는 것은 당사자의 몸에서 그친다."²⁵라고 했는데, 이는 기뻐하는 것이 비록 도리에서는 어긋나더라도 군자가 되기에는 하자가 되지 않지만, 노여움으로 말할 것 같으면 옳지도 않고 도리에서 어긋난 것이다. 『춘추좌씨전』「선공(宣公)」17년의 「전」에 "범무자(范武子)가 말했다. '기뻐하고 노여워하기를 도리에 맞게 하는 자[以類者]는 드물고, 반대로 하는 자는 실로 많다.[喜怒以類者鮮, 易者實多.]'"라고 했는데, 두예(杜預)의 「주」에 '역(易)은 노여움을 남에게 옮기는 것이다.'라고 했다. 대체로 기뻐하거나 노여워함이 그 도리에 합당함을 '유(類)'라고 하는데, 유(類)란 견주다[比]라는 뜻이다. 노여움을 남에게 옮기는 것으로 말할 것 같으면, 그 도리에 합당함[類]을 따르지 않아 도리에서 어긋난 것이다. 안자는 배우기를 좋아해서 도(道)를 자임할 수 있었기 때문에 그의 호연지기를 잘 길러 거의 중화(中和)를 이루었던 것이다.

---

25 『춘추공양전(春秋公羊傳)』「소공(昭公)」 20년: 군자가 선한 일을 칭찬하는 것은 길게 하고, 악한 일을 비평하는 것은 짧게 한다. 그리하여 악한 일을 비평하는 것은 당사자의 몸에서 그치고, 선한 일을 칭찬하는 것은 자손에게까지 미친다. 공손회(公孫會)는 바로 현자(賢者)의 자손이기 때문에 군자가 그를 위하여 숨겨 준 것이다.[君子之善善也長, 惡惡也短. 惡惡止其身, 善善及子孫. 賢者子孫, 故君子爲之諱也.] 이는 『춘추(春秋)』「소공(昭公)」 20년 경문에 "조나라 공손회가 몽에서 나와 송나라로 달아났다.[曹 公孫會, 自郲出奔宋.]"라는 경문이 나오는데, 이에 대해 『춘추공양전』에서 공손회가 모반을 했다가 망명했는데도 그 사실을 기록하지 않은 것은 현자인 희시(喜時)의 자손이기 때문에 숨겨 준 것이라고 하면서 서술한 내용이다.

원문 “遷·移”, 見『廣雅』「釋言」, 此常訓.『易』「繫辭傳」, “子曰: ‘<u>顏氏之子</u>, 其殆庶幾乎! 有不善未嘗不知, 知之未嘗復行也.’『易』曰: ‘不遠復, 不祇悔, 元吉.’” 此「注」言“有不善未嘗復行”, 即本『易』「傳」.

역문 “천(遷)과 옮긴다[移]는 뜻”은『광아(廣雅)』「석언(釋言)」에 보이는데, 이것이 일반적인 해석이다.『주역(周易)』「계사하(繫辭下)」에 “공자가 말했다. ‘안씨(顏氏)의 아들은 도를 아는 데 거의 근접하였구나! 허물[不善]이 있으면 알지 못한 적이 없었고, 허물을 알았으면 다시 저지른 적이 없었다.’『주역』에서 말했다. ‘멀리 가지 않고 되돌아오는지라 후회함에 이르지 않으니, 크게 길할 것이다.’”라고 했는데, 여기의 「주」에서 “잘못이 있더라도, 일찍이 다시 저지르지 않았다”라는 말은 바로『주역』「계사하」에 근거한 말이다.

원문 “過”者, 謂或過中, 或不及中也.『中庸』云: “子曰: ‘<u>回</u>之爲人也, 擇乎中庸, 得一善, 則拳拳服膺, 而弗失之矣.’” 當未擇時, 不能無過中之失, 及得善而服膺弗失, 所以能不貳過. 此<u>顏子</u>思誠之學, 以人道合天道者也. 是故言天行者, 不能無贏縮·陵歷之異, 水旱·沴鬱之災, 而於穆不已, 不遠能復, 故於「復」“見天地之心”.「益」初至四互復, 其「象」曰: “君子以見善則遷, 有過則改.” 明改過能有益也. 夫子學『易』, “可以無大過”, <u>顏子</u>好學, 亦能體復, 故夫子『易傳』獨稱之.

역문 “허물[過]”이란 혹 중용[中]을 지나치거나, 혹은 중용에 미치지 못함을 이른다.『중용』에 “공자가 말했다. ‘안회의 사람됨은 중용을 택하여, 한 가지 선(善)을 얻으면 잘 받들어서 가슴속에 새기고 잃지 않았다.’”[26]라고 했는데, 당연히 아직 중용을 선택하지 않았을 때에는 중용을 지나치는

---

26 『중용』제8장.

잘못이 없을 수 없으나, 선을 얻음에 미쳐 가슴속에 새기고 잃지 않았기 때문에 잘못을 거듭 저지르지 않을 수 있었던 것이다. 이것이 바로 안자의 성실할 것을 생각하는[思誠] 학문이며, 인도(人道)를 가지고 천도(天道)에 부합하는 방법인 것이다. 이런 까닭에 "하늘의 운행은, 가득 차고 수축하며 별이 갑자기 보이지 않거나 궤도를 지나치는[陵歷] 괴이함과 물이 마르거나 막혀서 빠지지 않는 재앙이 없을 수 없지만 아! 심원하여 그치지 않으니, 멀리 가지 않고 되돌아올 수 있기 때문에 「복괘(復卦)」에서 '천지의 마음을 볼 수 있다.'"[27]라고 한 것이다. 「익괘(益卦)」의 초구효(初九爻)부터 육사효(六四爻)까지의 호괘(互卦)가 「복괘」인데,[28] 「익괘」의 「상전(象傳)」에 "군자가 이를 보고서 선을 보면 옮겨 가고 잘못이 있으면 고친다."라고 해서, 허물을 고치면 유익함이 있을 수 있음을 분명히 밝혔다. 공자는 『주역』을 배우면, "큰 허물이 없을 수 있다"[29]라고 했는데, 안자도 배우기를 좋아해서, 또한 되돌아옴을 체행(體行)할 수 있었기 때문에 공자가 『주역』「계사하」에서 유독 그를 칭찬한 것이다.

---

27 『주역』「복(復)‧단(彖)」.

28 호괘(互卦): 상‧하 2괘의 대성괘(大成卦)에서 이루어진 본괘(本卦)인 원괘(原卦)는 초효(初爻)와 상효(上爻)를 끊어 버리고 2효, 3효, 4효를 가지고 하괘(下卦)를 만들고, 다시 3효, 4효, 5효를 가지고 상괘(上卦)를 만들어 이를 호괘라고 한다. 예컨대 수뢰둔(水雷屯, ䷂)의 경우, 2효에서 4효까지가 곤(坤)이 되고 3효에서 5효까지가 간(艮)이 되어 이를 조합하면 산지박(山地剝, ䷖)이 되는데, 이때 박이 둔의 호괘가 되는 것이다. 그런데 여기서는 풍뢰익(風雷益, ䷩)의 초효부터 4효까지라고 했으니, 초구, 육이, 육삼인 진괘(震卦)가 하괘가 되고, 육이, 육삼, 육사의 순수한 음으로만 된 곤괘(坤卦)가 상괘가 되어 지뢰복(地雷復, ䷗)을 이루는 것을 호괘라고 한 것이다.

29 『논어』「술이(述而)」.

子華使於齊, 冉子爲其母請粟. 子曰: "與之釜."【注】馬曰: "子華, 弟子公西赤之字. 六斗四升曰釜." 請益, 曰: "與之庾."【注】包曰: "十六斗曰庾." 冉子與之粟五秉,【注】馬曰: "十六斛曰秉, 五秉合爲八十斛." 子曰: "赤之適齊也, 乘肥馬, 衣輕裘. 吾聞之也, '君子周急, 不繼富!'"【注】鄭曰: "非冉有與之太多."

자화(子華)가 제(齊)나라로 심부름 갔을 때, 염자(冉子)가 자화의 어머니를 위해 곡식을 청하자, 공자가 말했다. "한 부(釜)만 주거라."【주】마융(馬融)이 말했다. "자화는 제자 공서적(公西赤)의 자이다. 여섯 말 넉 되[六斗四升]를 '부'라 한다." 더 줄 것을 청하자, 공자가 말했다. "한 유(庾)만 주거라."【주】포함이 말했다. "열여섯 말[十六斗]을 '유'라 한다." 염자가 곡식 다섯 병(秉)을 주자,【주】마융이 말했다. "열여섯 곡(斛)[30]을 '병'이라 하니, 다섯 병이면 도합 여든 곡이 된다." 공자가 말했다. "적(赤)이 제나라로 갈 때 살찐 말을 타고 가벼운 갖옷을 입었더구나. 내가 들으니, '군자는 곤궁함이 시급한 사람을 도와주지, 부유해졌는데도 계속해서 도와주지는 않는다.'라고 하더구나!"【주】정현이 말했다. "염유(冉有)가 지나치게 많이 준 것을 비난한 것이다."

---

30 곡(斛): 10말에 해당하는 용량의 단위, 또는 그 용량을 재는 용기이다. 휘 또는 곡(斛)이라고도 한다. 원래는 중국에서 곡식을 계량할 때 쓰는 용기였으나 이것이 후에 단위로 쓰이게 되었다. 이 단위는 송나라 때에 와서 10말을 1석(石: 한국에서는 섬이라고도 한다)이라는 단위명으로 고쳐 사용되었다. 우리나라에서는 예로부터 사용되어 온 용적 단위명으로 홉(合)·승(升)·두(斗)·석(石)이 있어 곡이라는 단위명의 필요성이 없어 사용되지 않았으나, 중국과의 교류가 빈번해져 고려 정종 때부터 곡 단위가 양제 단위명으로 사용되고 있다.

원문 正義曰: "使"者, 夫子使之也. 此與原思爲宰, 不必同在一時. 弟子類記之, 以見聖人取予之際, 各有所宜爾. 冉子, 據鄭「注」卽冉有. 稱子者, 冉有門人所記也.

역문 정의에서 말한다.

"심부름[使]"이란 공자가 심부름을 시켰다는 것이다. 이 일은 원사(原思)가 고을의 수령이 되었던 것과는 꼭 동시에 같이 있었던 것은 아니다. 제자들이 분류해서 기록하다가, 성인이 주거니 받거니 하는 사이에 각각 마땅함이 있음을 본 것일 뿐이다. 염자는 정현의 「주」에 근거해 보면 바로 염유이다. 선생[子]이라고 일컬은 것은 염유의 문인들이 기록한 것이기 때문이다.

원문 『說文』, "粟, 嘉穀實也." 粟本禾 · 米之名, 諸穀亦得稱之. "請粟", 是請於夫子. "與粟五秉", 則冉有自爲藏粟與其母也. 言"粟五秉", 則"與釜" · "與庾"不言數, 是爲一釜一庾矣.

역문 『설문해자』에 "속(粟)은, 좋은 곡식의 열매이다."[31]라고 했다. 속(粟)은 본래 벼[禾]나 쌀[米]의 명칭인데, 여러 곡식들도 속(粟)이라 칭할 수 있다. "곡식을 청했다"라는 것은 공자에게 청했다는 말이다. "곡식 다섯 병을 주었다"라는 것은 염유가 마음대로 보관해 두었던 곡식을 자화의 어머니에게 주었다는 말이다. "곡식 다섯 병"이라고 했는데, 그렇다면 "부를 주어라" · "유를 주어라"라고 하면서는 숫자를 말하지 않았지만, 이는 한

---

31 『설문해자』 권7: 속(粟)은 좋은 곡식의 열매이다. 서(卤)로 구성되었고, 미(米)로 구성되었다. 공자가 말했다. "속(粟)이란 말은 잇는다[續]는 뜻이다." 속(𥞫)은 속(粟)의 주문(籒文)이다. 상(相)과 옥(玉)의 반절음이다.[粟, 嘉穀實也. 從卤從米. 孔子曰: "粟之爲言續也." 𥞫, 籒文粟. 相玉切.]

부[一釜] 또는 한 유[一庾]가 될 듯싶다.

원문 "適齊"者, 『爾雅』「釋詁」, "適, 往也." 此常訓. "周急"者, 『禮記』「月令」 "周天下", 「注」, "周, 謂給不足也." 『周官』「鄕師職」, "賙萬民之囏阨." 鄭 司農云: "賙讀爲'周急'之周." 明周·賙同也. 李賢 『後漢書』「王丹傳」「注」, "周急, 謂周濟困急也."

역문 "적제(適齊)"라고 했는데, 『이아』「석고」에 "적(適)은 간다[往]는 뜻이 다."라고 했으니, 이것이 일반적인 해석이다. "주급(周急)"이란, 『예기(禮 記)』「월령(月令)」에 "주천하(周天下)"라는 표현이 있는데, 「주」에 "주(周) 는 부족함을 넉넉하게 해 준다는 말이다."[32]라고 했다. 『주관』「향사직 (鄕師職)」에 "모든 백성들의 어려운 일이나 재난을 구제한다.[賙萬民之囏 阨.]"라고 했는데, 이에 대해 정사농(鄭司農)은 "주(賙)는 '주급(周急)'이라 고 할 때의 주(周)로 읽어야 한다."[33]라고 했으니, 분명 주(周)와 주(賙)는 같은 글자이다. 이현(李賢)의 『후한서』「왕단전(王丹傳)」의 「주」에 "주급 (周急)은, 곤궁하고 시급함을 돕고 구제한다는 말이다."라고 했다.

- 「注」, "子華"至"曰釜".
- 正義曰: 鄭此「注」與馬同. 『史記』「弟子傳」, "公西赤字子華." 公西是兩字氏. 鄭 『目錄』曰: "魯人, 少孔子四十二歲." 釜爲䰠或字, 見『說文』. 「考工記」, "㮚氏爲量. 量之以爲䰠, 深尺, 內方尺, 而圓其外, 其實一䰠." 『左』「昭」三年「傳」, "齊舊四量, 豆, 區, 釜, 鍾. 四升爲豆, 各 自其四. 以登於釜." 鄭注「㮚氏」云: "四升曰豆, 四豆曰區, 四區曰䰠, 䰠六斗四升也." 依『左 氏』文爲說.

---

32 『예기주소(禮記注疏)』권15, 「월령(月令)」 정현의 「주」.
33 『주례주소』권11, 「지관사도상(地官司徒上)·향사(鄕師)」 정현의 「주」.

o 「주」의 "자화(子華)"부터 "왈부(曰釜)"까지.

o 정의에서 말한다.

정현의 이 「주」는 마융의 「주」와 같다. 『사기』「중니제자열전」에 "공서적의 자는 자화이다."
라고 했는데, 공서(公西)는 두 글자로 된 성씨이다. 정현의 『논어공자제자목록(論語孔子弟
子目錄)』에 "노나라 사람으로 공자보다 42살 어리다."라고 했다. 부(釜)는 부(䰜)의 혹체자
(或體字)인데, 『설문해자』에 보인다.[34] 『주례(周禮)』「고공기(考工記)」에 "율씨(㮚氏)는 도
량형기를 계산하는 일[量]을 담당하니, 도량형기에 맞춰 부(䰜)를 만든다. 부는 깊이가 한 자
이고, 안쪽은 사방 한 자의 정사각형으로 만들되, 밖은 원형으로 만드는데, 거기에 담기는 양
이 1부이다."[35]라고 했다. 『춘추좌씨전』「소공(昭公)」3년의 「전」에 "제나라에는 예로부터
네 종류의 도량형기가 있었는데, 두(豆)·구(區)·부(釜)·종(鍾)이다. 넉 되[升]가 1두(豆)가
되는데, 각각 4배씩을 더하여 1부(釜)에 이른다."[36]라고 했다. 정현은 「율씨(㮚氏)」를 주석하
면서 "넉 되[四升]를 한 두(豆)라 하고, 네 두[四豆]를 한 구(區)라 하며, 네 구[四區]를 한 부
(䰜)라 하니, 한 부는 여섯 말 넉 되[六斗四升]이다."[37]라고 했는데, 『춘추좌씨전』의 문장을
근거로 한 말이다.

- 「注」, "十六斗曰庾."
- 正義曰: 『說文』, "斞, 量也." 庾卽斞字叚借. 「考工記·陶人」, "庾實二鬴, 厚半寸, 脣寸." 「注」,
  "豆實三而成觳, 則觳受斗二升. 庾讀如'請益與之庾'之庾." 戴氏震「補注」, "二斗四升曰庾,
  十六斗曰籔. 庾與籔音聲相通, 傳注往往訛溷. 『論語』'與之庾', 謂於釜外更益二斗四升. 蓋
  '與之釜'已當, 所益不得過乎始與."

---

34 『설문해자』 권3: 부(䰜)는 솥[鍑]의 등속이다. 격(鬲)으로 구성되었고 보(甫)가 발음을 나타
낸다. 부(釜)는 부(䰜)의 혹체자인데, 금(金)으로 구성되었고 부(父)가 발음을 나타낸다. 부
(扶)와 우(雨)의 반절음이다.[䰜, 鍑屬. 從鬲甫聲. 釜, 䰜或從金父聲. 扶雨切.]

35 『주례(周禮)』「동관고공기상(冬官考工記上)·율씨(㮚氏)」.

36 넉 되[四升]가 한 두[一豆]가 되고, 네 두[四豆]가 한 구[一區]가 되며, 네 구[四區]가 한 부[一
釜]가 된다는 말이다.

37 『주례주소』 권41, 「동관고공기상(冬官考工記上)·율씨(㮚氏)」 정현의 「주」.

○ 「주」의 "열여섯 말[十六斗]을 유라 한다."

○ 정의에서 말한다.

『설문해자』에 "유(㪷)는, 용량[量]이다."[38]라고 했으니, 유(庾)는 바로 유(㪷) 자의 가차자(段借字)이다. 『주례』「동관고공기하(冬官考工記下)·도인(陶人)」에 "유(庾)는 2곡(觳)을 채우는데, 두께는 반 치이고, 언저리[脣]는 한 치이다."라고 했고, 「주」에 "세 두(豆)를 채워 한 곡(觳)을 이루는데, 한 곡(觳)에는 한 말 두 되[斗二升]가 들어간다. 유(庾)는 '더 줄 것을 청하자, 한 유만 주거라.'라고 할 때의 유의 뜻으로 읽어야 한다."[39]라고 했다. 대진(戴震)의 『고공기도주(考工記圖注)』「보주(補注)」에, "두 말 넉 되[二斗四升]를 유(庾)라 하고, 열여섯 말[十六斗]을 수(籔)라 한다. 유와 수는 음과 소리가 서로 통해서 모든 경전의 주석[傳注]에는 이따금씩 뒤섞어 쓰기도 한다. 『논어』의 '한 유만 주거라'라는 말은 한 부(釜) 외에 두 말 넉 되[二斗四升]를 더 주라는 말이다. 아마도 '한 부만 주어라'라고 한 것이 이미 마땅하니, 더 보태는 것이 처음에 주라고 했던 것보다 더 지나칠 수 없어서였기 때문일 것이다."라고 했다.

원문 馬氏宗璉『左傳補注』引戴說又云: "案, 庾·籔譌溷者, 「聘禮」「記」云 '十六斗曰籔', 鄭「注」, '今文籔或爲逾.' 康成但謂其音同庾, 非謂'籔'卽'庾'也. 『論語』包「注」直云'十六斗曰庾', 始混籔爲庾矣." 元凱注『左傳』混 "庾"爲"籔", 『正義』反援『儀禮』正之. 且以"庾"爲瓦器, 非量器, 尤爲臆說. 今案, 『左』「昭」二十年「傳」, "粟五千庾." 賈逵「注」, "十六斗爲庾." 此元凱所本. 「魯語」"缶米", 韋昭解云: "缶, 庾也." 亦誤以爲瓦器. 又引「聘禮」 曰: "十六斗曰庾", 此用『儀禮』今文以"庾"與"逾"同, 故直引「聘禮」作"庾".

---

38 『설문해자』 권14: 유(㪷)는 용량[量]이다. 두(斗)로 구성되었고 유(臾)가 발음을 나타낸다. 『주례』에 "칠(桼)은 삼유(三㪷)이다"라고 했다. 이(以)와 주(主)의 반절음이다.[㪷, 量也. 從斗臾聲. 『周禮』曰: "桼三㪷." 以主切.]

39 『주례주소』 권41, 「동관고공기하(冬官考工記下)·도인(陶人)」 정현의 「주」.

역문 마종련(馬宗璉)[40]의 『좌전보주(左傳補注)』에는 대진의 설을 인용해서 또 말하길, "살펴보니, 유(庾)와 수(籔)가 뒤섞여 쓰인다고 한 것에 대해, 『의례(儀禮)』「빙례(聘禮)」의 「기」에 '열여섯 말을 수(籔)라 한다.'라고 했는데, 정현의 「주」에 '금문(今文)에서는 수(籔)를 더러 유(逾)로 쓰기도 한다.'[41]라고 했으니, 정강성(鄭康成: 정현)은 단지 그 음이 유(庾)와 같다고 생각한 것이지, '수'가 바로 '유'라고 한 것은 아니다. 『논어』포함의 「주」에서 단지 '열여섯 말을 유라 한다'라고 해서 비로소 수를 혼동해서 유의 뜻으로 삼은 것이다."라고 했다. 두원개(杜元凱: 두예)는 『춘추좌씨전』을 주석하면서 "유(庾)"를 혼동해서 "수(籔)"라고 했는데, 『정의』에서는 도리어 『의례』를 근거로 바로잡았다. 더군다나 "유(庾)"를 와기(瓦器)라 하고 양을 헤아리는 기구[量器]가 아니라고 했으니, 더욱 억지스러운 말이다. 이제 살펴보니, 『춘추좌씨전』「소공」 24년의 「전」에 "곡식 5천 유(庾)."라고 했고, 가규(賈逵)의 「주」에 "열여섯 말이 유가 된다."라고 했는데, 이것을 두원개가 근거로 한 것이다. 『국어(國語)』「노어(魯語)」에 "부미(缶米)"라는 표현이 보이는데, 위소(韋昭)는 해석하기를 "부(缶)는 유(庾)

---

40 마종련(馬宗璉, ?~1802): 청나라 안휘(安徽) 동성(桐城) 사람으로, 종련(宗槤)으로도 쓴다. 자는 기지(器之) 또는 노진(魯陳)이다. 가경(嘉慶) 2년(1797) 거인(擧人)에서 동류현교유(東流縣敎諭)에 올랐고, 6년(1801) 진사(進士)가 되었다. 어려서 요내(姚鼐)에게 배워 고훈(古訓)과 지리학(地理學)에 정통했다. 『모시(毛詩)』와 『주례』 및 춘추 삼전(春秋三傳)에 조예가 깊었다. 완원(阮元)이 편찬한 『경적찬고(經籍纂詁)』의 범례를 바로잡았으며, 고염무(顧炎武)의 『좌전두해보정(左傳杜解補正)』과 혜동(惠棟)의 『좌전보주(左傳補注)』에 빠뜨린 것이 많다고 여겨 한대(漢代)와 위대(魏代)의 여러 설을 수집해 『좌전보주(左傳補注)』를 저술했다. 그 밖의 저서에 『모정시고훈고증(毛鄭詩詁訓考證)』과 『주례정주소증(周禮鄭注疏證)』, 『곡량전소증(穀梁傳疏證)』, 『설문자의광증(說文字義廣證)』, 『전국책지리고(戰國策地理考)』, 『영남시초(嶺南詩抄)』 등이 있다.

41 『의례주소(儀禮注疏)』 권8, 「빙례(聘禮)」 정현의 「주」.

이다."라고 했으니, 역시 와기라고 잘못 생각한 것이다. 또 『의례』「빙례」를 인용하면서 "열여섯 말을 유(庾)라 한다"라고 했는데, 이는 "유(庾)"와 "유(逾)"를 같은 글자로 보는 『의례』의 금문(今文)을 이용한 것이기 때문에 단지 「빙례」에 "유(庾)"로 되어 있는 것만을 인용한 것이다.

원문 『小爾雅』「廣量」云: "二釜有半謂之庾." 其誤與包咸同. 『藝文類聚』八十五引鄭此「注」云: "六斛四升曰庾." 文有譌錯, 當據「考工」「注」文正之. 又『廣雅』「釋器」云: "區四曰釜, 釜十曰鍾, 鍾十曰斞." 釜爲六斗四升, 則釜十曰鍾, 當得六斛四斗; 鍾十曰斞, 當得六十四斛. 此說斞數太多, 未知所本.

역문 『소이아(小爾雅)』「광량(廣量)」에 "2부(釜) 반을 유(庾)라 한다."라고 했는데, 이는 포함과 같은 오류이다. 『예문류취(藝文類聚)』 권85에 정현의 이 「주」를 인용하면서, "여섯 곡 넉 되[六斛四升]를 유(庾)라 한다."[42]라고 했는데, 문장에 바뀌고 뒤섞인 곳이 있으니, 마땅히 『주례』「고공기」「주」의 문장을 근거로 바로잡아야 한다. 또 『광아』「석기(釋器)」에 "4구(區)를 1부(釜)라 하고, 10부를 1종(鍾)이라 하며, 10종을 1유(斞)라 한다."라고 했는데, 1부가 여섯 말 넉 되가 되니, 그렇다면 10부를 1종이라 한다고 했으니, 당연히 여섯 곡 네 말[六斛四斗]이 되고, 10종을 1유라 한다고 했으니, 당연히 예순네 곡(斛)이 된다. 여기서 말한 유(斞)의 숫자는 지나치게 많으니, 무엇을 근거한 것인지 모르겠다.

● 「注」, "十六斛曰秉."

---

42 『예문류취(藝文類聚)』 권85, 「백곡부(百穀部)·속(粟)」에 『논어』의 이 문장을 인용했으나, 정현의 「주」는 보이지 않는다.

● 正義曰:「聘禮」「記」, "十六斗曰籔, 十籔曰秉." 鄭「注」, "秉, 十六斛." 王氏念孫『廣雅疏證』, "秉之言方也. 方者, 大也. 量之最大者也."

○「주」의 "열여섯 곡(斛)을 병이라 한다."

○ 정의에서 말한다.

『의례』「빙례」의 「기」에 "열여섯 말을 1수라 하고, 열 수를 1병이라 한다."라고 했는데, 정현의 「주」에 "1병은 열여섯 곡이다."[43]라고 했다. 왕염손(王念孫)의 『광아소증(廣雅疏證)』에 "병(秉)은 방(方)이라는 말인데, 방(方)이란 크다[大]는 뜻이니, 용량[量] 중에서 가장 큰 것이다."라고 했다.

6-5

原思爲之宰,【注】包曰: "弟子原憲. 思, 字也. 孔子爲魯司寇, 以原憲爲家邑宰." 與之粟九百, 辭.【注】孔曰: "九百, 九百斗. '辭', 辭讓不受."

원사가 가상(家相)[44]이 되었을 때,【주】포함이 말했다. "제자 원헌(原憲)이다. 사(思)는 그의 자이다. 공자가 노나라 사구(司寇)가 되었을 때, 원헌을 가읍(家邑)의 수령[宰]으로 삼았다." 그에게 곡식 9백을 주었으나, 사양했다.【주】공안국이 말했다. "9백은 9백 말[斗]이다. '사(辭)'는 사양하고 받지 않은 것이다."

---

43 『의례주소』 권8, 「빙례」 정현의 「주」.

44 가상(家相): 장재(張載)의 『서명(西銘)』에 "대군은 우리 부모의 종자이고, 대신은 우리 종자의 가상(家相)이다.[大君者, 吾父母宗子; 其大臣; 吾宗子之家相也.]"라고 했는데, 가상에는 집안일을 돕고 아는 사람, 즉 가신이라는 뜻이 있다. 포함의 「주」에는 읍재(邑宰)라고 했으나, 유보남은 가상이라고 보았는데, 자세한 것은 아래 설명에 보인다.

- 「注」, "弟子"至"邑宰".

- 正義曰:『史記』「弟子列傳」, "原憲, 字子思." 鄭『目錄』云"魯人", 司馬貞『索隱』引『家語』云: "宋人, 少孔子三十六歲." 金氏鶚『禮說』, "依『家語』, 則夫子仕魯時, 子思方十七八歲, 未任爲宰, 『家語』'三'字當是二字之譌." 鄭此「注」云: "孔子初仕魯, 爲中都宰, 從中都宰爲司空, 從司空爲司寇也." 案, 孔子五十二歲始仕魯, 爲中都宰, 五十三歲進位爲司空‧司寇, 五十六歲去位. 則此原思爲宰, 蓋在孔子爲司空‧司寇時也. 包氏止就司寇言, 擧最後之官, 意中兼有司空, 與鄭義同.

○ 「주」의 "제자(弟子)"부터 "읍재(邑宰)"까지.

○ 정의에서 말한다.

『사기』「중니제자열전」에 "원헌은 자가 자사(子思)이다."라고 했고, 정현의 『논어공자제자목록』에 "노나라 사람이다"라고 했으며, 사마정(司馬貞)의 『사기색은(史記索隱)』에는 『공자가어』를 인용해서 "송(宋)나라 사람인데, 공자보다 36살 어리다."라고 했다. 김악(金鶚)의 『예설(禮說)』에 "『공자가어』에 의거하면 공자가 노나라에서 벼슬할 때, 자사는 막 17~18살이었으므로 아직 수령[宰]에 임명되지 않았으니, 『공자가어』의 '3(三)' 자는 당연히 2(二) 자의 잘못이다."[45]라고 했다. 정현은 여기의 「주」에서 "공자는 처음 노나라에서 벼슬하여 중도재(中都宰)가 되었다가, 중도재에서 사공(司空)이 되었고, 사공에서 사구로 승진했다."라고 했다. 살펴보니, 공자는 쉰두 살에 비로소 노나라에서 벼슬을 해서 중도재가 되었고, 쉰세 살에 사공과 사구로 승진했으며, 쉰여섯 살에 벼슬자리를 그만두었다. 그렇다면 여기에서 원사를 수령으로 삼은 것은 아마도 공자가 사공이나 사구가 되었을 때이다. 포함은 단지 사구에 한정해서 말했지만 최후에 벼슬했던 관직을 거론한 것은, 의중에 사공의 관직도 겸해서 염두에 두라고 한 말로서, 정현의 뜻과 같다.

원문 云"原憲爲家邑宰"者, 「晉語」云: "官宰食加." 韋昭「注」, "官宰, 家臣也.

---

[45] 『사기색은(史記索隱)』권18, 「중니제자열전제7(仲尼弟子列傳第七)」.

加, 大夫之加田也.『論語』曰: '原憲爲家邑宰'." 與包此「注」合. "加田"當
謂采地, 原憲爲家邑宰, 明此與粟爲食加矣.『儀禮』「喪服」斬衰章「疏」,
"孤·卿·大夫有采邑者, 其邑旣有邑宰, 又有家相. 若魯三卿, 公山弗擾爲
季氏 費宰, 子羔爲孟氏 郕宰之類, 皆爲邑宰也. 陽貨·冉有·子路之等爲
季氏家相, 亦名家宰. 若無地卿·大夫, 則無邑宰, 直有家相者也." 賈氏此
言最晰. 諸書言孔子仕魯, 不言采地, 則止有家相, 不得有邑宰. 包·韋之
說, 未可據矣.

역문 "원헌을 가읍의 수령[宰]으로 삼았다.[原憲爲家邑宰.]"

　『국어』「진어(晉語)」에 "가신(家臣)들은 가전(加田)을 먹는다.[官宰食加.]"
라고 했는데, 위소의 「주」에 "관재(官宰)는 가신이다. 가(加)는 대부의 가
전이다.『논어』에서 말했다. '원헌을 가읍의 수령[宰]으로 삼았다.'[46]라고
했으니, 포함의 이 장에 대한 「주」와 같다. "가전"은 당연히 채지(采地)
를 이르는 것이니, 원헌을 가읍의 수령으로 삼았다면, 여기에서 준 곡식
은 가전을 먹은 것이 됨이 분명할 듯싶다.『의례』「상복(喪服)」 참최장
(斬衰章)의 「소」에 "고(孤)와 경과 대부 중에서 채읍(采邑)을 소유한 자는
그 읍(邑)에 이미 읍재(邑宰)를 두고 또 가상을 둔다. 예컨대, 노나라의
삼경(三卿) 중 공산불요(公山弗擾)를 계씨(季氏)의 비읍(費邑) 수령[宰]으로
삼고, 자고(子羔)를 맹씨(孟氏)의 후읍(郕邑) 수령으로 삼은 종류와 같은
것이 모두 읍재가 된 경우이다. 양화(陽貨)·염유·자로 등은 계씨의 가
상이 되었는데, 역시 명칭을 가읍의 수령이라 한다. 만약 경이나 대부를
둘 만한 땅이 없으면 읍재가 없이 다만 가상만 둔다."[47]라고 했는데, 가

46　『국어(國語)』「진어4(晉語四)」 위소(韋昭)의 「주」에는 "『論語』「注」, 原憲爲家邑宰."로 되어
　　있다.

47　『의례주소』 권11, 「상복(喪服)」 가공언(賈公彦)의 「소」.

씨[賈氏: 가공언(賈公彦)]의 이 말이 가장 분명하다. 여러 책들은 공자가 노나라에서 벼슬한 것을 언급하면서 채지를 말하지 않았으니, 그렇다면 단지 가상만 둘 뿐이지, 읍재를 둘 수는 없다. 포함과 위소의 말은 근거할 만한 것이 못 된다.

- 「注」, "九百"至"不受".
- 正義曰: 云"九百, 九百斗"者, 孔以意言之. 胡氏紹勳『拾義』"案, 「世家」, '孔子居魯, 奉粟六萬.' 『索隱』云: '當是六萬斗.' 『正義』云'六萬小斗, 當今二千石也.' 據此知孔子時三斗當唐時一斗. 宋 沈括『筆談』云: '予求秦・漢以來度量, 計六斗當今之一斗七升九合.' 是宋斗又大於唐斗. 『元史』言'世祖取江南, 命輸粟者止用宋斗斛, 以宋斗一石當今七斗, 是元斗又大於宋斗.' 然則周時九百斗, 合元時僅得一百八十九也. 江氏永『群經補義』云: '古者百畝, 當今二十三畝四分三釐有奇, 就整爲二十三畝半. 今稻田自佃一畝, 約收穀二石四斗, 二十三畝半收穀五十六石四斗, 折半爲米二十八石二斗. 人一歲約食米三石六斗, 可食八人.' 據江氏說, 古農夫百畝, 合今斗且得米二百八十二斗. 如孔「注」以九百爲九百斗, 止合元時一百八十九斗, 反不及農夫所收之數, 原思何又嫌多而辭之? 或九百爲九百石, 則又不若是多. 古制計粟以五量, 量莫大於斛. 十斗爲一斛, 粟多至九百, 必以量之量大者計之, 則九百當爲九百斛. 何以知爲九百斛也? 當時孔子爲小司寇, 卽下大夫, 其家宰可用上士爲之. 孟子曰'上士倍中士', 當得四百畝之粟. 又曰'卿以下必有圭田, 圭田五十畝'. 明士亦有圭田, 以五十畝合四百畝, 爲四百五十畝. 以漢制畝收粟一石半計之, 當得六百七十五石. 若以石合斛, 一石爲百二十斤, 古無大斗, 一斛粟不足百斤, 二斛約重一石有半, 是百畝收百五十石, 合得二百斛, 四百畝爲八百斛, 加圭田五十畝爲一百斛, 共得九百斛."
- ○「주」의 "구백(九百)"부터 "불수(不受)"까지.
- ○ 정의에서 말한다.

"9백은 9백 말[九百斗]이다"라고 한 것은 공안국이 자기 생각대로 말한 것이다. 호소훈(胡紹勳)의 『사서습의(四書拾義)』에 "살펴보니, 『사기』「공자세가」에 '공자는 노나라에 살 때, 조(粟) 6만(六萬)을 봉록으로 받았다.'라고 했는데, 『사기색은』에 '당연히 6만 말[斗]이다.'라고 했다. 『사기정의(史記正義)』에 '작은 말[小斗]로 6만 말은 지금의 2천 섬[石]에 해당한다.'[48] 라고 했다. 여기에 의거해 보면 공자 당시의 세 말은 당(唐)나라시대의 한 말에 해당됨을 알 수 있다. 송(宋)나라시대 심괄(沈括)의 『몽계필담(夢溪筆談)』에 '내가 진(秦)나라와 한나라 이래의 도량형을 구해서 여섯 말을 계산해 보니, 지금의 한 말 일곱 되 아홉 홉에 해당한다.' 라고 했으니, 송나라시대의 한 말은 또 당나라 시대의 한 말보다 크다. 『원사(元史)』에 '세조 (世祖)가 강남(江南)을 탈취하고, 곡식을 수송하는 자에게 명하여 송나라의 말과 휘[斗斛] 사용을 금지시켰는데, 송나라 말로 한 섬이 지금의 일곱 말에 해당하기 때문이었다.'[49]라고 했으니, 원(元)나라의 한 말 역시 송나라의 한 말보다 컸던 것이다. 그렇다면 주나라 시대의 9백 말은 원나라시대에는 겨우 189말 정도에 해당된다. 강영의 『군경보의(群經補義)』에 '옛 날의 1백 묘[百畝]는 지금의 23묘(畝) 4푼(分) 3리(釐) 남짓에 해당되는데, 정수(整數)를 취 해서 23묘 반이라고 한다. 지금 자가에서 논 한 묘[一畝]를 갈면 대략 나락 두 섬 네 말을 수 확하니, 23묘 반이면 나락 쉰여섯 섬 네 말을 수확하고, 절반을 하면 쌀 스물여덟 섬 두 말이 된다. 한 사람이 1년에 대략 쌀 세 섬 여섯 말을 먹으니, 여덟 사람이 먹을 수 있다.'라고 했 다. 강영의 말에 의거하면 옛날 농부들에게 1백 묘는 지금의 말로 치면 얼추 쌀 282말을 얻 는 데 해당된다. 공안국의 「주」와 같이 9백을 9백 말로 본다면 단지 원나라 말로 189말에 해 당될 뿐이어서, 오히려 농부들이 수확하는 수량에도 미치지 못하는데, 원사가 무엇 때문에 또 많음을 꺼려 사양했겠는가? 더러 9백을 9백 섬이라고 하는데, 그렇다면 또 이처럼 많이 주지는 않았을 것이다. 옛날의 제도에는 다섯 가지 도량형[五量][50]으로 곡식을 세는데, 도량 형기[量]는 곡(斛)보다 더 큰 것이 없다. 열 말[十斗]이 한 곡(一斛)이 되고, 곡식이 많아 9백 에 이르게 되면 양이 반드시 용적량이 큰 도량형기를 가지고 계산을 하니 9백은 당연히 9백 곡[九百斛]이 된다. 어떻게 9백 곡이 되는지 알 수 있을까? 당시에 공자는 소사구(小司寇)로 서, 즉 하대부(下大夫)가 되었으니, 그 가재(家宰)로는 상사(上士)를 등용해서 시킬 수 있었 다. 『맹자』「만장하(萬章下)」에 '상사의 봉록은 중사(中士)의 배가 된다.'라고 했으니, 당연

---

48 당(唐)의 장수절(張守節)이 편찬한 『사기정의(史記正義)』 권47, 「공자세가제17(孔子世家第 十七)」의 「주」에 보인다.

49 『원사(元史)』 권93, 「지제42(志第四十二)·식화1(食貨一)·세량(稅糧)」에 보인다.

50 오량(五量): 양(量)을 재는 다섯 가지 도구. 약(龠), 합(合), 승(升), 두(斗), 곡(斛)을 말한다.

히 4백 묘의 곡식을 받을 수 있다. 또 「등문공상(滕文公上)」에 '경 이하는 반드시 규전(圭田)이 있으니, 규전은 50묘이다.'라고 했다. 명사(明士)에게도 역시 규전이 있으니, 50묘에다 4백 묘를 합하면 450묘가 된다. 한나라시대 제도에서 1묘에서 수확하는 곡식 한 섬 반을 가지고 계산해 보면 당연히 675섬을 얻게 된다. 만약 섬을 곡(斛)에다 맞추게 되면, 1섬은 120근(斤)이 되는데, 옛날에는 큰 말[大斗]이 없었지만, 1곡의 곡식은 채 1백 근이 되지 않고, 2곡은 대략 무게가 한 섬 반 정도 되는데, 이 1백 묘에서 수확한 150섬이 2백 곡과 부합되는 것이니, 4백 묘면 8백 곡이 되고, 여기에 규전 50묘의 수확량을 보태면 1백 곡이 되니, 모두 합해서 9백 곡이 되는 것이다."라고 했다.

원문 案, 胡說近理, 因竝著之. 云"辭, 辭讓不受"者, 『說文』, "䜴, 不受也. 辭, 訟也." 二字義別. 今經典多作辭.

역문 살펴보니, 호소훈의 설이 이치에 근사하므로 아울러 기록해 둔다. "사(辭)는 사양(辭讓)하고 받지 않음[不受]이다."라고 했는데 『설문해자』에 "사(䜴)는 받지 않는다[不受]는 뜻이다."[51]라고 했고, "사(辭)는 송사[訟]한다는 뜻이다."[52]라고 했으니, 두 글자의 뜻은 구별된다. 지금의 경전에는 대부분 사(辭)로 되어 있다.

---

51 『설문해자』 권14: 사(䜴)는 받지 않는다[不受]는 뜻이다. 신(辛)으로 구성되었고 수(受)로 구성되었다. 고통을 받을 땐 사양하는 것이 마땅하다. 사(辝)는 사(䜴)의 주문(籒文)인데 태(台)로 구성되었다. 사(似)와 자(兹)의 반절음이다.[䜴, 不受也. 從辛從受. 受辛宜䜴之. 辝, 籒文䜴從台. 似兹切.]
52 『설문해자』 권14: 사(辭)는 송사[訟]라는 뜻이다. 난(冏)으로 구성되었는데, 난(冏)은 허물을 다스린다는 뜻과 같다. 난(冏)은 다스린다[理]는 뜻이다. 사(嗣)는 사(辭)의 주문(籒文)인데 사(司)로 구성되었다. 사(似)와 자(兹)의 반절음이다.[辭, 訟也. 從冏, 冏猶理辜也. 冏, 理也. 嗣, 籒文辭從司. 似兹切.]

子曰: "毋, 以與爾隣里鄕黨乎!"【注】孔曰: "祿法所得, 當受無讓." 鄭
曰: "五家爲隣, 五隣爲里, 萬二千五百家爲鄕, 五百家爲黨."

공자가 말했다. "사양하지 말고, 가져다 네 이웃이나 고을에 나누
어 주거라!"【주】공안국이 말했다. "봉록을 규정한 법률에 따른 소득은 마땅히
받고 사양함이 없어야 한다." 정현이 말했다. "5가(家)가 1린(隣)이 되고, 5린이 1리
(里)가 되며, 12,500가가 1향(鄕)이 되고, 5백 가가 1당(黨)이 된다."

원문 正義曰: 鄭「注」云: "毋, 止其辭讓也. 士辭位不辭祿." 案, 『說文』, "毋,
止之詞也." 古人祿皆以粟, 故「注」以祿解粟. 此與上章"請粟"爲私與之粟
不同也. 有位則有祿, 義所當受, 不得辭, 惟辭位乃無祿耳. 鄭以"毋"字絶
句. 武氏億『經讀考異』謂"毋"通作"無", "以"通作"已", "毋以"亦連下讀, 如
『孟子』"無以則王乎"句, 亦通. 王氏引之『經傳釋詞』謂"毋"與"無"通, "無"
訓爲"不", 連下讀, 與武又異, 而義亦通.

역문 정의에서 말한다.

정현의 「주」에 "무(毋)는 사양(辭讓)을 멈추라는 말이다. 사는 지위는
사양해도 봉록은 사양하지 않는다."라고 했다. 살펴보니, 『설문해자』에
"무(毋)는 금지하는[止] 말이다."[53]라고 했다. 옛날 사람들의 봉록은 모두

---

53 『설문해자』 권12: 무(毋)는 금지한다[止]는 뜻이다. 여(女)와 일(一)로 구성되었다. 여자에
게 간교한 데가 있으면, 일(一)로 그것을 금지시켜 간교한 짓을 못하게 한 것이다. 모든 무
(毋)부에 속하는 글자는 다 무(毋)의 뜻을 따른다. 무(武)와 부(扶)의 반절음이다.[毋, 止之
也. 從女一, 女有姦之者, 一禁止之, 令勿姦也. 凡毋之屬皆從毋. 武扶切.] "從女一, 女有姦之
者, 一禁止之, 令勿姦也."는 『설문해자』 각 판본에는 빠져 있고, "從女, 有姦之者" 여섯 글자

곡식을 사용했기 때문에 「주」에서 속(粟)을 봉록[祿]이라고 해석한 것이다. 이 문장에서의 곡식[粟]은 앞 문장에서 "곡식을 청한 것[請粟]"이 사사롭게 준 곡식이 되는 것과는 다르다. 지위가 있으면 봉록이 있으므로 의리상 마땅히 받아야 하고 사양할 수 없는 것이니, 오직 지위를 사양해야 이에 봉록이 없을 뿐이다. 정현은 "무(毋)" 자에서 구두를 끊었다. 무억(武億)의 『경독고이(經讀考異)』에 "무(毋)"는 일반적으로 "무(無)"라고 쓰고, "이(以)"는 일반적으로 "이(已)"라고 쓰므로, "무이(毋以)" 역시 아래 글자와 이어서 읽어야 하니, 『맹자』「양혜왕상(梁惠王上)」의 "그만두지 말라시면 왕도(王道)가 있습니다."라고 한 구절과 같다고 했는데, 역시 통한다. 왕인지(王引之)의 『경전석사(經典釋詞)』에는 "무(毋)"는 "무(無)"와 통하고, "무(無)"는 "아닐 불(不)"의 뜻으로 해석해서 아래 글자와 연결해서 읽어야 한다고 했는데, 무억의 해석과는 또 다르지만 뜻은 역시 통한다.

- 「注」, "五家"至"爲黨".
- 正義曰:『說文』, "郷, 國離邑, 民所封郷也." "國離邑"者, 言郷爲國所附麗之邑也. 『釋名』「釋州國」, "郷, 向也, 衆所向也." 『玉篇』, "郿, 『廣雅』云'居也.' 一曰五百家爲郿, 今作黨." 據『說文』, "黨, 從尙黑." 訓"不鮮", 則段借也.
- ○ 「주」의 "오가(五家)"에서부터 "위당(爲黨)"까지.
- ○ 정의에서 말한다.

『설문해자』에 "향(郷)은 나라의 이읍(離邑)으로 백성들에게 봉해진 고을이다."[54]라고 했는

만 남아 있다. 이서본(二徐本)을 참조해서 10글자를 보충했다.

54 『설문해자』 권6: 향(郷)은 나라의 이읍(離邑)으로 백성들에게 봉해진 고을이다. 색부(嗇夫)가 별도로 다스린다. 봉기(封畿)의 안이 6향(六郷)이면, 6향을 다스린다. 향(郷)으로 구성되

데, "나라의 이읍[國離邑]"이란 고을 중에서 나라에 부속되어 있는 읍이라는 말이다. 『석명(釋名)』「석주국(釋州國)」에 "향(鄕)은 향한다[向]는 뜻이니. 민중이 향하는 곳이라는 뜻이다."라고 했다. 『옥편(玉篇)』에 "향(鄕)은 『광아』에서 '거처[居]라는 뜻이다.'라고 했다. 일설에는 5백 가(家)가 1향(鄕)이 된다고 하는데, 지금은 당(黨)으로 쓴다."라고 했다. 『설문해자』에 의거하면 당(黨)은 상(尙)과 흑(黑)으로 구성되었고, 선명하지 않음[不鮮]이라고 뜻풀이를 했으니,[55] 그렇다면 가차자이다.

원문 『周官』「大司徒」, "令五家爲比, 五比爲閭, 四閭爲族, 五族爲黨, 五黨爲州, 五州爲鄕."「注」, "黨五百家, 鄕萬二千五百家." 又「遂人」, "掌邦之野, 以土地之圖經田野, 五家爲鄰, 五鄰爲里, 四里爲酇, 五酇爲鄙, 五鄙爲縣, 五縣爲遂."「注」, "鄭司農云: '田野之居, 其比伍之名, 與國中異制, 故五家爲鄰.' 玄謂異其名者, 示相變耳." 案, 此則鄰里鄕黨實兼鄕遂之制, 各擧二者, 以槪其餘.

역문 『주관』「대사도(大司徒)」에 "다섯 집[五家]으로 1비(比)를 구성하고, 5비로 1여(閭)를 구성하며, 4여로 1족(族)을 구성하고 5족으로 1당(黨)을 구성하게 한다."[56]라고 했는데, 「주」에 "당(黨)은 5백 가(家)이고, 향(鄕)은 12,500가이다."[57]라고 했다. 또 「수인(遂人)」에 "나라의 교야(郊野)를 관장하는데, 토지 도본(土地圖本)으로써 전야(田野)의 경계(經界)를 정리하

었고 급(皀)이 발음을 나타낸다. 허(許)와 양(良)의 반절음이다.[鄕, 國離邑, 民所封鄕也. 嗇夫別治. 封圻之內六鄕, 六鄕治之. 從邑皀聲. 許良切.]

55 『설문해자』 권10: 당(黨)은 선명하지 않다[不鮮]는 뜻이다. 흑(黑)으로 구성되었고, 상(尙)이 발음을 나타낸다. 다(多)와 낭(朗)의 반절음이다.[黨, 不鮮也. 從黑尙聲. 多朗切.] 유보남은 "흑(黑)과 상(尙)으로 구성되었다."라고 했는데, 착오이다.

56 『주례』「지관사도상(地官司徒上)·대사도(大司徒)」.

57 『주례주소』 권10, 「지관사도상(地官司徒上)·대사도(大司徒)」 정현의 「주」.

니, 5가(家)가 1린(隣)이 되고, 5린이 1리(里)가 되며, 4리가 1찬(酇)이 되며, 5찬이 1비(鄙), 5비가 1현(縣), 5현이 1수(遂)가 된다."라고 했는데, 「주」에 "정사농이 이르길 '전야(田野)의 거처는, 그 기반[比伍: 基層]에 따른 명칭으로 수도[國中]와는 편제를 달리하기 때문에 5가를 1린으로 삼는다.'라고 했는데, 내(정현)가 생각하기에 그 명칭을 달리한 것은 상황에 따라 서로 변함을 보여 준 것일 뿐이다."[58]라고 했다. 살펴보니, 이것은 인·리(隣里)나 향·당(鄕黨)에서 실제로 향·수(鄕遂)를 겸하는 제도인데, 각각 두 가지씩 들어서 그 나머지를 개괄(槪括)한 것이다.

6-6

子謂仲弓, 曰: "犁牛之子騂且角, 雖欲勿用, 山川其舍諸?"
【注】 "犁", 雜文. "騂", 赤也. "角"者, 角周正, 中犧牲. 雖欲以其所生犁而不用, 山川寧肯舍之乎? 言父雖不善, 不害於子之美.

공자가 중궁을 평하면서 말했다. "밭 가는 소의 새끼가 털이 붉고 또 뿔이 완전하다면 비록 희생(犧牲)으로 쓰지 않으려 하더라도, 산천의 신(神)이 그것을 버려 두겠는가?" 【주】 "이(犁)"는 얼룩무늬[雜文]이다. "성(騂)"은 붉은색[赤]이다. "각(角)"은 뿔이 완전하고 단정해서 희생의 규격에 맞는 것이다. 비록 그 어미가 얼룩소라 하여 희생으로 쓰지 않으려 하더라도 산천의 신이 어찌 기꺼이 버려 두겠는가? 이는 부모가 비록 불선(不善)해도 그 자식의 훌륭한 자질에는 해가 되지 않음을 말한 것이다.

---

[58] 『주례주소』 권15, 「지관사도하(地官司徒下)·수인(遂人)」 정현의 「주」.

원문 正義曰: 皇「疏」載一說, "犂或音梨, 謂耕牛也."『釋文』, "犂, 又力兮反,
耕犂之牛." 此六朝經師解誼之最可據者.『說文』, "𤛦, 耕也. 耕, 𤛦"也. 互
相訓. "犂"卽"口"省. 古有人耕·牛耕二法. 孔門弟子, 如冉耕字伯牛, 司馬
牛名犂, 名字都是相配.

역문 정의에서 말한다.

　　황간의 「소」에 한 가지 설이 실려 있는데, "이(犂)는 간혹 이(梨)라고
발음하니 밭 가는 소라는 말이다."라고 했다.『경전석문』에 "이(犂)는 또
역(力)과 혜(兮)의 반절음으로 읽어야 하니 밭 가는 소라는 뜻이다."[59]라
고 했는데, 이는 육조(六朝)시대 경사(經師)들의 해의(解誼) 중에서 가장
증거로 삼을 수 있는 것이다.『설문해자』에 "이(𤛦)는 밭을 간다[耕]는 뜻
이다."[60]라고 하고, 또 "경(耕)은 밭을 간다[𤛦] 뜻이다.[61]"라고 했으니, 새
김이 서로 통한다. "이(犂)"는 바로 "이(𤛦)" 자의 생략된 자형이다. 옛날
에는 사람이 직접 밭을 갈거나 소가 밭을 가는 두 가지 농사법이 있었
다. 공자 문하의 제자들 중, 염경(冉耕)과 같은 경우 자가 백우(伯牛)이고,
사마우(司馬牛)와 같은 경우 이름이 이(犂)였는데, 이름과 자가 모두 서로
짝이 된다.

원문 惠氏士奇『禮說』, "犂牛爲耕牛. 犂牛之子, 非犧而何? 體醇騂而角繭栗,
此天牲也. 以天牲而用之山川, 則近於非禮. 然天下未有歆於上帝而吐於

---

59 『경전석문』권24, 「논어음의 · 옹야제6」.
60 『설문해자』권2: 이(𤛦)는 밭을 간다[耕]는 뜻이다. 우(牛)로 구성되었고 이(黎)가 발음을 나
　타낸다. 낭(郎)과 해(奚)의 반절음이다.[𤛦, 耕也. 從牛黎聲. 郎奚切.]
61 『설문해자』권4: 경(耕)은 밭을 간다[犂]는 뜻이다. 뇌(耒)로 구성되었고 정(井)이 발음을 나
　타낸다. 일설에는 "옛날의 정전(井田)이다."라고 한다. 고(古)와 경(莖)의 반절음이다.[耕,
　犂也. 從耒井聲. 一曰: "古者井田." 古莖切.]

山川者, 故曰'山川其舍諸?' 說者據此以爲山川用騂牲, 誤矣. <u>何休</u>云: '別天牲, 主以角.' 故知騂且角爲天牲."

역문 혜사기(惠士奇)의 『예설(禮說)』에 "이우(犁牛)는 밭 가는 소[耕牛]이다. 이우의 새끼라면 송아지[犢]가 아니고 무엇이겠는가? 몸은 진한 붉은색이고 뿔은 누에고치나 밤톨[繭栗][62] 같으니, 이는 하늘의 신에게 올리는 희생감[天牲]이다. 하늘의 신에게 올리는 희생을 산천에 사용하는 것은 비례(非禮)에 가깝다. 그러나 천하에 상제가 흠향하는데 산천의 신이 토해 내는 희생은 없기 때문에 '산천의 신이 그것을 버려두겠는가?'라고 한 것이다. 설자들 중에는 이를 근거로 산천의 신에게는 붉은색 희생을 쓴다고 생각하는데 잘못이다. 하휴는 '하늘의 신에게 올리는 희생을 구별할 때는 뿔을 위주로 한다.'[63]라고 했으니, 따라서 털이 붉고 뿔이 완전한 것을 하늘의 신에게 올리는 희생으로 삼음을 안다."[64]라고 했다.

원문 先從叔<u>丹徒君</u>『駢枝』云: "<u>惠氏</u>謂'山川不得用騂牲, 以其非禮, 故欲勿用', 此義非也. 又云'天下未有歆於上帝而吐於山川者, 故曰"山川其舍諸"', 夫旣非禮矣, 山川豈得享之? 「祭義」曰: '古者天子諸侯, 必有養獸之官, 犧牷祭牲, 必於是取之.' 民間耕牛, 非所以待祭祀, 故欲勿用. 然有時公牛不足, 則耕牛之犢, 亦在所取. 『周禮』「羊人職」云: '若牧人無牲, 則受布於司馬, 使其賈賈牲而共之.' 「遂人」所謂'野牲', 「曲禮」所謂'索牛'是也. 周禮用騂牲者三: 祭天南郊, 一也; 宗廟, 二也; 望祀南方山川, 三也.

---

62 견율(繭栗): 뿔의 크기가 누에고치와 밤톨만 하다는 뜻이다. 고대의 제사에 쓰는 희생(犧牲)은 뿔이 작은 것으로 귀함을 삼았다. 『예기(禮記)』「왕제(王制)」에 "하늘과 땅에 제사 지내면서 쓰는 소는 그 뿔이 누에나 밤톨만 하다[祭天地之牛角繭栗]"라고 하였다.

63 『춘추공양전주소(春秋公羊傳注疏)』권15, 「선공(宣公)」3년, 하휴(何休)의 「주」.

64 『예설(禮說)』권3, 「지관1(地官一)」.

郊廟, 大祀也; 山川, 次祀也. 耕牛之犢, 而有騂角之材, 縱不用諸上帝山川次祀, 亦豈得舍之? 不得已而思其次之辭也. 三代以下, 世及爲禮, 未有起畎畝之中, 膺天子之薦者. 論匹夫之遭際, 至於得國而止. 五嶽視三公, 四瀆視諸侯, 故有山川之喩. 『說苑』「修文篇」曰: "雍也可使南面", 南面者, 天子也.' 孫卿子曰: '聖人之得勢者, 舜·禹是也; 聖人之不得勢者, 仲尼·子弓是也.' 楊倞「注」, '子弓, 仲弓也.' 顏淵問爲邦, 夫子告以四代之禮樂. 仲弓德行亞於顏淵, 觀夫子所以稱之者, 其分量可知矣." 謹案, 『騂枝』此義甚精.

역문 작고하신 종숙(從叔) 단도군(丹徒君)[65]의 『논어변지(論語騂枝)』에 "혜씨는 '산천의 신에게 붉은색 희생을 쓸 수 없는 것은 그것이 예가 아니기 때문에 쓰지 않으려 한다.'라고 했는데, 이 뜻은 틀린 것이다. 또 '천하에 상제가 흠향하는데 산천의 신이 토해 내는 희생은 없기 때문에 "산천의 신이 그것을 버려두겠는가?"라고 했다.'라고 하였는데, 이미 예가 아닌 것을 산천의 신이 어찌 흠향을 하겠는가? 『예기』「제의(祭義)」에 '옛날 천자와 제후는 반드시 짐승을 기르는 관원을 두고, 색깔이 순색이고 몸이 완전한 짐승을 희생으로 삼아 제사 지냄에 있어 반드시 여기에서 가져다 썼다.'라고 했으니, 민간의 밭 가는 소는 제사에 대비하기 위한 것이 아니기 때문에 쓰지 않으려 하는 것이다. 그러나 때로 공우(公牛)가

---

65 단도군(丹徒君): 청나라 강소(江蘇) 보응(寶應) 사람 유태공(劉台拱, 1751~1805)으로 자는 임단(端臨)이다. 건륭 35년(1770) 거인이 되었고, 단도현(丹徒縣) 훈도(訓導)를 지냈다. 천문과 율려(律呂), 성음(聲音), 문자에 이르기까지 두루 정통했다. 주균(朱筠), 왕염손(王念孫), 대진(戴震) 등과 교유했다. 입신처세(立身處世)에 있어서는 송유(宋儒)의 의리(義理)를 중시했고, 경적(經籍) 연구에 있어서는 한유(漢儒)의 훈고(訓詁)만을 종주로 했다. 특히 고정(考訂)에 뛰어났다. 저서에 『논어보주(論語補注)』와 『논어변지(論語騂枝)』, 『방언보교(方言補校)』, 『한학습유(漢學拾遺)』, 『순자보주(荀子補注)』, 『국어보교(國語補校)』 등이 있다.

부족한 경우가 발생하면 밭 가는 소의 송아지 역시 가져다 쓰는 경우가 있다. 『주례』「하관사마상(夏官司馬上)·양인(羊人)」에 '만약 목인(牧人)[66]에게 희생이 없으면 사마(司馬)에게 돈[布]을 받아 그 돈으로 희생을 사서 제공한다.' 했으니, 「지관사도하(地官司徒下)·수인」의 이른바 '야생(野牲)'과 『예기』「곡례(曲禮)」의 '색우(索牛)'가 이것이다. 주나라시대의 예 가운데 붉은색 희생을 사용한 예가 3가지 경우가 있었으니, 남교(南郊)에서 하늘에 제사한 것이 첫 번째 경우이고, 종묘(宗廟)에서 제사한 것이 두 번째 경우이며, 남방(南方) 산천의 신에게 망사(望祀)[67]를 지낸 것이 세 번째 경우이다. 천지에 지내는 제사[郊]와 묘제[廟]는 가장 큰 대사(大祀)이고, 산천의 신에게 지내는 제사가 그다음인 차사(次祀)이다. 밭 가는 소의 송아지로서 색이 붉고 뿔이 완전한 재질을 지녔다면 비록 상제나 산천의 차사에서 쓰지 않으려 하더라도, 어찌 버려둘 수 있겠는가? 부득이해서 그 차선책을 생각한 말이다. 삼대(三代) 이후로 세상에서 예가 된다고 언급하는 것 중에 촌구석에서 나와서 천자에게 올리는 음식에 알맞은 것은 아직은 없다. 필부(匹夫)가 영달함을 만난 것으로 논하자면 나라를 얻는 정도에 이르러야 그치게 된다. 오악(五嶽)[68]은 삼공(三公)에 비견되고, 사독(四瀆)[69]은 제후에 비견되므로 산천의 비유가 있는 것이다.

---

66 목인(牧人): 희생을 제공하는 일을 관장하는 관원. 『주례』「지관사도상·목인(牧人)」에 "목인은 소·말·양·돼지·개·닭의 6가지 희생을 기르고 키우고 번식시키는 일을 관장해서 제사에 바치는 희생을 제공한다.[牧人, 掌牧六牲, 而阜蕃其物, 以共祭祀之牲牷.]"라고 했다.

67 망사(望祀): 멀리 산천을 우러르며 신에게 축원을 올리며 지내는 제사로, 오악(五嶽), 사진(四鎭), 사독(四瀆)에 지내는 제사 및 유(類), 조(造), 회(禬), 영(禜)의 제사를 모두 포괄한다.

68 오악(五嶽): 중국의 태산(泰山), 숭산(嵩山), 형산(衡山), 화산(華山), 항산(恒山)의 다섯 큰 산을 가리킨다.

69 사독(四瀆): 중국의 양자강(揚子江)·황하(黃河)·회수(淮水)·제수(濟水)의 네 큰 강을 가리킨다.

『설원』「수문」에 "'옹은 남면하게 할 만하다.'라고 했는데, 남면이라는
것은 천자라는 뜻이다.'라고 했고, 손경자(孫卿子)는 '성인으로서 권세를
잡은 자는 순과 우가 그런 사람이고, 성인이지만 권세를 잡지 못한 자는
중니와 자궁이 그런 사람이다.'[70]라고 했는데, 양경(楊倞)의 「주」에 '자궁
은 중궁이다.'라고 했다. 안연이 나라 다스리는 방법에 대해 질문했을
때, 공자는 4대의 예악(禮樂)으로 일러 주었다.[71] 중궁의 덕행은 안연에
버금가니 공자가 그를 칭찬한 이유를 살펴보면 그의 분수와 도량을 알 수
있다."라고 했다. 삼가 살펴보니, 『논어변지』의 이 뜻이 매우 정밀하다.

원문 『南齊』「禮志」, "建武二年, 何佟之奏, '「牧人」云: "陽祀用騂牲, 陰祀用
黝牲." 鄭云: "陽祀, 祭天南郊及宗廟; 陰祀, 祭地北郊及社稷."' 前軍長史
劉繪議, '『語』云"犂牛之子"云云, 未詳山川合爲陰祀否? 若在陰祀, 則與
黝乖矣.' 佟之云: '『周禮』以天地爲大祀, 四望爲次祀, 山川爲小祀. 自四
望以上, 牲色名依其方者, 以其祀大, 宜從本也; 山川以下, 牲色不見者,
以其祀小, 從所尙也. 則『禮』·『論』二說, 合爲一矣.' 從之."

역문 『남제서(南齊書)』「예지(禮志)」에 "건무(建武) 2년, 하동지(何佟之)[72]가 아

---

70 『순자』「비상편」.

71 『논어』「위영공」: 안연이 나라 다스리는 방법을 묻자, 공자가 말했다. "하나라의 달력을 쓰
고, 은나라의 수레를 타며, 주나라의 면류관(冕旒冠)을 쓰고, 음악은 「소(韶)」와 「무(武)」를
본받아야 한다. 정(鄭)나라의 소리를 추방하고 간사스럽게 말재주를 부리면서 아첨하는 사
람을 멀리해야 하니, 정나라 소리는 음란하고, 간사스럽게 말재주를 부리면서 아첨하는 사
람은 위태롭다."[顔淵問爲邦, 子曰: "行夏之時, 乘殷之輅, 服周之冕, 樂則「韶」·「舞」. 放鄭
聲, 遠佞人, 鄭聲淫; 佞人殆."]

72 하동지(何佟之, 449~503): 남조 여강(廬江) 첨현(灊縣) 사람으로 자는 사위(士威)이다. 송나
라에서 양주종사(揚州從事)로 벼슬을 시작해 총명관학사(總明館學士)를 지냈고, 상서사부
랑(尙書祠府郎)으로 옮겼다. 제(齊)나라에서는 국자조교(國子助敎)를 하면서 『상복(喪服)』

뢰길, '『주례』「목인(牧人)」에 "양사(陽祀)에는 붉은 희생을 쓰고 음사(陰祀)에는 검은 희생을 쓴다."라고 했는데, 정현이 "양사는 하늘이나 남교 및 종묘에 지내는 제사이고, 음사는 땅이나 북교(北郊) 및 사직(社稷)에 지내는 제사이다."라고 했습니다.'라고 하였다. 전군장사(前軍長史) 유회(劉繪)[73]가 의견을 제시하기를, '『논어』에 "밭 가는 소의 새끼"라고 운운했는데, 모르겠습니다만, 산천의 신에게 음사를 지내는 것이 합당합니까? 만약 음사에 있는 것이라면, 검은 희생을 쓴다는 것과는 어긋납니다.'라고 하자, 하동지가 말했다. '『주례』에서는 천지(天地)에 지내는 제사를 대사라 하고, 사망(四望)에 지내는 제사를 차사라 하며, 산천에 지내는 제사를 소사(小祀)라 했습니다. 사망으로부터 그 이상의 제사에서 희생의 색과 명칭을 그 방위에 따르는 것은 그 제사가 커서 근본을 따르는 것이 마땅하기 때문이고, 산천 이하의 제사에서 희생의 색을 드러내지 않는 것은 그 제사가 작아서 숭상하는 바를 따르기 때문입니다. 그렇다면 『주례』와 『논어』 두 설은 합해서 하나가 됩니다.'라고 하자, 그대로 따랐다."라고 했다.

원문 考佟之議謂此"山川"爲山林川澤, 群祀之小者, 與四望不同. 四望者, 五嶽·四瀆, 其祀尊, 故各用其方色; 山川, 其祀卑, 則各從所尙用之. 「明堂

을 강의했다. 상세하게 잘 가르쳐서 순유(醇儒)로 불렸다. 제 명제(齊明帝) 건무(建武) 연간에 진북기실참군(鎭北記室參軍)과 태자시강(太子侍講)을 역임했다. 국가의 길흉사(吉凶事)에 갖춰야 할 예칙(禮則)을 고안했다. 국자박사(國子博士)와 효기장군(驍騎將軍)을 지냈다. 양나라에서는 상서좌승(尙書左丞)을 지내면서 조의제도(朝儀制度)를 정했다. 삼례(三禮)에 뛰어나 조정의 의례 제정에 모두 참여했다.

73 유회(劉繪, 458~502): 남조 팽성(彭城) 사람으로 자는 사장(士章)이다. 총명하고 재빠르며 문의(文義)가 있고, 예서(隸書)에 뛰어났다. 『능서인명(能書人名)』을 편찬했으며, 제 고제(齊高帝) 때 대사마종사중랑(大司馬從事中郞)이 되었다.

位」, "夏后氏牲尙黑, 殷尙白, 周騂剛." 騂本周所尙, 故此山川得用之也.
四望 · 山川, 不在陰祀之列, 故鄭注「牧人」不數之. 『騂枝』謂望祀南方山
川用騂, 是山川亦用其方之色, 與四望大祭同. 此騂牛但擧南方, 與何說
異. 何謂山川用牲, 各從所尙. 考之經傳, 未有所徵, 則當以『騂枝』爲然也.
若然, 山川用騂, 而「牧人」云"凡外祭毀事用尨", 外祭兼有山川, 彼謂毀除
殃咎之祭, 非正祭. 『說文』, "市居曰舍. 捨, 釋也." 誼別, 今經典多叚"舍"
爲"捨".

역문 하동지의 의논에서 여기의 "산천"을 산림천택(山林川澤)이라고 한 것
을 살펴보면, 여러 작은 제사들은 사망에 지내는 제사와는 다르다. 사망
이란 오악과 사독으로, 그 제사가 높기 때문에 각각 그 방위에 해당하는
색의 희생을 사용하고, 산천은 그 제사가 낮으므로 각각이 숭상하는 색
을 따라서 희생으로 사용한다. 『예기』「명당위(明堂位)」에 "하후씨(夏后
氏)는 희생으로 검은색을 숭상했고, 은나라는 흰색을 숭상했으며, 주나
라는 붉은 수소를 숭상했다."라고 했으니, 붉은색[騂]은 본래 주나라가
숭상하는 색이었기 때문에 이것을 산천의 제사에서 사용할 수 있었던
것이다. 사망과 산천은 음사의 계열에 있지 않기 때문에 정현이 『주례』
「목인」을 주석하면서 취급하지 않았던 것이다. 『논어변지』에는 남방
산천의 신에게 망사를 지낼 때 붉은색 희생을 썼다고 했으니, 이는 산천
의 신에게 제사 지내는 경우에도 역시 그 방위의 색을 희생으로 사용한
것으로 사망의 큰 제사와 같다. 여기서의 붉은색 소는 단지 남방만을 거
론한 것으로 하동지의 설과는 다르다. 하동지는 산천의 제사에서 희생
을 쓸 때 각각 숭상하는 바를 따른다고 했다. 경전에 고증해 보아도 증
거할 것이 없으니, 그렇다면 마땅히 『논어변지』가 옳다고 생각한다. 만
약 옳다면 산천의 신에게 지내는 제사에서 붉은 희생을 사용했고, 그리
고 「목인」에 "모든 외제(外祭)[74]와 훼사(毀事)[75]에는 얼룩무늬 희생을 쓴

다.”라고 했으니, 외제에 산천의 신에게 지내는 제사가 겸해 있고, 정현이 말한 재앙이나 허물을 없애거나 제거하는 제사[76]는 정제(正祭)가 아니다. 『설문해자』에 “저자에 거처하는 것을 사(舍)라 한다.[77] 사(捨)는 버린다[釋]는 뜻이다.[78]”라고 했으니, 뜻이 다른데, 지금의 경전에서는 대부분 “사(舍)” 자를 가차해서 “버릴 사(捨)”의 뜻으로 쓴다.

- 「注」, “犁雜”至“之美”.
- 正義曰: 云“犁雜文”者, 王氏引之『經義述聞』, “犁與騂對舉, 犁者, 黃黑相雜之名也. 「魏策」 ‘驪牛之黃也似虎’, 驪與犁通. 犁之爲驪, 猶黎之爲驪. 「禹貢」‘厥土靑黎’, 『史記』「夏本紀」作 ‘靑驪’. 「東山經」, ‘鱅鱅之魚, 其狀如犁牛.’ 郭「注」, ‘牛似虎文者.’ 則犁牛卽驪牛矣. 『廣韻』, ‘鸝, 黑而黃也.’ 鸝亦與犁通. 然則犁牛者, 黃黑相雜之牛也. 『淮南』「說林篇」, ‘髡屯犁牛, 旣科以楕, 決鼻而羈, 生子而犧, 尸祝齋戒, 以沈諸河, 河伯豈羞其所從出, 辭而不享哉?’ 犧與犁相對爲文. 「魯頌‧閟宮」「傳」, ‘犧, 純也.’ 「曲禮」鄭「注」, ‘犧, 純毛.’ 則犁爲不純色者矣. 故高「注」曰: ‘犁牛不純色.’ 引『論語』云云. 據此, 則‘雜文’之訓, 確不可易. 「月令」曰: ‘命宰

---

74 외제(外祭): 사냥 때 진을 친 장소에서 제사 지내거나 왕이 밖으로 행차할 때 지나치는 곳의 산천에 지내는 제사.

75 훼사(毀事): 일이 틀어진 것에 대한 제사.

76 『주례주소』 권12, 「지관사도상‧목인(牧人)」의 “外祭毀事”에 대한 정현의 「주」에 “훼(毀)는 벽고제사[副辜]나 후제사[候禳]로서 재앙이나 허물을 없애고 제거하는 등속을 이른다.[毀謂副辜候禳, 毀除殃咎之屬.]”라고 했다. 벽고(副辜)는 희생의 가슴을 해체하여 지내는 제사이다. 『주례』「춘관종백상(春官宗伯上)‧대종백(大宗伯)」에 보인다.

77 『설문해자』 권5: 사(舍)는 저자의 거처를 사(舍)라 한다. 집(亼)과 좌(屮)로 구성되었는데, 지붕을 형상한 것이고, 구(口)는 쌓음을 상형한 것이다. 시(始)와 야(夜)의 반절음이다.[舍, 市居曰舍. 從亼屮, 象屋也, 口象築也. 始夜切.]

78 『설문해자』 권12: 사(捨)는 버린다[釋]는 뜻이다. 수(手)로 구성되었고 사(舍)가 발음을 나타낸다. 서(書)와 야(治)의 반절음이다.[捨, 釋也. 從手舍聲. 書治切.]

歷卿·大夫至於庶民, 土田之數, 而賦犧牲, 以共山林名川之祀.' 則山川之祀亦用純色, 而不

純者不用. 此正與『論語』義合."

○ 「주」의 "이잡(犂雜)"부터 "지미(之美)"까지.

○ 정의에서 말한다.

"이(犂)는 얼룩무늬[雜文]이다."라고 했는데, 왕인지『경의술문(經義述聞)』에 "이(犂)와 성

(騂)은 상대해서 든 글자로, 이(犂)란, 누런색과 검은색이 서로 섞여 있는 명칭이다. 『전국책

(戰國策)』「위책(魏策)」에 '흑황색 황소[驪牛]는 마치 호랑이처럼 보인다.'라고 했으니, 여

(驪)와 이(犂)는 통용되는 글자이다. 이(犂)를 여(驪)라고 하는 것은 여(黎)를 여(驪)라고 하

는 것과 같다. 『서경(書經)』「하서(夏書)·우공(禹貢)」에 '토질이 푸르고 검다[厥土靑黎]'라

고 했는데, 『사기』「하본기(夏本紀)」에는 '청려(靑黎)'가 '청려(靑驪)'로 되어 있다. 『산해경

(山海經)』「동산경(東山經)」에 '용용(鱅鱅)이라는 물고기는 그 생김새가 얼룩소[犂牛] 같다.'

라고 했는데, 곽박(郭璞)의 「주」에, '호랑이 무늬와 같은 소이다.'라고 했으니, 이우(犂牛)란

바로 이우(驪牛)이다. 『광운(廣韻)』에 '여(鷙)는 검으면서 누런 색이다.'라고 했으니, 여(鷙)

도 역시 이(犂)와 통용된다. 그렇다면 이우(犂牛)란 누런색과 검은색이 서로 섞여 있는 소이

다. 『회남자』「설림훈(說林訓)」에, '못생긴[髡屯]⁷⁹ 얼룩소[犂牛]가, 이미 뿔도 없고 꼬리도

없으며, 코를 위쪽을 향해 뚫어 코뚜레를 해서 끌고 다니다가, 송아지를 낳으면 희생으로 바

치는데, 축문을 읽는 재[尸祝]가 재계(齋戒)하고 황하에 빠뜨리면, 하백(河伯)이 어찌 그 희

생[犧]의 출신 성분이 부끄럽다고 사양하고 흠향하지 않겠는가?'라고 했는데, 희(犧)와 이

(犂)가 상대(相對)가 되도록 문장을 썼다. 『시경(詩經)』「노송(魯頌)·비궁(閟宮)」의 「전」

에, '희(犧)는 순수한 색[純]이다.'⁸⁰라고 했고, 『예기』「곡례」 정현의 「주」에 '희(犧)는 순수한

색의 털[純毛]이다.'⁸¹라고 했으니, 그렇다면 이(犂)는 순수하지 않은 색의 소가 될 것이다.

그러므로 고유의 「주」에 '이우(犂牛)는 순색(純色)이 아니다.'라고 했는데, 『논어』를 인용해

서 그렇게 말한 것이다. 여기에 근거해 보면 '얼룩무늬[雜文]'라는 해석은 확실히 바꿀 수 없

---

79 곤둔(髡屯):『회남홍렬해(淮南鴻烈解)』권16, 「설산훈(說山訓)」 고유(高誘)의 「주」에 "곤둔

(髡屯)은 추한 소의 모양이다.[髡屯, 醜牛貌.]"라고 했다.

80 『모시주소(毛詩注疏)』권29, 「노송(魯頌)·경지십(駉之什)·비궁(閟宮)」 모형(毛亨)의 「전」.

81 『예기주소』권5, 「곡례하(曲禮下)」 정현의 「주」.

다. 『예기』「월령」에 '희생을 관리하는 관원[宰]에게 명하여 경과 대부로부터 서민에 이르기까지 소유한 토지와 전답의 수를 낱낱이 헤아려 희생을 부과해서, 이것을 가지고 산림(山林)과 명천(名川)의 제사를 함께 지내게 한다.'라고 했으니, 산천의 신에게 지내는 제사 역시 순색의 희생을 사용하고 순색이 아닌 것은 희생으로 사용하지 않았다. 이것이 바로 『논어』의 뜻과 딱 들어맞는다."라고 했다.

원문 今案, 『法言』「修身篇」, "或問, '犁牛之鞹與玄騂之鞹有以異乎?' 曰: '同.' '然則何以不犁也?' 曰: '將致孝乎鬼神, 不敢以其犁也. 如刲羊刺豕, 罷賓犒師, 惡在犁不犁也.'" 此亦以犁牛爲雜文, 與『淮南』同. 其實『論語』犁牛卽是耕牛, 『東山經』借犁爲驪, 與此犁牛字同實異, 不得援以爲證. 且騂·角之牛旣已可用, 何必追溯所生, 而以雜文爲嫌, 致有勿用之疑? 若以雜文喩仲弓父行惡, 無論此說全不可信, 且卽有之, 而稱子之美, 必及其父之惡, 長者所不忍言, 而謂聖人能出諸口乎? 然則以犁牛爲耕牛, 以耕牛爲喩微賤, 其說信不可易.

역문 이제 살펴보니, 『법언(法言)』「수신(修身)」에 "혹자가 '이우(犁牛)의 털 없는 가죽과 현성(玄騂)의 털 없는 가죽이 차이가 있는가?'라고 묻자, '같다.'라고 대답했다. '그렇다면 어째서 이우를 사용하지 않는가?'라고 묻자 '장차 귀신에게 효를 이루기 위해 감히 이우를 사용하지 않는 것이다. 만약 양을 저미고 돼지를 잡아 빈객에게 나누어 주고 군사를 위로한다면 이우와 이우 아닌 것이 어디에 있겠는가?'라고 대답하였다."라고 했으니, 이 또한 이우를 얼룩무늬로 여긴 것으로, 『회남자』와 같다. 사실 『논어』의 이우는 바로 밭 가는 소[耕牛]이고, 「동산경」에서는 이(犁) 자를 가차해서 여(驪)의 뜻으로 썼는데, 여기의 이우와 글자는 같으나 실제의 뜻은 다르니 이를 가져다 증거로 삼을 수는 없다. 또 털이 붉고 뿔이 난 소는 이미 희생으로 쓸 수 있는데, 굳이 낳아 준 어미 소를 거슬러 추적해서 얼룩무늬를 혐의해서 희생으로 쓰지 않는다는 의심을 일으킨 필요가 있겠는가? 만약 얼룩무늬를 가지고 중궁 아버지의 행실이 나빴음을 비유한 것이라면, 이 말은 전혀 믿을 수 없음은 물론이려니와 또 설령 악행이 있었다손 치더라도 자식의 훌륭한 자질을 칭찬하는데, 굳이 아버지의 악행을 언급한다는 것은 어른으로서 차마 말할 수 없는 것인데, 성인이 입으로 내뱉을 수 있다고 하겠는가? 그렇다면 이우를 밭 가는 소라 하고, 밭 가는 소를 미천함에 비유한 것이라고 하는데, 그 설명은 참으로 바꿀 수 없다.

원문 云"騂, 赤也"者, 「郊特牲」云: "牲用騂, 尙赤也." 「明堂位」"周騂剛", 「注」, "騂, 赤色." 「草人職」云: "騂剛用牛." 「注」, "故書騂爲挈, 杜子春挈讀爲騂, 謂地色赤." 案, 『說文』, "𡊳, 赤剛土也. 從土, 觲省聲." 此卽「草人」 "騂剛"之義. "𡊳"正字, 叚"騂"字爲之, 與「明堂位」"騂剛", "騂"爲正字異也. 『說文』「馬部」無"騂", 徐鉉新附字作"騂", 云"從馬, 觲省聲."

역문 "성(騂)은 붉은색[赤]이다."

『예기』「교특생(郊特牲)」에 "희생은 붉은 소를 사용하는데, 붉은색을 숭상했기 때문이다."라고 했고, 「명당위」에 "주나라는 희생으로 붉은 수소[騂剛]를 숭상했다."라고 했는데, 「주」에 "성(騂)은 붉은색[赤]이다."[82]라고 했고, 「초인직(草人職)」에 "붉고 단단한 토양에는 소를 쓴다.[騂剛用牛.]"[83]라고 했는데, 「주」에 "옛날에는 성(騂)을 설(挈)로 썼고, 두자춘(杜

---

82 『예기주소』 권31, 「명당위(明堂位)」 정현의 「주」. 「주」에는 "騂剛, 赤色."이라고 해서 "剛" 자가 더 있다.

83 『주례』 「지관사도하·초인(草人)」.

子春)[84]은 설(埶)을 성(騂)으로 읽었으니, 땅의 색이 붉다는 말이다."[85]라고 했다. 살펴보니,『설문해자』에 "성(墭)은 붉고 단단한 토양이다. 토(土)로 구성되었고 성(觲)의 생략형이 발음을 나타낸다."[86]라고 했으니, 이것이 바로「초인(草人)」의 "붉고 단단한 토양[騂剛]"의 뜻이다. "성(墭)"이 정자인데, "성(騂)" 자를 가차해서 그 의미로 썼으니,「명당위」의 "붉은 수소[騂剛]"라고 할 때는 "성(騂)" 자가 정자가 되는 것과는 다르다.『설문해자』「마부(馬部)」에는 "성(騂)" 자가 없고, 서현(徐鉉)[87]의 신부자(新附字)[88]에

---

84 두자춘(杜子春, ?~?): 후한 하남(河南) 구씨[緱氏, 하남성(河南城) 언사(偃師)] 사람. 전한 말에 유흠(劉歆)에게『주례』를 배웠다. 세상이 어지러워져 유흠의 제자들 대부분이 죽었는데, 그만 명제(明帝) 영평(永平) 초까지 생존했다. 나이가 근 아흔 살이었다. 태중대부(太中大夫)를 지냈다. 후한 때의 유자(儒者) 정중(鄭衆)과 가규(賈逵) 등이 모두 그에게 배웠다. 초기에는『춘추공양전』을 연구했으며, 나중에『좌전』과『주례』를 연구했다. 그가 주를 단『주례』는 정현이 채용했으며, 정중, 가규 등에게『주례』를 전수해 주었다. 저서에『옥함산방집일서』에 수록된『주례두씨주(周禮杜氏注)』가 있다.『주례』가 이때부터 처음 전해졌다.

85 『주례주소』권16,「지관사도하 · 초인(草人)」정현의「주」.

86 『설문해자』권13: 성(墭)은 붉고 단단한 토양[赤剛土]이다. 토(土)로 구성되었고 성(觲)의 생략형이 발음을 나타낸다. 식(息)과 영(營)의 반절음이다.[墭, 赤剛土也. 從土, 觲省聲. 息營切.]

87 서현(徐鉉, 917~992): 북송 양주(揚州) 광릉(廣陵) 사람으로 자는 정신(鼎臣)이고, 서연휴(徐延休)의 아들이다. 젊었을 때 한희재(韓熙載)와 이름을 나란히 해서 강동(江東)에서 '한서(韓徐)'라 불렸다. 동생 서개(徐鍇)와 함께 '이서(二徐)'로도 불렸다. 오대(五代) 때 오(吳)나라에서 벼슬해 교서랑(校書郎)이 되고, 남당(南唐)에서는 지제고(知制誥)와 한림학사(翰林學士), 이부상서(吏部尙書) 등을 역임했다. 송나라에 들어 태자율갱령(太子率更令)이 되었다. 태종 태평흥국(太平興國) 초에 학사원(學士院)에 근무하면서 급사중(給事中)을 지냈다. 좌우(左右) 산기상시(散騎常侍)를 각각 거쳤다. 순화(淳化) 2년(991) 정난군(靜難軍) 행군사마(行軍司馬)로 폄적(貶謫)되었다가 빈주(邠州)에서 죽었다. 시문에 능했고, 문자의 훈고(訓詁)에 정통했다.『설문해자』를 다시 교정하고,『문원영화(文苑英華)』의 편찬에도 참여했다. 저서에『기성집(騎省集)』과『서문공집(徐文公集)』30권이 전한다.

88 신부자(新附字): 서현(徐鉉)이『설문해자』에서 허신(許愼)이 미흡하게 설명한 부분에 대하

"성(騂)"으로 되어 있는데, "마(馬)로 구성되었고, 성(觲)의 생략형이 발음을 나타낸다."[89]라고 했다.

원문 云"角者, 角周正, 中犧牲"者, 『說文』, "角, 獸角也. 象形, 角與刀 · 魚相似." 『釋名』「釋形體」, "角者, 生於額角也." 何休『公羊』「僖」三十一年「傳」「注」, "『禮』, 祭天牲角繭栗, 社稷 · 宗廟角握, 六宗五嶽四瀆角尺." "繭栗"者, 言其堅細, 角以細小爲貴. 故握大於繭栗, 尺又大於握也. 此祭山川, 當用角尺. 皇「疏」云: "角周正, 長短尺寸合禮也." 周氏柄中『典故辨正』云: "角爲周正, 如『春秋』'䑕鼠食郊牛角', 則不周矣; 『爾雅』'角一俯一仰曰觭', 則不正矣." 此言角雖合度, 然稍有偏損, 亦爲不合用也.

역문 "각(角)은 뿔이 완전하고 단정해서 희생의 규격에 맞는 것이다."

『설문해자』에 "각(角)은 짐승의 뿔이다. 상형자(象形字)이고, 각(角)은 도(刀) · 어(魚) 자와 서로 비슷하게 생겼다."[90]라고 했다. 『석명』「석형체(釋形體)」에 "뿔[角]은 이마 부분의 툭 불거진 곳에서 생겨난다."라고 했다. 하휴의 『춘추공양전』「희공(僖公)」 31년 「전」의 「주」에 "『예』에 하늘의 제사에 쓰는 희생은 뿔이 누에고치나 밤톨만 한[繭栗] 송아지를 쓰고, 사직과 종묘의 제사에 쓰는 희생은 뿔이 주먹만 한[握] 어린 소를 쓰

여 보충하였을 뿐 아니라, 당시에 여러 가지 전적에서 일반적으로 사용되는 글자로서 『설문해자』에 수록되지 않은 것들을 모아서 각 부(部)의 아래에 추가하고 『설문해자』의 방식에 따라 설명했는데, 이를 '신부자'라고 부른다.

89 『설문해자』권10: 성(騂)은 붉은색 말이다. 마(馬)로 구성되었고 성(觲)의 생략형이 발음을 나타낸다. 식(息)과 영(營)의 반절음이다.[騂, 馬赤色也. 從馬觲省聲. 息營切.]

90 『설문해자』권4: 각(𧢲)은 짐승의 뿔이다. 상형자(象形字)이고, 각(角)은 도(刀) · 어(魚) 자와 서로 비슷하게 생겼다. 모든 각(角)부에 속하는 한자는 다 각(角)의 뜻을 따른다. 고(古)와 악(岳)의 반절음이다.[𧢲, 獸角也. 象形, 角與刀 · 魚相似. 凡角之屬皆從角. 古岳切.]

며, 육종(六宗)[91]과 오악·사독의 제사에 쓰는 희생은 뿔이 한 자[尺]만 한 큰 소를 쓴다."[92]라고 했는데, "누에고치나 밤톨[繭栗]"은 단단하면서도 가늘다는 말이니, 뿔은 가늘고 작은 것을 귀하게 여긴다. 따라서 주먹[握]은 누에고치나 밤톨보다 크고, 한 자[尺]는 또 주먹보다 크다. 여기서는 산천의 제사이니 당연히 뿔이 한 자 되는 큰 소를 써야 한다. 황간의 「소」에 "뿔이 둥글고 단정해서 장단(長短)과 척촌(尺寸)의 규격이 예에 합당한 것이다."라고 했다. 주병중(周柄中)[93]의 『사서전고변정(四書典故辨正)』에 "뿔이 둥글고 단정하다는 것이니, 『춘추』의 '생쥐가 교제(郊祭)에 희생으로 쓸 소의 뿔을 갉아먹었다.'[94]라고 한 것과 같은 경우는 둥글지 않은 것이고, 『이아』「석축(釋畜)」에 '뿔이 하나는 아래로 향하고 하나는 위로 향한 것을 기(觭)라 한다.'라고 한 것과 같은 경우는 단정하지 않은 것이다."라고 했는데, 여기에서 말한 뿔들은 비록 제도에 맞더라도 그러나 조금씩 치우치거나 모자란 점이 있으니, 역시 용도에는 적합하지 않다.

---

91 육종(六宗): 옛날에 임금이 제사를 올렸던 여섯 종류의 신(神)으로 그 해석이 다양하다. 『서경(書經)』「우서(虞書)·순전(舜典)」에 순이 임금에 즉위하고 나서, "육종에 제사를 올렸다[禋于六宗]"라는 기록이 나오는데, 채침(蔡沈)은 육종을 사시(四時)·한서(寒暑)·일(日)·월(月)·성(星)·수한(水旱)이라고 했다.

92 『예기』「왕제」에, "천지의 제사에 희생으로 쓰는 소는 뿔이 누에고치나 밤톨만 한 송아지를 쓰고, 종묘의 제사에 희생으로 쓰는 소는 뿔이 주먹만 한 어린 소를 쓰며, 빈객을 접대하는 소는 뿔이 한 자만 한 큰 소를 쓴다.[祭天地之牛, 角繭栗, 宗廟之牛角握, 賓客之牛角尺.]"라는 표현이 보인다.

93 주병중(周柄中, 1738~1801): 청대의 학자. 저서에 『사서전고변정(四書典故辨正)』등이 있다.

94 『춘추』「성공(成公)」7년: 7년 봄 주왕(周王) 정월(正月)에 생쥐가 교제(郊祭)에 희생으로 쓸 소의 뿔을 갉아먹으니, 다시 점을 쳐서 다른 소를 선정하였다. 생쥐가 또 그 소의 뿔을 갉아먹으니, 소를 풀어 주었다.[七年春王正月, 鼷鼠食郊牛角, 改卜牛. 鼷鼠又食其角, 乃免牛.]

원문 『說文』, “犧, 宗廟之牲也. 賈侍中說此非古字.” 意古或以“羲”爲之. 又『說文』, “牲, 牛完全.” 凡鳥獸用於祭祀, 皆謂之犧牲, 引申之義也. 騂角合禮, 故言“中犧牲”也. 云“雖欲以其所生犁而不用, 山川寧肯舍之乎?”者, 此言人欲勿用之也. 王氏引之『經義釋詞』, “諸, 之乎也, 急言之曰‘諸’, 徐言之曰‘之乎’.” 據王說, 則此「注」“之乎”二字, 卽釋“諸”字也.

역문 『설문해자』에 “희(犧)는 종묘의 제사에서 사용하는 희생이다. 가시중(賈侍中: 가규)이 말했다 ‘이는 옛 글자가 아니다.’”[95]라고 했으니, 아마도 옛날에는 더러 “희(羲)” 자를 가지고 대신한 듯하다. 또 『설문해자』에 “생(牲)은 완전한 소라는 뜻이다.”[96]라고 했으니, 제사에서 사용하는 모든 가축[鳥獸]을 다 희생(犧牲)이라고 하는 것은 의미가 확대된 것이다. 털이 붉고 뿔이 완전해서 예에 합당하기 때문에 “희생의 규격에 맞다.”라고 한 것이다. “비록 그 어미가 얼룩소라 하여 희생으로 쓰지 않으려 하더라도 산천의 신이 어찌 기꺼이 버려두겠는가?”라고 했는데, 이는 사람들이 그것을 쓰지 않으려고 한다는 말이다. 왕인지의 『경의석사(經義釋詞)』에 “저(諸)는 지호(之乎)의 줄임말이니, 급히 말할 때 ‘저’라고 하고, 천천히 말할 때는 ‘지호’라 한다.”라고 했다. 왕인지의 말에 근거하면, 이 「주」에서 “지호” 두 글자는 바로 “저” 자를 풀어서 쓴 것이다.

원문 云“言父雖不善, 不害於子之美”者, 此魏·晉人誤說. 『史記』「仲尼弟子列傳」 “仲弓父賤人. 孔子曰: ‘犁牛之子’”云云, 賤者, 微賤之稱. 夫子亦自

---

95 『설문해자』 권2: 희(犧)는 종묘의 제사에서 사용하는 희생이다. 우(牛)로 구성되었고 희(羲)가 발음을 나타낸다. 가시중은 “이것은 옛 글자가 아니다.”라고 했다. 허(許)와 기(羈)의 반절음이다.[犧, 宗廟之牲也. 從牛羲聲. 賈侍中說, “此非古字.” 許羈切.]

96 『설문해자』 권2: 생(牲)은 완전한 소라는 뜻이다. 우(牛)로 구성되었고 생(生)이 발음을 나타낸다. 소(所)와 경(庚)의 반절음이다.[牲, 牛完全. 從牛生聲. 所庚切.]

言少賤, 非謂其行有不善也. 『家語』「弟子解」乃云: "仲弓, 伯牛之宗族, 生於不肖之父."『家語』爲王肅所亂, 不足取證.

역문 "부모가 비록 불선해도 그 자식의 훌륭한 자질에는 해가 되지 않음을 말한 것이다."

이는 위(魏)나라와 진(晉)나라 사람들의 잘못된 말이다. 『사기』「중니제자열전」에 "중궁의 아버지는 미천한 사람이었다. 공자가 말했다. '밭 가는 소의 새끼'"라고 운운했는데, 천(賤)이란 미천(微賤)함을 일컫는다. 공자 역시 스스로 어릴 때 미천했었다고 말했으니,[97] 그 행실에 불선함이 있다는 말이 아니다. 『공자가어』「칠십이제자해」에도 결국은 "중궁은 백우의 종족(宗族)인데 불초(不肖)한 아버지로부터 태어났다."라고 했는데, 『공자가어』는 왕숙이 어지럽혀 놓은 책으로 증거로 취하기에는 부족하다.

원문 『論衡』「自紀篇」, "母驪犢騂, 無害犧牲; 祖濁裔淸, 不妨奇人. 鯀惡禹聖; 叟頑舜神. 伯牛寢疾; 仲弓潔全. 顔路庸固; 回傑超倫. 孔·墨祖愚; 丘·翟聖賢." 以伯牛爲仲弓父, 必有所本. 伯牛寢疾, 豈爲惡行? 可知『家語』及此「注」之謬.

역문 『논형(論衡)』「자기편(自紀篇)」에 "어미 소가 검더라도[98] 송아지의 털이 붉으면 희생으로 쓰는 데 아무 지장이 없고, 선조가 혼탁하더라도 후손이 청렴하면 훌륭한 인물이 되는 데 아무런 방해가 되지 않는다. 곤(鯀)

---

97 『논어』「자한(子罕)」: 나는 젊었을 때 미천했기 때문에 비천(鄙賤)한 일을 할 수 있는 것이 많다.[吾少也賤, 故多能鄙事.]

98 『논어정의』에는 "母犁犢騂"으로 되어 있는데, 『논형(論衡)』「자기(自紀)」에는 "母驪犢騂"으로 되어 있다. 『논형』을 근거로 "犁"를 "驪"로 고치고 "검다"로 해석했다.

은 악인이었지만 아들인 우는 성인이었으며, 고수(瞽瞍)는 완악(頑惡)했지만 아들인 순은 신성(神聖)이었다. 백우는 병석에 누워 있었지만 중궁은 깨끗하고 온전했다. 안로(顔路)는 용렬하고 고집불통이었지만 안회는 걸출하였으며 무리 중에서도 뛰어났다. 공자와 묵자(墨子)의 선조는 우매했으나 공자와 묵자 자신은 성현이었다."라고 했는데, 백우를 중궁의 아버지라고 여긴 것은 반드시 근거한 바가 있다. 백우가 병석에 누워 있었던 것이 어찌 악행이 되겠는가? 『공자가어』 및 이 「주」가 잘못임을 알 수 있다.

6-7

子曰: "回也, 其心三月不違仁, 其餘則日月至焉而已矣."
【注】 餘人暫有至仁時, 唯回移時而不變.

공자가 말했다. "안회는 그 마음이 석 달 동안 인에서 떠나지 않았고, 그 나머지는 하루나 한 달 동안 인에 이르렀을 뿐이다."
【주】 나머지 사람들은 잠시 인에 이를 때가 있었으나, 오직 안회만은 계절이 바뀌어도 변하지 않았다.

원문 正義曰: 顔子體仁, 未得位行道, 其仁無所施於人, 然其心則能不違, 故夫子許之. "日月至"者, 謂每一日皆至仁也. 一日皆至仁, 非謂日一至也. 積日成月, 故曰"日月至".

역문 정의에서 말한다.

안자는 인을 체득했으나 아직 도를 행할 수 있는 지위를 얻지 못했기 때문에 그의 인을 사람들에게 펼 수 없었지만 그의 마음만큼은 인에서 떠나지 않을 수 있었기 때문에 공자가 그것을 인정한 것이다. "일월지(日月至)"란 매일 하루 동안 인에 이르렀다[每一日皆至仁]는 말이다. 일일개지인(一日皆至仁)은, 하루에 한 번[日一] 이르렀다는 말이 아니다. 날[日]을 쌓아 달[月]을 이루기 때문에 "하루나 한 달 동안 이르렀다[日月至]"라고 한 것이다.

- 「注」, "餘人暫有至仁時, 唯回移時而不變."
- 正義曰: 言"日月至", 則非終日終月不違仁, 故「注」以"暫"言之. 云"移時"者, 天有四時, 每三月爲一時, 過三月竟則移時. 皇「疏」云: "旣'不違', 則應終身而止. 擧'三月'者, 三月一時, 爲天氣一變, 一變尙能行之, 則他時能可知也, 亦欲引汲, 故不言多時也. 故包述云: '顔子不違仁, 豈但一時? 將以勸群子之志, 故不絶其階耳.'"
- 「주」의 "나머지 사람들은 잠시 인에 이를 때가 있었으나, 오직 안회만은 계절이 바뀌어도 변하지 않았다."
- 정의에서 말한다.

  "하루나 한 달 동안 이르렀다[日月至]"라고 말했으니, 그렇다면 종일토록 내지는 한 달을 마치도록 인에서 떠나지 않은 것이 아니기 때문에 「주」에서 "잠시[暫]"라고 말한 것이다. "이시(移時)"란 하늘에는 네 계절[四時]이 있는데, 3개월마다 한 계절로 삼으니, 3개월이 지나서 끝나면 계절이 바뀐다. 황간의 「소」에 "이미 '떠나지 않았다'면 응당 종신(終身)토록 인에 머무른 것이다. '석 달[三月]'이라고 한 것은, 3개월이 한 계절인지라 천기(天氣)가 한 번 변하니, 한 번 변하더라도 오히려 능히 행할 수 있다면 다른 계절에도 행할 수 있음을 알 수 있고, 또 이끌어 주고자 한 것이기 때문에 많은 계절을 말하지 않은 것이다. 그러므로 포술[99]이 이르기를 '안자가 인에서 떠나지 않음이 어찌 한 철[一時]뿐이었겠는가? 장차 여러 제자들을 힘

---

99 포술(包術, ?~?): 미상.

쓰게 하려는 뜻이 있었기 때문에 의도적으로 그들의 수준을 단절시키지 않은 것일 뿐이다.'
라고 한 것이다."라고 했다.

6-8

<u>季康子</u>問, "<u>仲由可使從政也與</u>?" 子曰: "<u>由也果</u>, 【注】 包曰: "'果',
謂果敢決斷." 於從政乎何有?" 曰: "<u>賜</u>
<u>也達</u>, 【注】 孔曰: "'達', 謂通於物理." 於從政乎何有?" 曰: "<u>求也可</u>
<u>使從政也與</u>?" 曰: "<u>求也藝</u>, 【注】 孔曰: "'藝', 謂多才藝." 於從政乎
何有?"

계강자가 물었다. "중유(仲由)는 정치에 종사하게 할 만합니까?"
공자가 말했다. "유(由)는 과감하니, 【주】 포함이 말했다. "'과(果)'는 과
감하게 결단한다는 말이다." 정치에 종사함에 무슨 어려움이 있겠습니
까?" 계강자가 말했다. "사(賜)도 정치에 종사하게 할 만합니까?"
공자가 말했다. "사는 사리에 통달했으니, 【주】 공안국이 말했다. "'달
(達)'은 사물의 이치에 통달했다는 말이다." 정치에 종사함에 무슨 어려움
이 있겠습니까?" 계강자가 말했다. "구(求)도 정치에 참여시킬 만
합니까?" 공자가 말했다. "구는 재능이 많으니, 【주】 공안국이 말했
다. "'예(藝)'는 재능[才藝]이 많다는 말이다." 정치에 종사함에 무슨 어려움
이 있겠습니까?"

원문 正義曰: "從政"謂從事於政. 或據『左傳』"晉之從政者新", 以此"從政"爲
執政, 非也. 魯人使使召冉求, 冉求先歸, 至此, 康子始問三子從政. 則由·
求之仕季氏, 竝在夫子歸魯後矣. 果者, 能任事; 達者, 能明事; 藝者, 能治
事, 故皆可以從政. 公孫丑以樂正子爲政, 疑其强·有知慮·多聞識. 强卽
是果, 有知慮卽是達, 多聞卽是藝. 皇本"曰賜也達"·"曰求也藝", 兩"曰"上
有"子"字.

역문 정의에서 말한다.

"종정(從政)"이란 정치에 종사한다는 말이다. 간혹 『춘추좌씨전』「선
공」 12년에 "진(晉)나라의 집정(執政)이 새로 임명된 자여서[晉之從政者新]"
라고 한 것을 근거로, 여기의 "종정"을 집정이라고 여기기도 하는데, 잘
못이다. 노나라 사람이 사자를 시켜 염구(冉求)를 부르게 하자, 염구가
먼저 돌아갔는데,[100] 이때에 이르러 계강자가 처음으로 세 제자가 정치
에 종사함에 대해 질문하였다. 그렇다면 유와 구가 계씨에게서 벼슬한
일은 모두 공자가 노나라로 되돌아 온 뒤에 있었을 것이다.

과감한 사람은 일을 맡을 수 있고, 사리에 통달한 사람은 일을 밝힐
수 있으며, 재능이 많은 사람은 일을 다스릴 수 있기 때문에 모두 정치
에 종사할 수 있다. 공손추(公孫丑)는 악정자(樂正子)에게 정치를 하게 한
것이 강하거나 지혜와 사려가 있거나 견문지식이 많기 때문일 것이라고
생각했다.[101] 강함은 바로 과감함이며, 지혜와 사려가 있음은 바로 사리

---

100 계환자(季桓子)가 죽자 강자(康子)가 대를 이어 즉위하고는 사자(使者)를 시켜 염구(冉求)
를 부르게 했다.

101 『맹자』「고자하(告子下)」: 노나라에서 악정자(樂正子)에게 정치를 맡게 하려 하자, 맹자가
말했다. "내가 이 말을 듣고 기뻐서 잠을 이루지 못했다." 공손추가 말하였다. "악정자는 강
합니까?" "아니다." "지혜와 사려가 있습니까?" "아니다." "견문지식이 많습니까?" "아니다."
[魯欲使樂正子爲政, 孟子曰: "吾聞之, 喜而不寐." 公孫丑曰: "樂正子强乎?" 曰: "否." "有知慮

에 통달한 것이고, 견문지식이 많음은 바로 재능이 많은 것이다. 황간본에는 "왈사야달(曰賜也達)"·"왈구야예(曰求也藝)"의 두 "왈(曰)"자 앞에 "자(子)"자가 있다.

- 「注」, "果, 謂果敢決斷."
- 正義曰:『爾雅』「釋詁」, "果, 勝也." 『一切經音義』引『爾雅』作"惈", 孫炎曰: "惈, 決之勝也." 又引『蒼頡篇』, "惈, 憨也." 憨與敢同. 子路好勇, 故遇事明決, 爲果敢也. 其可使治賦, 亦以此.
- ○ 「주」의 "과(果)는 과감하게 결단한다는 말이다."
- ○ 정의에서 말한다.
  『이아』「석고」에 "과(果)는 이긴다[勝]는 뜻이다."라고 했다. 『일체경음의(一切經音義)』[102]에는 『이아』에 "과(惈)"로 되어 있는 것을 인용했는데, 손염(孫炎)은 "과(惈)는 결단코 이긴다는 뜻이다."라고 했다. 또 『창힐편(蒼頡篇)』을 인용해서, "과(惈)는 감(憨)이다."라고 했는데, 감(憨)과 감(敢)은 뜻이 같다. 자로는 용맹을 좋아했기 때문에 닥치는 일마다 명쾌하게 결단을 내렸으니 과감함이 된다. 그에게 군부(軍賦)를 다스리게 할 만했던 것도 역시 이 때문이었다.

- 「注」, "達, 謂通於物理."
- 正義曰:『儀禮』「士昏禮」「注」, "達, 通達也." 此常訓. 物猶事也.
- ○ 「주」의 "달(達)은 사물의 이치에 통달했다는 말이다."
- ○ 정의에서 말한다.
  『의례』「사혼례(士昏禮)」의 「주」에 "달(達)은 통달(通達)함이다."라고 했는데 이것이 일반적

乎?" 曰: "否." "多聞識乎?" 曰: "否."]

102 『일체경음의(一切經音義)』: 현존하는 불경사전 가운데 가장 오래된 것으로 알려져 있으며, 고려팔만대장경 속에만 들어 있다. 이 책은 모두 25권으로 649년 당의 현응(玄應)이 편찬했고, 저자의 이름을 따서 『현응음의(玄應音義)』라고 부르기도 한다. 이 책은 모두 456종의 불경에 나오는 어휘들을 경별로 제시하고 해설하고 있다.

인 해석이다. 물(物)은 사(事)와 같다.

- 「注」, "藝, 謂多才藝."
- 正義曰: 鄭亦有此「注」, 同孔所襲也. "藝", 本作"埶", 見『說文』. 古以禮・樂・射・禦・書・數爲六藝. 人之才能, 由六藝出. 故藝卽訓才能. <u>冉求</u>自任以爲小國三年, 可以使足民, 其藝可知.

○ 「주」의 "예(藝)는 재능[才藝]이 많다는 말이다."

○ 정의에서 말한다.

정현 역시 이 「주」가 있으니, 똑같이 위공(僞孔)이 그대로 따른 것이다. "예(藝)"는 판본에 따라 "예(埶)"로 되어 있는데, 『설문해자』에 보인다.[103] 옛날에는 예(禮)・악(樂)・사(射)・어(御)・서(書)・수(數)를 육예(六藝)라고 했다. 사람의 재능은 육예를 말미암아 나온다. 그러므로 예(藝)를 바로 재능이라고 해석한 것이다. 염구는 작은 나라를 3년 정도 다스리면 백성들을 풍족하게 할 수 있다고 자임했으니,[104] 그의 재능을 알 만하다.

6-9

季氏使閔子騫爲費宰, 【注】孔曰: "費, 季氏邑. 季氏不臣, 而其邑宰數畔. 閔子騫賢, 故欲用之."

---

[103] 『설문해자』 권3: 예(埶)는 심는다[種]는 뜻이다. 육(坴)과 극(丮)으로 구성되었고, 잡아서 심는 것을 상형했다. 『시경』에 "우리에게 기장과 피를 심게 한다."라고 했다. 어(魚)와 제(祭)의 반절음이다.[埶, 種也. 從坴丮, 持亟種之.『詩』曰: "我埶黍稷." 魚祭切.]

[104] 『논어』「선진」: 공자가 말했다. "구(求)야! 너는 어떻게 하느냐?" 염구(冉求)가 대답했다. "사방 60~70리와 50~60리에서 제가 다스리면 3년에 이를 즈음에 백성들을 풍족하게 할 수 있지만, 예와 음악 같은 것은 군자를 기다리겠습니다."["求! 爾何如?" 對曰: "方六七十, 如五六十, <u>求</u>也爲之, 比及三年, 可使足民.]

계씨가 사람을 보내어 민자건(閔子騫)을 비읍(費邑)의 수령으로
삼으려 하자, 【주】 공안국이 말했다. "비(費)는 계씨의 읍이다. 계씨가 신하의
도리를 지키지 않으니, 그 읍재가 자주 반란을 일으켰다. 민자건이 현명하다는 것을
들었기 때문에 그를 등용하려 한 것이다."

원문 正義曰:『史記』「弟子列傳」, "閔損字子騫, 少孔子十五歲." 鄭『目錄』云
"魯人."『玉篇』, "鄪, 魯季氏邑.『論語』作費, 或作鄪."

역문 정의에서 말한다.

　　『사기』「중니제자열전」에 "민손(閔損)은 자가 자건(子騫)으로 공자보다
15살 어리다."라고 했다. 정현의『논어공자제자목록』에 "노나라 사람이
다."라고 했고,『옥편』에 "비(鄪)는 노나라 계씨의 읍이다.『논어』에는
비(費)로 되어 있는데, 더러는 비(鄪)로도 되어 있다."라고 했다.

● 「注」, "費季"至"用之".
● 正義曰:『左』「僖」元年「傳」, "公賜季友 汶陽之田及費." 是費爲季氏邑也. 顧氏棟高『春秋大
　事表』, "費邑有二. 魯大夫費庈父之邑, 在今兗州府 魚臺縣西南; 季氏之費邑, 在今沂州府 費
　縣治西南七十里." 江氏永『春秋地理考實』, "'費伯帥師城郎', 郎亦在魚臺縣, 故城在今費縣
　西北二十里. 今之費縣治祊城. 于欽『齊乘』謂'伯國 姬姓, 魯懿公之孫, 後爲季氏之邑.' 以費
　伯之費與季氏之費合爲一, 非也." "邑宰數畔", 謂南蒯 · 公山弗擾之類. 如「注」所言, 季氏當
　指康子. 以上章康子問三子從政觀之, 此爲康子無疑.
○ 「주」의 "비계(費季)"부터 "용지(用之)"까지.
○ 정의에서 말한다.
　　『춘추좌씨전』「희공」원년의「전」에 "희공(僖公)이 계우(季友)에게 문양전(汶陽田)과 비읍
　을 주었다."라고 했으니, 이렇게 해서 비읍이 계씨의 읍이 되었다. 고동고(顧棟高)[105]의『춘

추대사표(春秋大事表)』에 "비읍은 두 곳이 있다. 하나는 노나라 대부 비금보(費庈父)의 읍으로 지금의 연주부(兗州府) 어대현(魚臺縣) 서남쪽에 있고, 또 하나는 계씨의 비읍인데, 지금의 기주부(沂州府) 비현(費縣)의 현치(縣治)[106] 서남쪽 70리에 있다."라고 했다. 강영의 『춘추지리고실(春秋地理考實)』에 "'비백(費伯)이 군대를 거느리고 가서 낭(郎)에 성을 쌓았다.'[107]라고 했는데, 낭 역시 어대현에 있고, 옛 성이 지금의 비현 서북쪽 20리에 있다. 지금의 비현이 팽성(祊城)을 다스렸다. 우흠(于欽)[108]의 『제승(齊乘)』에 '백국(伯國)은 희성(姬姓)인데 노나라 의공(懿公)의 후손으로 뒤에 계씨의 읍이 되었다.'라고 하여, 비백(費伯)의 비읍을 계씨의 비읍과 합쳐서 하나라고 했는데, 잘못이다."라고 했다.

"읍재가 자주 반란을 일으켰다"라는 것은 남괴(南蒯)[109]나 공산불요(公山弗擾)와 같은 부류

---

105 고동고(顧棟高, 1679~1759): 청나라 강소 무석(無錫) 사람으로 자는 진창(震滄) 또는 복초(復初)이고, 호는 좌여(左畬)이다. 강희(康熙) 60년(1721) 진사가 되고, 내각중서(內閣中書)에 올랐지만, 파직당한 뒤 저술에만 전념했다. 학문은 고자초(高紫超)에게서 나왔고, 진혜전(秦蕙田), 혜동(惠棟)과 함께 학문을 연마하기도 했다. 평생 오경(五經)을 두루 연구했는데, 특히 『좌전』에 조예가 깊었다. 주희와 왕수인(王守仁) 등 송·원·명대 여러 유학자의 견해를 조화시켜 유학의 종지를 천석(闡釋)한 것이 많았다. 『춘추대사표(春秋大事表)』에서 춘추 열국의 사사(史事), 천문역법(天文曆法), 세계관제(世系官制), 지리 등에 대해 상세히 설명했고, 『모시류석(毛詩類釋)』에서는 진계원(陳啓源)이 『모시계고편(毛詩稽古編)』에서 주희를 공격한 것이 너무 심하다고 여겨 상세히 고증하고 변석(辨釋)해 놓았다. 또 『상서질의(尚書質疑)』에서는 동진(東晉) 때 매색(梅賾)이 바친 『고문상서(古文尚書)』가 위작이라 주장했다. 그리고 『주례』는 한유(漢儒)들이 견강부회하여 만든 책이며, 『의례』는 주공(周公)이 지은 것이 아니라고 했다. 그 밖의 저서에 『모시정고(毛詩訂詁)』 등이 있다.

106 현치(縣治): 행정 관청의 소재지. 현청이 있는 마을.

107 『춘추좌씨전』 「은공(隱公)」 원년.

108 우흠(于欽, 1284~1333): 원나라 익도(益都) 사람이다. 대종(代宗) 초에 박학하여 재명(才名)을 떨쳤다. 처음에 국자조교(國子助敎)가 되었다가 산동염방사조마(山東廉訪司照磨)로 발탁되고, 감찰어사(監察御史)를 역임했다. 계속 승진해서 병부시랑(兵部侍郞)이 되었고, 황제의 명을 받들어 산동에 가서 언덕과 습지를 두루 살피고 고을의 원로들에게 자문을 구하면서 수경(水經)과 지기(地紀)를 살펴 역대의 연혁까지 참고해 『제승(齊乘)』 6권을 완성했다.

109 남괴(南蒯, ?~?): 춘추시대 노나라 사람이다. 노나라 계씨의 읍재가 되었는데, 소공(昭公) 12년에 계평자(季平子)가 즉위하여 자기를 예우하지 않자 비읍을 차지하고 반란을 일으키려 하

를 말한다. 「주」에서 말한 바와 같이, 계씨는 당연히 계강자를 가리킨다. 앞 장에서 계강자가 세 사람의 제자가 정치에 종사하게 할 만한지를 질문한 것을 가지고 살펴보면, 이자가 계강자라는 것은 의심할 것도 없다.

閔子騫曰: "善爲我辭焉. 【注】 孔曰: "不欲爲季氏宰, 托使者'善爲我辭焉, 說令不復召我.'" 如有復我者, 則吾必在汶上矣." 【注】 孔曰: "'復我'者, 重來召我. 去之汶水上, 欲北如齊."

민자건이 말했다. "나를 위해 잘 사양해 주시오. 【주】 공안국이 말했다. "계씨의 가신이 되고자 하지 않아, 사자(使者)에게 '나를 위해 잘 사양해서 다시 나를 부르지 않도록 말해 달라.'라고 부탁한 것이다." 만일 다시 나를 부르러 오는 자가 있다면, 나는 반드시 문수(汶水) 가에 있을 것이오." 【주】 공안국이 말했다. "'부아(復我)'란 거듭 와서 나를 부름이다. 이곳을 떠나 문수 가로 가겠다는 것은 북쪽의 제나라로 가고자 한다는 말이다."

원문 正義曰: 陸氏『釋文』曰: "一本無'吾'字, 鄭本無'則吾'二字." 阮氏元『校勘記』, "『史記』無'則吾'二字." 與鄭本同.

역문 정의에서 말한다.

육덕명(陸德明)의 『경전석문』에 "일부 판본에는 '오(吾)' 자가 없고, 정현의 판본엔 '즉오(則吾)' 두 글자가 없다."라고 했고, 완원(阮元)의 『십삼

다가 성공하지 못할 것을 우려하여 비읍의 무리를 거느리고 계씨를 배반하고서 제나라에 붙었다.

경주소교감기(十三經注疏校勘記)』에 "『사기』에는 '즉오' 두 글자가 없다."
라고 했으니, 정현본과 같다.

- 「注」, "不欲"至"召我".
- 正義曰: 『史記』「弟子傳」閔損"不仕大夫, 不食汚君之祿". 不仕大夫卽指此辭費宰言. 『家語』
  「執轡篇」載"閔子爲費宰, 問政於夫子", 與『論語』顯背, 此可知其僞矣. 毛氏奇齡『改錯』曰:
  "夫子一門多仕季氏, 卽夫子已先爲季氏史, 爲季氏司職吏. 閔子祇以費本嚴邑, 而其先又經
  叛臣竊據, 實恐難任, 故辭之頗堅. 觀其居喪未終, 要経從政, 則非仲尼之門不肯仕大夫之家
  已可知也."
- 「주」의 "불욕(不欲)"부터 "소아(召我)"까지.
- 정의에서 말한다.
  『사기』「중니제자열전」에 민손이 "대부의 집안에서 벼슬하지 않고, 더러운 임금의 녹을 먹지
  않았다."라고 했는데, 대부의 집안에서 벼슬하지 않았다는 것은 바로 이 비읍의 읍재를 사양
  한 것을 가리켜서 한 말이다. 『공자가어』「집비(執轡)」에 "민자건이 비읍의 읍재가 되어 공
  자에게 정치에 대해서 질문했다"라는 내용이 실려 있는데, 『논어』와는 분명하게 배치(背馳)
  되니, 이것으로 『공자가어』가 거짓임을 알 수 있다. 모기령의 『사서개착』에 "공자의 문하에
  서는 계씨에게서 벼슬한 자가 많았으니, 바로 공자도 이미 먼저 계씨의 사(史)가 됐고, 계씨
  의 사직리(司職吏)[110]가 됐었다. 따라서 민자건은 단지 비읍이 본래 지세가 험한 고을이었
  고, 그에 앞서서는 또 반란을 일으킨 신하가 차지하고 있었던 지역[竊據]이었으므로 실로 맡
  기 어려울까 두려웠기 때문에 대단히 완강하게 사양했던 것이다. 그가 초상을 치르다가 미
  처 마치지도 못하고 요질(腰経)을 두른 채 정치에 종사한 것을 보면 중니의 문하라고 해서
  대부의 집안에서 벼슬하는 것을 달가워하지 않은 것이 아님을 이미 알 수 있다."라고 했다.

---

110 사직리(司職吏): 희생(犧牲)이나 가축의 사육을 담당하는 하급 관리.

원문 案, 毛說固是. 然閔子實不欲臣季氏, 與由‧求諸人異, 所謂君子之行有不同也. 『史』「傳」稱其"不食汚君之祿", 與上句"不仕大夫"互文見義, 明此大夫亦汚君之類, 故不欲仕. 不得援"要絰從政", 謂此辭宰但以難任故矣. 云"說令不復召我", "說"卽辭也. 或謂"辭"與原思辭粟之"辭"同, 辭不受也. 亦通.

역문 살펴보니, 모기령의 말이 참으로 옳다. 그러나 민자건은 실제로 계씨의 신하가 되기를 원하지 않아서 유나 염구 등의 사람들과는 달랐으니, 이른바 '군자의 행실은 똑같지 않음이 있다'라는 것이다. 『사기』「중니제자열전」에 "더러운 임금의 녹을 먹지 않았다"라고 한 것은 앞 구절에서 "대부의 집안에서 벼슬하지 않았다"라고 한 것과 앞 구절의 글과 뒤 구절의 뜻이 서로 밝혀 주고 서로 보충해서[互文][111] 뜻을 드러낸 것이니, 분명 이런 대부의 집안은 역시 더러운 군주의 부류이기 때문에 벼슬하고자 하지 않았던 것이다. "요질을 두른 채 정치에 종사했다"라는 것을 인정할 수 없으니, 여기에서 읍재를 사양한 것은 단지 맡기 어렵기 때문일 뿐이었다는 말일 것이다.

"다시 나를 부르지 않도록 말해 달라[說令不復召我]"

"설(說)"은 바로 사양하는 말이다. 간혹 "사(辭)"는 "원사가 곡식을 사양[辭]했다"라고 할 때의 "사(辭)"와 같으니, 사양하고 받지 않은 것이라고 하는데, 역시 통한다.

● 「注」, "去之汶水上, 欲北如齊."

---

111 호문(互文): 앞뒤의 문구에서 각기 교차 생략하고, 상호 보충하는 수사(修辭) 방식. 또는 두 개 이상의 문장이나 구절이 서로 뜻이 통해서 상호 보완하여 전체의 문의를 완전하게 통하도록 하는 문체.

● 正義曰: 『漢書』「地理志」泰山郡 萊蕪下曰: "「禹貢」汶水出西南, 入濟." 琅邪郡 朱虛下曰: "東泰山, 汶水所出, 東至安丘入濰." 是汶水有二. 此水經由齊・魯界上, 閔子所指之汶, 未知確在何處. 『水經』「汶水」「注」云: "汶水經鉅平縣故城而西南流, 城東有魯道, 『詩』所云'魯道有蕩'是也." 王氏昶說齊・魯往來孔道實在嬴・博, 當今寧陽・東平間, 則意汶上亦在嬴・博, 說頗近理. 閻氏若璩『釋地』引曾彦和曰: "出萊蕪縣 原山入濟者, 徐州之汶也; 出朱虛縣 泰山入濰者, 靑州之汶也. 『論語』'在汶', 指徐州言以魯事也."

○ 「주」의 "이곳을 떠나 문수 가로 가겠다는 것은 북쪽의 제나라로 가고자 한다는 말이다."

○ 정의에서 말한다.

『전한서』「지리지(地理志)」의 태산군(泰山郡) 내무현(萊蕪縣) 아래에 "『서경』「우공」에 문수는 서남쪽으로 흘러 제수(濟水)로 들어간다."라고 했고, 낭사군(琅邪郡) 주허현(朱虛縣) 아래에 "동태산(東泰山)이 문수가 나오는 곳이니, 동쪽으로 안구(安丘)에 이르러 유수(濰水)로 흘러 들어간다."라고 했으니, 이 문수는 두 곳에 있다. 그런데 이 문수는 제나라와 노나라의 국경 위를 경유하니 민자건이 가리킨 문수는 확실하게 어느 곳에 있는지는 알 수 없다. 『수경(水經)』「문수(汶水)」의 「주」에 "문수는 거평현(鉅平縣)의 옛 성터를 지나 서남쪽으로 흐르는데, 성의 동쪽에 노나라의 도로가 있으니, 『시경』에서 '노나라의 길이 평탄하다'[112]라고 한 것이 이것이다."라고 했다. 왕창(王昶)[113]의 설명에 따르면 제나라와 노나라 사이를 왕

---

112 『시경』「국풍(國風)・제(齊)・남산(南山)」과 「재구(載驅)」에 보인다.
113 왕창(王昶, 1724~1806): 청나라 강소 청포[靑浦, 상해(上海)] 사람이다. 금석학자로 자는 덕보(德甫) 또는 금덕(琴德)이고, 호는 술암(述菴) 또는 난천(蘭泉)이다. 학자들은 난천선생(蘭泉先生)이라 불렀다. 건륭 19년(1754) 진사가 되어 내각중서(內閣中書)를 지내고, 형부우시랑(刑部右侍郞)까지 올랐다. 사직한 뒤 누동서원(婁東書院)과 부문서원(敷文書院)의 주강(主講)을 맡았다. 시와 고문사(古文辭)에 능했고, 경학(經學)에 정통했으며, 금석(金石) 자료 모으기를 좋아해 고증(考證)에 해박하여 통유(通儒)로 불렸다. 혜동에게 경학과 음운학, 훈고학을 배웠다. 진혜전(秦蕙田)과 함께 『오례통고(五禮通考)』를 편찬했고, 『대청일통지(大淸一統志)』, 『속삼통(續三通)』, 『통감집람(通鑑輯覽)』, 『동문지(同文志)』 등을 편수하는 데 참여했다. 저서에 『춘룡당시문집(春龍堂詩文集)』과 『후촉모시석경잔본(後蜀毛詩石經殘本)』, 『금석췌편(金石萃編)』, 『천하서원지(天下書院志)』, 『운남동정전서(雲南銅政全書)』, 『명사종(明詞綜)』 등이 있다.

래하는 요로(要路: 孔道)는 실재로 영(嬴) 땅과 박(博) 땅에 있는데, 지금의 영양현(寧陽縣)

과 동평현(東平縣)의 사이에 해당되니, 그렇다면 아마도 문수 가도 역시 영 땅이나 박 땅에

있을 것이라고 하는데, 이 말이 자못 이치에 가깝다. 염약거(閻若璩)의 『사서석지(四書釋

地)』에는 증언화(曾彦和)[114]가 "내무현 원산(原山)에서 나와 제수로 흘러 들어가는 것은 서

주(徐州)의 문수이고, 주허현(朱虛縣) 태산(泰山)에서 나와 유수로 흘러 들어가는 것은 청주

(青州)의 문수이다. 『논어』의 '문수 가에 있겠다'라고 한 것은 서주를 가리켜 말한 것으로,

노나라에 있을 때의 일을 가지고 말한 것이다."[115]라고 한 것을 인용했다.

6-10

伯牛有疾, 【注】 馬曰: "伯牛, 弟子冉耕." 子問之, 自牖執其手,
【注】 包曰: "牛有惡疾, 不欲見人, 故孔子從牖執其手也."

백우가 병을 앓자, 【주】 마융이 말했다. "백우는 제자 염경(冉耕)이다." 공자
가 문병할 때 창문을 통해 그의 손을 잡고, 【주】 포함이 말했다. "백우
가 나쁜 질병이 있어서 사람을 만나려 하지 않았기 때문에 공자가 창문을 통해 그의
손을 잡은 것이다."

원문 正義曰: 『說文』, "牖, 穿壁, 以木爲交窗也. 從片·戶·甫. 譚長以爲'甫'

---

[114] 증언화(曾彦和, ?~?): 중국 송(宋)대의 학자로, 이름은 민(旼), 언화(彦和)는 그의 자이다. 용
계[龍溪: 지금의 복건성(福建省) 장주(漳州) 용해시(龍海市)] 사람이다.

[115] 『사서석지(四書釋地)』「문기(汶沂)」에는 "『논어』의 '문수 가에 있겠다'라고 한 것과 '기수에
서 멱감는다'라고 한 것은 모두 서주를 가리키는 것으로 노나라에 있을 때의 일을 가지고 말
한 것이다.[『論語』'在汶'·'浴沂', 皆指徐州, 言以魯事也.]"라고 되어 있다.

上‘日’也, 非‘戶’也. 牖所以見日." 段氏玉裁「注」, "交窓者, 以木橫直爲之,
卽今之窓也. 在牆曰牖, 在屋曰窓, 此則互明之. 必言以木者, 字從片也. 古
者室必有戶有牖, 牖東戶西, 皆南鄕. 『毛詩』「傳」曰: ‘向, 北出牖也.’ 北或
有穴通明, 至冬塞之. 然「士虞禮」‘祝啓牖鄕’, 鄭「注」云: ‘鄕, 牖一名.’「明
堂位」‘達鄕’, 「注」‘鄕, 牖屬.’ 是南牖亦名向. 「士喪禮」‘寢東首於墉下’, 「喪
大記」作‘北墉下’, 今本墉皆譌牖, 非也."

역문 정의에서 말한다.

『설문해자』에 "유(牖)는 벽을 뚫어 나무로 격자창[交窓]을 만든 것이
다. 편(片)과 호(戶)와 보(甫)로 구성되었다. 담장(譚長)[116]은 ‘보(甫)’ 위에
있는 글자는 ‘일(日)’이지 ‘호(戶)’가 아니라고 생각했다. 유(牖)는 해를 보
기 위한 것이다."[117]라고 했는데, 단옥재(段玉裁)의 「주」에 "격자창[交窓]
이란 나무를 가로세로로 대어 만드니, 바로 지금의 창(窓)이다. 담벼락
에 있는 것을 바라지[牖]라 하고, 천장에 있는 것을 창(窓)이라 하는데, 이
렇게 하면 번갈아 가며 밝아진다. 굳이 나무를 가지고 말한 것은 글자가
편(片)으로 구성되었기 때문이다. 옛날에는 방에 반드시 지게문[戶]이 있
고 바라지[牖]가 있었는데, 바라지의 동쪽, 지게문[戶]의 서쪽에서 모두
남쪽을 향한다. 『모시』「전」에 ‘향(向)은 북쪽으로 난 바라지[牖]이다.’[118]
라고 했는데, 북쪽은 간혹 구멍을 두어 밝은 곳으로 통하게 했다가 겨울
에 이르면 막는다. 그러나 『의례』「사우례(士虞禮)」에 ‘축이 따라 들어가

---

116 담장(譚長, ?~?): 미상.

117 『설문해자』 권7: 유(牖)는 벽을 뚫어 나무로 격자창[交窓]을 만든 것이다. 편(片)과 호(戶)와
보(甫)로 구성되었다. 담장(譚長)은 ‘보(甫)’ 위에 있는 글자는 ‘일(日)’이지 ‘호(戶)’가 아니라
고 생각했다. 유(牖)는 해를 보기 위한 것이다. 여(與)와 구(久)의 반절음이다.[牖, 穿壁以木
爲交窓也. 從片·戶·甫. 譚長以爲甫上‘日’也, 非‘戶’也. 牖, 所以見日. 與久切.]

118 『모시주소』 권15, 「국풍(國風)·빈(豳)·칠월(七月)」 모형의 「전」.

북쪽 창을 연다[祝啓牖鄕]'라고 했는데, 정현의 「주」에 '향(鄕)은 바라지[牖]의 또 다른 이름이다.'[119]라 했고, 『예기』 「명당위」에 '달향(達鄕)'[120]이라고 했는데, 「주」에 '향(鄕)은 바라지[牖]의 등속이다'[121]라고 했으니, 이 남쪽으로 낸 바라지[南牖] 역시 향(向)이라고 명명한다. 『의례』 「기석례(旣夕禮)」에 '담장 아래에 동쪽으로 머리를 두고 눕힌다.'[122]라고 했고, 『예기』 「상대기(喪大記)」에는 '북쪽 담장 아래[北墉下]'라고 했는데, 금본(今本)의 용(墉)은 모두 유(牖)로 바뀌었으니, 잘못이다."라고 했다.

원문 今案, 「士虞禮」「注」, "牖先闔後啓, 扇在內也." 窗扇在內. 故 『毛』「傳」 及 『說文』以 "向" 爲北出牖, 北出猶言北開. 「士虞禮」·「明堂位」所云 "啓 鄕", 卽「豳詩」之 "塞向", 非有南牖·北牖之分. 古人寢居在奧, 故 「士昏禮」 "御衽于奧, 媵衽良席, 在東, 北止." 至冬時氣寒, 故令塞向. 塞者, 蔽也. 不是北牆別有穴以通明而名向也. 「喪大記」 "寢東首於北墉下", 「注」, "謂 君來視之時也. 病者恒居北墉下, 或爲 '北牖下'."

역문 이제 살펴보니, 「사우례」의 「주」에 "바라지는 먼저 닫았다가 뒤에 여는데 사립문이 안에 있다."라고 했으니, 창문[窗]과 사립문[扇]이 안에 있는 것이다. 그러므로 『모시』의 「전」과 『설문해자』에서 "향(向)"을 북쪽

---

119 『의례주소』 권14, 「사우례(士虞禮)」 정현의 「주」.

120 달향(達鄕): 사방으로 난 창문. 달(達)은 통(通)과 같은 것이고, 향(鄕)은 바라지[牖], 즉 벽을 뚫어서 낸 격자창(格子窓)이다. 매 실(室)에는 4개의 호(戶)와 8개의 창(窓)이 있는데, 이 호와 창은 서로 맞대어 있어 서로 통달(通達)하는 것을 달향이라고 한다.

121 『예기주소』 권31, 「명당위」 정현의 「주」.

122 『논어정의』에는 「사상례(士喪禮)」의 문장으로 되어 있으나, 『의례』 「기석례(旣夕禮)」의 기(記)에 나오는 문장이다. 단옥재(段玉裁)가 잘못 인용한 것을 유보남이 그대로 옮긴 듯하다. 『의례』 「기석례」를 근거로 수정하고 해석했다.

으로 낸 바라지[北出牖]라고 했는데, 북쪽으로 냈다[北出]는 것은 북쪽으로 연다[北開]는 말과 같다. 「사우례」와 「명당위」에서 말한 "계향(啓鄕)"과 '달향(達鄕)'은 바로 『시경』「빈풍(豳風)」의 "창을 막는다[塞向]"라는 것으로, 남쪽으로 낸 바라지[南牖]니 북쪽으로 낸 바라지[北牖]니 하는 구분이 없다. 옛날 사람들의 잠자리는 아랫목에 있었기 때문에 「사혼례」에서 "신랑의 시종[御]이 서남쪽 모퉁이에 이불[衽]을 펴고, 잉(媵)[123]은 신랑[良]의 자리에 이불을 펴서 동쪽에 있게 하되, 발[止]이 북쪽으로 가도록 한다."라고 한 것이다. 겨울철에 이르면 기온이 차가워지기 때문에 창문을 막도록 한다. 색(塞)이란 막는다[蔽]는 뜻이다. 북쪽으로 낸 창에 별도의 구멍을 두어 밝은 곳으로 통하게 하고 이름을 향(向)이라고 한 것이 아니다. 「상대기」의 "북쪽 담장 아래에 동쪽으로 머리를 두고 눕힌다[寢東首於北墉下]"라고 한 곳의 「주」에 "임금이 와서 볼 때를 말한다. 병자는 항상 북쪽 담장[北墉] 아래 거처하는데, 더러는 '북쪽 바라지[北牖] 아래'라고도 한다."[124]라고 했다.

원문 『釋文』, "庸, 本又作墉." 則經文必本作"庸", 非作"牖"可知. 作"牖"者, 鄭君所記別本, 陸氏未爲作音也. 孔「疏」所見經注皆是"牖", 不能辨正, 且

---

123 잉(媵): 『의례』「사혼례(士昏禮)」의 "媵布席于奧"라고 한 부분의 「주」, 또는 「연례(燕禮)」의 "주인이 손을 씻고 올라가 빈에게 고(觚)를 보낸다[主人盥洗升媵觚于賓]"라고 한 부분의 「주」에는 모두 '보낸다는 뜻이다[送也]'라고 했고, 『춘추좌씨전』「희공」 5년조의 "우공(虞公)과 그 대부 정백(井伯)을 사로잡아 진 목희(秦穆姬)의 잉신(媵臣)으로 삼았다.[執虞公及其大夫井伯, 以媵秦穆姬.]"라고 한 그 「주」에는 "여자를 호송(護送)하는 것을 '잉(媵)'이라 한다.[送女曰媵.]"라고 했으며, 『석명(釋名)』「석친속(釋親屬)」에는, "시집온 부인의 언니의 딸과 부인의 여자 동생[姪娣]을 잉(媵)이라 한다.[姪娣曰媵.]"라고 하는 등, 그 풀이가 일정치 않다.

124 『예기주소』 권44, 「상대기(喪大記)」 정현의 「주」.

謂"病者恒在北牖下, 若君來視之時, 暫移嚮南牖下, 東首, 令君得南面視己." 與鄭「注」違異, 非也.

『경전석문』에 "용(庸)은 판본에 따라 또 용(墉)으로 쓰기도 한다."[125] 라고 했으니, 그렇다면 경문(經文)에는 반드시 원칙적으로 "용(庸)"으로 되어 있고, "유(牖)"로 되어 있는 것이 아님을 알 수 있다. "유(牖)"로 되어 있는 것은 정군(鄭君: 정현)이 기록한 별본(別本)으로, 육씨(陸氏: 육덕명)가 아직 발음을 적어 놓지 않은 것이다. 공영달(孔穎達)의 「소」에 보이는 경전의 주석에는 모두 "유(牖)"로 되어 있어서 시비를 분별하여 잘못을 바로잡을 수 없고, 또 "병자는 항상 북쪽 창 아래 있더라도, 임금이 와서 볼 때와 같은 경우에는 잠시 남쪽 창 아래로 옮겨 머리를 동쪽으로 하여 임금이 남면해서 자기를 볼 수 있도록 한다."[126]라고 한 것도 정현의 「주」와 어긋나고 다르니, 잘못이다.

毛氏奇齡『稽求篇』, "「郊特牲」云'亳社北牖', 謂喪國之社, 屋其上而開北牖, 所以絶陽光而通陰氣. 陰生則物死, 是北牖爲死牖. 而謂病者居其下, 誤矣." 方氏觀旭『偶記』, "說者謂'古人西北隅有扉, 謂之屋漏', 案, 「喪大記」'甸人取所徹廟之西北厞', 舊解云'厞是屋簷也', 不爲門. 扉・厞之義爲隱, 是室隱處. 惟喪事徹去其厞, 爲日光漏入, 因而其處有屋漏之名. 然則西北隅無扉, 不必爲'北牖'一誤字, 從而爲之辭."

모기령의 『논어계구편』에 "『예기』「교특생」에 '박 땅의 사직[亳社]에는 북쪽 벽에 창을 내어[北牖]'라고 했는데, 망한 나라의 사직에 지붕을 만들어 덮고 북쪽 벽으로 난 창을 열어 놓았다는 말이니, 양기를 머금은

---

125 『경전석문』권17, 「춘추좌씨음의3(春秋左氏音義三)・양(襄)」9년.
126 『예기주소』권44, 「상대기」공영달(孔穎達)의 「소」.

빛을 끊고 음기를 통하게 하기 위한 것이다. 음기가 생겨나면 만물이 죽는데, 여기서 북쪽 벽에 창을 내었으니, 죽은 자의 창이 되는 것이다. 따라서 병자가 그 아래 거처한다는 말은 잘못이다."라고 했다. 방관욱(方觀旭)의 『논어우기(論語偶記)』에 "해설하는 사람들은 '옛날의 사람들은 서북쪽 모퉁이에 비(扉)라는 곳이 있는데, 그곳을 옥루(屋漏)라 한다.'라고 하는데, 살펴보니, 『예기』 「상대기」에 '전인(甸人)[127]은 철거된 사당 서북쪽의 으슥한 비(厞)를 취하여[甸人取所徹廟之西北厞]'라고 했는데, 과거의 해석 중에 '비(厞)는 지붕의 처마[屋簷]'라고 하니, 문짝을 단 것이 아니다. 비(扉)와 비(厞)의 뜻은 으슥함[隱]이니, 이는 방의 으슥한 곳이다. 오직 상사(喪事)에서만 그 비(厞)를 철거하는 것은, 햇빛이 새어 들어오기 때문이니, 이로 인해 그곳에 옥루라는 명칭이 있게 된 것이다. 그렇다면 서북쪽 모퉁이에는 비(扉)가 없으니, 굳이 '북유(北牖)'를 한낱 오자(誤字)로 보고 따라서 변명할 필요는 없다."라고 했다.

원문 案, 古人平時寢處皆在奧, 病時始遷北墉下, 卽君視疾亦然. <u>毛氏奇齡</u>謂 "東首西面, 與君之入室, 西立東面正得相對." 若然, 病者遷北墉下. 而『論語』稱"自牖執其手"者, <u>包咸</u>謂"生有惡疾, 不欲見人, 故遷於南牖下, 夫子自牖外就而問之." 此是變禮, 故『論語』特文記之.

역문 살펴보니, 옛날 사람들의 평소 잠자는 자리는 모두 아랫목에 있었고, 병이 들었을 때 비로소 북쪽 담벼락 아래로 옮기는데, 바로 임금이 문병

---

127 전인(甸人): 주나라 때에 천관(天官)에 속해 있으면서 공전(公田)과 교야(郊野)를 관장하던 관직명이다. 제사에 쓰이는 곡식이나 쑥, 과일, 채소나 땔나무 등 들[郊野]의 물건을 공급하는 일을 주관했다. 또한 임금의 동성(同姓)이 죽을죄를 지으면 백성에게 알리지 않기 위해, 은밀한 곳에서 형을 집행하도록 전인에게 넘겨 사형시켰다.

할 때도 역시 그렇게 한다. 모기령은 "머리를 동쪽으로 두고서 서쪽을 향하는 것은 임금이 입실할 때 서쪽에 서서 동쪽을 향해 있는 것과는 서로 정반대가 된다."라고 했는데, 만약 그렇다면 병자가 북쪽 담벼락 아래로 옮긴 것이다. 그런데, 『논어』에서 "창문을 통해 그의 손을 잡았다"라고 일컬은 것에 대해, 포함은 "백우가 나쁜 질병이 있어서 사람을 만나려 하지 않았기 때문에 남쪽 창 아래로 자리를 옮긴 것이고, 공자가 창밖에서 다가가 문병한 것이다."라고 했으니, 이는 변례(變禮)이기 때문에 『논어』에서 단지 유(牖)라는 글자만을 기록한 것이다.

원문 『漢書』「龔勝傳」, "勝稱病篤, 爲牀室中戶西南牖下, 東首, 加朝服拕紳, 使者入戶, 西行南面立, 致詔付璽書, 遷延再拜." 蓋勝不欲仕莽, 僞辭以疾, 而惟恐使者知之, 故遷於牖下, 不令入室, 以示不敢當尊之意. 其使者則仍入戶致詔, 蓋亦知其非病矣. 毛氏奇齡謂"因王莽詔使迎勝, 勝以死自居". 案, 死後遷牖下是南首, 龔勝遷牖下是東首, 與平時寢處無異, 何言自居以死? 毛說誤也. 又案, 以「龔勝傳」觀之, 伯牛遷牖下, 亦當是東首.

역문 『전한서』「공승전(龔勝傳)」에 "공승(龔勝)[128]이 병이 위독함을 핑계로 방 안에 침상을 만들고, 지게문 서쪽에, 남쪽으로 낸 창 아래서 머리를

---

128 공승(龔勝, 기원전 68~11): 전한시대 초나라 팽성(彭城) 사람으로 자는 군빈(君賓)이다. 젊었을 때 학문을 좋아해 오경(五經)에 정통했고, 공사(龔舍)와 함께 명절(名節)로 유명했다. 처음에 군리(郡吏)가 되었는데, 주(州)에서 무재(茂才)로 천거해 중천령(重泉令)에 올랐다. 애제(哀帝) 때 불려 간대부(諫大夫)가 되었다. 여러 차례 글을 올려 형벌이 너무 가혹한 것과 부세가 과중하다는 사실을 지적했다. 광록대부(光祿大夫)로 옮겼다. 나중에 애제가 동현(董賢)을 총애하는 데 불만을 품었다가 외직으로 나가 발해태수(渤海太守)가 되었는데, 병을 이유로 사직했다. 왕망(王莽)이 정권을 잡자 귀향했다. 왕망 시건국(始建國) 원년 억지로 태자사우(太子師友)와 좨주(祭酒)로 불렸지만 끝내 거절하고 굶어 죽었다. 상서학자 진옹생(陳翁生)에게 상서구양씨학(尙書歐陽氏學)을 배웠다.

동쪽으로 두고 누워서 조복(朝服)을 몸에 덮고 큰 띠를 끌어다가 가슴 아래로 드리우고 있었는데, 사자(使者)가 지게문으로 들어와 서쪽으로 가서 남면하고 서서 조서와 옥새(玉璽)를 찍은 글을 전하자, 시일을 끌다가 [遷延]¹²⁹ 재배(再拜)했다."라고 했는데, 아마도 공승이 왕망(王莽)에게서 벼슬하고 싶지 않아 거짓으로 병을 핑계로 사양했는데, 오직 사자가 이 사실을 알까 두려웠기 때문에 창문 아래로 옮겨 가 방에 들어오지 못하도록 해서 존귀함을 자처할 수 없다는 뜻을 내보인 것이다. 하지만 그 사자는 그대로 지게문으로 들어와 조서를 전달했으니, 역시 공승이 병들지 않았다는 것을 알았던 것이다. 모기령은 이를 두고 "왕망이 조서를 내려 공승을 맞이하게 함으로 인해 공승이 스스로 죽음을 자처한 것이다."라고 논평했다. 살펴보니, 죽은 뒤에 시신을 창 아래로 옮기는 것은 머리를 남쪽으로 두는 것이고, 공승이 창 아래로 옮겨 간 것은 머리를 동쪽으로 둔 것이니, 평상시 잠자리와 다를 것이 없는데, 스스로 죽음을 자처했다는 것은 무슨 말인가? 모기령의 말이 틀렸다. 또 살펴보니, 「공승전」을 가지고 관찰해 보면, 백우가 창문 아래로 옮겨 간 것 역시 당연히 머리를 동쪽으로 둔 것이다.

- 「注」, "伯牛"至"手也".
- 正義曰: 『史記』「弟子列傳」, "冉耕字伯牛." 鄭『目錄』云: "魯人." 『聖門志』·『闕里廣志』稱 "伯牛少孔子七歲." 不審何據. 「弟子傳」又云: "伯牛有惡疾", 此包所本. 『淮南子』「精神訓」, "伯牛爲厲." 『說文』, "癘, 惡疾也." 厲卽癘省. 毛氏奇齡『贅言』"古以惡疾爲癩. 『禮』'婦人有

129 천연(遷延): 『춘추좌씨전』「양공」 14년에 "진(晉)나라 사람들이 이번 전쟁을 시일만 끌다가 소득 없이 끝낸 전쟁이라 하였다.[晉人謂之遷延之役.]"라고 보인다.

雍也第六(옹야 제6)   103

惡疾去', 以其癩也. 故『韓詩』解「芣苢」之詩, 謂'蔡人之妻傷夫惡疾, 雖遇癩而不忍絶, 而劉
孝標作『辨命論』, 遂謂"冉耕歌其「芣苢」".' 正指是也."

○「주」의 "백우(伯牛)"부터 "수야(手也)"까지.

○ 정의에서 말한다.

『사기』「중니제자열전」에 "염경의 자는 백우이다."라고 했고, 정현의 『논어공자제자목록』
에, "노나라 사람이다."라고 했으며, 『성문지(聖門志)』와 『궐리광지(闕里廣志)』에 "백우는
공자보다 7살 어리다."라고 했는데, 어디에 근거한 것인지 모르겠다. 「중니제자열전」에는
또 "백우는 나쁜 병이 있었다."라고 했는데, 이것을 포함이 근거로 삼은 것이다. 『회남자』
「정신훈」에 "백우는 한센병[厲]에 걸렸다."라고 했는데, 『설문해자』에 "여(癘)는 고약한 질
병[惡疾]이다."[130]라고 했으니, 여(厲)는 바로 여(癘) 자의 생략형이다. 모기령의 『사서잉언
(四書賸言)』에 "옛날에는 고약한 질병[惡疾]을 한센병[癩]이라고 생각했다. 『대대례(大戴禮)』
「본명(本命)」에 '아내가 나쁜 병이 있으면 내쫓는다.'라고 했는데, 그 병이 한센병[癩]이기 때
문이다. 그러므로『한시(韓詩)』에서『시경』의 「부이(芣苢)」란 시를 풀이하면서, '채(蔡)나
라 사람의 아내가 남편의 나쁜 질병을 슬퍼했는데, 비록 한센병에 걸렸어도 차마 부부의 연
을 끊지 못하자, 유효표(劉孝標)[131]가『변명론(辨命論)』을 지어 마침내 "염경이 그 「부이」

---

130 『설문해자』권7: 여(癘)는 고약한 질병[惡疾]이다. 역(疒)으로 구성되었고, 채(蠆)의 생략형
이 발음을 나타낸다. 낙(洛)과 대(帶)의 반절음이다.[癘, 惡疾也. 從疒, 蠆省聲. 洛帶切.]
131 유효표(劉孝標, 458~521): 남조 양(梁)나라 평원(平原) 사람으로 이름은 준(峻)이고, 본명은
법무(法武)이며, 효표(孝標)는 그의 자이다. 현정선생(玄靖先生)으로 불린다. 배우기를 좋
아했지만 집안은 가난했다. 제나라 무제(武帝) 영명(永明) 중에 강남(江南)으로 돌아가 많은
책을 읽어 '서음(書淫)'이라 불렸다. 양 무제(梁武帝) 천감(天監) 초에 불려 서성(西省)에 들
어가 비서(秘書)를 교정했다. 안성왕(安城王) 소수(蕭秀)가 불러 호조참군(戶曹參軍)을 삼
고 『유원(類苑)』을 편찬하게 했지만 완성하지 못하고 병으로 물러났다. 동양(東陽) 자암산
(紫巖山)에서 강학(講學)했는데, 와서 배우는 사람이 아주 많았다. 『산서지(山栖志)』는 문
장이 아주 아름다웠다. 무제가 만나 보았는데, 응대(應對)가 여의치 않아 등용되지 못하자『변
명론(辨明論)』을 써서 생각을 담았다. 『세설신어(世說新語)』에 주를 달았는데, 4백여 종의
서적을 널리 이용했다. 병려문에 능했고, 사회의 여러 모순을 세련된 필치로 폭로했다. 작품
에『광절교론(廣絶交論)』등이 있고, 명나라 때 편집한 『유호조집(劉戶曹集)』이 있다.

를 노래했다.'"라고 했으니, 이것은 바로 백우가 한센병이 있었던 것을 가리킨다."[132]라고
했다.

曰: "亡之! 【注】 孔曰: "'亡', 喪也. 疾甚, 故持其手曰'喪之'." 命矣夫! 斯
人也而有斯疾也! 斯人也而有斯疾也!"【注】 包曰: "再言之者, 痛
惜之甚."

공자가 말했다. "죽겠구나! 【주】 공안국이 말했다. "'망(亡)'은 죽는다[喪]는
뜻이다. 병이 심했기 때문에 그의 손을 잡고 '죽겠구나!'라고 말한 것이다." 천명(天
命)이로구나! 이런 사람이 이런 병에 걸리다니, 이런 사람이 이런
병에 걸리다니!"【주】 포함이 말했다. "거듭 말한 것은 아파하고 애석해하기를
매우 심하게 한 것이다."

원문 正義曰: 『漢書』「楚元王傳」, "蔑之, 命矣夫!" 『新序』「節士篇」"末之,
命矣夫!" 本此文. "亡"·"蔑"·"末"皆訓"無". "末"·"蔑"又聲轉. 『史記』「弟
子傳」曰: "命也夫! 斯人也而有斯疾, 命也夫!" 當是『古論』如此.

역문 정의에서 말한다.

『전한서』「초원왕전(楚元王傳)」에 "죽겠구나[蔑之], 천명이로구나!"라고
했고 『신서(新序)』「절사(節士)」에 "죽겠구나[末之], 천명이로구나!"라고
했는데, 이 문장에서 근거한 것이다. "망(亡)"·"멸(蔑)"·"말(末)"은 모두

"무(無)"의 의미로 뜻을 새긴다. "말(末)"과 "멸(蔑)"은 또 발음이 서로 바뀌기도 한다. 『사기』「중니제자열전」에 "천명이로구나! 이런 사람이 이런 병에 걸리다니, 천명이로구나!"라고 했는데, 당연히 『고논어』는 이와 같다.

원문 『白虎通』「壽命篇」, "命者何謂也? 人之壽也, 天命己使生者也." 又言, "命有三科: 有遭命以遇暴. 遭命者, 逢世殘賊, 若上逢亂君, 下必災變暴至, 夭絶人命." 下云: "冉伯牛危言正行, 而遭惡疾. 孔子曰: '命矣夫! 斯人而有斯疾也!'" 是則孔子此歎, 蓋傷時無賢君, 有道之士多致夭病, 與哭顏淵同意.

역문 『백호통의(白虎通義)』「수명(壽命)」에 "명(命)이란 무엇을 말하는 것인가? 사람의 목숨이니, 하늘이 자기에게 명하여 살도록 하는 것이다."라고 했고, 또 "목숨[命]에는 세 가지 종류[三科]가 있는데, 조명(遭命)으로서 선한 일을 하더라도 포악함을 만나는 경우가 있다. 조명이라는 것은, 세상의 잔적(殘賊)[133]을 만나는 것이니, 위로 난폭한 군주를 만나면 아래로는 반드시 재앙과 변란과 폭정이 이르러 사람의 목숨을 요절(夭絶)시키는 것과 같은 경우이다."라고 했으며, 그 아래 "염백우(冉伯牛)는 언행이 기품 있고 방정했지만 나쁜 병을 앓게 되자, 공자가 말했다. '천명[命]이로구나! 이런 사람이 이런 병에 걸리다니!'"라고 했으니, 그렇다면 공자의 이 탄식은 아마도 당시에 어진 군주가 없어 도(道)를 지닌 선비가 많

---

133 잔적(殘賊): 『맹자』「양혜왕하(梁惠王下)」에 "맹자가 말했다. '인(仁)을 해치는 자를 적(賊)이라 이르고, 의(義)를 해치는 자를 잔(殘)이라 이르며, 잔적(殘賊)한 사람을 일개 사내[一夫]라 이르니, 일개 사내인 주(紂)를 죽였다는 말은 들었으나, 임금을 시해하였다는 말은 듣지 못했습니다.'"[曰: "賊仁者謂之賊; 賊義者謂之殘; 殘賊之人謂之一夫, 聞誅一夫紂矣, 未聞弑君也."]라고 했다.

이들 질병으로 요절한 것을 슬퍼한 것으로, 안연의 죽음을 아파하며 곡한 것과 같은 뜻이다.

- 「注」, "亡, 喪也. 疾甚, 故持其手曰'喪之'."
- 正義曰:「注」以"疾甚"知其將死, 故曰"喪之". 吳氏英『經句說』讀"亡"爲"無", 云"『春秋傳』, '公子曰無之.'" 謂無其事也, 此'無之', 謂無其理也. 有斯疾, 必有致斯疾者, 而斯人無之也." 案, 吳說亦通. 『新序』言關龍逢諫桀, 因囚拘之, 君子引此文惜之, 亦謂無其理也. 顔師古「楚元王傳」「注」, "蔑, 無也, 言命之所遭, 無有善惡." 此義非是.

○ 「주」의 "망(亡)은 죽는대[喪]는 뜻이다. 병이 심했기 때문에 그의 손을 잡고 '죽겠구나!'라고 말한 것이다."

○ 정의에서 말한다.

「주」에서는 "병이 심한 것[疾甚]을 가지고 그가 장차 죽을 것을 알았기 때문에 "죽겠구내喪之]"라고 말한 것이다. 오영(吳英)[134]의 『경구설(經句說)』에는 "망(亡)"을 "무(無)"의 뜻으로 읽고, "『춘추전(春秋傳)』에 '공자(公子)[135]가 "무지(無之)"라고 했다.'라는 표현이 있는데, 그런 일이 없다는 말이니, 여기서의 '무지(無之)'는 그럴 리가 없다는 말이다. 이런 병이 있다면 반드시 이런 병을 초래한 까닭이 있어야 하는데, 이 사람은 그럴 리가 없다는 것이다."라고 했다. 살펴보니, 오영의 말도 통한다. 『신서』에 하나라 때의 현인(賢人)인 관용봉(關龍逢)[136]이 폭군인 걸(桀)에게 간언했다가 그로 인해 체포되어 갇히자 군자가 이 문장을

---

134 오영(吳英, ?~?): 중국 송나라 때의 학자. 주희의 문인(門人)이며, 고종(高宗) 소흥(紹興) 연간에 진사가 되었다.

135 공자(公子): 춘추시대 진(晉)나라 공자 중이(重耳)이다.

136 관용봉(關龍逢, ?~?): 하나라 말기 사람. 걸(桀)임금이 주지(酒池)와 조구(糟丘)를 만들어 밤새도록 술을 마시는 등 황음무도(荒淫無道)하여 조정의 정치를 돌보지 않자, 관용봉은 늘 충간을 하면서 물러나지 않다가 투옥당한 뒤 살해되었다. 일설에 '관용'은 '환용(豢龍)'으로, 관(關)과 환(豢)은 고자(古字)에서 서로 통한다고 한다. 그래서 용을 기르는 직책에 있었다고 본다.

인용하면서 애석해했다고 하였는데, 역시 그럴 리가 없다는 말이다. 안사고(顏師古)의 『전한서』「초원왕전」「주」에 "멸(蔑)은 없다[無]는 뜻이니, 천명을 만난 것이 좋고 나쁠 것이 없다는 말이다."라고 했는데, 이 뜻은 옳지 않다.

6-11

子曰: "賢哉, 回也! 一簞食, 一瓢飲, 在陋巷, 人不堪其憂, 回也不改其樂, 賢哉, 回也!" 【注】孔曰: "'簞', 笥也. 顏淵樂道, 雖簞食, 在陋巷, 不改其所樂."

공자가 말했다. "어질구나, 안회여! 한 작은 광주리의 밥과 한 표주박의 물로 좁다란 거처에서 사는 것을 사람들은 그 근심을 견디지 못하는데, 안회는 그 즐거움을 바꾸지 않으니, 어질구나, 안회여!" 【주】공안국이 말했다. "'단(簞)'은 밥이나 옷을 담는 작은 광주리[笥]이다. 안연은 도를 즐겨 비록 작은 광주리의 밥을 먹으며 좁은 거처에서 살았으나, 자기가 즐기는 바를 바꾸지 않았다."

원문 正義曰: 『說文』云: "陋, 阸陜也." "陜"與"狹"同. 顏子家貧, 所居陋狹, 故曰"陋巷". 『說文』, "衖, 里中道. 從䢽從共. 皆在邑中所共也. 巷, 篆文從䢽省." 『廣雅』「釋詁」, "衖, 尻也." 「釋宮」, "衖, 道也." 又云: "閻謂之衖." 衖爲䢽之變體, 巷則從篆文巷省. 古人稱巷有二義: 里中道謂之巷, 人所居亦謂之巷. 故『廣雅』兼列二訓.

역문 정의에서 말한다.

『설문해자』에 "누(陋)는 좁다[阨陝]는 뜻이다."[137]라고 했는데, "섬(陝)"과 "협(狹)"은 같은 글자이다. 안자는 집안이 가난해서 사는 곳이 좁고 협소했기 때문에 "좁은 거처"라고 한 것이다. 『설문해자』에 "항(巷)은 마을 안에 있는 길이다. 항(𨛜)으로 구성되었고 공(共)으로 구성되었다. 모두 읍(邑) 안에서 함께하는 곳이다. 항(㣺)은 항(巷)의 전서체 글자인데, 항(𨛜)의 생략형으로 구성되었다."[138]라고 했다. 『광아』「석고(釋詁)」에 "항(㣺)은 거주함[尻]이다."라고 했고, 「석궁(釋宮)」에는 "항(㣺)은 길[道]이다."라고 했으며, 또 "엽(閻)을 항(㣺)이라 한다."라고 했으니, 항(㣺)은 항(巷)의 변형된 글자체이고, 항(巷)은 전서체 문자인 항(㣺)의 생략형으로 구성되었다. 옛사람들이 일컫는 항(巷)에는 두 가지 뜻이 있으니, 하나는 마을 안의 거리를 항(巷)이라 하고, 또 하나는 사람들이 거주하는 곳 역시 항(巷)이라 한다. 그러므로 『광아』에서 두 가지 해석을 아울러 나열한 것이다.

원문 顔子陋巷, 卽「儒行」所云"一畝之宮, 環堵之室". 解者以爲街巷之巷, 非也. 此王氏念孫說, 見『經義述聞』. 『寰宇記』, "陋巷在曲阜縣西南二里, 孔子廟北二百步."『一統志』, "陋巷在曲阜縣 闕里東北, 今顔子廟在焉." 此出後世傳會, 不足依據.

역문 안자의 좁은 거처[陋巷]는 바로 『예기』「유행(儒行)」에서 말한 "1묘(一

---

137 『설문해자』 권14: 누(陋)는 좁다[阨陝]는 뜻이다. 부(𨸏)로 구성되었고 누(㽗)가 발음을 나타낸다. 노(盧)와 후(候)의 반절음이다.[陋, 阨陝也. 從𨸏㽗聲. 盧候切.]

138 『설문해자』 권6: 항(巷)은 마을 안에 있는 거리[里中道]이다. 항(𨛜)으로 구성되었고 공(共)으로 구성되었다. 모두 읍(邑) 안에서 함께하는 장소이다. 항(㣺)은 항(巷)의 전서체 문자인데, 항(𨛜)의 생략형으로 구성되었다. 호(胡)와 강(絳)의 반절음이다.[巷, 里中道. 從𨛜從共. 皆在邑中所共也. 㣺, 篆文從𨛜省. 胡絳切.]

畝) 크기의 집에 벽으로 둘러쳐진 방"이다. 해설가들은 거리[街巷]라고 할 때의 항(巷)이라고 하는데, 아니다. 이것은 왕염손의 말인데, 『경의술문』에 보인다. 『태평환우기(太平寰宇記)』[139]에 "누항(陋巷)은 곡부현(曲阜縣) 서남쪽 2리 되는 곳에 있는데, 공자의 사당에서 북쪽으로 2백 보 되는 곳이다."[140]라고 했고, 『대청일통지(大淸一統志)』에는 "누항은 곡부현 궐리(闕里)[141] 동북쪽에 있는데, 지금 안자의 사당이 그곳에 있다."라고 했는데, 이는 후세에 견강부회해서 나온 말로 족히 의거할 만한 것이 못 된다.

- 「注」, "簞笥"至"所樂".
- 正義曰: 鄭「注」云: "簞, 笥也." 此偽孔所本. 『說文』, "簞, 笥也. 『漢律令』, '簞, 小筐也.' 笥, 飯及衣之器也." 其字從竹, 是簞·笥以竹爲之. 亦有用葦者, 「士喪禮」"櫛於簞", 「注」, "簞, 葦笥是也." "笥"兼大小, 簞則止是小者, 故許引『漢律』以"簞"爲小筐也.

○ 「주」의 "단사(簞笥)"부터 "소락(所樂)"까지.

○ 정의에서 말한다.

  정현의 「주」에 "단(簞)은 밥이나 옷을 담는 네모진 상자[笥]이다."라고 했는데, 이것을 위공이 근거로 삼은 것이다. 『설문해자』에 "단(簞)은 밥이나 옷을 담는 네모진 상자[笥]이다. 『한율령(漢律令)』에 '단(簞)은 작은 광주리[小筐]이다.'라고 했다."[142]라고 했으니, 사(笥)는 밥

---

139 『태평환우기(太平寰宇記)』: 송나라 악사(樂史)가 저술한 지리서로 모두 193권이다. 이 책은 가탐(賈耽)의 『십도지(十道志)』와 이길보(李吉甫)의 『원화군현지(元和郡縣志)』의 토대 위에 해당 지역의 인물(人物)과 제영(題詠)·고적(古迹) 등을 수록하였다. 후세의 방지(方志)들이 인물과 예문(藝文)을 반드시 수록하게 된 것은 이 책에서 비롯한 것이다. 악사의 자는 정자(正子)이고 태상박사와 직사관(直史館)을 역임하였다. 『사고전서총목제요(四庫全書總目提要)』권68, 「사부24(史部二十四)·지리류1(地理類一)」.

140 『태평환우기』「하남도(河南道)」에는 "陋巷在縣城"이라고만 되어 있다.

141 궐리(闕里): 산동성 곡부현에 있는 공자의 구리(舊里)로, 공자가 이곳에서 제자들을 가르쳤다.

142 『설문해자』권5: 단(簞)은 밥이나 옷을 담는 네모진 상자[笥]이다. 죽(竹)으로 구성되었고 단

이나 옷을 담는 그릇이다. 그 글자가 죽(竹)으로 구성되었으니, 이 단(簞)과 사(笥)는 대나무를 가지고 만든다. 또는 갈대를 사용하는 경우도 있으니, 『의례』「사상례」에 "머리 빗는 빗은 단(簞)에 담는다."라고 한 곳의 "주"에 "단(簞)은 갈대로 만든 상자[葦笥]이다."[143]라고 한 것이 이 경우이다. "사(笥)"는 큰 것과 작은 것을 겸칭하는 것이고, 단(簞)은 작은 것에 국한되기 때문에 허신(許愼)이 『한율령』을 인용해서 "단(簞)"을 작은 광주리[小筐]라고 한 것이다.

원문 『說文』「匚部」, "匡, 飯器, 筥也." 筥者, 籍之一名, 容五升, 則此小筐亦容五升矣. 『廣雅』「釋器」, "籲 · 匚 · 匪, 筥也. 簞 · 蘆 · 籃, 筐也." "匪"與 "簞"同. 「曲禮」, "凡以弓劍 · 苞苴 · 簞笥問人者." 鄭「注」, "簞笥, 盛飯食者, 圓曰簞, 方曰笥." 對文"簞" · "笥"別, 散文通稱. 皇本"簞笥也"下有"瓢瓠也"三字.

역문 『설문해자』「방부(匚部)」에 "광(匡)은 밥그릇[飯器]이며, 광주리[筥]이다."[144]라고 했는데, 광주리[筥]란 소(籍: 대밥그릇)의 또 다른 명칭이고, 다섯 되[升]를 담을 수 있으니, 그렇다면 여기의 작은 광주리[小筐] 역시 다섯 되를 수용할 듯싶다. 『광아』「석기」에 "산(籲) · 변(匚) · 단(匪)은 밥이나 옷을 담는 네모진 상자[笥]이다. 단(簞) · 노(蘆) · 남(籃)은 광주리[筐]이다."라고 했는데, "단(匪)"과 "단(簞)"은 같은 글자이다. 『예기』「곡례상(曲禮上)」에 "무릇 활이나 검, 포저(苞苴)[145]로 싸거나 남은 물건, 광주리나

(單)이 발음을 나타낸다. 『한율령(漢律令)』에 '단(簞)은 작은 광주리[小筐]이다.'라고 했다. 전해 오는 말에 "도시락에 밥을 담고 병에 음료를 담아[簞食壺漿]"라고 했다. 도(都)와 한(寒)의 반절음이다.[簞, 笥也. 從竹單聲. 『漢律令』, "簞, 小筐也." 傳曰: "簞食壺漿." 都寒切.]

143 『의례주소』 권12, 「사상례」 정현의 「주」.

144 『설문해자』 권12: 광(匡)은 밥그릇[飯器]이며, 광주리[筥]이다. 방(匚)으로 구성되었고 왕(㞷)이 발음을 나타낸다. 광(筐)은 광(匡)의 혹체자인데 죽(竹)으로 구성되었다. 거(去)와 왕(王)의 반절음이다.[匡, 飯器, 筥也. 從匚㞷聲. 筐, 或從竹. 去王切.]

상자[簞筥]에 음식을 담아 남에게 보낼 때"라고 한 문장에 대한 정현의 「주」
에 "단사(簞筥)는 음식을 담는 것인데, 둥근 것을 단(簞)이라 하고, 네모
난 것을 사(筥)라 한다."라고 했는데, 대문(對文)[146]일 경우에는 "단(簞)"과
"사(筥)"가 구별되지만, 산문(散文)[147]일 경우에는 통칭된다. 황간본에는
"단(簞)은 밥이나 옷을 담는 네모진 상자이다[簞筥也]" 아래 "표(瓢)는 표주
박[瓠]이다[瓢瓠也]"라는 세 글자가 있다.

원문 案, 云"瓢, 瓠"者, 謂瓠爲瓢也.『衆經音義』十八引『三蒼』云: "瓢, 瓠,
勺也." 「士昏禮」, "實四爵合巹." 鄭「注」, "合巹, 破匏也."『太平御覽』引『三
禮圖』云: "巹取四升, 瓠中破." 然則瓢亦是破瓠爲之, 但此用爲飮器, 其容
數未聞.

역문 살펴보니, "표(瓢)는 표주박[瓠]"이라는 것은 호(瓠)가 표주박(瓢)이라는
말이다.『중경음의(衆經音義)』권18에『삼창(三蒼)』을 인용해서 "표(瓢)는
표주박[瓠]이며 구기[勺][148]이다."라고 했다.『의례』「사혼례」에 "4개의 작
(爵)과 합근(合巹)을 채워 둔다."라고 했는데, 정현의 「주」에 "합근(合巹)
은, 박[匏]을 쪼개 놓은 것이다."[149]라고 했고,『태평어람(太平御覽)』에는『삼
례도(三禮圖)』를 인용해서 "근(巹)은 넉 되[四升]가 들어가는데, 표주박[瓠]

---

145 포저(苞苴): 포(苞)는 생선이나 고기 등을 싸는 것이고, 저(苴)는 풀을 그릇에 깔고 물건을
담는 것이다. 물건을 싸는 것과 물건 밑에 까는 것이라는 뜻으로 뇌물로 보내는 물건을 이르
기도 한다.

146 대문(對文): 서로를 상대적 개념으로 파악하여 설명하는 문사. 상대적인 개념으로 풀이한다
고 할 때에는 대언(對言)이라고도 한다.

147 산문(散文): 운율이나 음절의 수 등에 얽매이지 않고 자유롭게 쓴 글. 혼언(混言)은 또 산언
(散言)이라고도 한다.

148 구기[勺]: 술 같은 것을 담을 때 쓰는 기구.

149『의례주소』권2, 「사혼례(士昏禮)」 정현의 「주」.

의 가운데를 쪼개서 만든다."라고 했다. 그렇다면 표(瓢) 역시 표주박을 쪼개서 만드는데, 다만 이것은 마시는 그릇으로만 쓰일 뿐이고, 그 용량의 수는 몇이나 되는지는 들어 보지 못했다.

원문 鄭「注」云: "貧者, 人之所憂, 而顔淵志道, 自有所樂, 故深賢之." 此「注」云"樂道", 與鄭同. 趙岐注『孟子』「離婁篇」云: "當亂世安陋巷者, 不用於世, 窮而樂道也." 惟樂道, 故能好學. 夫子疏水曲肱, 樂在其中, 亦謂樂道也."

역문 정현의 「주」에 "가난이란 사람들이 우려하는 바이지만, 안연은 도에 뜻을 두어 스스로 즐거워함이 있었기 때문에 매우 어질다고 한 것이다." 라고 했으니, 이 장의 공안국 「주」에서 "도를 즐겼다[樂道]"라고 한 것은 정현과 같다. 조기(趙岐)는 『맹자』「이루하(離婁下)」를 주석하면서 "어지러운 세상을 만나 비좁은 거처를 편안히 여기는 자는 세상에 쓰이지 않아 궁핍하더라도 도를 즐긴다."라고 했다. 오직 도를 즐기기 때문에 배우기를 좋아할 수 있다. 공자는 거친 밥을 먹고 물을 마시며 팔을 굽혀 베더라도 즐거움이 그 가운데 있다고 했는데,[150] 역시 도를 즐겼다는 말이다."라고 했다.

6-12

冉求曰: "非不說子之道, 力不足也." 子曰: "力不足者, 中道而廢. 今女畫."【注】孔曰: "'畫', 止也. 力不足者, 當中道而廢. 今女自止耳,

---

[150] 『논어』「술이」: 공자가 말했다. "거친 밥을 먹고 물을 마시며, 팔을 굽혀 베더라도 즐거움이 또한 그 가운데 있으니, 의롭지 못하면서 부유하고 귀한 것은 나에게는 뜬구름과 같다."[子曰: "飯疏食飮水, 曲肱而枕之, 樂亦在其中矣, 不義而富且貴, 於我如浮雲."]

非力極."

염구가 말했다. "선생님의 도를 좋아하지 않는 것은 아닙니다만 힘이 부족합니다." 공자가 말했다. "힘이 부족한 자는 중도(中道)에서 쓰러진다. 지금 너는 스스로 멈춘 것이다."【주】 공안국이 말했다. "'획(畫)'은 멈춤[止]이다. 힘이 부족한 자는 당연히 중도에서 쓰러진다. 지금 너는 스스로 멈춘 것일 뿐이지, 힘이 다한 것이 아니다."

- 「注」, "畫止"至"力極".
- 正義曰: 『說文』, "畫, 界也. 象田四界. 聿所以畫之." 引申之, 凡有所界限而不能前進者, 亦爲畫, 故此「注」訓"止". 『法言』「學行篇」, "是故惡夫畫也." 李軌「注」同.
- ○ 「주」의 "획지(畫止)"부터 "역극(力極)"까지.
- ○ 정의에서 말한다.

『설문해자』에 "획(畫)은 경계를 긋는다[界]는 뜻이다. 밭의 사방에 경계를 긋는 모습을 상형하였다. 율(聿)은 경계를 그리는 도구이다."[151]라고 했는데, 이 의미가 확장되어 모든 한계가 있어서 앞으로 나아갈 수 없는 것 역시 획(畫)이라 하므로, 여기의 「주」에서 "멈춤[止]"이라고 뜻풀이를 새긴 것이다. 『법언』「학행(學行)」에 "이런 까닭에 멈추는 것을 싫어한다."라고 했는데, 이궤(李軌)[152]의 「주」에도 같다.[153]

---

[151] 『설문해자』 권3: 획(畫)은 경계를 긋는다[界]는 뜻이다. 밭의 사방에 경계를 긋는 모습을 상형하였다. 율(聿)은 경계를 그리는 도구이다. 모든 획(畫)부에 속하는 글자는 다 획(畫)의 뜻을 따른다. 획(書)은 획(畫)의 고문인데 생략형이다. 획(劃) 역시 획(畫)의 고문이다. 호(胡)와 맥(麥)의 반절음이다.[畫, 界也. 象田四界. 聿, 所以畫之. 凡畫之屬皆從畫. 書, 古文畫省. 劃, 亦古文畫. 胡麥切.]

[152] 이궤(李軌, ?~?): 중국 진(晉)나라 때의 학자이다. 양웅(揚雄)의 『법언(法言)』을 주석했다.

[153] 『양자법언(楊子法言)』 권1, 「학행(學行)」의 이 내용에 대한 이궤의 「주」에도 "획(畫)은 멈

凡人志道, 皆必力學. 人不可一日勿學, 故於學自有不已之功. 聖門弟
子, 若顔子大賢, 猶言"欲罷不能, 旣竭吾才, 欲從末由", 其於夫子之道, 蓋
亦勉力之至. 然循序漸進, 自能入德, 奚至以力不足自諉?「里仁篇」, "夫
子云: '有能用其力於仁矣乎? 我未見力不足者.'" 若此言"力不足者, 中道
而廢", 蓋特就冉求之言, 指出眞力不足之人以曉之.

역문 도(道)에 뜻을 둔 모든 사람은 다 반드시 배움에 힘을 쓴다. 사람들은
하루라도 배우지 않을 수 없기 때문에 배움에는 본래부터 그치지 않는
노력이 있다. 그러므로 성인 문하의 제자들, 예컨대 안자와 같은 대현
(大賢)도 오히려 "공부를 그만두고 싶어도 그만둘 수가 없어서 이미 나의
능력을 다하였으나, 비록 따르고 싶어도 어디로부터 따라야 할지 모르
겠다"[154]라고 말할 정도였으니, 그들은 공자의 도에 있어서만큼은 역시
힘쓰고 노력함이 지극하였다. 그러나 순서에 따라 점차적으로 나아가
스스로 덕에 들어갈 수 있어야 하는데, 힘이 부족하다고 스스로 핑계를
댄다면 어떻게 이를 수 있겠는가?「이인(里仁)」에서 "공자가 말했다. '인
을 수양하는 데 자기의 힘을 쓸 수 있는 자가 있는가? 나는 아직까지는
힘이 부족해서 인을 수양하는 데 힘쓰지 못하는 자는 보지 못했다.'"라
고 했으니, 여기에서 "힘이 부족한 자는 중도에 쓰러진다"라고 말한 것
과 같은 경우는, 아마도 특별히 염구가 한 말에 따라서 진짜 힘이 부족
한 사람을 지적해 내어 깨우쳐 준 것인 듯싶다.

원문 張栻『論語解』, "爲仁未有力不足者. 故仁以爲己任者, 死而後已焉. 今
冉求患力不足, 非力不足也, 乃自畫耳. 所謂'中道而廢'者, 如行半塗而足

춤[止]이다.[畫, 止.]"라고 되어 있다.
154 『논어』「자한」.

廢者也. 士之學聖人, 不幸而死則已矣. 此則可言力不足也, 不然而或止焉, 則皆爲自畫耳. 畫者, 非有以止之而自不肯前也." <u>南軒</u>說卽此「注」義. 「表記」云: "鄉道而行, 中道而廢, 忘身之老也, 不知年數之不足也. 俛焉日有孶孶, 斃而後已." <u>鄭</u>「注」, "廢, 喩力極罷頓, 不能復行則止也. 俛焉, 勤勞之貌."「表記」之文, 與此章相發.

역문 장식(張栻)의 『논어해(論語解)』에 "인을 수양함에 힘이 부족한 자는 아직 있지 않다. 그러므로 인을 자기의 임무로 삼은 자는 죽은 뒤에야 그친다.[155] 지금 염구는 힘이 부족함을 걱정하고 있는데, 힘이 부족한 것이 아니라 결국은 스스로 멈춘 것일 뿐이다. 이른바 '중도에 쓰러진다'라는 것은 마치 길을 반쯤 가다가 발을 못쓰게 된 것과 같은 것이다. 성인을 배우는 선비로서 불행하게도 죽으면 그치는 것이다. 그러면 힘이 부족한 것이라고 말할 수 있겠지만, 그렇지 않고서 혹시라도 멈춘다면 모두 스스로 한계를 그은 것이 되고 말 뿐이다. 획(畫)이란 멈추게 하는 것이 있지 아니한데도 스스로 기꺼이 나아가려 하지 않는 것이다."[156]라고 했는데, 남헌(南軒: 장식의 호)의 말이 바로 여기「주」의 뜻이다. 『예기』「표기(表記)」에 "큰길을 향해 가다가 중도에서 쓰러질지라도, 몸이 늙었다는 것을 잊고, 살아갈 날이 부족하다는 것도 모르고 열심히 날마다 부지런히 해서 죽은 뒤에야 그만둔다."라고 했는데, 정현의「주」에 "폐(廢)는 힘이 다하고 기진맥진해서 다시 갈 수 없으면 멈춤을 비유한 것이다. 면언(俛焉)은 부지런히 노력하는 모습이다."[157]라고 했다.「표기」의 글이

---

155 『논어』「태백(泰伯)」: 증자(曾子)가 말했다. "선비는 뜻이 크고 의지가 굳세지 않으면 안 되니, 임무가 무겁고 길이 멀기 때문이다. 인을 자기의 임무로 삼으니 또한 막중하지 않은가? 죽은 뒤에야 끝나니 또한 멀지 않은가?"[曾子曰: "士不可以不弘毅, 任重而道遠. 仁以爲己任, 不亦重乎? 死而後已, 不亦遠乎?"]

156 『논어해(論語解)』권3,「옹야편(雍也篇)」.

이 장과 더불어 서로 간의 의미를 밝혀 준다.

원문 "中道而廢"卽是斃, 惟斃不得不廢, 廢猶言止也. 人之力生於氣, 而其爲
學也, 則有志以帥氣, 志之不立, 而諉於氣之不振, 是自棄矣. 是故君子之
爲學, 日知所亡, 月無忘其所能, 莫殫也, 莫究也, 期之終身而已. 身之未
亡, 是力猶未盡, 故夫彊有力者, 將以爲學也. 舍學而彊有力, 將何用焉?
力之旣至, 而學亦至, 則希聖達天之詣. 力之旣至, 而學猶未至, 則是中道
而廢, 亦不失爲賢者之歸. 當時若<u>顔子</u>未達一間, 而遽以早死, 是亦中道而
廢者也. <u>冉求未至罷頓力極, 而曰力足, 則是自爲畫止, 非力不足可知.</u>「注」
中"力極"二字, 似本「表記」「注」.

역문 "중도에 쓰러진다[廢]"는 것은 바로 죽는다[斃]는 뜻이니, 죽으면 쓰러
지지 않을 수 없으니, 쓰러진다[廢]는 것은 멈춘다[止]는 말과 같다. 사람
의 힘은 기(氣)에서 생겨나는데, 그가 학문을 하게 되면 뜻으로 기를 거
느림이 있지만 뜻을 확립하지도 않고, 기가 진작되지 않음을 핑계 댄다
면 이는 자포자기하는 것이다. 그러므로 군자는 학문을 함에 날마다 자
기에게 없는 것을 알고, 달마다 자기가 할 수 있는 것을 잊지 않으며,[158]
한 해만으로 다할 수 없고, 누대에 걸쳐도 궁구하지 못할 듯이 해서[159]

---

157 『예기주소』 권54, 「표기(表記)」 정현의 「주」.

158 『논어』 「자장(子張)」: 자하(子夏)가 말했다. "날마다 자기에게 없는 것을 알며, 달마다 자기
가 할 수 있는 것을 잊지 않으면 배움을 좋아한다고 이를 수 있을 뿐이다."[子夏曰: "日知其
所亡, 月無忘其所能, 可謂好學也已矣."]

159 『원본비지논어집주(原本備旨論語集註)』 「미자(微子)」 3장의 「비지(備旨)」에 "공자의 도는
한 해만으로는 궁구할 수 없고 누대에 걸쳐도 다하지 못하거늘, 나는 지금 나이가 이미 늙었
으니 유한한 나이로는 그를 등용해서 그의 도를 행하지 못하겠다.[孔子之道, 當年莫究, 累世
莫殫, 吾今年已老矣, 不能以有限之年, 用之而行其道也.]"라는 표현이 보인다.

몸을 마치기를 기약할 뿐이다. 몸이 아직 죽지 않았다는 것은 힘이 그래도 아직은 다하지 않은 것이므로 저 강한 힘을 가지고 있는 자들은 장차 그 힘을 가지고 학문을 할 것이다. 배움을 버리고 강한 힘이 있은들 장차 무슨 소용이 있겠는가? 힘쓰기를 이미 지극히 해서 배움 역시 지극해지면 성인을 바라고 하늘의 이치에 통달하는 경지에 이른다. 그러나 힘쓰기를 이미 지극히 했지만 배움이 아직도 지극하지 못하면 중도에 쓰러지더라도 또한 현자(賢者)는 될 수 있다. 당시에 안자와 같은 경우 성인의 경지에 한 칸을 이르지 못하고 갑자기 요절했으니, 이 또한 중도에 쓰러진 것이다. 염구는 기진맥진해서 힘이 다한 것도 아닌데 "힘이 부족하다"라고 했으니, 이는 스스로 한계를 긋고 멈춘 것이지 힘이 부족한 것이 아님을 알 수 있다. 「주」 중의 "힘이 다하다[力極]" 두 글자는 『예기』 「표기」의 「주」에 근거한 것인 듯싶다.

6-13

子謂子夏曰: "女爲君子儒, 無爲小人儒."【注】孔曰: "君子爲儒, 將以明道; 小人爲儒, 則矜其名."

공자가 자하(子夏)를 평하며 말했다. "너는 군자(君子)다운 유학자가 되어야지 소인(小人)스러운 유학자가 되지 말라."【주】공안국이 말했다. "군자가 유학자가 되면 장차 도를 밝히고, 소인이 유학자가 되면 자기의 명성을 과시한다.

원문 正義曰: 『周官』「太宰」, "四曰儒, 以道得民." 「注」, "儒, 諸侯保氏, 有

六藝以敎民者."「大司徒」, "四曰聯師儒."「注」, "師儒, 鄕里敎以道藝者."
據此, 則儒爲敎民者之稱. 子夏於時設敎, 有門人, 故夫子告以爲儒之道.
君子儒, 能識大而可大受, 小人儒, 則但務卑近而已. 君子·小人, 以廣狹
異, 不以正邪分.

역문 정의에서 말한다.

　『주관』「태재(太宰)」에 "첫 번째는 유(儒)이니, 도(道)로써 백성을 얻는
다."라고 했는데, 「주」에 "유(儒)는 제후의 보씨(保氏)[160]로서 육예를 가지
고 백성을 가르치는 자이다."[161]라 했고, 「대사도」에 "네 번째는 사유(師
儒)를 합하게 하는 것."이라고 했는데, 「주」에 "사유는, 향리에서 도와
육예를 가지고 가르치는 자이다."[162]라고 했으니, 여기에 근거해 보면 유
학자[儒]는 백성을 가르치는 사람의 칭호가 된다. 자하가 이때 가르침을
베풀어 문인이 있었기 때문에 공자가 유학자가 되는 도리를 일러 준 것
이다. 군자다운 유학자는 큰 도리를 알 수 있으므로 큰일을 맡을 수 있
지만, 소인스러운 유학자는 단지 낮고 천근함[卑近]만 힘쓸 뿐이다. 군자
와 소인은 도량과 견문지식이 넓은가 좁은가를 가지고 차이를 삼지, 올
바른지 사특한지[正邪]를 가지고 구분하지 않는다.

● 「注」, "孔曰"至"其名".
● 正義曰: 小人儒, 不必是"矜名", 「注」說誤也. 皇本作"馬曰", 「弟子傳」「集解」引作"何曰", 足

---

160 보씨(保氏): 보씨는 왕의 악(惡)을 간하고 도(道)로써 국자(國子)를 양성해서 육예(六藝)를 가
　　르치는 일을 맡는다.[保氏, 掌諫王惡, 而養國子以道, 乃敎之六藝.]『주례』「지관사도하·보씨
　　(保氏)」.
161 『주례주소』권2, 「천관총재상(天官冢宰上)·태재(太宰)」정현의 「주」.
162 『주례주소』권10, 「지관사도상·대사도」정현의 「주」.

利本不載姓名, 則亦以爲"何曰"矣. 『北堂書鈔』九十六引何休「注」文同, 當是何晏之誤.

○ 「주」의 "공왈(孔曰)"부터 "기명(其名)"까지.

○ 정의에서 말한다.

소인스러운 유학자라고 해서 반드시 "명성을 과시하는 것"은 아니니, 「주」의 말은 틀렸다. 황간본에는 "마융이 말했다[馬曰]"로 되어 있고, 『사기』「중니제자열전」의 「집해」에는 "하안(何晏)이 말했다[何晏曰]"로 되어 있는 것을 인용했으며, 아시카가본[足利本]에는 성명을 기재하지 않았는데, 그렇다면 역시 "하왈(何曰)"이라고 생각한 것인 듯싶다. 『북당서초(北堂書鈔)』 권96, 「예문부2(藝文部二)·유술7(儒術七)」에 하휴의 「주」를 인용했는데, 문장이 똑같으니, 당연히 하안의 오기(誤記)이다.

6-14

子游爲武城宰,【注】包曰: "武城, 魯下邑." 子曰: "女得人焉耳乎?"【注】孔曰: "'焉'·'耳'·'乎', 皆辭." 曰: "有澹臺滅明者, 行不由徑, 非公事, 未嘗至於偃之室也."【注】包曰: "澹臺姓, 滅明名, 字子羽. 言其公且方."

자유(子游)가 무성(武城)의 읍재가 되었을 때,【주】포함이 말했다. "무성은 노나라에 속해 있는 작은 읍이다." 공자가 말했다. "너는 인재(人才)를 얻었느냐?"【주】공안국이 말했다. "'언(焉)'·'이(耳)'·'호(乎)' 세 글자는 모두 어조사이다." 자유가 말했다. "담대멸명(澹臺滅明)이란 사람이 있는데, 길을 다닐 때는 지름길로 다니지 않으며, 공적인 사무[公事]가 아니면 일찍이 저의 집에 온 적이 없습니다."【주】포함이 말했다. "담대(澹臺)는 성이고, 멸명(滅明)은 이름이며, 자는 자우(子羽)이다. 그가 공적(公

的)이면서도 방정(方正)함을 말한 것이다."

원문 正義曰: "耳", 他本或引作"爾", "耳"·"爾"皆辭. 阮氏元『校勘記』·段氏『說文注』竝以"耳"爲"爾"譌. 爾, 於此也, 此者, 此武城也. 段云: "耳在古音一部, 爾在古音十五部, 音義絶不相混." 然『唐·宋石經』·宋本『九經』岳珂本, 此文皆作"耳". "耳"訓語辭, 不必從"爾"訓"於此"矣.

역문 정의에서 말한다.

"이(耳)"는 다른 판본에는 더러 "이(爾)"로 되어 있는 것을 인용하는데, "이(耳)"와 "이(爾)"는 모두 어조사이다. 완원의 『십삼경주소교감기』와 단씨(段氏)의 『설문해자주(說文解字注)』에는 모두 "이(耳)"를 "이(爾)"가 바뀐 것이라고 보았다. 이(爾)는 여기에서[於此]의 줄임말인데, 여기[此]란 여기 무성[此武城]이라는 말이다. 단옥재는 "이(耳)는 '~일 뿐이다'의 의미로 쓰일 때, 발음은 고음으로 1부에 있고, 이(爾)는 '이와 같다[如此]'라는 의미로 쓰일 때, 발음은 고음으로 15부에 있으니, 두 글자의 발음과 의미가 절대로 서로 혼동되어서는 안 된다."[163]라고 했다. 그러나 『당석경(唐石經)』과 『송석경(宋石經)』, 그리고 송본(宋本) 『구경(九經)』의 악가본(岳珂

---

163 『설문해자주(說文解字注)』 권12, 「이부(耳部)」: 이(耳)는 듣는 것을 주로 하는 기관[主聽者]이다. 자(者) 자는 지금 보충한 것이다. "~일 뿐이다"를 줄여서 말하면 "이(耳)"라고 하며, 이때의 발음은 고음(古音)으로 1부(部)에 있다. "이와 같다[如此]"를 줄여서 말하면 "이(爾)"라고 하며, 이때의 발음은 고음으로 15부에 있다. 예를 들어 『세설신어』의 "요부이이(聊復爾耳)"는 "또한 이와 같을 뿐이다."라는 말이라고 한 것이 이것이다. 두 글자의 발음과 의미가 절대로 서로 혼동되어서는 안 된다.[耳, 主聽者也. 者字今補. 凡語云"而已"者, 急言之曰"耳", 在古音一部; 凡云"如此"者, 急言之曰"爾", 在古音十五部. 如『世說』云: "聊復爾耳." 謂"且如此而已"是也. 二字音義, 絶不容相混.]

本)의 이 문장은 모두 "이(耳)" 자로 되어 있다. "이(耳)"의 새김[訓]은 발어 사이니, 굳이 "이(爾)" 자의 뜻을 "여기에서[於此]"라고 새긴 것을 따를 필요는 없다.

원문 鄭「注」云: "'汝爲此宰, 寧得賢人, 與之耳語與?'也." 「注」有譌脫, 莫曉 其義. 又云: "澹臺滅明者, 孔子弟子, 子游之同門也. 步道曰徑. 修身正行, 公事乃肯來我室, 得與之語耳, 非公事不肯來. 言無私謁."

역문 정현의 「주」에 "'너는 이 고을의 읍재가 되어 어떻게 현인을 만나 그 와 더불어 이야기를 나누었는가?'라는 말이다."라고 했는데, 「주」에 잘 못되거나 빠진 글자가 있어서 그 뜻이 분명하지 않다. 또 "담대멸명은 공자의 제자이며, 자유와는 동문이다. 걷는 길[步道]을 경(徑)이라 한다. 몸을 닦고 행실을 바르게 하였으며, 공적인 일이라야 기꺼이 내 집에 와 서 그와 함께 이야기를 나눌 수 있었을 뿐, 공적인 일이 아니면 오려 하 지 않았으니, 사사로운 만남이 없었다는 말이다."라고 했다.

원문 案,「弟子列傳」, "澹臺滅明, 狀貌甚惡, 欲事孔子, 孔子以爲材薄. 旣已 受業, 退而修行, 行不由徑, 非公事不見卿 · 大夫." 是滅明先受學孔子, 與 子游同門. "同門"者, 謂同在一師門也.

역문 살펴보니, 『사기』「중니제자열전」에 "담대멸명은 얼굴과 생김새가 매 우 추악했기 때문에 공자를 섬기고자 했으나, 공자는 재주가 없을 것이 라고 여겼다. 이윽고 수업을 마친 뒤에 물러가서 덕행을 수양하고, 길을 다닐 때는 지름길로 다니지 않으며, 공적인 사무가 아니면 경이나 대부 를 만나 보지 않았다."라고 했으니, 담대멸명은 먼저 공자에게서 수학했 으며 자유와는 동문이다. "동문"이란, 한 스승의 문하에 함께 있었다는 말이다.

"步道曰徑"者, 『說文』, "徑, 步道也." 言爲人所步走之道. 『釋名』 「釋道」云: "徑, 經也, 人所經由也." 『周官』 「遂人職」, "夫間有遂, 遂上有徑." 此卽步道之徑. 「祭義」 "道而不徑", 『老子』 "大道甚夷, 而民好徑." <u>焦竑</u>『筆乘』, "古井田之制, 道路在溝洫之上, 方直如棊枰, 行必遵之, 毌得斜冒取疾.「野廬氏」'禁野之橫行徑踰者', 「修閭氏」'禁徑踰者', 皆其證."

"걷는 길을 경(徑)이라 한다[步道曰徑]"

『설문해자』에 "경(徑)은, 걷는 길[步道]이다."[164]라고 했는데, 사람이 걷고 달리는 길이라는 말이다. 『석명』 「석도(釋道)」에 "경(徑)은 길[經]이니, 사람이 지나가는 곳이다."라고 했고, 『주관』 「수인직(遂人職)」에 "1백 묘[夫] 사이에는 작은 도랑[遂]이 있고, 작은 도랑 가에 길[徑]이 있다."[165]라고 했는데, 이것이 바로 걷는 길[步道]이라는 의미의 길[徑]이다. 『예기』 「제의」에 "길을 가더라도 지름길로 다니지 말라"라고 했고, 『노자(老子)』에 "큰길은 매우 평탄하지만 백성은 지름길을 좋아한다."라고 했다. 초횡(焦竑)의 『초씨필승(焦氏筆乘)』에 "옛날의 정전(井田) 제도에는 도랑이나 봇도랑 가에 도로(道路)가 있는데, 바둑판처럼 네모반듯해서 다닐 때는 반드시 이 도로를 따르고, 비탈길을 무릅쓰면서 빠른 길을 취하지 않았다. 『주례』 「추관사구하(秋官司寇下) · 야려씨(野廬氏)」에 '들에서 멋대로 행동하거나 지름길로 넘나드는 자를 금지시킨다.'라고 했고 「수려씨(修閭氏)」에 '지름길로 넘나드는 자를 금지시킨다.'라고 한 것이, 모두 그 증거이다."라고 했다.

---

[164] 『설문해자』 권2: 경(𢓲)은 걷는 길[步道]이다. 척(彳)으로 구성되었고 경(巠)이 발음을 나타낸다. 거(居)와 정(正)의 반절음이다.[𢓲, 步道也. 從彳巠聲. 居正切.]

[165] 『주례』 「지관사도하 · 수인」.

원문 惠氏士奇『禮說』, "徑謂之蹊. 『釋名』, '蹊, 係也. 射疾則用之, 故還係於正道.' 康成亦云"'徑踰', 射邪趨疾, 禁之所以防奸', 謂不由正道, 昌翔觀伺, 將開寇盜之端, 故橫行徑踰者禁之, 有相翔者誅之, 則寇盜之端絶矣. 君子絶惡於其細, 禁奸於其微, 射邪趨疾, 未必遂爲盜也, 而昌翔觀伺, 爲盜之端遂萌於此. 野廬氏掌凡道徑, 塞其塗, 弃其迹, 則形勢不得爲非, 使民無由接於奸邪之地. 故晏嬰治阿而築蹊徑者, 以此也."

역문 혜사기의 『예설』에 "지름길[徑]을 혜(蹊)라 한다. 『석명』「석도」에 '혜(蹊)는 이음줄[係][166]이다. 궁사가 빨라지면 이것을 사용하기 때문에 다시 바른길로 이어지는 것이다.'라 했고, 정강성도 "'지름길을 넘나든다[徑踰]"라는 것은 궁사가 사특하게 빨리 달려간다는 뜻이니, 이를 금지시키는 것은 간사함을 막기 위함이다.'[167]라고 했으니, 바른길을 따르지 않으면 어지럽게 날아올라 빙빙 살피고 기회를 엿보다가 장차 도적의 단서를 열게 될 것이므로, 멋대로 지름길을 넘나드는 자를 금지시키고, 서로 날아올라 빙빙 살피는 자를 죽이면 도적의 단서가 끊긴다는 말이다. 군자는 미세할 때부터 악을 근절하고 미미할 때부터 간사함을 금지하니 궁사가 사특하게 빨리 달린다고 해서 굳이 도적으로 단정 지을 필요는 없지만, 어지럽게 날아올라 빙빙 살피고 기회를 엿보면 여기에서 도적의 단서가 마침내 싹트게 된다. 야려씨(野廬氏)[168]는 모든 도로와 지름길

---

166 『논어정의』에는 "系"로 되어 있다. 『석명』「석도(釋道)」 및 『예설』 권13, 「추관1(秋官一)」을 근거로 "係"로 고쳤다.

167 『주례주소』 권36, 「추관사구하(秋官司寇下)·야려씨(野廬氏)」에서 "들에서 멋대로 행동하거나 지름길로 넘나드는 자를 금지시킨다.[禁野之橫行徑踰者.]"라고 한 대목의 정현의 「주」.

168 야려씨(野廬氏): 주나라 관명(官名)으로 추관(秋官)에 소속되어 나라의 교통을 관장하여 나라의 도로가 사방으로 잘 통하도록 하는 동시에 멋대로 행동하거나 남몰래 샛길로 다니는 간첩이나 도적을 적발하는 일을 관장하는 직책.

을 관장해서 범죄가 일어날 만한 길을 봉쇄해서 그 범죄의 자취를 원천에 차단하니, 그렇게 하면 형세가 나빠질 수도 없고, 백성들로 하여금 간사하거나 사특한 지경에 접하지 못하게 한다. 그러므로 안영(晏嬰)이 아현(阿縣: 지금의 산동성 경내)을 다스리면서 샛길과 지름길을 막은 것[169]도 이 때문이었다."라고 했다.

원문 春秋禁書雖存, 而官失其職, 道禁之不行久矣. <u>子羽</u>獨奉而行之, 以爲先王之道存焉, 則一步一趨, 無在而非先王之道也. "私謁"者, 謂以私事謁也. "謁"訓"請", 亦訓"告".

역문 춘추(春秋)시대의 금서(禁書)들은 비록 보존되었지만 관원들은 직책을 잃었고, 도가 금지되어 행해지지 않음이 오래되었다. 자우만이 유독 받들어 행하여 선왕(先王)의 도가 보존되어 있다고 생각되면 일거수일투족을 따라 해서[一步一趨][170] 있는 곳마다 선왕의 도가 아님이 없었다. "사사로운 만남[私謁]"이란 사적인 일로 만나 본다는 말이다. "알(謁)"은 "청한다[請]"라고 해석하기도 하고, 또 "아뢰다[告]"라고 해석하기도 한다.

---

169 『안자춘추(晏子春秋)』「내편(內篇)‧잡상(雜上)」: 경공(景公)이 그 까닭을 묻자 안영(晏嬰)이 대답했다. "옛날 제가 아현을 다스릴 때, 샛길과 지름길을 막고 문지기의 임무를 강화시키자 간사한 백성들이 저를 미워했습니다.[<u>景公</u>問其故, 對曰: "昔者<u>嬰</u>之治<u>阿</u>也, 築蹊徑, 急門閭之政, 而淫民惡之.]

170 일보일추(一步一趨): 역보역추(亦步亦趨)라고도 한다. '남이 걸어가면 따라서 걷고 남이 종종걸음을 하면 따라서 종종걸음을 한다'는 뜻으로, 일일이 남이 하는 그대로 따라 하는 것을 비유하는 고사성어이다. 『장자』「전자방(田子方)」에서 유래되었다. "안연이 중니에게 물었다. '선생님께서 걸으시면 저도 걷고 선생님께서 빠른 걸음으로 걸으시면 저도 빠른 걸음으로 걷고 선생님께서 달리시면 저도 달립니다. 선생님께서 눈에 보이지 않을 정도로 달리면서 먼지 하나 내지 않으실 때에는 저는 다만 뒤에 처져서 눈만 휘둥그레질 따름입니다.'[<u>顏淵</u>問於<u>仲尼</u>曰: '夫子步亦步, 夫子趨亦趨, 夫子馳亦馳, 夫子奔逸絶塵, 而<u>回</u>瞠若乎後矣.']"

- 「注」, "武城, 魯下邑."
- 正義曰: 魯有兩武城. 『史記』「弟子列傳」, "曾參, 南武城人. 澹臺滅明, 武城人." 『大戴禮』「衛將軍文子篇」「注」, "曾參, 魯 南武城人. 澹臺滅明, 魯 東武城人." 分別甚明. 顧氏炎武 『日知錄』謂"子羽 · 曾子同一武城. 子羽傳次曾子, 省文但曰武城." 似非南武城. 據顧氏棟高 『春秋大事表』, 在今嘉祥縣, 東武城與邾 · 吳接壤, 在今費縣, 於曲阜爲東南.

○ 「주」의 "무성은 노나라에 속해 있는 작은 읍이다.

○ 정의에서 말한다.

　　노나라에는 두 곳의 무성이 있다. 『사기』「중니제자열전」에 "증삼(曾參)은 남무성(南武城) 사람이다. 담대멸명은 무성 사람이다"라고 했고, 『대대례』「위장군문자(衛將軍文子)」의 「주」에는 "증삼은 노나라 남무성 사람이다. 담대멸명은 노나라 동무성(東武城) 사람이다"라고 했으니, 구별이 매우 분명하다. 고염무(顧炎武)의 『일지록(日知錄)』에 "자우와 증자(曾子)는 똑같이 무성 사람이다. 『사기』「중니제자열전」에 자우의 전기가 증자 다음에 있는데, 글자를 생략하고 그냥 무성이라고만 했다."[171]라고 하니, 남무성이 아닌 듯하다. 고동고(顧棟高)의 『춘추대사표(春秋大事表)』에 의거하면 지금의 가상현(嘉祥縣)에 있는데, 곡부(曲阜)에서는 서남쪽이 된다.

원문 江氏永『春秋地理考實』引『彙纂』云: "『通典』費縣有古武城, 今故城在費縣西南九十里. 一云在費縣西南八十里石門山下." 案, 八十里說近是. 『山東通志』引『闕里志』云: "武城在費縣西南八十里, 關陽川之旁, 子游所宰邑也. 有古石刻云: '仰視高山, 俯聽流水, 絃歌之聲, 宛然如在.'" 今以嘉祥之南武山爲武城, 竝東昌之武城縣爲弦歌鄉者, 皆循名而失實也.

역문 강영의 『춘추지리고실』에는 『휘찬(彙纂)』을 인용해서 "『통전(通典)』[172]

---

171 『일지록(日知錄)』 권31, 「증자남무성인(曾子南武城人)」.

172 『통전(通典)』: 당(唐)나라의 재상(宰相) 두우(杜佑, 735~812)가 편찬한 제도사(制度史)로

에 따르면 비현(費縣)에 옛 무성이 있는데, 지금 옛 성이 비현 서남쪽 90리에 있다. 일설에는 비현 서남쪽 80리 되는 곳 석문산(石門山) 아래 있다고도 한다."라고 했다. 살펴보니, 80리 되는 곳에 있다는 설이 사실에 가깝다. 『산동통지(山東通志)』에 『궐리지(闕里志)』를 인용해서 "무성은 비현 서남쪽 80리 되는 곳, 관양천(關陽川)의 옆에 있는데, 자유가 맡아 다스리던 읍(邑)이다. 그곳에 오래된 석각(石刻)이 있는데 '우러러 높은 산을 보고, 구부려 흐르는 물소리 들으니, 현가(絃歌)의 소리, 빙그레 여기에 있구나.'라고 새겨져 있다."라고 했다. 지금은 가상현(嘉祥縣)의 남무산을 무성이라고 하는데, 동창[東昌: 지금의 길림성(吉林省) 통화(通化)에 있는 구(區)]의 무성현과 아울러 현가의 고장이라고 하는 것은 모두 지명을 따라 사실을 왜곡한 것이다.

- 「注」, "澹臺"至"且方".
- 正義曰:「弟子列傳」, "澹臺滅明, 字子羽, 少孔子三十九歲." 云"公且方"者, 公謂不以私事至也, 方謂行不由徑. 朱子『集注』云: "不由徑, 則動必以正, 而無見小欲速之意可知; 非公事不

200권이다. 766년에 착수하여 30여 년에 걸쳐 초고(初稿)가 완성되고, 그 후에도 많은 보필(補筆)이 있었던 것으로 추정된다. 현종(玄宗: 재위 712~756) 시대에 유질(劉秩)이 찬(撰)한 『정전(政典)』 35권을 핵(核)으로 하여, 역대 정사(正史)의 지류(志類)를 비롯해서 기전(紀傳)·잡사(雜史)·경자(經子), 당대의 법령·개원례[開元禮: 현종 때의 예제(禮制)] 등의 자료를 참조하여, 식화(食貨: 경제)·선거(選擧: 관리 등용)·직관(職官)·예(禮)·악(樂)·병(兵)·형(刑)·주군(州郡)·변방(邊防)의 각 부문으로 나누어, 상고로부터 중당(中唐)에 이르는 국제(國制)의 요항(要項)을 종합한 것이다. 때에 따라서는 저자의 의견도 삽입하였다. 구성이 질서정연하고, 내용이 풍부하여 중당 이전의 제도를 통람하는 데 가장 유용한 책이다. 이 책은 북송(北宋)의 송백(宋白) 등의 『속통전(續通典)』, 남송(南宋)의 정초(鄭樵)의 『통지(通志)』, 원나라 마단림(馬端臨)의 『문헌통고(文獻通考)』 등에 큰 영향을 끼쳤다.

見邑宰, 則其有以自守, 而無枉己徇人之私可見矣."

○「주」의 "담대(澹臺)"부터 "차방(且方)"까지.

○ 정의에서 말한다.

『사기』「중니제자열전」에 "담대멸명은 자가 자우이고, 공자보다 서른아홉 살이 어리다."라고 했다. "공적이면서도 방정하다[公且方]"라고 했는데, 공(公)은 사적인 일로 오지 않았다는 말이고, 방(方)은 길을 다닐 때 지름길로 다니지 않았다는 말이다. 주자의 『논어집주(論語集注)』에는 "지름길로 다니지 않았다면, 행동을 반드시 바르게 해서 작은 것을 보고 빨리 하려는 뜻이 없었다는 것을 알 수 있고, 공적인 일이 아닐 경우에는 읍재를 만나 보지 않는다면, 그 스스로를 지킴이 있어 자기를 굽히고 남을 따르는 사사로움이 없음을 볼 수 있다."[173]라고 했다.

6-15

子曰: "孟之反不伐!【注】孔曰: "魯大夫孟之側, 與齊戰, 軍大敗. '不伐'者, 不自伐其功." 奔而殿, 將入門, 策其馬, 曰: '非敢後也, 馬不進也.'"【注】馬曰: "殿, 在軍後, 前曰啓, 後曰殿, 孟之反賢而有勇, 軍大奔, 獨在後爲殿. 人迎功之. 不欲獨有其名, 曰: '我非敢在後拒敵, 馬不能前進.'"

공자가 말했다. "맹지반(孟之反)은 공을 자랑하지 않는구나!【주】공안국이 말했다. "노나라 대부 맹지측(孟之側)이 제나라와 전쟁을 하다가 군대가 대패하였다. '불벌(不伐)'은 스스로 자기의 공(功)을 자랑하지 않음이다." 후퇴할 때 군대의 후미(後尾)를 맡고 있다가 장차 성문으로 들어서려 할 즈

---

173 『논어집주대전(論語集注大全)』 권6, 「옹야제6(雍也第六)」.

음에 자기가 탄 말에 채찍을 치며 말하기를 '감히 후미에 뒤처지
려 한 것이 아니라, 말이 나아가지 않아서이다.'라고 하였다."

【주】 마융이 말했다. "'전(殿)'은 군대의 후미에 있는 것이다. 군대의 선봉(先鋒)을
계(啓)라 하고, 군대의 후미를 전이라 한다. 맹지반은 현명하면서도 용기가 있어서
군대가 대패해서 후퇴할 때 홀로 후미에 뒤처져서 후미군[殿]이 되었다. 사람들이 맞
이하면서 그가 후미에 뒤처져서 온 것을 공으로 여기자, 그 명예를 독차지하고자 하
지 않아 '내가 감히 후미에 뒤처져서 적을 막은 것이 아니라 말이 나아가지 못해서이
다.'라고 한 것이다."

원문 正義曰: "之反", 毛本誤"子反". 鄭「注」云: "姓孟, 名之側, 字之反也."
案, 古人名多用"之"爲語助, 若舟之僑, 宮之奇, 介之推, 公罔之裘, 庾公之
斯, 尹公之他, 與此孟之反皆是. 杜預『左傳』「注」, "之側, 孟氏族也."

역문 정의에서 말한다.

"지반(之反)"은, 모본(毛本)[174]에는 "자반(子反)"으로 잘못 표기되어 있
다. 정현의 「주」에 "성은 맹(孟)이고, 이름은 지측(之側)이며, 자는 지반
(之反)이다."라고 했다. 살펴보니, 옛사람의 이름 중에는 많이들 "지(之)"
자를 어조사로 쓰고 있으니, 예를 들면 주지교(舟之僑)·궁지기(宮之奇)·
개지추(介之推)·공망지구(公罔之裘)·유공지사(庾公之斯)·윤공지타(尹公
之他)와 여기의 맹지반이 모두 "지(之)"를 어조사로 쓴 경우이다. 두예의
『춘추좌씨전』「주」에 "지측은 맹씨(孟氏)의 종족이다."[175]라고 했다.

---

174 모본(毛本): 명(明)나라 숭정(崇禎) 연간(1628~1644)의 모진(毛晉)의 급고각(汲古閣) 교간
본(校刊本).

175 『춘추좌씨전』「애공(哀公)」 11년 두예의 「주」에 "지측(之側)은 맹씨(孟氏)의 종족(宗族)으
로 자는 반(反)이다.[之側, 孟氏族也, 字反.]"라고 했다.

원문 “奔”,『說文』作“犇”, 云“走也”. 走謂速走.『釋名』「釋姿容」, “奔, 變也, 有疾變奔赴之也.” “門”者, 國門.『左』「哀」十一年「傳」說此事云: “抽矢策 其馬曰: ‘馬不進也’.” 似謂以矢策馬.『說文』, “敕, 擊馬也.” “敕”·“策”同 音叚借.

역문 “분(奔)”은『설문해자』에 “분(犇)”으로 되어 있고, “달린다[走]는 뜻이 다.”[176]라고 했다. 주(走)는 빠르게 달린다는 말이다.『석명』「석자용(釋姿 容)」에 “분(奔)은 변함[變]이니, 잽싸게 변하고 달려감이 있는 것이다.”라 고 했다. “문(門)”이란 국문(國門)이다.『춘추좌씨전』「애공(哀公)」 11년의 「전」에 이 기사를 말하면서 “화살을 뽑아 그 말에 채찍질을 하면서 말 했다. ‘말이 나아가지 않아서이다.’”라고 했는데, 화살을 가지고 말에 채찍 질을 했다는 말인 듯싶다.『설문해자』에 “책(敕)은 말에 매질을 한다[擊馬] 는 뜻이다.”[177]라고 했으니, “책(敕)”과 “책(策)”은 발음이 같은 가차자이다.

- 「注」, “魯大夫孟之側.”
- 正義曰: 之反爲大夫, 亦以意言.
- ○「주」의 “노나라 대부 맹지측이다.”
- ○ 정의에서 말한다.

　맹지반을 대부라고 한 것은 역시 공안국이 자기 생각대로 한 말이다.

176『설문해자』권10: 분(犇)은 달린다[走]는 뜻이다. 요(夭)로 구성되었고, 분(賁)의 생략형이 발음을 나타낸다. 주(走)와 뜻이 같고, 모두 요(夭)로 구성되었다. 박(博)과 곤(昆)의 반절음 이다.[犇, 走也. 從夭, 賁省聲. 與走同意, 俱從夭. 博昆切.]
177『설문해자』권3: 책(敕)은 말에 매질을 한다[擊馬]는 뜻이다. 복(攴)으로 구성되었고 자(束) 가 발음을 나타낸다. 초(楚)와 혁(革)의 반절음이다.[敕, 擊馬也. 從攴束聲. 楚革切.]

- 「注」, "殿在"至"爲殿".
- 正義曰: 『左傳』云: "齊伐我及淸, 孟孺子洩帥右師, 師及齊師戰於郊, 右師奔, 齊人從之. 陳瓘・陳莊涉泗. 孟之側後入以爲殿." 錢氏大昕『潛研堂文集』, "古文'尻'・'臀'字本作屍, 殿從屑得聲, 臀又從殿取聲. 人之一身, 臀居其後. 軍後曰殿, 亦取斯義. 漢時課吏有殿最之法, 亦以居後爲殿."

○ 「주」의 "전재(殿在)"부터 "위전(爲殿)"까지.

○ 정의에서 말한다.

『춘추좌씨전』에 "제나라 군대가 우리 나라를 치기 위해 청(淸)에 집결하니, 맹유자설(孟孺子洩)이 우군(右軍)을 거느리고, 노나라 군대가 제나라 군대와 노나라 교외에서 교전하다가, 우군이 후퇴를 하자 제나라 군대가 추격하였다. 진관(陳瓘)과 진장(陳莊)[178]이 사수(泗水)를 건너 노나라 우군을 추격했다. 이때 맹지측이 후군(後軍)이 되어 뒤처졌다."[179]라고 했다. 전대흔(錢大昕)의 『잠연당문집(潛研堂文集)』에 "고문(古文)에는 '꽁무니 고(尻)' 자와 '볼기 둔(臀)' 자는 본래 전(屍)으로 썼으니, 전(殿)은 전(屍) 자로부터 발음을 얻었고, 둔(臀)은 또 전(殿)으로부터 소리를 가져왔다. 사람의 몸은 볼기가 제일 뒤에 있다. 군대의 후미를 전(殿)이라고 한 것도 역시 그 뜻을 취한 것이다. 한나라시대에 과리법(課吏法)[180] 중에 전최법(殿最法)[181]이 있었는데, 역시 제일 뒷자리를 전(殿)이라고 한다."라고 했다.

원문 案, 『詩』「采菽」「傳」, "殿, 鎭也." 孔「疏」, "軍行在後曰殿, 取其鎭重之義." 愚謂臀居人後, 亦以其鎭重故名之. 『左』「襄」二十三年「傳」, "齊侯伐

---

178 두예의 「주」에 따르면 진관(陳瓘)과 진장(陳莊)은 제나라 대부이다.

179 『춘추좌씨전』「애공」 11년 기사에 보인다.

180 과리법(課吏法): 한나라시대 관리의 공적을 조사하던 법. 『한서』의 주석가인 진작(晉灼)의 설에 의하면, 영(令)・승(丞)・위(尉)가 한 현(縣)을 다스리되 교화를 숭상하고 범법자가 없을 경우는 모두 승진시키고, 도적이 있는 데 3일 안에 발각하지 못할 경우는 위의 책임이므로 영이 그를 파면하고 허물을 지는 식으로 된 법이라 한다.

181 전최법(殿最法): 관리의 성적을 고사하는 법으로 상(上)을 최(最), 하(下)는 전(殿)이라 한다.

衛, 大殿, <u>商子游御夏之御寇</u>." 是殿本軍制. 邢「疏」引『司馬法』「謀帥篇」
"乘車大震, 大震卽大殿, 音相似. <u>魯師雖奔</u>, 而之反能在後結陣以行, 所保
全之功甚鉅, 故「注」云"軍大奔, 獨在後爲殿"也. 云"前曰啓"者, 『詩』, "元
戎十乘, 以先啓行."『司馬法』, "夫前驅啓". 啓訓開, 爲軍先鋒, 故在前也.
「注」言此者, 明啓・殿皆陳法, 非是奔在後卽爲殿也.

역문 살펴보니, 『시경』「채숙(采菽)」의 「전」에 "전(殿)은 진정(鎭靜)한다는
뜻이다."[182]라 했고, 공영달의 「소」에, "군대가 행진할 때 후미에 있는 군
대를 전(殿)이라 하니, 진중(鎭重)하다는 뜻을 취한 것이다."[183]라고 했는
데, 내가 생각하기에 볼기[臀]도 사람의 뒤쪽에 처져 있으니, 역시 진중
하기 때문에 그렇게 이름을 붙인 듯싶다. 『춘추좌씨전』「양공(襄公)」 23
년의 「전」에, "제후(齊侯)가 위(衛)나라를 토벌할 때, 대전[大殿: 후군(後軍)]
은 상자유(商子游)가 하지어구(夏之御寇)의 전차를 몰았다."라고 했으니,
이 후군[殿]은 본래 군대의 편제이다. 형병의 「소」에는 『사마법(司馬法)』
「모수(謀帥)」를 인용해서 "'네 마리 말이 끄는 전차를 탄 후군[大震]'이라
고 했는데, '대진(大震)'은 바로 '대전'이니, 발음이 서로 비슷하다."[184]라고
고 했다. 노나라 군대가 비록 후퇴는 하지만 지반이 능히 후미에 뒤처져
대열을 결속시켜 갈 수 있게 했으니, 군대를 온전하게 보호한 공이 대단
히 크기 때문에 「주」에서 "군대가 대패해서 후퇴할 때 홀로 후미에 뒤
처져서 후미군[殿]이 되었다."라고 한 것이다. "군대의 선봉(先鋒)을 계
(啓)라 한다"라고 했는데, 『시경』「소아(小雅)・동궁지십(彤弓之什)・유월

---

182 『모시주소』 권22, 「소아(小雅)・어조지십(魚藻之什)・채숙(采菽)」의 「전」.

183 『모시주소』 권22, 「소아・어조지십・채숙」 공영달의 「소」.

184 『논어정의』에는 "音相似是也."로 되어 있는데, 『논어주소(論語注疏)』 하안(何晏)의 「소」에
    는 "是也" 두 글자가 없다. 『논어주소』를 근거로 두 글자를 삭제하고 해석했다. "是也" 두 글
    자가 있으면 의미가 분명하지 않다.

(六月)」에, "커다란 병거(兵車) 10승(乘)으로 먼저 길을 열고 떠났다.[元戎 十乘, 以先啓行.]"라고 했고, 『사마법』에 "선봉부대가 길을 개척하면[夫前驅 啓]"이라고 했는데, 이때 계(啓)는 연다[開]는 뜻으로 해석하니, 군대의 선봉(先鋒)이 되기 때문에 앞에 있는 것이다. 「주」에서 이렇게 말한 것은 선봉(啓)과 후미(殿)가 모두 진법(陳法)이고, 후퇴하면서 후미에 뒤처지는 것이 곧 전(殿)이 되는 것이 아님을 밝힌 것이다.

6-16

子曰: "不有祝鮀之佞, 而有宋朝之美, 難乎! 免於今之世矣."
【注】孔曰: "'佞', 口才也. 祝鮀, 衛大夫子魚也, 時世貴之. 宋朝, 宋之美人而善淫. 言當如祝鮀之佞, 而反如宋朝之美, 難乎免於今之世害也."

공자가 말했다. "축사(祝史)인 타[祝鮀]의 말재주는 가지고 있지 않으면서 송(宋)나라 공자(公子)인 조(朝)의 미모만 가지고 있으면, 어려울 것이다! 지금 세상에서 환난을 면하기가." 【주】공안국이 말했다. "'영(佞)'은 말재주이다. 축타(祝鮀)는 위나라 대부 자어(子魚)인데, 당시 사람들이 그를 귀하게 여겼다. 송조(宋朝)는 송나라의 미남(美男)이었으나 음란한 짓을 잘 저질렀다. 마땅히 축타와 같은 말재주를 가져야 하는데, 반대로 송조와 같은 미모만 가지고 있으면, 지금 세상에서는 해(害)를 면하기 어렵다는 말이다."

원문 正義曰: 鄭「注」云: "不有, 言無也." "祝"卽祝史. 『說文』, "祝, 祭主贊 詞者."

역문 정의에서 말한다.

정현의 「주」에 "불유(不有)란 없다[無]는 말이다."라고 했다. "축(祝)"은 바로 축사(祝史)이다. 『설문해자』에 "축(祝)은 제사에서 찬사(贊詞)를 주관하는 자이다."[185]라고 했다.

- 「注」, "祝鮀"至"害也".

- 正義曰: 『周官』惟大祝是下大夫, 小祝·喪祝·甸祝·詛祝皆以士爲之. 此祝鮀於衛, 不得稱大夫, 「注」以意言之耳. 『左』「定」四年「傳」先言祝鮀, 後言子魚, 鮀者, 魚名, 故名鮀, 字子魚. 「古今人表」作"佗", 則鮀同音段借字.

○ 「주」의 "축타(祝鮀)"부터 "해야(害也)"까지.

○ 정의에서 말한다.

『주관』에 따르면 오직 대축(大祝)[186]만이 하대부이고, 소축(小祝)[187]과 상축(喪祝)[188]과 전축(甸祝)[189]과 조축(詛祝)[190]은 모두 사가 담당한다. 따라서 축타는 위나라에서 대부라 칭할 수 없으니, 「주」는 자기 멋대로 말한 것일 뿐이다. 『춘추좌씨전』「정공(定公)」4년의 「전」에 먼저 축타라 하고 뒤이어 자어라고 했는데,[191] 타(鮀)는 자어의 이름이므로 이름은 타이

---

185 『설문해자』 권1: 축(祝)은 제사에서 찬사(贊詞)를 주관하는 자이다. 시(示)로 구성되었고 인(人)과 구(口)로 구성되었다. 일설에는 태(兌)의 생략형으로 구성되었다고 한다. 『주역』에 "태(兌)는 입이 되고 무당이 된다."라고 했다. 지(之)와 육(六)의 반절음이다.[祝, 祭主贊詞者. 從示從人口. 一曰從兌省. 『易』曰: "兌爲口爲巫." 之六切.]

186 대축(大祝): 축관의 우두머리. 순축(順祝)·연축(年祝)·길축(吉祝)·화축(化祝)·단축(瑞祝)·협축(筴祝)의 여섯 가지 축사(祝辭)를 관장한다.

187 소축(小祝): 작은 제사나 앞으로 다가올 일에 대해 행복을 빌고 재앙을 물리치는 축사를 관장한다.

188 상축(喪祝): 왕의 대상(大喪)에서 관을 옮기고 풀어헤치는 일과 장식하는 축사를 관장한다.

189 전축(甸祝): 사시(四時)에 행하는 사냥 때 표식을 세운 곳에 지내는 사제(師祭)의 축호(祝號)를 관장한다.

190 조축(詛祝): 맹약과 저주와 유(類: 사제)와 길제사와 병을 낫게 하는 제사와 말로 책망하는 것과 푸닥거리와 산천에 지내는 제사의 축호를 관장한다.

고 자는 자어이다. 『전한서』「고금인표」에는 "타(佗)"로 되어 있는데, 타(鮀)는 발음이 같은

가차자(叚借字)이다.

원문 宋朝謂宋公子朝也. 朝初仕衛爲大夫, 通於襄夫人, 又通於靈公夫人南子, 竝見『左氏傳』, 是其善淫也. 衛別有公子朝, 爲季札所說, 許爲君子, 「昭」二十一年曾救宋, 與宋公子朝爲二人. 杜預注『左傳』未能晰矣.

역문 송조는 송나라 공자인 조라는 말이다. 조는 처음에 위나라에서 벼슬하여 대부가 되었는데, 위나라 양공(襄公)의 부인인 선강(宣姜)과 정을 통하고는, 또 위나라 영공(靈公)의 부인인 남자(南子)와도 정을 통했는데, 두 사건 모두 『춘추좌씨전』에 보이니, 이것이 그가 음란한 짓을 잘 저질렀다는 것이다. 위나라에는 별도로 공자 조(公子朝)가 있었는데, 오(吳)나라 공자 계찰(季札)이 좋아해서 군자(君子)라고 인정했고,[192] 「소공」 21년에는 송나라를 구원해 주었으니, 송나라 공자 조와는 다른 사람이다. 이점은 두예가 『춘추좌씨전』을 주석하면서 제대로 밝히지 못하였다.

원문 先兄五河君『經義說略』, "美必兼佞, 方可見容. 美而不佞, 衰世猶嫉之.

---

191 『춘추좌씨전』「정공(定公)」 4년: 장차 회합(會合)에 가려 할 때 위(衛)나라 자행경자(子行敬子)가 영공(靈公)에게 말하기를 "이번 회합에 의견의 일치를 보기 어렵습니다. 서로 큰소리를 내며 많은 말을 한다면 다스릴 수 없으니, 축타를 수행하게 하소서."라고 하니, 영공이 "좋다." 하고서, 자어를 수행하게 하였다.[將會, 衛 子行敬子言於靈公曰: "會同難. 嘖有煩言, 莫之治也, 其使祝鮀從." 公曰: "善." 乃使子魚.]

192 『춘추좌씨전』「양공」 29년: 위나라에 가서 거원(蘧瑗)·사구(史狗)·사추(史鰌)·공자 형(公子荊)·공숙 발(公叔發)·공자 조(公子朝)를 좋아하여 말하기를 "위나라에는 군자(君子)가 많으니 환난이 없을 것입니다."라고 하였다.[適衛, 說蘧瑗·史狗·史鰌·公子荊·公叔發·公子朝, 曰: "衛多君子, 未有患也."]

故九侯女不憙淫, 商辛惡之. 褒姒不好笑, 周幽惡之. 莊姜之美, 衛人爲之賦「碩人」, 而衛莊亦惡之. 美而不佞, 豈容於衰世乎? 蓋美者, 色也. 所以說其美者, 情也. 如不必有可說之情, 胡然而天, 胡然而帝, 祇見其可尊嚴而已, 何說之有? 故夫子歎時世不佞之人, 雖美難免, 夫子非不惡宋朝也, 所以甚言時之好佞耳."先兄此說, 卽「注」義也.

역문 작고하신 형[先兄]인 오하군(五河君)의 『경의설략(經義說略)』에, "미모가 있으면서 반드시 말재주를 겸비해야 바야흐로 용납될 수 있다. 미모는 있되 말재주가 없으면 쇠락한 세상에서는 오히려 미움을 받는다. 그러므로 구후(九侯)의 딸이 음란함을 좋아하지 않자 상신[商辛: 은(殷)나라 주(紂)왕]이 그를 미워했다.[193] 포사(褒姒)가 잘 웃지 않자 주나라 유왕(幽王)은 그를 미워했다.[194] 장강(莊姜)[195]의 미모에 위나라 사람들은 그를 위해

---

193 『사기(史記)』 권3, 「은본기(殷本紀)」: 구후(九侯)가 아름다운 딸을 주(紂)에게 바쳤는데 구후의 딸은 음란한 것을 좋아하지 않으니, 주가 노하여 구후의 딸을 죽이고 구후는 죽어서 젓을 담고, 악후가 이에 대하여 강력하게 항의하며 빠르게 변론하자, 악후도 함께 포를 떠버렸다. 서백 창이 이 말을 듣고는 가만히 한탄하였는데 숭후 호(崇侯虎)가 이 일을 알고는 주에게 고변하자, 주가 서백을 유리(羑里)에 가두었다.[九侯有好女, 入之紂, 九侯女不憙淫, 紂怒殺之, 而醢九侯, 鄂侯爭之彊, 辨之疾, 竝脯鄂侯. 西伯昌聞之竊歎, 崇侯虎知之以告紂, 紂囚西伯羑里.]

194 『사기』 권4, 「주본기(周本紀)」: 포사(褒姒)가 잘 웃지 않자, 유왕(幽王)이 갖은 방법으로 그녀를 웃게 하려 했으나 고의로 웃지 않았다. 유왕은 봉수(烽燧)와 큰 북을 준비하여 적이 온다면서 봉화를 올리게 했는데, 제후가 모두 달려왔지만 적은 보이지 않았다. 이에 포사가 크게 웃었다. 유왕이 그것이 좋아서 거듭 봉화를 올리니, 그 후로는 믿지 않게 되었고 제후는 더 이상 달려오지 않았다. 유왕이 괵석보(虢石父)를 경으로 삼아 나랏일을 맡기자 국인이 모두 원망했다. 석보는 사람됨이 간사하고 아부를 잘하며 이익을 밝혔는데 유왕은 이런 자를 기용했다. 여기에 신후(申后)를 폐하고 태자를 쫓아내자 신후(申侯)는 화가 나서 증(繒), 서이(西夷) 견융(犬戎)과 함께 유왕을 공격했다. 유왕이 봉화를 올려서 군대를 불렀으나 오지 않았다. 드디어 유왕을 여산(驪山) 아래에서 죽이고 포사는 포로로 잡았다.[褒姒不好笑, 幽王欲其笑萬方, 故不笑. 幽王爲烽燧大鼓, 有寇至則擧烽火. 諸侯悉至, 至而無寇, 褒姒乃大

「석인(碩人)」을 지었으나, 위나라 장공(莊公)은 역시 그를 미워했다. 미모는 있되 말재주가 없었으니, 어찌 쇠락한 세상에서 용납이 되겠는가? 대체로 미모라는 것은 색(色)이다. 미모를 좋아하게 하는 것은 정(情)이다. 만일 반드시 좋아할 만한 실정을 가지고 있지 않다면, 어쩌면 그리도 하늘과 같고 어쩌면 그토록 상제 같아서 단지 존엄할 만함을 볼 뿐이니, 무슨 좋아함이 있겠는가? 그러므로 공자가 당시의 세상에서 말재주를 부리지 않는 사람은 비록 미모가 있더라도 환난을 면하기 어려움을 탄식한 것은, 공자가 송조를 미워하지 않은 것이 아니라, 당시가 말재주를 좋아함을 심하게 말하기 위해서였을 뿐이다."라고 했는데, 작고하신 형의 이 말이 바로 「주」의 뜻이다.

원문 王氏引之『經傳釋詞』訓"而"爲"與", 引『墨子』「尙同」"聞善而不善, 皆以告其上."『韓子』「說林」"以<u>管子</u>之聖而<u>隰朋</u>之智", "而", 皆與也, "而"·"與"聲之轉, 說與「注」異, 亦通. 他家疑"而"爲不誤, 或謂"'而'·如通用, 如或也", 皆未是.

역문 왕인지의『경전석사』에는 "이(而)"를 "여(與)"의 뜻으로 해석하면서,『묵자(墨子)』「상동(尙同)」에서 "착한 일이나 착하지 않은 일이나 들으면 모두 윗사람에게 보고하라."라고 한 것과『한자(韓子)』「설림(說林)」에서 "관자(管子)의 성스러움과 습붕(隰朋)[196]의 지혜[管子之聖而隰朋之智]"라고

笑. <u>幽王</u>說之, 爲數擧烽火. 其後不信, 諸侯益亦不至. <u>幽王</u>以<u>虢石父</u>爲卿, 用事, 國人皆怨. <u>石父</u>爲人佞巧善諛好利, 王用之. 又廢<u>申后</u>, 去太子也. <u>申侯</u>怒, 與繒·<u>西夷</u>·<u>犬戎</u>攻<u>幽王</u>. <u>幽王</u>擧烽火徵兵, 兵莫至. 遂殺<u>幽王</u> <u>驪山</u>下, 虜<u>褒姒</u>.] 유왕이 포사가 웃지 않아 미워했다는 말은 찾아볼 수 없다.

195 장강(莊姜, ?~?): 제나라 여자. 위 장공(衛莊公)의 부인. 미인(美人)이었으나 아들이 없어 장공의 총애를 잃었다.

한 것을 인용했는데, 이때의 "이(而)"는 모두 여(與)의 뜻이고, 이(而)와 여(與)는 소리가 바뀐 것이니, 설명이 「주」와는 다르지만 역시 통한다. 다른 주석가들은 "이(而)"가 잘못되지 않았다고 생각하면서 더러들 "'이 (而)'는 여(如) 자와 통용되니, 만일[如或]이라는 뜻이다."라고 하는데, 모두 옳지 않다.

6-17

子曰: "誰能出不由戶? 何莫由斯道也?" 【注】 孔曰: "言人立身成功 當由道, 譬猶出入要當從戶."

공자가 말했다. "누가 방문을 경유하지 않고 방에서 나갈 수 있겠 는가? 어떤 사람인들 이 도(道)를 경유하지 않겠는가?" 【주】 공안국 이 말했다. "사람이 사회에 나아가서 자기의 기반을 확립하고 뜻한 바를 실현하려면 반드시 도(道)를 따라야 하는 것이 비유하자면 출입할 때에 반드시 방문을 경유해야 하는 것과 같다는 말이다."

원문 正義曰: 『說文』, "誰, 何也." 言"何人能?" 若有以問之也. 上句言誰, 下 句言何, 互相訓. "出"謂出室也. 宮室之制, 外半爲堂, 內半爲室. 室有南

---

196 습붕(隰朋, ?~기원전 644): 제 환공(齊桓公) 대의 명신. 본명은 강습붕(姜隰朋)이다. 강(姜) 이 성이고, 씨(氏)가 습(隰)이며 이름이 붕(朋)이다. 제 장공(齊莊公)의 아들 공자 료(公子 廖)의 손자라고 한다. 흔히 습붕으로 알려져 있다. 관중(管仲), 포숙과 더불어 제나라의 내 치를 담당했고, 진(秦)나라의 군주인 진 목공과 함께 진(晉)나라의 공자 이오(夷吾)를 세우 니 그가 바로 진 혜공(晉惠公)이다. 관중이 죽고 그 뒤를 이었으나 곧 죽었다.

壁, 東開戶以至堂. 『說文』, "戶, 護也. 半門曰戶, 象形." 『一切經音義』十

四引『字書』云: "一扇曰戶, 兩扇曰門."

역문 정의에서 말한다.

『설문해자』에 "수(誰)는 어떤[何]이라는 뜻이다."[197]라고 했으니, "어떤

사람이 할 수 있는가?"라는 말로서 마치 질문함이 있는 것과 같은 것이

다. 앞 구절에는 "수(誰)"라고 했고, 뒤 구절에는 "하(何)"라고 했으니, 뜻

을 새김이 서로 통한다. "출(出)"이란 방을 나간다는 말이다. 궁실(宮室)

의 제도는, 바깥쪽 반은 당(堂)이 되고, 안쪽 반은 실(室)이 된다. 실에는

남쪽 벽[南壁]이 있고, 동쪽으로 지게문을 열고 당에 다다른다. 『설문해

자』에 "호(戶)는 보호한다[護]는 뜻이다. 반쪽짜리 문을 호(戶)라 한다. 상

형(象形)이다."[198]라고 했다. 『일체경음의』 권14에는 『자서(字書)』에 "외

짝 문[一扇]을 지게문[戶]이라 하고, 두짝문을 문(門)이라 한다."라고 한 것

을 인용했다.

원문 "何莫由斯道"者, "莫"猶非也. 『說文』, "道, 所行道也." 言人日用行習,

無非是道, 特人或終身由之而不知耳. 『禮記』「禮器」云: "禮有大有小, 有

顯有微, 大者不可損, 小者不可益, 顯者不可揜, 微者不可大也. 故經禮三

百, 由禮三千, 其致一也. 未有入室而不由戶者." 彼文言人行事必由禮, 如

入室不能不由戶, 故此文亦言出當由戶.

---

197 『설문해자』 권3: 수(誰)는 어떤[何]이라는 뜻이다. 언(言)으로 구성되었고, 추(隹)가 발음을
나타낸다. 시(示)와 추(隹)의 반절음이다.[誰, 何也. 從言隹聲. 示隹切.]

198 『설문해자』 권12: 호(戶)는 보호한다[護]는 뜻이다. 반쪽짜리 문을 호(戶)라 한다. 상형(象
形)이다. 모든 호(戶)부에 속하는 한자는 다 호(戶)의 뜻을 따른다. 호(房)는 호(戶)의 고문
인데 목(木)으로 구성되었다. 후(侯)와 고(古)의 반절음이다.[戶, 護也. 半門曰戶. 象形. 凡戶
之屬皆從戶. 房, 古文戶從木. 侯古切.]

"어떤 사람인들 이 도를 경유하지 않겠는가?[何莫由斯道]"

"막(莫)"은 비(非)와 같다. 『설문해자』에 "도(道)는 다니는 길이다."[199]라고 했는데, 사람이 일상생활을 하면서 행하고 익히는 것이 이 도가 아님이 없는데, 다만 사람들이 간혹 종신토록 그 길을 경유하면서도 알지 못할 뿐이라는 말이다. 『예기』「예기(禮器)」에 "예(禮)는 큰 것도 있고 작은 것도 있으며, 드러난 것도 있고 은미한 것도 있으니, 큰 것을 덜어 내서는 안 되고 작은 것을 보태서는 안 되며, 드러난 것을 가려서는 안 되고 은미한 것을 크게 해서는 안 된다. 그러므로 기본적인 예의[經禮]가 3백 가지이고, 구체적인 예절[曲禮]이 3천 가지이지만 그 이치는 하나이다. 방에 들어가면서 지게문을 경유하지 않는 이는 아직 있지 않다."라고 했는데, 이 글은 사람이 일을 행하면서 반드시 예를 말미암아야 하는 것이 마치 방에 들어갈 때 방문을 경유하지 않을 수 없는 것과 같다는 말이니, 따라서 앞의 『논어』의 글 역시 방에서 나갈 때에도 반드시 방문을 경유해야 한다는 말이다.

"何莫由斯道", 意與「禮器」同也. 『春秋繁露』「身之養重於義篇」, "故曰 '聖人天地動 · 四時化者,' 非有他也. 其見大義故能動, 動故能化, 化故能 大行. 化大行故法不犯, 法不犯故刑不用, 刑不用則堯 · 舜之功德. 此大治 之道也, 先聖傳授而復也. 故孔子曰: '誰能出不由戶, 何莫由斯道也?'"『繁 露』此言, 以道爲先聖傳授, 明雖久遠無所變易, 故知人必由之也. 後人解 "何莫由斯道", 謂"人知由戶, 不知由道, 故夫子慨歎之."與『繁露』之旨不

---

[199] 『설문해자』 권2: 도(𧗞)는 다니는 길이다. 착(辵)으로 구성되었고 수(首)로 구성되었다. 하나로 통달하는 것을 도(道)라 한다. 도(𧗞)는 도(道)의 고문인데 촌(寸)으로 구성되었다. 도(徒)와 호(皓)의 반절음이다.[𧗞, 所行道也. 從辵從首. 一達謂之道. 𧗞, 古文道從寸. 徒皓切.]

合. 皇本"戶"下有"者"字.

역문 "어떤 사람인들 이 도를 경유하지 않겠는가?"라는 말은 뜻이 「예기」와 같다. 『춘추번로(春秋繁露)』「신지양중어의(身之養重於義)」에, "그러므로 '성인이 천지를 감동시키고 사시를 변화시킨다'라는 것은 다른 까닭이 있는 것이 아니다. 그는 대의(大義)를 알기 때문에 감동시킬 수 있고, 감동시킬 수 있기 때문에 변화시킬 수 있으며, 변화시킬 수 있기 때문에 널리 퍼져 나가게 할 수 있다. 변화가 널리 퍼져 나가게 할 수 있기 때문에 본보기로 삼아 저버리지 않으며, 본보기로 삼아 저버리지 않기 때문에 형벌을 쓰지 않게 되니, 형벌을 쓰지 않으면 요·순과 같은 공덕을 이루게 된다. 이것이 위대한 다스림의 길[大治之道]이며, 선대의 성인이 후대에 전해 주어 반복되는 것이다. 그러므로 공자가 말했다. '누가 방문을 경유하지 않고서 방에서 나갈 수 있겠는가? 어떤 사람인들 이 도를 경유하지 않겠는가?'라고 했다. 『춘추번로』의 이 말은 도를 선대의 성인이 전해 준 것으로 삼아, 비록 오래되었다 하더라도 변역(變易)된 바가 없기 때문에 사람들이 반드시 그것을 경유함을 알 수 있다는 것을 밝힌 것이다. 후대에 사람들은 "하막유사도(何莫由斯道)"를 해석하면서 "사람들이 문을 경유할 줄은 알면서 도를 경유할 줄 모르기 때문에 공자가 이를 개탄한 것이다."라고 하는데, 『춘추번로』의 취지와는 부합하지 않는다. 황간본에는 "호(戶)" 아래 "자(者)" 자가 있다.

6-18

子曰: "質勝文則野, 文勝質則史. 文質彬彬, 然後君子."【注】
包曰: "'野'如野人, 言鄙略也. '史'者, 文多而質少. '彬彬', 文質相半之貌."

공자가 말했다. "바탕이 문채를 이기면 촌스럽고, 문채가 바탕을 이기면 화려하다. 문채와 바탕이 잘 갖추어진 후에야 군자이다."
【주】 포함이 말했다. "'야(野)'는 야인(野人)과 같으니, 촌스럽고 거칠다[鄙略]는 말이다. '사(史)'는 문(文)이 많고 질(質)이 적은 것이다. '빈빈(彬彬)'은 문과 질이 서로 반씩 섞인 모양이다.

원문 正義曰: 禮有質有文, 質者, 本也. 禮無本不立, 無文不行, 能立能行, 斯謂之中. 失其中則偏, 偏則爭, 爭則相勝. 君子者, 所以用中而達之天下者也. 古稱天子・諸侯・卿・大夫・士, 皆曰君子. 君者, 群也, 言群下之所歸心也. 子者, 男子之稱也. 非有位而稱君子者, 以其人有道德, 可任在位也. 此文"君子", 專指卿大夫・士. 下篇云: "後進於禮樂, 君子也", "君子質而已矣, 何以文爲?" 皆就有位者言之.

역문 정의에서 말한다.

예에는 질과 문이 있는데, 질이란 바탕[本]이다. 예는 바탕이 없으면 확립되지 않고 문이 없으면 행해지지 않으니, 확립할 수 있고 행할 수 있는 것, 이것을 일러 중(中)이라 한다. 중을 잃으면 치우치고, 치우치면 다투고, 다투면 서로 이기려 한다. 군자란 중을 써서 온 천하에 통용시키려 하는 자이다. 옛날에는 천자・제후・경・대부・사를 일컬어 모두 군자라 했다. 군(君)이란, 군(群)이니, 여러 아랫사람이 마음을 귀의하는 곳이라는 말이다. 자(子)란 남자(男子)를 일컫는다. 높은 지위가 있어서 군자라고 일컫는 것이 아니라, 그 사람이 도덕(道德)을 갖추고 있어서 책임지고 높은 지위에 있을 수 있기 때문이다. 이 글에서의 "군자"는 오로지 경과 대부와 사를 가리킨다. 아래 「선진」에서 "뒤에 예악(禮樂)에 나아가 배운 제자들은 군자이다."라고 한 것이나, 「안연(顏淵)」의 "군자는 바탕[質]에 힘쓸 뿐이니, 문채[文]를 뭣에 쓰겠는가?"라고 한 것은 모두 높은 지위를 가지고 있는 자의 입장에서 말한 것이다.

원문 當時君子非質勝文, 卽文勝質, 其名雖稱君子, 其實則曰野·曰史而已. 夫子爲之正其名, 究其義, 曰"文質彬彬, 然後君子", 言非文質備, 無以爲君子矣. 其無以爲君子者, 以君子必用中于民. 若文質偏勝, 無以示民, 民無所效法, 而何以爲稱其位哉? 『禮』「緇衣」云: "子曰: '長民者, 衣服不貳, 從容有常, 以齊其民, 則民德壹.' 『詩』云: '彼都人士, 狐裘黃黃. 其容不改, 出言有章, 行歸于周, 萬民所望.'" 案, 此詩二章言"臺笠緇撮", 三章言"充耳琇實", 四章言"垂帶而厲", 又屢言"君子女", 君子卽都人士, 言都者, 君子居國中也. 詩意謂古之長民者, 能備文質, 與此章義相發.

역문 당시의 군자들은 바탕이 문채를 이긴 것이 아니면 바로 문채가 바탕을 이겼으므로 그들이 명색은 비록 군자라 칭하긴 했지만 실제로는 '촌스럽고 거칠다'라고 하든가 '화려하다'라고 한 것일 뿐이다. 공자는 이 때문에 그 명칭을 바로잡고 그 의리를 연구해서 "문채와 바탕이 잘 어울린 후에야 군자이다."라고 했으니, 문채와 바탕이 잘 갖추어지지 않으면 군자가 될 수 없다는 말이다. 군자가 될 수 없는 까닭은, 군자란 반드시 백성들에게 중을 쓰기 때문이다. 만약 문채나 바탕[文質]이 한쪽으로 치우치게 우세해서 백성들에게 보여 줄 것이 없으면, 백성들은 본받을 것이 없으니, 어떻게 그 지위에 걸맞다고 할 수 있겠는가? 『예기』「치의(緇衣)」에 "공자가 말했다. '군장(君長)이 되어 백성을 다스리는 자는 의복(衣服)이 변치 않고 조용하면서도 떳떳함이 있어서 백성을 통일시키니, 백성들의 덕(德)이 하나로 귀결된다.' 『시경』에서 말했다. '저 왕도(王都)의 인사(人士)여, 여우 갖옷이 누렇고 누렇도다! 그 용모가 변치 아니하며 말을 냄에 문장(文章)이 있으니, 주[周: 호경(鎬京)]로 돌아가면 온 백성

들이 우러러보는 바였느니라.'"[200]라고 했다. 살펴보니, 이 시의 2장에
"띠풀로 만든 갓에 치포관(緇布冠)이로다."라고 하고, 3장에 "충이(充耳)
를 옥돌로 채웠다."라고 했으며, 4장에 "띠를 드리워 늘어져 있다."라고
하고, 또 여러 번 "군자의 여자[君子女]"라고 했는데, 군자란 바로 왕도의
인사[都人士]로, 왕도[都]를 말한 것은 군자가 서울[國中]에 거처하고 있기
때문이다. 이 시의 의도는 옛날에 군장이 되어 백성을 다스리는 자는 문
채와 바탕[文質]을 잘 갖추었음을 말하고자 하는 것이니, 이 장과 더불어
의리를 서로 잘 드러내 준다.

- 「注」, "野如"至"之貌".
- 正義曰: 『爾雅』「釋地」, "敬而不中禮謂之野." 『說文』, "野, 郊外也." 野爲人所居, 故謂其人
  曰野. 夫言"野哉! 由也." 亦謂其有似野人. 「仲尼燕居」, "敬而不中禮謂之野." 禮是文, 野
  人有質無文, 故言"鄙略". 『儀禮』「聘禮記」云: "辭多則史." 「注」, "史謂策祝." 亦言史官辭多
  文也. 是史有二, 此「注」渾言未晰, 莫曉其所主. 策祝文勝質, 則『禮』所譏"失其義‧陳其數"
  是也. 史官文勝質, 則當時紀載, 或譏爲浮夸者, 是也. 『釋文』引「注」"文質相半也", 無"之貌"
  二字. 鄭「注」, "彬彬, 雜半貌也." 義同. 『說文』, "份, 文‧質備也." 引此文作"份份". 彬, 古文
  份, 從彡林. 段『注』, "今『論語』作'彬', 古文也. 彡者, 毛飾畫文也. 飾畫者, 拭而畫之也. 從
  彡, 與彤‧彰同意." 案, "彬", 又作"斌", 『史記』「儒林傳」, "斌斌多文學之士."
- 「주」의 "야여(野如)"부터 "지모(之貌)"까지.
- 정의에서 말한다.
  『이아』「석지(釋地)」에 "경건하되 예에 맞지 않음을 야(野)라 한다."라고 했고, 『설문해자』
  에 "야(野)는 교외(郊外)이다."[201]라고 했는데, 교외[野]는 사람들이 사는 곳이 되기 때문에

---

200 『시경』「소아(小雅)‧도인사지십(都人士之什)‧도인사(都人士)」.
201 『설문해자』권13: 야(野)는 교외(郊外)이다. 이(里)로 구성되었고 여(予)가 발음을 나타낸

그곳의 사람을 평하여 촌스럽다고 한다. 공자가 "촌스럽구나! 유(由)야."[202]라고 한 것도 역시 그가 촌스러운 사람과 같은 점이 있음을 말한 것이다. 『예기』「중니연거(仲尼燕居)」에 "경건하되 예에 맞지 않음을 야라 한다."라고 했는데, 예(禮)는 문채[文]이니, 촌스러운 사람[野]은 바탕만 있고 문채[文]가 없기 때문에, "촌스럽고 거칠다[鄙略]"라고 한 것이다. 『의례』「빙례」의 「기」에 "말이 많으면 사(史)가 된다."라고 했는데, 「주」에 "사(史)는 책축(策祝)이다."[203]라고 했으니, 역시 사관(史官)의 말이 많은 것이 문(文)이라는 말이다. 사(史)에는 두 가지 의미가 있는데, 여기의 「주」에서는 두루뭉술하게 말해서 그 주된 뜻이 무엇인지 분명하지 않다. 책축의 문채[文]가 바탕[質]을 이겼다는 것은, 『예기』「교특생」에서 비판한 "그 의리를 잃고 가짓수만 센다"라고 한 것이 이것이다. 사관의 문채가 바탕을 이겼다는 것은 당시에 기재(紀載)한 것 중에 간혹 지나치게 화려하게 꾸몄다고 비난받는 것이 이것이다. 『경전석문』에는 「주」에서 "문과 질이 서로 반씩 섞인 모양이다"라고 한 것을 인용했는데, "지모(之貌)" 두 글자가 없다. 정현의 「주」에 "빈빈(彬彬)은 반씩 섞인 모양이다."라고 했으니, 뜻이 같다. 『설문해자』에 "빈(份)은 문과 질이 갖추어졌다는 뜻이다."[204]라고 했는데, 이 문장을 인용하면서 "빈빈(份份)"으로 썼다. 빈(彬)은 빈(份)의 고문인데, 삼(彡)과 임(林)으로 구성되었다. 단옥재의 『설문해자주』에 "지금의 『논어』에는 '빈(彬)'으로 되어 있는데, 빈(份)의 고문(古文)이다. 삼(彡)이란 붓으로 깨끗이 닦고 그린 무늬[毛飾畫文]라는 뜻이다. 식화(飾畫)란 깨끗이 닦고 그린다[拭而畫之]는 뜻이다. 삼(彡)으로 구성된 글자이니, 조(彫)나 창(彰) 자와 같은 뜻이다."라고 했다. 살펴보니, "빈(彬)"은 또 "빈(斌)"으로 쓰기도 하는데, 『사기』「유림열전(儒林列傳)」에 "문채와 바탕이 잘 갖추어진[斌斌] 문학에 실력을 갖춘 선비

다. 야(壄)는 야(野)의 고문인데 이(里)의 생략형으로 구성되었고, 임(林)으로 구성되었다. 양(羊)과 자(者)의 반절음이다.[野, 郊外也. 從里予聲. 壄, 古文野從里省, 從林. 羊者切.]

202 『논어』「자로(子路)」.
203 『의례주소』 권8, 「빙례」 정현의 「주」.
204 『설문해자』 권8: 빈(㈼)은 문채[文]와 바탕[質]이 갖추어졌다는 뜻이다. 인(人)으로 구성되었고 분(分)이 발음을 나타낸다. 『논어』에 "문채와 바탕이 잘 갖추어져야 한다.[文質份份.]"라고 했다. 빈(彬)은 빈(份)의 고문인데, 삼(彡)과 임(林)으로 구성되었다. 임(林)은 분(焚)의 생략형으로 구성되었고, 또 이것이 발음을 나타낸다. 부(府)와 건(巾)의 반절음이다.[㈼, 文質備也. 從人分聲. 『論語』曰: "文質份份." 彬, 古文份從彡林. 林者, 從焚省聲. 府巾切.]

가 많아졌다.[斌斌多文學之士.]"라고 했다.

6-19

子曰: "人之生也直, 【注】 馬曰: "言人所以生於世而自終者, 以其正直
也." 罔之生也幸而免."【注】 誣罔正直之道而亦生者, 是幸而免.

공자가 말했다. "사람이 살아 있는 것은 정직함 때문인데, 【주】 마
융이 말했다. "사람이 세상에 태어나서 살다가 자연스럽게 삶을 마치는 것은 그가 정
직하기 때문이라는 말이다." 속임수를 쓰는 자가 살아 있는 것은 요행
으로 죽음을 면한 것이다."【주】 정직한 도리를 속이면서도 살아 있는 것은
요행히 죽음을 면한 것이다.

원문 正義曰: 皇本無上"之"字. 「晉語」, "德不純而福祿竝至, 謂之幸." 言非
分而得, 可慶幸也.

역문 정의에서 말한다.

황간본에는 앞의 "지(之)" 자가 없다. 『국어』「진어」에 "덕(德)이 순수
하지도 못한데 복(福)과 녹(祿)이 함께 이르는 것, 그것을 일러 요행[幸]이
라 한다."라고 했으니, 분수도 아닌데 얻은 것은 요행으로 얻은 경사일
수 있다는 말이다.

● 「注」, "言人"至"直也".

- 正義曰: 皇「疏」引李充云: "人生之道, 惟其身直乎!" 言惟直乃可生也, 此卽馬義. 蓋直者, 誠也. 誠者, 內不自以欺, 外不以欺人. 『中庸』云: "天地之道, 可一言而盡也. 其爲物不貳, 則其生物不測." "不貳"者, 誠也, 卽直也. 天地以至誠生物, 故「繫辭傳」言乾之大生, 靜專動直, 專直, 皆誠也. 不誠則無物. 故誠爲生物之本. 人能存誠, 則行主忠信, 而天且助順, 人且助信, 故能生也.

○ 「주」의 "언인(言人)"부터 "직야(直也)"까지.

○ 정의에서 말한다.

황간의 「소」에 이충(李充)이 "사람이 살아가는 도리는 오직 그 자신의 정직함뿐일 것이다!" 라고 한 것을 인용했는데, 오직 정직해야만 살 수 있다는 말로서, 이것이 바로 「주」에서 마융이 말한 뜻이다. 정직함[直]이란 성실함[誠]이며, 성실함이란 안으로는 자기를 속이지 않고 밖으로는 남을 속이지 않는 것이다. 『중용』 26장에 "천지(天地)의 도는 한마디 말로 다할 수 있으니, 그 물(物) 자체가 한결같아 변치 않기 때문에, 그것이 사물을 내는 것을 이루 다 헤아릴 수 없다."라고 했는데, "변치 않는다[不貳]"는 것이 성실함[誠]이니 바로 정직함[直]이다. 천지는 지극한 성실함으로 만물을 낳기 때문에 『주역』 「계사전(繫辭傳)」에서 건(乾)이 만물을 크게 낳음을 말하면서 고요할 때는 한결같고[專] 움직일 때는 정직하다[直]라고 했는데,[205] 한결같음과 정직함[專直]은 모두 성실함[誠]이다. 성실하지 않으면 사물이 존재하지 않는다. 그러므로 성실함은 사물을 낳는 근본이 된다. 사람이 성실함을 보존할 수 있으면, 행실이 성실하고 진실한[忠信] 사람과 가까이해서[206] 하늘도 돕고 따르며, 사람도 돕고 따르기 때문에 살 수 있는 것이다.

---

[205] 『주역』 「계사상(繫辭上)」: 건(乾)은 고요할 때에는 한결같고, 움직일 때에는 곧다. 그리하여 크게 만물을 낳는다. 곤(坤)은 고요할 때에는 닫히고, 움직일 때에는 열린다. 그리하여 넓게 만물을 낳는다.[夫乾, 其靜也專, 其動也直. 是以大生焉; 夫坤, 其靜也翕, 其動也闢. 是以廣生焉.]

[206] 주충신(主忠信): 유보남은 "主"를 "가까이함[親]", "忠"을 "성실함[誠]", "信"을 "진실함"으로 해석했다. 자세한 것은 앞의 「학이(學而)」 참조.

원문 若夫罔者, 專務自欺以欺人, 所謂"自作孽, 不可活"者, 非有上罰, 必有
天殃, 其能免此者, 幸爾. 鄭此「注」云"始生之性, 皆正直." 鄭以"生也直"
卽夫子性善之旨, 與馬不同. 然則"罔之生"便是告子所稱性不善, 其實性不
善, 由於習爲惡, 不關性也.

역문 속임수를 쓰는 자[罔者]로 말할 것 같으면, 한결같이 스스로를 속임으
로써 남을 속이는 것에 힘쓰니, 이른바 "스스로 만든 재앙은 살길이 없
다."[207]라는 것으로, 윗사람의 처벌이 있지 않으면 반드시 하늘의 재앙이
있으므로, 이것을 면할 수 있다는 것은 요행일 뿐이다. 정현은 여기의「주」
에서 "처음 타고난 본성은 모두 정직하다."라고 했는데, 정현은 "생야직
(生也直)"을 바로 공자의 성선(性善)의 취지로 본 것이니, 마융의 생각과
는 같지 않다. 그렇다면 "망지생(罔之生)"은 바로 고자(告子)가 말한 본성
이 선하지 않다는 것인데, 사실 성이 선하지 않음은 되풀이해서 악을 행
하는 데서 연유되는 것이지 본성과는 관련이 없다.

● 「注」, "誣罔正直之道而亦生".
● 正義曰: "罔"本訓無, 誣者皆造爲虛無, 故曰"罔". 『玉篇』, "誷, 誣也." 罔與誷同. 或謂"經文
  '罔之'句, 言無直道也." 亦通.
○ 「주」의 "정직한 도리를 속이면서도 살아 있는 것."
○ 정의에서 말한다.
  "망(罔)" 자의 본래 뜻은 없음[無]이고, 속임수를 쓰는 사람은 모든 것을 허무(虛無)하게 만들
  기 때문에 "망(罔)"이라고 한 것이다. 『옥편』에 "망(誷)은 속인다[誣]는 뜻이다."라고 했으니,
  망(罔)과 망(誷)은 같은 뜻의 글자이다. 혹자는 "경문(經文)은 '망지(罔之)'에서 구두를 끊어

---

207 『맹자』「공손추상(公孫丑上)」.

야 하니, 정직한 도리가 없다는 말이다."라고 하는데, 역시 통한다.

6-20

子曰: "知之者不如好之者, 好之者不如樂之者."【注】包曰: "學問, 知之者不如好之者篤, 好之者不如樂之者深."

공자가 말했다. "아는 자는 좋아하는 자만 못하고, 좋아하는 자는 즐기는 자만 못하다."【주】포함이 말했다. "학문을 함에 아는 자는 좋아하는 자의 돈독함만 못하고, 좋아하는 자는 즐기는 자의 깊이만 못하다.

- 「注」, "學問"至"者深".
- 正義曰:『尙書大傳』言"新穀已入, 穰鉏已藏, 祈樂已入, 歲事旣畢, 餘子皆入學". 是庶人之子孫亦得受學. 至春秋時, 庠塾之制廢, 詩書之澤衰, 人多不知學, 故此言"知之者", 明與不知有異也. 至"好之"·"樂之", 更不多覯, 故夫子於門人中, 獨稱"顏子好學". 又謂"一簞食, 一瓢飲, 在陋巷, 不改其樂", 正謂不改其好學之樂. 夫子"疏食飮水, 樂在其中." 亦是此樂. 故曰"發憤忘食, 樂以忘憂". "樂"者, 樂其有得於己也. 故『論語』首章卽以"時習"之說示人.

○ 「주」의 "학문(學問)"부터 "자심(者深)"까지.

○ 정의에서 말한다.

『상서대전(尙書大傳)』[208]에 "새로운 곡식을 이미 들여놓고 곰방메와 호미를 이미 보관해 두

---

[208] 『상서대전(尙書大傳)』: 이미 오래전에 잔궐(殘闕)되었고, 청사고저록본(淸四庫著錄本) 4권과 보유(補遺) 1권만이 전할 뿐이다. 정현의 서문(序文)에 의하면 한나라 때, 복승(伏勝)의

고서 풍년을 비는 음악[祈樂]을 이미 들여놓아 한 해의 농사가 이미 끝나면 여자(餘子)[209]는 모두 학교에 들어간다.”라고 했으니, 서인(庶人)의 자손들도 역시 수학(受學)할 수 있었다. 춘추시대에 이르러 학교[庠塾][210]의 제도가 폐지되매 시서(詩書)의 혜택이 줄어들어 많은 사람들이 학문을 모르게 되었기 때문에 여기에서 “아는 사람[知之者]”이라고 하여 알지 못하는 것과는 차이가 있음을 분명히 한 것이다. 심지어 “좋아하고”·“즐기는” 데 이르면 더욱 보이는 사람이 많지 않았으므로 공자는 문인들 중에서도 유독 “안자만이 배우기를 좋아했다”[211]라고 칭찬했고. 또 “한 작은 광주리의 밥과 한 표주박의 물로 좁다란 거처에 살면서도 그 즐거움을 바꾸지 않았다”[212]라고 했으니, 바로 배우기를 좋아하는 즐거움을 바꾸지 않았다는 말이다. 공자가 “거친 밥을 먹고 물을 마셔도 즐거움이 그 가운데 있다.”[213]라고 한 것도 역시 이 즐거움이었기 때문에, “분발하면 먹는 것도 잊고, 도를 즐겨 근심을 잊는다”[214]라고 했던 것이다. “즐거움”이란 자기에게 얻음이 있음을 즐거워하는 것이다. 그러므로 『논어』의 제일 첫 장에서 바로 “때에 맞게 익히는” 기쁨을 가지고 사람들에게 보여 준 것이다.

유설(遺說)을 그 문인 장생(張生)과 구양생(歐陽生) 등이 기록한 것이다.

209 여자(餘子): ① 같은 어머니에게서 난 적자(嫡子)의 아우. 중자(衆子)와 같다. 옛날에 적자는 항상 아버지의 대를 이어서 벼슬하였다. ② 나이가 어려 장성하지 않은 자를 여자라 한다.

210 상숙(庠塾): 상고 때 지방과 마을에 설치한 학교로서 제왕의 벽옹(辟雍), 제후의 반궁(泮宮) 등 태학(太學)과 대칭되는 것이다. 『예기』「학기(學記)」에 “옛날 교육하던 것에는 마을에는 숙이 있고, 고을에는 상이 있고, 지방에는 서가 있고, 나라에는 학이 있었다.[古之敎者, 家有塾, 黨有庠, 州有序, 國有學.]”라고 했다.

211 『논어』「옹야」.

212 『논어』「옹야」.

213 『논어』「술이」: 공자가 말했다. “거친 밥을 먹고 물을 마시며, 팔을 굽혀 베더라도 즐거움이 또한 그 가운데 있으니, 의롭지 못하면서 부유하고 귀한 것은 나에게는 뜬구름과 같다.”[子曰: “飯疏食飮水, 曲肱而枕之, 樂亦在其中矣, 不義而富且貴, 於我如浮雲.”]

214 『논어』「술이」: 섭공(葉公)이 자로에게 공자에 대해 물었으나, 자로가 대답하지 않자, 공자가 말했다. “너는 어찌하여 ‘그 사람됨이 분발하면 먹는 것도 잊고, 도를 즐겨 근심을 잊고서 늙음이 장차 닥쳐오는 것도 모른다는 말 등등’을 말해 주지 않았느냐?”[葉公問孔子於子路, 子路不對, 子曰: “女奚不曰: ‘其爲人也, 發憤忘食, 樂以忘憂, 不知老之將至云爾?’”]

子曰: "中人以上, 可以語上也, 中人以下, 不可以語上也."
【注】王曰: "'上', 謂上知之所知也. 兩擧中人, 以其可上可下."

공자가 말했다. "중간 수준 이상인 사람에게는 지극히 지혜로운 자[上知]의 학문을 말해 줄 수 있지만, 중간 수준 이하인 사람에게는 지극히 지혜로운 자의 학문을 말해 줄 수 없다." 【주】 왕숙이 말했다. "'상(上)'은 지극히 지혜로운 자[上知]가 알고 있는 것을 이른다. 중인(中人)을 두 번 거론한 것은 그들이 가장 지혜로운 수준으로 올라갈 수도 있고, 가장 어리석은 수준으로 내려갈 수도 있기 때문이다."

● 「注」, "上謂"至"可下".

● 正義曰:『釋文』, "上知, 音智."『漢書』「古今人表」列"知"・"仁"之目, 亦引此文說之.『穀梁』「僖」二年「傳」有"中知以上", "中知以下"之文. 然則此兩言中人, 謂中知矣. 中人爲中知, 則上謂上知, 下謂愚也. 顔師古「人表」「注」解此文, 以"中人"爲中庸, 失之. 孔子罕言利・命・仁; 性與天道, 弟子不可得聞, 則是不可語上. 觀所答弟子・諸時人語, 各有不同, 正是因人才知量爲語之, 可知夫子循循善誘之法. 若夫性質旣愚, 又不能自勉於學問, 是夫子所謂"下愚", 非惟"不可語上", 且竝不可語之矣.

○ 「주」의 "상위(上謂)"부터 "가하(可下)"까지.

○ 정의에서 말한다.

『경전석문』에 "상지(上知)의 지(知)는 지(智)의 뜻으로 읽어야 한다."라고 했다. 『전한서』「고금인표」에 "지(知)"와 "인(仁)"의 목록을 나열해 놓았는데, 역시 이 문장을 인용해서 설명했다. 『춘추곡량전(春秋穀梁傳)』「희공(僖公)」2년의 「전」에 "중지이상(中知以上)"과 "중지이하(中知以下)"라는 문장이 있다. 그렇다면 여기에서 두 번 중인을 말한 것은, 중지(中知)

를 이른다. 중인이 중지가 된다면, 상(上)은 상지(上知)를 이르고 하(下)는 하위[愚]를 이르는 것이다. 안사고의 『전한서』「고금인표」「주」에는 이 문장을 해설하면서 "중인"을 중용(中庸)이라고 했는데, 잘못이다. 공자가 이(利)와 명(命)과 인(仁)을 드물게 말한 것과 성(性)과 천도(天道)를 말하는 것을 제자들이 들을 수 없었던 것은 지극히 지혜로운 재[上知]의 학문을 말해 줄 수 없었기 때문이다. 제자들과 당시의 여러 사람에게 대답해 준 말을 살펴보면 각각 같지 않은 점이 있는데, 바로 사람들의 재주와 지혜의 정도에 따라 말해 준 것이니, 공자가 차근차근 잘 인도해 준 방법을 알 수 있다. 만약 성품과 자질이 이미 어리석고 또 스스로 학문에 힘쓸 수 없다면, 이는 공자의 이른바 "가장 어리석은 사람[下愚]"이니, "지극히 지혜로운 재[上知]의 학문을 말해 줄 수 없을" 뿐만이 아니라, 또한 함께 이야기를 나눌 수도 없을 것이다.

6-22

樊遲問知. 子曰: "務民之義, 【注】王曰: "務所以化道民之義." 敬鬼神而遠之, 可謂知矣." 【注】包曰: "敬鬼神而不黷." 問仁. 曰: "仁者先難而後獲, 可謂仁矣." 【注】孔曰: "先勞苦而後得功, 此所以爲仁."

번지(樊遲)가 지혜를 묻자, 공자가 말했다. "백성의 도리[義]에 힘쓰고, 【주】 왕숙이 말했다. "백성을 교화하고 인도하는 도리에 힘쓴다는 것이다." 귀신을 공경하되 멀리하면 지혜롭다고 이를 수 있다." 【주】 포함이 말했다. "귀신을 공경해서 욕되게 하지 않음이다." 인을 묻자, 공자가 말했다. "인자(仁者)는 어려운 일을 먼저 하고 얻는 것을 뒤로 돌리니, 인이라 이를 수 있는 것이다." 【주】 공안국이 말했다. "수고롭고 고된 일을 먼저 하고 소득과 공로를 뒤로 돌리니, 이것이 인이 되는 까닭이다."

원문 正義曰: "務", 猶事也. "民之義"者, 「禮運」曰: "何謂人義? 父慈子孝·兄良弟弟·夫義婦聽·長惠幼順·君仁臣忠, 十者謂之人義." 是也. "敬鬼神而遠之"者, 謂以禮敬事鬼神也. 「表記」, "子曰: '夏道尊命, 事鬼敬神而遠之, 近人而忠焉. 殷人尊神, 率民以事神, 先鬼而後禮. 周人尊禮尙施, 事鬼敬神而遠之, 近人而忠焉.'" 鄭「注」, "遠鬼神近人, 謂外宗廟, 內朝廷."

역문 정의에서 말한다.

"무(務)"는 일삼는다[事]는 뜻과 같다. "백성의 도리[民之義]"란, 『예기』「예운(禮運)」에 "무엇을 사람의 도리라고 하는가? 아버지는 자애하고 아들은 효도하며, 형은 어질고 아우는 공경하며, 남편은 의롭고 아내는 순종하며, 어른은 베풀고 어린이는 유순하며, 임금은 어질고 신하는 충성하는 것, 이 열 가지를 사람의 도리[義]라 한다."라고 한 것이 이것이다. "귀신을 공경하되 멀리한다"라는 것은 예로써 귀신을 공경히 섬긴다는 말이다. 『예기』「표기」에 "공자가 말했다. '하나라의 도는 교명(敎命)을 존중하여 귀신을 섬기고 공경하되 이를 멀리하며, 사람을 가까이해서 그에게 충성스럽게 하였다. 은나라 사람들은 신을 높여서 백성을 거느리고 신을 섬기며, 귀신을 앞세우고 예를 뒤로 돌렸다. 주나라 사람들은 예를 높이고 은혜 베풂을 숭상해서 귀신을 섬기고 공경하되 이를 멀리하며, 사람을 가까이해서 그에게 충성스럽게 하였다.'"라고 했는데, 정현의 「주」에 "귀신을 멀리하고 사람을 가까이함[遠鬼神近人]은 종묘를 밖에 두고, 조정을 대궐 안에 둔다는 말이다."[215]라고 했다.

원문 案, 尊命·尊禮·尙施, 皆近人之事. 周道與夏道, 略相似也. "近人而

---

[215] 『예기주소』 권54, 「표기」 정현의 「주」. "忠焉"에 대해서는 공영달의 「소」에 "충(忠)과 서(恕)로써 백성을 기름이 충언(忠焉)이다.[以忠·恕養於民, 是忠焉也.]"라고 했다.

忠”, 卽是務民之義. 於鬼稱“事”, 神稱“敬”者, 禮數故言事, 禮疏故言遠也. 但事亦是敬, 故『論語』此文, 統言“敬鬼神”. 夫子所以告樊遲者, 正是教之從周道.

역문 살펴보니, 교명을 존중함[尊命]·예를 높임[尊禮]·은혜 베풂을 숭상함[尙施]은 모두 사람을 가까이하는 일이다. 주나라의 도와 하나라의 도는 대략 서로 유사하다. “사람을 가까이해서 그에게 충성스럽게 함[近人而忠]”이 바로 백성들의 도리에 힘쓰는 것이다. 귀(鬼)에 대해서는 “섬긴다[事]”라고 칭하고, 신(神)에 대해서는 “공경한다[敬]”라고 일컬었는데, 예를 행함이 잦아서[數] 섬긴다[事]고 말한 것이고, 예를 행함이 드물어졌기[疏] 때문에 멀리한다고 말한 것이다. 다만 섬김[事] 역시 공경[敬]이기 때문에 『논어』의 이 문장에서는 “귀신(鬼神)을 공경함”을 통틀어 말한 것이다. 공자가 번지에게 이 말을 일러 준 것은 바로 주나라의 도를 따를 것을 가르친 것이다.

원문 『左氏傳』, “季梁曰: ‘民, 神之主也. 是以聖王先成民, 而後致力於神.’” 亦是擧夏·周道言之矣. “難”謂事難也. “獲”, 得也, 謂得祿也.『春秋繁露』「仁義法篇」, “孔子謂冉子曰: ‘治民者, 先富之, 而後加敎.’ 語樊遲曰: ‘治身者, 先難後獲.’ 以此之謂治身之與治民, 所先後者不同焉矣. 『詩』云: ‘飮之食之, 敎之誨之.’ 先飮食而後敎誨, 謂治人也. 又曰: ‘坎坎伐輻, 彼君子兮, 不素餐兮.’ 先其事, 後其食, 謂治身也.” 董子說此義至明. 下篇言 “事君, 敬其事而後其食”, 義同.

역문 『춘추좌씨전』「환공(桓公)」 6년의 「전」에 “계량(季梁)이 말했다. ‘백성들은 신(神)의 주인입니다. 그러므로 성왕(聖王)은 먼저 백성의 생활을 풍족하게 한 뒤에 신을 섬기는 일에 힘을 다하였습니다.’”라고 했는데, 역시 하나라와 주나라의 도를 들어서 말한 것이다. “난(難)”은 어려운 일

[事難]을 이른다. "획(獲)"은 얻음[得]이니, 봉록을 얻음[得祿]을 이른다. 『춘추번로』「인의법(仁義法)」에 "공자가 염자에게 일러 말하길 '백성을 다스리는 자는 먼저 그들을 부유하게 해 주고 뒤에 가르침을 더하는 것이다.'라 했고, 번지에게 말하길 '자신을 다스리는 자는 어려운 일을 먼저 하고 얻는 것을 뒤로 돌린다.'라고 했는데, 이것을 가지고 말해 보면, 자신을 다스림은 백성을 다스리는 것과는 먼저 할 것과 뒤에 할 것이 같지 않다. 『시경』「소아·도인사지십(都人士之什)·면만(綿蠻)」에 '나에게 마실 것을 주고 먹을 것을 주며, 나를 가르치고 깨우치셨다.'라고 했는데, 마실 것을 주고 먹을 것을 주는 것을 먼저 말하고, 가르치고 깨우쳐 주는 일을 뒤에 말했으니, 이는 바로 백성을 다스림[治民]을 말한 것이다. 또, 『시경』「국풍(國風)·위(魏)·벌단(伐檀)」에 '끙끙대며 수레바퀴 살을 베어 왔으니, 저 군자(君子)여! 공밥을 먹지 않는구나.'라고 했는데, 일을 먼저 말하고 먹는 것을 뒤에 말한 것이니, 이는 자신을 다스림[治身]을 말한 것이다."라고 했는데, 동중서(董仲舒)가 말한 이 의리가 대단히 분명하다. 아래 「위영공(衛靈公)」에 "임금을 섬기되 그 일을 경건하게 하고 녹 먹을 것[食祿]을 뒤로 한다"라고 한 것도 뜻이 같다.

원문 竊以夫子此文論仁·知, 皆居位臨民之事, 意樊遲時或出仕故也. 皇本 "問仁"下有"子"字. 『唐石經』初刻作"先勞", 磨改作"先難".

역문 삼가 공자의 이 글을 가지고 인과 지를 논해 보자면, 모두 벼슬하는 자리에 있으면서 백성들에게 임하는 일이니, 아마도 번지가 당시에 어쩌면 벼슬에 나아갔기 때문인 듯싶다. 황간본에는 "문인(問仁)" 아래 "자(子)" 자가 있다. 『당석경』 초각본에는 "선로(先勞)"라고 되어 있었는데, 갈아 내고 "선난(先難)"으로 고쳤다.

● 「注」, "敬鬼神而不黷."

● 正義曰: 遠者敬之, 至不知所遠, 雖敬亦黷. "黷"者, 慢也. 「楚語」觀射父曰: "古者民神異業, 敬而不瀆, 故神降之嘉生, 民以物享, 禍災不至, 求用不匱. 及少皥之衰也, 九黎亂德, 民神雜糅, 不可方物. 夫人作享, 家爲巫史, 無有要質. 民匱於祀, 而不知其福, 烝享無度, 民神同位, 民瀆齊盟, 無有嚴威. 神狎民則, 不蠲其爲, 嘉生不降, 無物以享, 禍災薦臻, 莫盡其氣. 顓頊受之, 乃命南正重司天以屬神, 命火正黎司地以屬民, 使復舊常, 無相侵瀆, 是謂絶地天通."

○ 「주」의 "귀신을 공경해서 욕되게 하지 않음이다."

○ 정의에서 말한다.

멀리하는 것은 공경해서이기 때문이니, 멀리해야 함을 모르는 지경에 이르면 비록 공경한다 해도 또한 욕을 보이는 짓이다. "독(黷)"이란 모독[慢]이다. 『국어』「초어(楚語)」에서 관사보(觀射父)가 말했다. "옛날에는 백성을 맡은 관원과 신을 맡은 관원이 서로 일을 달리하여 공경해서 욕되게 하지 않았으므로 신이 좋은 곡물을 내려 주고 백성은 그 곡물로 제사를 받들어 재앙이 내리지 않았으며, 필요한 재용(財用)이 결핍되지 않았습니다. 소호씨(少皥氏)[216]가 쇠락하게 되자 구려(九黎)[217]가 덕정(德政)을 어지럽혀 백성을 맡은 관원과 신을 맡은 관원의 일이 뒤섞여 명물(名物)을 구별할 수 없게 되었습니다. 사람마다 신에게 제사를 드리고 집마다 무사(巫史)[218]가 되어 약속과 정성[要質][219]이 없게 되었습니다. 백성은 각자 지내는

---

216 소호씨(少皥氏, ?~?): 소호(少皓) 또는 소호(少顥)라고도 불린다. 역사책에서는 청양씨(青陽氏), 금천씨(金天氏), 궁상씨(窮桑氏), 운양씨(雲陽氏) 혹은 주선(朱宣), 현효(玄囂)로 일컬어진다. 황제(黃帝)의 장자(長子)이다. 상고시대 화화부족연맹(華夏部落聯盟)의 수령이자, 동시에 동이족(東夷族)의 수령이기도 하다. 비록 고대 사람들을 그를 오제(五帝)의 한 사람으로 열거했지만 실제로 제왕(帝王)은 아니고 단지 중국인의 공동 조상(祖上) 중 한 사람이다. 고대 중국의 신화에서는 서방대제(西方大帝)로 존숭된다. 기록에 따르면 그의 부족은 새를 토템으로 삼았는데, 원시 봉문화(鳳文化)를 탄생시켰다고 한다. 그의 자손은 여러 성씨(姓氏)로 분화되었는데, 예컨대 영(嬴), 상(桑), 진(秦), 담(譚), 서(徐), 황(黃), 강(江), 이(李), 조(趙), 소(蕭)씨 등이다.

217 구려(九黎): 『국어』「초어하(楚語下)」 위소의 「주」에 "구려는 여씨(黎氏) 9인이다.[九黎, 黎氏九人也.]"라고 했다.

제사 때문에 재물이 결핍되었는데도 복이 내려지는지 알지 못하였고, 제사를 지내는 데에 법도가 없어서 백성과 신이 지위가 같게 되었으며, 백성은 함께 약속한 일을 모독하여 공경하고 두려워하는 마음이 없어졌습니다. 신은 백성의 규범에 익숙해져서 제사 지내는 행위를 정결하게 여기지 않았고, 좋은 곡식을 내려 주지 않아 제사 지낼 물품이 없게 되고, 재앙이 거듭 닥쳐서 받은 기운을 다 누리는 자가 없게 되었습니다. 전욱(顓頊)이 이를 이어받아 남정(南正)인 중(重)을 명하여 하늘의 여러 신을 모아 제사하는 일을 주관하게 하고, 화정(火正)[220]인 여(黎)를 명하여 땅의 민중(民衆)을 모아 그 일을 주관하게 하여, 옛 법을 회복시켜 천신(天神)과 민중이 서로 침해함이 없게 하니, 이것을 '땅과 하늘이 서로 통하던 것을 끊었다[絶地天通]'라고 하는 것입니다."

원문 案, 世衰則神敎興, 其始亦以禍福示戒, 而終必歸於瀆祀, 以長其諂慢之罪. 春秋時, 如黃能·實沈, 多非禮之祀, 在上者僭越無等, 在下者習於風俗, 況爲祈禳, 而不知所懲, 究之獲罪鬼神, 莫能徼福而免於患, 斯惑之甚者矣. 惟知敬遠之義, 則吉凶·順逆, 皆可順受其正. 修其在己而不爲無妄

---

218 무사(巫史): 신에게 빌려서 점을 보는 일을 하던 사람을 '무(巫)'라 하고, 천문(天文)·성상(星象)·역수(历數)·사책(史册)을 담당하던 사람을 '사(史)'라 한다. 이런 일을 한 사람이 겸임하면 "무사"라 한다.

219 요질(要質): 신하가 임금에게 굳게 약속을 지켜 정성을 다함. 『춘추공양전』「장왕(莊王)」13년 「주」에 "신하가 그 임금에게 약속하는 것을 요(要)라고 한다.[臣約其君曰要]" 하였고, 『국어』「초어하」 위소의 「주」에, "질(質)은 정성[誠]이다."라고 했다.

220 화정(火正): 『국어』「초어하」 위소의 「주」에 "당상서[오나라 상서복야(尙書僕射)인 당고(唐固)]가 말하길, '화(火)는 마땅히 북(北)이 되어야 한다.'라고 했으니, 북은 음의 자리[陰位]이다.[唐尙書云: '火, 當爲北.' 北陰位也.]"라고 했다. 남정(南正)과 북정(北正)은 남정 중(重)과 북정 여(黎)인데, 요임금 때 천지와 사시(四時)를 담당했던 희씨(羲氏)와 화씨(和氏)가 있으니, 희씨는 남정 중의 자손이고, 화씨는 북정 여의 자손이다. 자세한 것은 『서경』「주서(周書)·여형(呂刑)」에 보인다.

之求, 斯可謂知矣.

역문 살펴보니 세상이 쇠퇴하면 신의 가르침이 일어나는데, 그 시작은 역시 화(禍)와 복(福)으로써 경계를 보이다가 결국엔 반드시 제사를 더럽히는 지경으로 귀결되어 신에게 아첨하거나 신을 모독하는 죄를 키우게 된다. 춘추시대의 황내(黃能)²²¹와 실침(實沈)²²²에 대한 제사는 대부분이 예에 맞지 않는 제사였는데, 윗자리에 있는 자들이 참람하고 외람되며 등위(等威)가 없자 아랫자리에 있는 자들이 비루한 풍속에 익숙해진 것이고, 더구나 기양(祈禳)²²³을 벌이는데도 징계할 줄 몰라, 결국에는 귀신에게 죄를 얻어 아무도 복을 구하거나 환난에서 벗어날 수 없게 되었으

---

221 황내(黃能): 전설에 나오는 동물 이름으로, 황웅과 황내의 두 가지 음이 있는데, 역자는 당나라 육덕명의 『경전석문』의 설에 따라 "내"의 설을 취하였다. 『춘추좌씨전』 「소공」 7년에 "옛날에 요임금이 우임금의 부친인 곤(鯀)을 우산(羽山)에서 죽이니, 그의 귀신이 황웅(黃熊)으로 변화하여 우연(羽淵)으로 들어갔다.[昔堯殛鯀于羽山, 其神化爲黃熊, 以入於羽淵.]"라는 말이 나오는데, 육덕명의 『경전석문』 권19, 「춘추좌씨음의권5(春秋左氏音義卷五)·소이제21(昭二第二十一)」에 의하면 "'내(能)'는 노(奴)와 내(來)의 반절음이다. 또 '웅(熊)'으로도 되어 있는데, 발음이 웅(雄)이고 짐승의 이름이니, 세 발 달린 자라[三足鼈]이다. 해설하는 자들은 '육지의 짐승인 곰이 물로 들어갈 수는 없으니 자라가 맞다.'라고 하는데, 일설에는 '이미 신이 되었다면 짐승이라고 해서 안 될 것이 있느냐?'라고 한다.[奴來反. 亦作熊, 音雄, 獸名, 能三足鼈也. 解者云: '獸非入水之物, 故是鼈也.' 一曰: '旣爲神, 何妨是獸?']"라고 했다. 한편 『국어』 「진어8(晉語八)」에도 이러한 내용이 소개되어 있는데, 거기에는 '황웅(黃熊)'이 '황내(黃能)'로 되어 있다. 한유(韓愈)의 시에 "근래에 삼간(三姦)을 모조리 때려 부수고, 밑바닥 없는 우굴(羽窟), 즉 우연(羽淵) 속에 황내를 유폐시켰도다.[近者三姦悉破碎, 羽窟無底幽黃能.](『한창려집(韓昌黎集)』 권3, 「억작행화장11(憶昨行和張十一)」)"라는 말이 나온다. 삼간은 왕배(王伾), 왕숙문(王叔文), 위집의(韋執誼)를 병칭한 것이다.

222 실침(實沈): 고신씨(高辛氏)의 둘째 아들. 형인 알백(閼伯)과 자주 싸웠기 때문에 알백을 상구(商丘)로 옮겨 진성(辰星)을 주관하게 하고, 실침을 대하(大夏)로 옮겨 삼성(參星)을 주관하게 하자, 진(晉)나라 사람들이 제사하였다.

223 기양(祈禳): 토속신앙에서 복을 맞이하고 재앙은 물러가라고 비는 의식.

니, 이는 미혹됨이 심한 것이다. 오직 공경해서 멀리하는 도리를 알아야 길흉(吉凶)과 순역(順逆)이 모두 그 올바름을 순리대로 받을 수 있다. 자기에게 있는 것을 닦으면서 무망(無妄)한 요구를 하지 않아야 이에 지혜롭다 이를 수 있다.

6-23

子曰: "知者樂水, 【注】 包曰: "知者樂運其才知以治世, 如水流而不知已." 仁者樂山. 【注】 仁者樂如山之安固, 自然不動, 而萬物生焉. 知者動, 【注】 包曰: "日進故動." 仁者靜. 【注】 孔曰: "無欲故靜." 知者樂, 【注】 鄭曰: "知者自役得其志, 故樂." 仁者壽." 【注】 包曰: "性靜者多壽考."

공자가 말했다. "지혜로운 사람[知者]은 물을 좋아하고, 【주】 포함이 말했다. "지혜로운 사람은 자신의 재주와 슬기를 운용해서 세상을 다스림에 마치 물이 흘러 멈출 줄 모르는 것 같음을 좋아한다." 인한 사람[仁者]은 산을 좋아한다. 【주】 인한 사람은 산이 안정되고 공고해서 저절로 움직이지 않아도 만물이 생장(生長)하는 것 같음을 좋아한다. 지혜로운 자는 움직이고, 【주】 포함이 말했다. "날마다 전진하기 때문에 움직인다." 인한 사람은 고요하다. 【주】 공안국이 말했다. "욕심이 없기 때문에 고요하다." 지혜로운 사람은 즐겁고, 【주】 정현이 말했다. "지혜로운 사람은 스스로 노력해서 자기의 뜻을 실현하기 때문에 즐겁다." 인한 사람은 장수한다." 【주】 포함이 말했다. "성품이 고요한 사람은 대체로 장수한다."

원문 正義曰: 皇「疏」云: "樂水樂山爲智仁之性, 動靜爲智仁之用, 壽樂爲智

仁之功." 案, 夫子體備仁智, 故能言之, 所謂"善言德行"也. 『爾雅』「釋詁」,
"動, 作也." 『說文』, "靜, 審也, 竫, 亭安也." 義微別. 凡與"動"對言當爲
"竫", 今經典作靜. 壽卽𠷎省. 『說文』, "𠷎, 久也."

역문 정의에서 말한다.

　황간의 「소」에 "물을 좋아하고 산을 좋아함은 지혜[智]와 인의 성품[性]
이고, 움직임과 고요함은 지혜와 인의 작용[用]이며, 장수[壽]와 즐거움
[樂]은 지혜와 인의 효과[功]이다."[224]라고 했다. 살펴보니, 공자는 인과 지
혜를 체득하여 갖추고 있었기 때문에 말을 잘할 수 있었던 것이니, 이른
바 "덕행(德行)을 잘 말했다"[225]라는 것이다. 『이아』「석고」에 "동(動)은
일어난다[作]는 뜻이다."라고 했고, 『설문해자』에 "정(靜)은 살핀다[審]는
뜻이고,[226] 정(竫)은 편안히 머무른다[亭安]는 뜻이다.[227]"라고 했으니, 뜻
이 조금 다르다. 대부분 "동(動)"과 상대해서 말할 때는 마땅히 "정(竫)"
으로 써야 하는데, 지금의 경전에는 정(靜)으로 되어 있다. 수(壽)는 바
로 수(𠷎)의 생략형이다. 『설문해자』에 "수(𠷎)는 오래되었다[久]는 뜻이
다.[228]"라고 했다.

---

224 『논어집해의소(論語集解義疏)』 권3, 「논어옹야제6(論語雍也第六)」 황간의 「소」.

225 『맹자』「공손추상」: 재아(宰我)와 자공(子貢)은 말을 잘하였고, 염우(冉牛)·민자(閔子)·안
연은 덕행(德行)을 잘 말하였는데, 공자께서는 이 두 가지를 겸하셨으되, "나는 사명(辭命)
에 있어서는 능하지 못하다."라고 하셨습니다. 그런데 선생님께서는 사람들의 말을 잘 아시
는 데다 호연지기를 길러서 덕행에도 뛰어나시니, 그렇다면 선생님께서는 이미 성인이십니
다.[宰我·子貢善爲說辭; 冉牛·閔子·顔淵善言德行, 孔子兼之, 曰: "我於辭命則不能也." 然
則夫子旣聖矣乎.]

226 『설문해자』 권5: 정(靜)은 살핀다[審]는 뜻이다. 청(青)으로 구성되었고 쟁(爭)이 발음을 나
타낸다. 질(疾)과 영(郢)의 반절음이다.[靜, 審也. 從青爭聲. 疾郢切.]

227 『설문해자』 권10: 정(竫)은 편안히 머무른다[亭安]는 뜻이다. 입(立)으로 구성되었고 쟁(爭)
이 발음을 나타낸다. 질(疾)과 영(郢)의 반절음이다.[竫, 亭安也. 從立爭聲. 疾郢切.]

- 「注」, "知者樂運其才知以治世, 如水流而不知已."

- 正義曰: 『韓詩外傳』, "夫水者, 緣理而行, 不遺小間, 似有智者; 動而下之, 似有禮者; 蹈深不疑, 似有勇者; 障防而淸, 似知命者; 歷險致遠, 卒成不毀, 似有德者. 天地以成, 群物以生, 國家以寧, 萬事以平, 品物以正. 此智者所以樂於水也."

○ 「주」의 "지혜로운 사람[知者]은 자신의 재주와 슬기를 운용해서 세상을 다스림에 마치 물이 흘러 멈출 줄 모르는 것 같음을 좋아한다."

○ 정의에서 말한다.

『한시외전(韓詩外傳)』에 "물이란 결을 따라 흘러가 작은 틈도 건너뛰지 않음은 지혜로운 자와 같고, 움직여 아래로 흘러 내려가는 것은 예가 있는 자와 같으며, 깊은 곳으로 의심 없이 뛰어 들어가는 것은 용맹스러운 자와 같고, 둑으로 막아도 맑음은 천명을 아는 자와 같으며, 험난한 곳을 낱낱이 지나 먼 곳에 이르러도 마침내 이루어 허물어지지 않음은 덕이 있는 자와 같다. 천지는 이것으로 이루어지고, 만물은 이것으로 살아가며, 나라와 집안은 이것으로 편안하고, 모든 일은 이것으로 공평해지며, 온갖 물상品物은 이것으로 바르게 되니, 이것이 지혜로운 자가 물을 좋아하는 까닭이다."라고 했다.

원문 『說苑』「雜言篇」略同. 又云: "子貢問曰: '君子見大水必觀焉, 何也?' 孔子曰: '夫水者, 君子比德焉. 遍予而無私, 似德; 所及者生, 似仁; 其流卑下, 句倨皆循其理, 似義; 淺者流行, 深者不測, 似智: 其赴百仞之谷不疑, 似勇; 綿弱而微達, 似察; 受惡不讓, 似包蒙; 不淸以入, 鮮潔以出, 似善化; 至量必平, 似正; 盈不求槪, 似度; 其萬折必東, 似意. 是以君子見大水, 觀焉爾也.'" 案此, 則樂水兼有數義, 「注」渾擧其意, 而以治世言之, 卽『外傳』"天地以成"云云之旨.

---

228 『설문해자』 권8: 수(耇)는 오래되었다[久는 뜻이다. 노(老)의 생략형으로 구성되었고, 소(丂)가 발음을 나타낸다. 식(殖)과 유(酉)의 반절음이다.[耇, 久也. 從老省, 丂聲. 殖酉切.]

역문 『설원』「잡언(雜言)」의 내용도 대략 같다. 「잡언」에서는 또 이르길, "자공(子貢)이 물었다. '군자가 큰 물을 보면 반드시 관상(觀賞)하는 것은 어째서입니까?' 공자가 대답했다. '물이란 군자가 덕(德)에 비유한다. 두루 베풀어 주고 사사로움이 없음은 덕과 같고, 흘러서 이르는 곳에 만물이 생장하는 것은 인과 같으며, 낮은 곳으로 흘러 내려가면서 구불구불 굽이져도 모두 일정한 이치를 따르는 것은 의(義)와 같고, 얕은 곳은 흘러 지나가고 깊은 곳은 헤아릴 수 없는 것은 지혜[智]와 같으며, 백 길[仞]이나 되는 골짜기를 의심 없이 내달리는 것은 용맹[勇]과 같고, 솜처럼 연약하면서도 미세한 곳까지 도달하는 것은 자세히 살피는 것[察]과 같으며, 더러운 물건도 사양하지 않고 받아들이는 것은 어리석은 사람을 포용하는 것[包蒙]과 같고, 맑지 않은 상태로 들어가 깨끗하게 되어 나오는 것은 교화를 잘하는 것[善化]과 같으며, 용량을 헤아려 반드시 공평하게 주입하는 것은 공정함[正]과 같고, 가득 차도 평미레질을 요구하지 않는 것은 법도[度]와 같으며, 수없이 굽이굽이 꺾이면서도 반드시 동쪽으로 흐르는 것은 의지[意]와 같다. 이 때문에 군자는 큰 물을 보면 관상하는 것이다.'"[229]라고 했다. 이를 살펴보면, 물을 좋아하는 것은 몇 가지 의리를 겸하고 있는데, 「주」에서는 그 의미를 뒤섞어 거론하면서 치세(治世)를 가지고 말했으니, 이는 바로 『한시외전』에서 "천지가 이것으로 이루어진다"라고 운운한 것과 같은 취지이다.

- 「注」, "仁者樂如山之安固, 自然不動, 而萬物生焉."
- 正義曰: 『韓詩外傳』"夫山者, 萬民之所瞻仰也. 草木生焉, 萬物植焉, 飛鳥集焉, 走獸休焉,

---

229 『설원(說苑)』 권17, 「잡언(雜言)」.

四方益取予焉. 出雲道風, 嵸乎天地之間, 天地以成, 國家以寧, 此仁者所以樂於山也."『說苑』略同. 此「注」言"樂如山"者, 言仁者願比德於山, 故樂山也. "安固"·"不動", 卽『外傳』"國家以寧"之義.

○ 「주」의 "인한 사람은 산이 안정되고 공고해서 저절로 움직이지 않아도 만물이 생장하는 것 같음을 좋아한다."

○ 정의에서 말한다.

『한시외전』에 "산이란 모든 백성들이 우러러보는 것이다. 초목이 거기에서 살아가고, 만물이 거기에 심어지며, 나는 새가 거기에 모여들고, 달리는 짐승이 거기에서 쉬며, 사방의 이익을 거기에서 주고받는다. 구름을 내고 바람을 인도하며, 천지 사이에 우뚝 솟아 천지는 이것으로 이루어지고, 나라와 집안이 이것으로 편안하니, 이것이 인자가 산을 좋아하는 까닭이다." 라고 했다. 『설원』의 내용도 대략 같다. 여기의 「주」에서 말한 "산과 같음을 좋아한다"라는 것은, 인자는 덕이 산에 비견되기를 바라기 때문에 산을 좋아한다는 말이다. "안정되고 공고함[安固]"·"움직이지 않음[不動]"은 바로 『한시외전』의 "나라와 집안이 이것으로 편안하다" 라는 말의 뜻이다.

● 「注」, "日進故動."

● 正義曰: 水運行不已, 有進之象. 君子自強不息, 進德修業, 日有孶孶而莫之止, 其進也, 卽其動也.『易』「象傳」, "水洊至, 習坎. 君子以, 常德行, 習教事."

○ 「주」의 "날마다 전진하기 때문에 움직인다."

○ 정의에서 말한다.

물이 흘러가 그치지 않음은 전진하는 모습이 있다. 군자는 스스로 힘써 쉬지 않으며, 덕을 진작시키고 학업을 닦아 날마다 부지런히 해서 그치지 않으니, 그의 전진이 바로 그의 움직임이다.『주역』「감괘(坎卦)」의 「상(象)」에 "물이 거듭 이르는 것이 습감(習坎)이니, 군자가 이것을 보고서 항상 덕행을 하며 가르치는 일을 익힌다."라고 했다.

● 「注」, "無欲故靜."

● 正義曰: "欲"卽聲·色·味·臭·安·佚之欲, 仁者所不能無. 而云"無欲"者, 仁者善制其欲,克己復禮. 凡視聽言動, 自能以禮制心, 而不稍過乎欲, 故曰"無欲". "無欲"者, 無非禮之欲也.
『易』「象傳」, "兼山, 艮. 君子以思不出其位." 思不出位, 故能無欲.

○ 「주」의 "욕심이 없기 때문에 고요하다."

○ 정의에서 말한다.

"욕심[欲]"이란 바로 소리[聲]·여색[色]·맛[味]·냄새[臭]·편안함[安]·나태함[佚]에 대한 욕
심인데, 인자라고 해서 없을 수는 없지만 "욕심이 없다[無欲]"라고 한 것은, 인자는 그 욕심을
잘 제어하고, 자기를 다스려 예(禮)로 돌아가기 때문이다. 모든 보고 듣고 말하고 움직임에
스스로 예로써 마음을 제어해서 조금이라도 욕심을 저지르지 않을 수 있기 때문에 "욕심이
없다"라고 말할 수 있다. "욕심이 없다"라는 것은 예가 아닌 것을 하고자 함이 없다는 말이다.
『주역』「간괘(艮卦)」의 「상」에, "산(山)이 겹쳐 있는 것이 간괘(艮卦)이니, 군자가 이것을 보
고서 생각함이 그 지위를 벗어나지 않는다."라고 했는데, 생각이 지위를 벗어나지 않기 때문
에 욕심이 없을 수 있다.

● 「注」, "知者自役得其志, 故樂."
● 正義曰: 知者能爲世用, 不嫌自役, 知有成功得志, 故樂.
○ 「주」의 "지혜로운 사람은 스스로 노력해서 자기의 뜻을 실현하기 때문에 즐겁다."
○ 정의에서 말한다.

지혜로운 사람은 세상에 등용되어 스스로 노력하기를 싫어하지 않을 수 있고, 공을 이루어 뜻
을 실현함이 있음을 알기 때문에 즐겁다.

● 「注」, "性靜者多壽考."
● 正義曰: 『說文』, "考, 老也." 『易』「象傳」, "敦艮之吉, 以厚終也." "厚終", 謂當得壽也. 『春秋
繁露』「循天之道篇」, "故仁人之所以多壽者, 外無貪而內清淨, 心平和而不失中正, 取天地之
美以養其身, 是其且多且治." 『申鑒』「俗嫌篇」, "仁者內不傷性, 外不傷物, 上不違天, 下不違
人, 處正居中, 形神以和, 故咎徵不至, 而休嘉集之, 壽之術也.
○ 「주」의 "성품이 고요한 사람은 대체로 장수한다."
○ 정의에서 말한다.

『설문해자』에 "고(考)는 늙은이[老]이다."[230]라고 했다. 『주역』「간괘」의 「상」에 "돈간(敦艮)의 길(吉)함은 마침[終]을 돈독히 하기 때문이다."라고 했는데, "마침을 돈독히 함[厚終]"이 바로, 마땅히 장수를 누릴 수 있다는 말이다. 『춘추번로』「순천지도(循天之道)」에 "따라서 인한 사람이 장수하는 경우가 많은 까닭은 밖으로는 탐욕이 없고 내심은 맑고 깨끗해서 마음이 평화로워 중정(中正)을 잃지 않으며, 천지의 아름다움을 취해서 자신을 수양하기 때문이니, 이것이 인한 사람이 장수하는 경우가 많은 이유이며, 또한 마음을 수양하는 까닭이다."라고 했다. 『신감(申鑒)』「속혐(俗嫌)」에, "인자는 안으로는 성(性)을 해치지 않고, 밖으로는 남을 해치지 않으며, 위로는 하늘을 어기지 않고 아래로는 사람을 어기지 않으며, 올바름에 처하고 중용에 의거해서 몸과 정신이 화평하기 때문에 재앙의 징조가 이르지 않고 아름다움이 모여드니, 이것이 장수하는 방법이다."라고 했다.

원문 『中論』「夭壽篇」, "或問, '孔子稱"仁者壽", 而顔淵早夭, 豈聖人之言不信而欺後人耶?' 潁川 荀爽以爲'古人有言, "死而不朽", 其身歿矣, 其道猶存, 故謂之不朽. 夫形體固自朽弊・消亡之物. 壽與不壽, 不過數十歲; 德義立與不立, 差數千歲, 豈可同日言也哉? 『詩』云: "萬有千歲, 眉壽無有害!" 人豈有萬壽千歲者? 皆令德之謂也.' 北海 孫翱以爲'"死生有命", 非他人之所致也, 若積善有慶, 行仁得壽, 乃敎化之義, 誘人而納於善之理也.' 幹以爲二論皆非其理也. 夫壽有三: 有王澤之壽, 有聲聞之壽, 有行仁之壽. 『書』曰: "五福, 一曰壽", 此王澤之壽也; 『詩』云: '其德不爽, 壽考不忘', 此聲聞之壽也: 孔子曰"仁者壽", 此行仁之壽也. 孔子云爾者, 以仁者利養萬物, 萬物亦受利矣, 故必壽也. 聞自堯至於武王, 自稷至於周・召, 皆仁人也. 君臣之數不爲少矣, 斯非仁者壽之驗耶? 又七十子豈殘酷者哉?

---

230 『설문해자』 권8: 고(耂)는 늙은이[老]이다. 노(老)의 생략형으로 구성되었고, 교(丂)가 발음을 나타낸다. 고(苦)와 호(浩)의 반절음이다.[耂, 老也. 從老省, 丂聲. 苦浩切.]

顧其仁有優劣耳, 其夭者惟顔回. 據一顔回而多疑其餘, 無異以一鉤之金,
權於一車之羽, 云'金輕於羽'也."

역문 『중론(中論)』[231] 「요수(夭壽)」에 "혹자가 묻기를 '공자가 일컫길 "인자는
장수한다."라고 했는데, 안연은 일찍이 요절했으니, 어찌 성인의 말이
진실로 후인(後人)을 속인 것이 아니겠는가?'라고 하자, 영천(潁川)의 순
상(荀爽)은 '옛사람들이 하는 말에 "죽어도 썩지 않는다[死而不朽]"라는 것
은, 그 몸은 죽었어도 그 도는 오히려 남아 있기 때문에 그것을 일러 썩
지 않는다고 하는 것이다. 대저 형체란 본래 저절로 썩어 문드러지고 사
라지고 없어지는 물건이다. 장수하고 장수하지 못하는 것은 수십 살 정
도에 불과하지만 덕의(德義)가 확립되었느냐 아니냐의 차이는 수천 년의
차이가 나니, 어찌 같은 날에 말할 수 있는 것이겠는가? 『시경』「노송·
비궁」에 "만년(萬年)이요, 또 천년(千年)에 미수(眉壽)하여 해(害)가 없게

---

231 『중론(中論)』: 중국 동한(東漢) 사람 서간(徐幹, 171~217)의 저서이다. 이 책의 저자 서간
의 자는 위장(偉長)이며, 북해(北海) 출신이다. 서간은 어려서 오경(五經)을 읽었으며 성인
이 되기 전 높은 문장력과 식견을 갖추었다. 그래서 그를 헌제(獻帝) 때 건안7자(建安七子)
가운데 한 사람으로 꼽는다. 그는 성인이 된 후 부패한 정치와 도가 쇠퇴한 것을 보고, 문을
닫고 공부에만 전념했다. 그러다 196년 무렵에 조조의 군대에 들어가 군생활을 기록하였다.
후에 병으로 사직하고 돌아와 47세의 나이로 죽었다. 이 책은 상하 2권으로 이루어져 있고, 권
마다 각각 10편으로 구성되어 있다. 상권에는 「치학(治學)」·「법상(法象)」·「수본(修本)」·
「허도(虛道)」·「귀험(貴驗)」·「귀언(貴言)」·「예기(藝紀)」·「복변(覆辨)」·「지행(智行)」·
「작록(爵祿)」 등이, 하권에는 「고위(考僞)」·「견교(譴交)」·「역수(曆數)」·「논수요(論壽
夭)」·「심대신(審大臣)」·「신소종(愼所從)」·「망국(亡國)」·「상벌(賞罰)」·「민수(民數)」
등이 수록되어 있다. 본(本)과 말(末)의 관계는 위진(魏晉) 현학(玄學)에서 중요한 쟁점이었
다. 『중론』에서도 본말을 중시하고 있다. 동한 말 격렬한 논쟁의 대상이었던 명실(名實) 문
제도 이 책에서 비중 있게 다루었다. 동한 말의 또 다른 논쟁이었던 재성(才性)에 대해서도
마찬가지로 중시하고 있다. 그런데 이 저서는 한편으로는 현학에 대한 일정한 영향을 주었
지만, 다른 한편으로는 조조 정권의 지배 이론을 제공했다.

하소서!'라고 했지만, 사람이 어찌 천년만년 장수하는 자가 있겠는가? 모두 훌륭한 덕을 말하는 것이다.'라고 했고, 북해(北海)의 손고(孫翱)[232]는 '"죽고 사는 것이 명에 달려 있다"라는 것은 다른 사람이 이룰 수 있는 것이 아니니, 선을 쌓는 집안에 남은 경사가 있고, 인을 행하여 장수할 수 있는 것과 같은 경우는 바로 교화의 의의이고 사람을 인도해서 선(善)으로 들이는 이치이다.'라고 했다. 내[서간]가 생각하기에 두 논의는 모두 그런 이치가 아니다. 장수[壽]에는 세 가지 경우가 있으니, 왕의 은택[王澤]으로 누리는 장수가 있고, 소리 소문[聲聞]으로 누리는 장수가 있으며, 인을 행함[行仁]으로 인해 누리는 장수가 있다. 『서경』에 '오복(五福)은 첫 번째를 장수[壽]라 한다'[233]라고 했는데, 이것이 왕의 은택으로 누리는 장수이고, 『시경』에 '그 덕이 어그러지지 않으니 끝없는 장수를 누리시리다'[234]라고 했는데, 이것은 소리 소문으로 누리는 장수이며, 공자는 '인자는 장수한다'라고 했는데, 이것은 인을 행함으로 인해 누리는 장수이다. 공자가 그렇게 말한 까닭은 인자가 만물을 기름을 이롭게 하매 만물 역시 이로움을 받으므로 반드시 장수하기 때문이다. 듣자 하니 요임금으로부터 무왕(武王)에 이르기까지, 후직(后稷)으로부터 주공(周公)·소공(召公)에 이르기까지 모두 인한 사람이다. 임금과 신하의 수가 적은 것이 아니니, 이것이 인자가 장수한다는 증거가 아니겠는가? 또 70명의 제자들이 어찌 잔혹(殘酷)한 자들이었겠는가? 다만 그들의 인에 우열이 있을 뿐, 요절한 자는 오직 안회뿐이었다. 한낱 안회가 요절한 사실을 근거로 그 나머지를 다 의심한다면 쇠갈고리 한 개를 가지고 한

---

232 손고(孫翱, ?~?): 미상.

233 『서경』「주서·홍범(洪範)」.

234 『시경』「소아·백화지십(白華之什)·요소(蓼蕭)」.

수레의 깃털에 비교하면서 '쇠가 깃털보다 가볍다'라고 하는 것과 다를 것이 없다."라고 했다.

6-24

子曰: "<u>齊</u>一變至於<u>魯</u>, <u>魯</u>一變至於道." 【注】包曰: "言<u>齊</u>·<u>魯</u>有<u>太公</u>·<u>周公</u>之餘化, <u>太公</u>大賢, <u>周公</u>聖人, 今其政敎雖衰, 若有明君興之, <u>齊</u>可使如<u>魯</u>, <u>魯</u>可使如大道行之時."

공자가 말했다. "제나라가 한 번 변하면 노나라에 이르고, 노나라가 한 번 변하면 도에 이른다." 【주】 포함이 말했다. "제나라와 노나라에 태공(太公)과 주공이 남긴 교화가 있고, 태공은 대현(大賢)이고 주공은 성인(聖人)이니, 지금 그들이 남긴 정치와 교화가 비록 쇠하였으나 만약 밝은 임금이 나와서 부흥시킨다면 제나라는 노나라와 같아지게 할 수 있고, 노나라는 대도(大道)가 시행되던 시대와 같아지게 할 수 있다는 말이다."

● 「注」, "言<u>齊</u>"至"之時".

● 正義曰: <u>齊</u>者, 國名也. <u>周武王</u>滅<u>紂</u>, 封太師<u>呂望</u>於<u>齊</u>, 是爲<u>齊太公</u>. 太者, 尊大之稱. 『說苑』「政理篇」, "<u>伯禽</u>與<u>太公</u>俱受封而各之國三年, <u>太公</u>來朝. <u>周公</u>問曰: '何治之疾也?' 對曰: '尊賢, 先疎後親, 先義後仁也, 此霸者之跡也.' <u>周公</u>曰: '<u>太公</u>之澤及五世.' 五年, <u>伯禽</u>來朝. <u>周公</u>問曰: '何治之難?' 對曰: '親親, 先內後外, 先仁後義也, 此王者之跡也.' <u>周公</u>曰: '<u>魯</u>之澤及十世.' 故<u>魯</u>有王跡者, 仁厚也; <u>齊</u>有霸跡者, 武政也. <u>齊</u>之所以不如<u>魯</u>者, <u>太公</u>之賢不如<u>伯禽</u>也."

○ 「주」의 "언제(言齊)"부터 "지시(之時)"까지.

○ 정의에서 말한다.

제는 나라 이름이다. 주나라 무왕이 주(紂)를 멸하고, 태사(太師) 여망(呂望)을 제나라에 봉하니, 이 사람이 제 태공(齊太公)이다. 태(太)는 높고 위대한[尊大] 사람에 대한 호칭이다. 『설원』「정리(政理)」에 "백금(伯禽)과 태공(太公)이 함께 봉지(封地)를 받아 각자 자기 나라에서 다스린 지 3년 만에 태공이 와서 조회하였다. 그때 주공이 물었다. '어떻게 이렇게 빨리 다스리셨습니까?' 태공이 대답했다. '현명한 인재를 존중하고, 소원한 사람을 먼저 등용하며, 친한 사람을 뒤에 쓰고, 도의(道義)를 앞세우고, 인덕(仁德)을 뒤에 행하였습니다만, 이는 패자(霸者)의 자취입니다.' 주공이 말했다. '태공의 은택이 5대[五世]까지는 이어지겠습니다.' 5년이 지나 백금이 와서 조회하였다. 주공이 백금에게 물었다. '다스리기 어려웠을 터인데, 어찌하였느냐?' 백금이 대답했다. '친족을 먼저 친애하고, 안을 먼저 다스리고 밖을 뒤에 다스리며, 인덕을 먼저 행하고 도의를 뒤에 행하였습니다만, 이는 왕자(王者)의 자취입니다.' 주공이 말했다. '노나라의 은택은 10대[十世]까지는 이어지겠구나.' 따라서 노나라에는 왕도정치의 자취가 남아 있으니, 인후(仁厚)함이고, 제나라에는 패도정치의 자취가 남아 있으니, 무정(武政)이다. 제나라가 노나라보다 못한 까닭은 태공의 현명함이 백금만 못했기 때문이다."라고 했다.

원문 『漢書』「地理志」, "初, 太公治齊, 修道術, 尊賢智, 賞有功. 故至今其士多好經術, 矜功名, 舒緩闊達而足智. 其失夸奢朋黨, 言與行繆, 虛詐不情, 急之則離散, 緩之則放縱." 又云: "周興, 以少昊之虛曲阜, 封周公子伯禽爲魯侯, 以爲周公主. 其民有聖人之敎化, 故孔子曰: '齊一變, 至於魯; 魯一變, 至於道.' 言近正也. 瀕洙·泗之水, 其民涉度, 幼者扶老而代其任. 俗旣益薄, 長老不自安, 與幼少相讓, 故曰: '魯道衰, 洙·泗之間齗齗如也.' 孔子閔王道將廢, 乃修『六經』, 以述唐·虞·三代之道, 弟子受業而通者七十有七人. 是以其民好學, 上禮義, 重廉恥." 顏師古「注」, "魯庶幾至道, 齊人不如魯也."

역문 『전한서』「지리지」에 "당초 태공이 제나라를 다스릴 때, 도술(道術)을 정비하고, 현자(賢者)와 지자(智者)를 존중하며, 공이 있는 사람에게는 상을 주었다. 그러므로 지금에 이르기까지 그 선비들은 유교경전의 의리(義理)를 토대로 한 통치력을 좋아하고, 공명(功名)을 자랑하며, 느긋하면서도 활달하고, 지혜가 풍부한 자들이 많다. 하지만 뻐기고 으스대며 한껏 사치를 부리고, 말과 행실이 어긋나며, 실정에 맞지 않는 허황된 거짓말을 하고, 급하면 뿔뿔이 흩어졌다가 늦추면 방종하는 것이 그들의 잘못이었다."라고 했다. 또 "주나라가 일어나 동이족의 우두머리였던 소호(少昊)의 옛터인 곡부(曲阜)에 주공의 아들인 백금을 봉하여 노후(魯侯)로 삼아 주공의 제사를 지내게 했다.[235] 그곳의 백성들은 성인의 교화가 있었기 때문에 공자가 '제나라가 한 번 변하면 노나라에 이르고, 노나라가 한 번 변하면 도에 이른다.'라고 했으니, 정답에 가까운 말이다. 수수(洙水)와 사수 가에 임해 있는데, 그 백성들은 강을 건널 때 어린이들은 늙은이를 부축하고 그 짐을 대신 짊어지고 건넌다. 그러나 풍속이 이윽고 더욱 각박해지자 장로(長老)들이 스스로 편하지 못하고 어린이들과 서로 양보함이 거의 없어졌으므로 '노나라의 도가 쇠락해서 수수와 사수 사이가 서로 다투는구나.'라고 했다. 공자는 왕도가 장차 폐할까 걱정해서 이에 『육경』을 편수하고, 당(唐)·우(虞)·삼대(三代)의 도를 계승해서 후대에 전하였으니, 공자에게서 수업하여 육예에 통한 제자가 77인이었다. 이런 까닭에 그 백성들이 배우기를 좋아하였으며, 예의(禮義)를 높이고, 염치(廉恥)를 중히 여겼다."라고 했는데, 안사고는 「주」에서, "노나라는 거의 도에 이르렀으니, 제나라 사람들이 노나라만 못하

---

235 『전한서(前漢書)』 권28하, 「지리지(地理志)」의 「주」에 "안사고가 말했다. '주(主)는 주공(周公)의 제사이다.[師古曰: 主, 周公之祭祀.]"라고 했다.

다."236라고 했다.

원문 案, 周公雖封魯, 猶仕王朝, 身未歸魯, 惟命伯禽之國就封, 而伯禽亦能
秉周公之敎, 以存王跡. 故『說苑』·『漢書』歸美伯禽, 與此「注」歸美周公
意同. 魯俗雖衰, 而洙·泗之間王化未歇, 追沐聖人之敎, 而俗益臻醇美,
蓋所謂"至於道"者, 其言殊有驗矣.

역문 살펴보니, 주공이 비록 노나라에 봉해지긴 했지만, 여전히 천자의 조
정에서 벼슬하면서 자신은 노나라로 돌아가지 않고 백금에게 명하여 봉
지(封地)인 노나라로 나아가게 하니, 백금이 역시 주공의 교화를 잘 받들
어 왕도정치의 자취를 보존할 수 있었다. 그러므로『설원』과『전한서』
에서는 백금에게 찬사를 돌린 것이니, 이 장의「주」에서 주공에게 찬사
를 돌린 것과 뜻이 같다. 노나라의 풍속이 비록 쇠하긴 했지만, 수수와
사수 사이에 왕도정치의 교화가 아직 다 없어지지 않아 성인의 가르침
에 세례를 받게 되자 풍속이 더욱 순후하고 아름답게 되었으니, 이른바
"도에 이른다"라고 한 것이 특히나 맞는 말인 듯싶다.

6-25

子曰: "觚不觚, 【注】 馬曰: "'觚', 禮器. 一升曰爵, 二升曰觚." 觚哉? 觚
哉?" 【注】 "觚哉? 觚哉?" 言非觚也, 以喩爲政不得其道, 則不成."

공자가 말했다. "고(觚)로 술을 마시되 적당히 마시지 않으면,

---

236 『전한서』권28하, 「지리지」 안사고의 「주」.

【주】마융이 말했다. "'고'는 예기(禮器)이다. 한 되들이를 작(爵)이라 하고, 두 되들이를 고라 한다." **고이겠는가? 고이겠는가?**【주】"고이겠는가? 고이겠는가?[觚哉? 觚哉?]"는 고가 아니라는 말이니, 이로써 정치를 하는데 도를 얻지 못하면 정치가 이루어지지 않음을 비유한 것이다.

- 「注」, "觚, 禮器. 一升曰爵, 二升曰觚."
- 正義曰: 云"觚, 禮器"者, 「燕禮」, 公用象觚. 「注」, "觚, 有象骨飾也." 『說文』云: "觚, 鄉飲酒之爵也." 段氏玉裁「注」謂"鄉當作禮, 鄉飲酒有爵・觶, 無觚."是也. 聶崇義『三禮圖』謂"觚用木", 惟用木, 故「考工」梓人制之. 『宣和博古圖』載商・周觚三十五, 其形如今銅花甁, 而腹起四棱, 與『禮』「注」不合. 且皆以金爲之, 則非梓人所司, 後世僞作, 此無疑矣.
- 「주」의 "고는 예기이다. 한 되들이를 작이라 하고, 두 되들이를 고라 한다."
- 정의에서 말한다.

"고는 예기이다."

『의례』「연례(燕禮)」에 의하면 공(公)은 상고(象觚)를 쓴다고 했는데,[237] 「주」에 "고(觚)에 상아의 장식이 있는 것이다."[238]라고 했다. 『설문해자』에 "고(觚)는 향음주례(鄉飲酒禮)에서 사용하는 잔[爵]이다."[239]라고 했으나, 단옥재의 「주」에 "향(鄉)은 마땅히 예(禮) 자로 써야 하니, 향음주례에는 작(爵)과 치(觶)가 있고, 고(觚)는 없다."[240]라고 했는데 옳다. 섭숭의

---

237 『의례』「연례」: 주인이 손을 씻고, 상고를 씻어 올라가 술을 담아 동북쪽을 향하여 공에게 드린다.[主人盥, 洗象觚, 升實之, 東北面, 獻于公]

238 『의례주소』권6, 「연례(燕禮)」 정현의 「주」에 "상고(象觚)는 고(觚)에 상아의 장식이 있는 것이다.[象觚, 觚有象骨飾也.]"라고 했다.

239 『설문해자』권4: 고(觚)는 향음주례(鄉飲酒禮)에서 사용하는 잔[爵]이다. 일설에는 두 되들이 되는 잔[觶]을 고(觚)라 한다. 각(角)으로 구성되었고 과(瓜)가 발음을 나타낸다. 고(古)와 호(乎)의 반절음이다.[觚, 鄉飲酒之爵也. 一曰觶受三升者謂之觚. 從角瓜聲. 古乎切.]

240 단옥재의 『설문해자주』에는 "향(鄉)은 또한 마땅히 예(禮) 자로 써야 하니, 향음주례에는 작

(聶崇義)[241]의 『삼례도』에 "고(觚)는 나무를 사용한다."라고 했는데, 오직 나무만 사용하기 때문에 『주례』 「동관고공기하」에 따르면 재인(梓人)이 그것을 제작한다.[242] 『선화박고도(宣和博古圖)』에 상대(商代)와 주대(周代)의 고 35종을 실었는데, 그 모양이 지금의 동화병(銅花瓶)과 같고, 배 쪽에 네 개의 모서리가 튀어나왔으니, 『의례』의 「주」와는 일치하지 않는다. 또 모두 금으로 만드는데, 그렇다면 재인이 담당한 일도 아니니, 후세의 위작(僞作)으로, 이는 의심할 것이 없다.

원문 云"一升曰爵, 二升曰觚"者, 言爵·觚盛酒之量. 鄭注「禮器」云: "凡觴, 一升曰爵, 二升曰觚, 三升曰觶, 四升曰角, 五升曰散." 「特牲」「記」「注」引舊說同. 「梓人」「疏」引『禮器制度』亦云"觚大二升." 『五經異義』, "今『韓詩』說, 一升曰爵, 爵, 盡也, 足也. 二升曰觚, 觚, 寡也, 飲當寡少. 三升曰觶, 觶, 適也, 飲當自適也. 四升曰角, 角, 觸也, 不能自適, 觸罪過也. 五升曰散, 散, 訕也, 飲不能自節, 爲人所謗訕也. 總名曰爵." 竝與此馬「注」同. 「考工記·梓人」, "爲飮器, 觚三升." 「禮器」「疏」引『異義』載"古『周禮』

(爵)과 치(觶)가 있고, 고(觚)는 없다.[鄕亦當作禮, 鄕飮酒禮有爵觶, 無觚也.]"라고 했다.

241 섭숭의(聶崇義, ?~?): 북송 초기 낙양(洛陽) 사람이다. 젊어서 삼례(三禮)로 천거되어 예학(禮學)에 정통했다. 후한 건우(乾佑) 연간에 국자예기박사(國子禮記博士)가 되어 일찍이 『춘추공양전』을 교정하고 국학(國學)에서 간행했다. 후주(後周) 현덕(顯德) 중에 국자사업(國子司業) 겸 태상박사(太常博士)에 이르렀다. 태조 건륭(建隆) 3년(962) 자신이 교정한 『삼례도(三禮圖)』를 올렸는데 황제가 윤졸(尹拙)과 두의(竇儀)의 교정을 거쳐 반포했다. 삼례(三禮)에 관한 정현, 완심(阮諶), 하후복랑(夏侯伏朗), 장일(張鎰), 양정(梁正), 개황(開皇) 등의 구도(舊圖)를 얻어 상세히 고증하고 시비를 바로잡았다. 『삼례도』는 『사고전서(四庫全書)』와 『통지당경해(通志堂經解)』에 들어 있다.

242 『주례』 「동관고공기하(冬官考工記下)·재인(梓人)」: 재인은 마시는 데 쓰는 그릇을 만든다. 작(勺)은 한 되들이이고, 작(爵)도 한 되들이이며, 고는 석 되들이이다.[梓人爲飮器. 勺一升, 爵一升, 觚三升.]

說, '觚二升, 獻以爵而酬以觚, 一獻而三酬, 則一豆矣.'" 陳氏壽祺『疏證』
謂"二升當作三升." 此『周禮』說, 與『韓詩』異. 許君『異義』云: "謹案『周禮』,
一獻三酬當一豆, 若觚二升, 不滿一豆." 此許從『周禮』說以辨『韓詩』之
非. 鄭駁『異義』, 以『周禮』"獻以爵而酬以觚", "觚"是"觗"譌, 觗卽觶. 則意
「梓人」"觚三升"亦"觗三升", 觗三則觚二, 『周禮』與『韓詩』無異矣.

역문 "한 되들이를 작이라 하고, 두 되들이를 고라 한다."라고 했는데, 작과
고의 술을 담는 용량을 말한 것이다. 정현은 『예기』「예기」에 주석을 달
면서 "모든 술잔[觴]은 한 되들이를 작이라 하고, 두 되들이를 고라 하며,
석 되들이를 치라 하고, 넉 되들이를 각(角)이라 하며, 다섯 되들이를 산
(散)이라 한다."243라고 했는데, 『의례』「특생궤사례(特牲饋食禮)」「기」의
「주」에서 인용한 구설(舊說)도 같다. 『주례』「동관고공기하·재인」의 「소」
에 『예기제도(禮器制度)』를 인용했는데, 역시 "고의 크기는 두 되들이이
다."라고 했다. 『오경이의(五經異義)』에 "지금 『한시』에 한 되들이를 작
이라고 하는데, 작은 다함[盡]이고, 만족함[足]이다. 두 되들이를 고라고
하는데, 고는 적음[寡]이니, 술은 마땅히 적게 마셔야 한다. 석 되들이를
치라고 하는데, 치는 적당함[適]이니, 술은 마땅히 스스로 적당하게 마셔
야 한다. 넉 되들이를 각이라고 하는데, 각은 저촉됨[觸]이니, 스스로 적
당히 마시지 못하면 죄과(罪過)에 저촉된다. 다섯 되들이를 산이라고 하
는데, 산은, 힐난함[訕]이니, 술을 마시되 스스로 절제하지 못하면 남이
비방하고 힐난한다. 이 잔들의 이름을 모두 합해서 작이라 한다."라고
했으니, 모두 이 장의 마융의 「주」와 내용이 같다. 『주례』「동관고공기
하·재인」에 "마시는 데 쓰는 그릇을 만드는데, 고는 석 되들이이다."라

---

243 『예기주소』 권23, 「예기(禮器)」 정현의 「주」.

고 했고, 「예기」의 「소」에는 『오경이의』를 인용해서 "옛 『주례』에서 말하길 '고는 두 되들이인데, 작으로써 잔을 권하고, 고로 잔을 돌리는데, 한 번 잔을 권할 때 세 번 잔을 돌리니, 그렇다면 1두(豆)가 된다.'"라고 했는데, 진수기(陳壽祺)[244]의 『오경이의소증(五經異義疏證)』에 "두 되들이[二升]는 마땅히 석 되들이[三升]로 써야 한다."라고 했으니, 이 『주례』의 설은 『한시』의 설과 다르다. 허군(許君: 허신)의 『오경이의』에 "삼가 『주례』를 살펴보니, 한 번 잔을 권할 때 세 번 잔을 돌리는 것이 1두에 해당한다고 했으니, 만약 고가 두 되들이라면, 1두가 되지 못한다."라고 했는데, 이는 허신이 『주례』의 설을 따라 『한시』의 잘못을 변별한 것이다. 정현은 『오경이의』를 논박하면서 『주례』에서 "작으로 잔을 권하고 고로 잔을 돌린다[獻以爵而酬以觚]"라고 한 것에 대해 "고(觚)"는 "저(觝)" 자가 바뀐 것이라고 했는데, 저(觝)는 바로 치(觶)이다. 그렇다면 아마도 「재인」의 "고(觚)는 석 되들이[觚三升]"라고 한 것 역시 "저(觝)는 석 되들이[觝三升]"라는 말이 되고, 저(觝)가 석 되들이이면 고(觚)는 두 되들이니, 『주례』와 『한시』는 차이가 없다.

---

244 진수기(陳壽祺, 1771~1834): 청나라 복건(福建) 민현(閩縣) 사람이다. 자는 공보(恭甫) 또는 위인(葦仁)이고, 호는 좌해(左海) 또는 산사(珊士)이며, 만년에 자호를 은병산인(隱屛山人)이라 했다. 가경(嘉慶) 4년(1799)에 진사가 되어 한림원(翰林院) 서길사(庶吉士)와 편수(編修) 등을 지냈다. 14년(1809) 회시동고관(會試同考官)을 지냈다. 부모가 죽은 뒤에는 출사하지 않았다. 천주(泉州) 청원서원(淸源書院)과 복주(福州) 오봉서원(鼇峰書院)의 주강(主講)을 역임했다. 전대흔(錢大昕), 단옥재, 왕염손, 정요전(程瑤田) 등과 교유했고, 장혜언(張惠言), 왕인지(王引之)와 이름을 나란히 했다. 처음에는 송명이학(宋明理學)을 공부하다가 나중에는 한학(漢學)만을 오로지 연구했다. 저서에 『좌해경변(左海經辨)』과 『오경이의소증(五經異義疏證)』, 『상서대전정본(尙書大傳定本)』, 『홍범오행전집본(洪範五行傳輯本)』이 있고, 아들 진교종(陳喬樅)이 완성한 『금문상서경설고(今文尙書經說考)』와 『삼가시유설고(三家詩遺說考)』 등이 있다.

원문 皇「疏」"'一獻之禮, 賓主百拜.' 此則明有觚之用也. 當於爾時, 用觚酌酒, 而沈湎無度. 故王肅曰: '當時沈湎於酒. 故孔子曰"觚不觚", 言不知禮也.' '觚哉? 觚哉?' 言用觚之失道也." 毛氏奇齡『改錯』云: "古制器命名, 名有取義. 『禮』「注」云'觚容二升', 取寡爲義. 『詩』說所云'飮常寡少曰"觚"', 則此觚命名原與君子之稱'孤'·'寡'有同義也. 今飮常不寡而仍稱曰'觚', 名實乖矣, 猶曰'觚哉?'" 又云: "諸酒器皆有義, 而獨及觚者, 此猶「燕禮」極尙宴樂, 而其洗奠享獻, 惟用一觚, 亦以觚本常用, 竝取寡少無過之名. 蓋'不觚'非改制, 但不寡飮, 卽失名實耳." 案, 毛說與王肅同, 可補馬義. 舊有「注」云: "孔子曰: '削觚而志有所念, 觚不時成.' 故曰'觚哉觚哉?' 觚小器耳. 心不專一, 尙不時成, 況於大事也?" 此說觚爲木簡, 與馬異. 宋氏翔鳳謂"是徐氏『論語隱義』語, 義當本鄭." 亦是意爲之辭.

역문 황간의 「소」에 "'한 번 술을 권하는 예에 손님과 주인이 서로 백 번씩 절을 한다.'²⁴⁵라고 했는데, 이는 고의 용도가 있음을 밝힌 것이다. 그런데 이때를 당하여 고를 사용해서 술을 따르면서도 잔뜩 취해서 법도가 없었다. 그러므로 왕숙이 '당시에 술에 잔뜩 취했기 때문에 공자가 "고로 술을 마시되 적당히 마시지 않으면"이라고 한 것이니, 예를 알지 못한다는 말이다.'라고 한 것이다. '고이겠는가? 고이겠는가?'라고 한 것은 고를 사용함에 도리를 잃었다는 말이다."²⁴⁶라고 했다. 모기령의 『사서개착』에 "옛 제도에 기물을 제작해서 이름을 붙이는데, 이름마다 뜻을 취함이 있다. 『주례』의 「주」에 '고는 두 되를 수용한다'²⁴⁷라고 했으니,

---

245 『예기』「악기(樂記)」.

246 『논어집해의소』권3, 「논어옹야제6」 황간의 「소」. 황간의 「소」에는 "不知禮也"가 "임금과 신하가 임금과 신하 같지 않다는 말과 같을 뿐이다.[猶言君臣不君臣耳.]"라고 되어 있다.

247 『주례집설(周禮集說)』권10의 「주」와 『주례주소산익(周禮注疏刪翼)』권29, 왕지장(王志長)의 「주」에 같은 표현이 보인다.

적게 취함을 뜻으로 삼은 것이다. 『한시』의 설명이 이른바 '술은 항상
조금 마시는 것을 "고"라 한다.'라는 뜻이라면, 여기에서 고라고 명명(命
名)한 것은 원래 군자를 '고(孤)' 또는 '과(寡)'라고 칭하는 것과 같은 뜻이
있다. 그런데 지금 술을 항상 적지 않게 마시는데도 여전히 칭하기를
'고(觚)'라고 하니, 이름과 실제가 괴리된 것이므로 오히려 '고이겠는가?'
라고 한 것이다."라고 했다. 또 "모든 술그릇은 다 의의(義意)가 있음에
도, 유독 고를 언급했는데, 이는 어쩌면 「연례」에서 연락(宴樂)을 지극히
숭상해서 잔을 씻어서 놓거나 윗사람에게 예물을 대접하거나 바칠 때
오직 하나의 고만을 사용하기 때문이고, 또 고를 본래부터 상용(常用)하
기 때문인 것 같으니, 적다[寡少]는 뜻의 명칭과 지나치지 않다[無過]는 의
미의 명칭을 모두 취한 것이다. 아마도 '불고(不觚)'란 규격을 바꿨다는
것이 아니라, 단지 적지 않게 마셨다는 것일 뿐이니, 바로 이름과 실제
가 잘못된 것일 뿐이다."라고 했다. 살펴보니, 모기령의 설은 왕숙의 설
과 같으니, 마융의 뜻을 보충할 수 있다. 옛날 어떤 「주」에 "공자가 말하
길, '고를 깎으면서 뜻에 염려하는 것이 있으면 고가 제때에 이루어지지
않는다.'라고 했다. 그러므로 '고이겠는가? 고이겠는가?'라고 한 것이니,
고는 작은 그릇일 뿐이지만 마음을 전일하게 하지 않으면 오히려 제때
에 이루어지지 않는데, 하물며 큰 일에 있어서이겠는가?"라고 했는데,
이 말은 고를 목간(木簡)으로 본 것으로 마융의 설명과는 다르다. 송상봉
(宋翔鳳)은 이르길 "이것은 서씨(徐氏)의 『논어은의(論語隱義)』의 말이며,
뜻은 당연히 정현을 근거한 것이다."라고 했는데, 역시 제멋대로 생각해
서 한 말이다.

원문 『說文』, "觚, 棱也. 棱, 觚也." <u>史遊</u>『急就章』, "急就奇觚與衆異." <u>顏師</u>
<u>古</u>「注」, "觚者, 學書之牘, 或以記事. 削木爲之, 蓋簡屬也. <u>孔子</u>歎觚, 卽

此之謂. 其形或六面, 或八面, 皆可書. 觚者, 棱也. 以有棱角, 故謂之觚.
<u>班固</u>「西都賦」曰: '上觚棱而棲金爵.' 今俗猶呼小兒學書簡爲木觚章, 蓋古
之遺語也."

역문 『설문해자』에 "고(柧)는 모서리[棱]이다.[248] 능(棱)은 모서리[柧]이다.[249]"
라고 했다. 사유(史遊)[250]의 『급취장(急就章)』에 "급히 기이한 목간[觚]을
만들었는데, 뭇 목간들과는 달랐다."[251]라고 했는데, 안사고의 「주」에
"고(觚)란 글을 배우는 나뭇조각인데, 더러 일을 기록하기도 한다. 나무
를 깎아서 만드니, 대체로 목간의 등속이다. 공자가 탄식한 고는 바로
이것을 이른다. 그 형태는 혹은 6면, 혹은 8면으로서 모두 글을 쓸 수 있
다. 고(觚)란 모서리[棱]이다. 모서리의 각이 있기 때문에 고라고 한다.
반고(班固)의 「서도부(西都賦)」에는 '고릉(觚棱)[252]을 올리고 금작(金爵)[253]
을 깃들여 놓았네.'[254]라고 했으나, 지금 세간에서는 오히려 어린아이들

---

248 『설문해자』 권6: 고(柧)는 모서리[棱]이다. 목(木)으로 구성되었고 과(瓜)가 발음을 나타낸
다. 또, 고릉(柧棱)은 전당(殿堂) 위 가장 높은 곳이다. 고(古)와 호(胡)의 반절음이다.[柧, 棱
也. 從木瓜聲. 又, 柧棱, 殿堂上最高之處也. 古胡切.]

249 『설문해자』 권6: 능(楼)은 모서리[柧]이다. 목(木)으로 구성되었고 능(夌)이 발음을 나타낸
다. 노(魯)와 등(登)의 반절음이다.[楼, 柧也. 從木夌聲. 魯登切.]

250 사유(史遊, ?~?): 서한(西漢) 원제(元帝) 시대의 환관(宦官). 황문령(黃門令)을 지냈으며, 일
찍이 초예서로 『급취장(急就章)』 1편을 지었다.

251 『급취장』 권1.

252 고릉(觚棱): 전각(殿閣) 지붕의 기와 등[瓦脊]. 또는 궁궐 처마 모서리 따위의 가장 높고 뾰족
하게 내민 모서리로, 봉황 등의 장식을 새긴 부분이다. 고릉(柧棱)이라고도 쓴다. 송(宋)의
왕관국(王觀國)은 『학림(學林)』에서 "「서도부(西都賦)」에 말한 고릉은 기와 등으로, 동철
(銅鐵)로 봉작(鳳雀)을 만들어 장식한다."라고 했다.

253 금작(金雀): 금작(金爵)이라고도 쓴다. 황금색 구리로 만든 날짐승 형상으로, 봉황 등 상서
로운 새를 가리킨다.

254 궁궐 처마 모서리가 하늘로 치켜 올라간 부분에 황금색으로 주조한 날짐승을 얹었다는 말이다.

이 배우는 학습서[書簡]²⁵⁵를 목고장(木觚章)이라고 하니, 아마도 옛날에 남겨진 말인 듯싶다."라고 했다.

원문 王應麟『補注』, "『史記』'破觚爲圜', 應劭曰: '觚八棱有隅者.'『說文』通釋觚八棱木, 於其上學書." 又引『說文』云: "幡, 書兒拭觚布也." 據此, 則 "柧"亦作觚. 『廣雅』「釋器」, "蔣·篇·籓·笘·籤, 觚也." 竹木本一類, 故柧亦作觚. 『漢書』所云"操觚之士", 『西京雜記』"傅介子好學書, 嘗棄觚而歎", 卽此柧也. 柧有四棱·八棱之異. 『通俗文』曰: "木四方爲棱, 八棱爲柧." 此析言之, 若散文亦通稱. 故師古以觚有六面, 則六棱亦名柧矣. 孔子歎觚, 師古之說, 與「舊注」同異不可知, 或謂觚當有棱, 其後無棱亦名觚. 如『史記』所云"破觚爲圜"之比, 此亦名實相乖, 於義得通者也.

역문 왕응린(王應麟)²⁵⁶의 『보주(補注)』에, "『사기』에 '모난 것을 뭉개어 둥글

---

255 『논어정의』에는 "削書簡"으로 되어 있는데, 반고(班固)의 「서도부」와 『급취장』 권1의 안사고의 「주」에 "學書簡"으로 되어 있다. 「서도부」와 『급취장』을 근거로 "學"으로 수정하고 번역했다. "削書簡" 역시 "서간을 새겨"가 되니 뜻이 통한다.

256 왕응린(王應麟, 1223~1296): 송나라 경원부(慶元府) 은현[鄞縣, 절강(浙江) 은현] 사람이다. 자는 백후(伯厚), 호는 심녕거사(深寧居士) 또는 후재(厚齋)이다. 아버지가 여조겸(呂祖謙)의 제자 누방(樓昉)에게 배워 일찍이 온주지주(溫州知州)를 지냈다. 정주학파(程朱學派)에 속하는 왕야(王埜)와 진덕수(眞德秀) 등에게서 영향을 받았고, 송나라가 망한 뒤(1276) 고향에 은거하면서 20년 동안 경사(經史)를 강술했다. 저작이 매우 많고 학술적 가치도 높아 고증학(考證學)이 대세를 이룬 청나라 때 매우 높은 평가를 받았다. 『옥해(玉海)』는 백과전서적인 저작으로 그가 박학굉사 시험을 준비할 때 정리한 것이다. 『곤학기문(困學紀聞)』은 필기류(筆記類) 저작으로 경사(經史)에 관한 연구에서 얻은 바를 정리했다. 『한제고(漢制考)』는 역사에 관한 저작이고, 『통감지리통석(通鑑地理通釋)』은 역사지리학 방면의 저작이다. 『소학감주(小學紺珠)』는 문자학 방면의 성과물이다. 그의 학술을 집성했다고 평가되는 『곤학기문』은 서재 이름이 곤학당(困學堂)인 데서 나왔다. 이 밖에도 『삼자경(三字經)』과 『백가성(百家姓)』을 남겼다.

게 만들었다.'257라고 했는데, 응소(應劭)258는 '고(觚)는 여덟 모서리의 모
퉁이가 있는 것이다.'259라고 했다. 『설문해자』에서는 통상적으로 고(觚)
는 여덟모가 난 목판이고 그 위에다 글씨를 배운다고 해석한다."라고 했
다. 또 『설문해자』를 인용하면서 "번(幡)은 글씨를 쓰는 아이들이 닦는
사각형 먹걸레[觚布]이다."라고 했는데, 여기에 의거해 보면 "고(柧)"는 또
한 고(觚)라고 쓰기도 한다. 『광아』「석기」에 "장(牆)·약(籥)·변(籩)·점
(笘)·이(籢)는 대쪽[籣]이다."라고 했는데, 대나무는 본래 한 종류이기 때
문에 고(柧)는 또 고(籭)라고 쓰기도 한다. 『한서』의 이른바 "글을 쓰는
선비[操觚之士]"260와 『서경잡기(西京雜記)』261의 "부자개(傅介子)262가 글쓰
기 배우는 것을 좋아하더니, 일찍이 목판[觚]을 버리고 탄식하였다."라고
했는데, 바로 이 목판[觚]이 고(柧)이다. 고에는 네 모서리짜리와 여덟 모
서리짜리의 차이가 있다. 『통속문(通俗文)』에 "목판의 모서리가 네 개[四

---

257 『사기』 권122, 「혹리열전(酷吏列傳)」.

258 응소(應劭, ?~?): 후한 여남(汝南) 남돈[南頓: 하남성(河南城) 항성(項城)] 사람이다. 자는 중
원(仲遠) 또는 중원(仲援), 중원(仲瑗)이다. 영제(靈帝) 때 효렴(孝廉)으로 천거되어 영릉령
(營陵令)과 태산태수(泰山太守) 등을 지냈다. 저서에 『한서집해(漢書集解)』와 『한조박의
(漢朝駁議)』, 『율략론(律略論)』, 『한궁의(漢官儀)』, 『풍속통의(風俗通義)』 등이 있었지만
대부분 없어지고, 『풍속통의』 일부만이 한위총서(漢魏叢書)와 사고전서(四庫全書) 등에 전
할 뿐이다.

259 『사기』 권122, 「혹리열전」의 「주」.

260 『전한서』나 『후한서(後漢書)』에는 이러한 표현이 직접적으로 보이지 않는다. 다만 모기령
의 『논어계구편(論語稽求篇)』 권3에 "『漢書』, 操觚之士."라는 표현이 보인다.

261 『서경잡기(西京雜記)』: 한의 유흠(劉歆), 진의 갈홍(葛洪), 양의 오균(吳均)이 지었다고 한
다. 총 6권으로 한 무제 전후의 기문(奇聞)을 채록했다.

262 부개자(傅介子, ?~기원전 65): 중국 한나라 소제(昭帝) 때의 무신. 준마감(駿馬監)이 되어 대
완국(大宛國)에 사신(使臣)으로 다녀왔고, 한나라 사신을 공격해 오던 누란국(樓蘭國)의
왕을 죽이고 돌아와서 의양후(義陽侯)에 봉해졌다.

方인 것이 능(稜)이고, 모서리가 여덟 개[八稜]인 것이 고(觚)이다."라고 했는데, 이것은 나누어서 말한 것이고, 산문(散文)[263]과 같은 경우에도 역시 두루 통하는 명칭이다. 그러므로 안사고가 고(觚)에는 여섯 면[六面]이 있다고 했으니, 그렇다면 모서리가 여섯 개[六稜]일 경우에도 역시 이름이 고(觚)일 것이다. 공자가 고(觚)를 탄식했으나, 안사고의 말이 「구주(舊注)」와는 같고 다름을 알 수가 없는데, 혹자는 이르길 고(觚)는 마땅히 모서리[稜]가 있는 것이라고 하지만, 그 후로는 모서리가 없는 것도 고(觚)라고 명명한다. 『사기』의 이른바 "모난 것을 뭉개어 둥글게 만들었다."라는 비유와 같은 것은, 이 또한 이름과 실제가 서로 어긋나지만, 의미(義味)에 있어서는 통할 수 있는 것이다.

- 「注」, "以喩爲政不得其道, 則不成."
- 正義曰: 政者, 正也, 其身不正, 如正人何? "政不得成", 猶强名之, 「注」說亦當有所本.
- 「주」의 "정치를 하는데 도를 얻지 못하면 정치가 이루어지지 않음을 비유한 것이다."
- 정의에서 말한다.
  정치[政]란 바르게 한다[正]는 뜻이니, 그 자신이 바르지 않으면 어떻게 남을 바르게 하겠는가? "정치가 이루어질 수 없다"라는 것은 억지로 명명한 것 같기는 하지만, 「주」의 설명도 당연히 근거한 바는 있을 것이다.

---

263 운율이나 음절의 수 등에 얽매이지 않고 자유롭게 쓴 글. 혼언(混言)은 또 산언(散言)이라고도 한다.

宰我問曰: "仁者, 雖告之曰: '井有仁焉.' 其從之也?" 【注】 孔曰: "宰我以仁者必濟人於患難. 故問有仁人墮井, 將自投下從而出之不乎, 欲極觀仁者憂樂之所至." 子曰: "何爲其然也? 君子可逝也, 不可陷也. 【注】 孔曰: "'逝', 往也, 言君子可使往視之耳, 不肯自投從之." 可欺也, 不可罔也." 【注】 馬曰: "'可欺'者, 可使往也; '不可罔'者, 不可得誣罔令自投下."

재아(宰我)가 물었다. "인자는 비록 그에게 '우물 안에 인한 사람이 빠져 있다.'라고 하더라도, 쫓아 들어가겠습니까?" 【주】 공안국이 말했다. "재아는 인자는 반드시 사람을 환난에서 구제한다고 여겼다. 그러므로 인한 사람이 우물에 빠지면 곧바로 직접 우물 아래로 뛰어내려 쫓아 들어가 그를 구출할 것인지 아닌지를 물어서, 인자의 근심과 즐거움이 이르는 곳을 자세히 살피고자 한 것이다." 공자가 말했다. "무엇 때문에 그리하겠느냐? 군자는 가게 할 수는 있으나 빠뜨릴 수 없으며, 【주】 공안국이 말했다. "'서(逝)'는 간다[往]는 뜻이니, 군자는 가서 보게 할 수 있을 뿐, 직접 뛰어내려 쫓아 들어가려 하게 할 수는 없다는 말이다." 그럴듯한 방법으로 속일 수 있으나, 올바른 도리가 아닌 것으로 속일 수는 없다." 【주】 마융이 말했다. "'사리에 맞는 말로 속일 수 있다[可欺]'라는 것은 가게 할 수 있다는 것이고, '사리에 맞지 않는 말로 속일 수는 없다[不可罔]'라는 것은 터무니없는 말로 속여 직접 우물 아래로 뛰어내리게 할 수 없다는 것이다."

원문 正義曰: 皇本"有仁"下有"者"字. "其從之也", "也"皇本作"與". 王氏引之 『經傳釋詞』謂"也"·"與"·"歟"同義.

역문 정의에서 말한다.

황간본에는 "유인(有仁)" 아래 "자(者)" 자가 있다. "쫓아 들어가겠습니다[其從之也]"라고 할 때의 "야(也)" 자가 황간본에는 "여(與)"로 되어 있다. 왕인지는 『경전석사』에서 "야(也)"와 "여(與)"와 "여(歟)"는 같은 뜻이라고 했다.

● 「注」, "宰我"至"所至"

● 正義曰: 仁者無不愛也, 故見人有患難則必濟之. 而於仁人尤所親念, 故宰我設爲此問, 以見仁道之至難也. 兪氏樾『平議』謂"井有人"爲井有仁道. "從之"者, 行仁道也. 或謂"井有仁", 卽井有人, 仁與人同, 竝通.

○ 「주」의 "재아(宰我)"부터 "소지(所至)"까지.

○ 정의에서 말한다.

인자는 사랑하지 않음이 없기 때문에 환난에 빠진 사람을 보면 반드시 구제한다. 그리고 인한 사람에 대해서는 더욱 한 몸처럼 생각하기 때문에 재아는 이 상황을 가설해서 질문하여 인도(仁道)가 지극히 험난함을 보여 준 것이다. 유월은 『군경평의』에서 "우물에 사람이 있다[井有人]"라는 것은 우물에 인도가 있다는 것이라고 했다. "쫓아 들어간다[從之]"는 것은 인도를 실행한다는 것이다. 혹자는 "정유인(井有仁)"은 바로 우물에 사람이 있다[井有人]는 뜻으로 인(仁)과 인(人)은 같은 뜻이라고 하는데, 모두 통한다.

● 「注」, "逝往"至"從之".

● 正義曰: "逝往",『爾雅』「釋詁」文. "往視之"者, 思所以出之也. "不肯自投從之"者, 徒傷其身, 無以救人, 故"不肯"也. 兪氏樾『平議』讀'逝'爲'折', 云: "君子殺身成仁則有之, 故可得而摧折, 不可以非理陷害之." 此義亦通.

○ 「주」의 "서왕(逝往)"부터 "종지(從之)"까지.

○ 정의에서 말한다.

"서(逝)는 간다[往]는 뜻이다."라는 말은, 『이아』「석고」의 글이다. "가서 본다[往視之]"라는 것은 그를 구출할 것을 생각한다는 것이다. "직접 뛰어내려 쫓아 들어가려 하게 할 수는 없다

[不肯自投從之]"라는 것은 단지 몸만 손상시킬 뿐 사람을 구제할 수 없기 때문에 "하려 하지 않는" 것이다. 유월은 『군경평의』에서 '서(逝)'를 '절(折)'의 뜻으로 읽고 말하길, "군자는 살신성인(殺身成仁)하는 경우는 있기 때문에 꺾고 부러뜨릴 수는 있어도 이치에 맞지 않는 것으로 빠뜨리거나 해칠 수는 없다."라고 했는데, 이 뜻 역시 통한다.

- 「注」, "可欺"至"投下".
- 正義曰: "可使往"者, 言使往救之也. 『孟子』亦曰: "君子可欺以其方, 難罔以非其道." 方者, 義也. 以義責君子, 君子必信而從之. 然非其道, 則亦難罔之矣. 蓋可欺者, 仁也, 不可罔者, 知也. 宋氏翔鳳『發微』云: "'夫滔滔天下, 非人誰與?' 色斯之擧, 可以翔集, 公山 佛肸之往, 南子之見, 是'可逝'也, '可欺'也. '磨而不磷, 涅而不緇.' 是不可陷也, 不可罔也."

○ 「주」의 "가기(可欺)"부터 "투하(投下)"까지.

○ 정의에서 말한다.

"가게 할 수 있다[可使往]"라는 것은, 가서 구제하게 할 수 있다는 말이다. 『맹자』「만장상(萬章上)」에도 "군자는 그럴듯한 방법[方]으로 속일 수는 있으나, 올바른 도리[義]가 아닌 것으로 속이기는 어렵다."라고 했는데, 방법[方]이란 올바른 도리[義]이다. 올바른 도리를 가지고 군자를 권장하면 군자는 반드시 믿고 따르지만, 올바른 도리가 아니면 역시 속이기 어려울 것이다. 그럴듯한 방법으로 속일 수 있는 것[可欺者]은 인하기 때문이고, 올바른 도리가 아닌 것으로 속일 수 없는 것[不可罔者]은 지혜롭기[知] 때문이다. 송상봉의 『논어발미(論語發微)』에 "'한가로이 느긋하게 흐르는 것이 천하가 다 그러하니, 내가 이 사람들의 무리와 더불어 함께하지 않고 누구와 함께하겠는가?'[264]라고 했으며, 빠르게 떠나가고, 더디게 나아가며,[265] 공산불요와 필힐(佛肸)에게 가려 하였고,[266] 남자를 만나 보았으니,[267] 이것이 '가게 할 수 있

---

[264] 『논어』「미자(微子)」에 보인다.

[265] 『논어』「향당(鄕黨)」에 보인다. 유보남은 "色斯擧矣, 翔而後集."에 대해 진덕수(眞德秀)의 설을 받아들여 "色斯擧矣"를 "떠나감이 빠른 것이다[去之速也]"라고 했고, "翔而後集"을 "나아감이 더딘 것이다[就之遲也]"라고 했다.

[266] 『논어』「양화」에 보인다.

[267] 『논어』「옹야」에 보인다.

다'라는 것이며 '그럴듯한 방법으로 속일 수 있다'라는 것이다. '갈아도 얇아지지 않고 물들여도 검어지지 않는다'[268]라고 했으니, 이것이 '빠뜨릴 수 없다'라는 것이며, '올바른 도리가 아닌 것으로 속일 수 없다'라는 것이다."라고 했다.

6-27

子曰: "君子博學於文, 約之以禮, 亦可以弗畔矣夫!"【注】鄭曰: "'弗畔', 不違道."

공자가 말했다. "군자가 옛 성현이 남긴 전적을 널리 배우고, 예로써 몸을 단속하면 또한 도에 위배되지 않을 수 있을 것이다."
【주】정현이 말했다. "'불반(弗畔)'은 도에 위배되지 않는다는 뜻이다."

원문 正義曰:『釋文』云: "一本無'君子'字, 兩得." 臧氏琳『經義雜記』, "君子乃成德之稱, 不嫌其違畔於道.「顏淵篇」此章再見, 無'君子'字." 知此亦無有者爲得也. 馮氏登府『異文考證』引『後漢』「范升傳」, 亦無"君子"字.

역문 정의에서 말한다.

『경전석문』에 "어떤 판본에는 '군자(君子)'라는 글자가 없는데, 둘 다 옳다."[269]라고 했고, 장림(臧琳)의 『경의잡기(經義雜記)』에 "군자는 바로 덕을 이룬 사람을 일컬으니, 그가 도에서 위배될까를 혐의(嫌疑)하지 않

---

268 『논어』「양화」에 보인다.
269 『경전석문』권24,「논어음의 · 옹야제6」.

는다. 「안연」에 이 장이 다시 보이는데, '군자'라는 글자가 없다."라고
했으니, 여기에도 "군자"라는 글자가 없는 것이 옳다는 것을 알 수 있다.
풍등부(馮登府)의 『논어이문고증(論語異文考證)』에 『후한서』「범승전(范升
傳)」을 인용했는데, 역시 "군자"라는 글자가 없다.

원문 程氏瑤田『論學小記』, "天下達道五, 而人之行百, 其切於吾身, 而不可
以須臾離者乎! 其切於吾心, 而不可以一端弗學矣乎! 於何學之? 曰於文.
聖人賢人, 先我而盡道者也, 夫固我之師也. 然而已往矣, 其所存者文而已
矣. 文存則道存, 道存則敎存, 吾學其文而有獲, 不啻親炙焉, 而詔我以語
之, 呼我以喩之也. 不啻相依焉, 而攜我以擧之, 掖我以履之也. 舜之大孝
也, 武王 · 周公之達孝也, 其德同, 其所德者不同也. 堯之文章也, 夫子之
文章也, 其美富同, 其所美富者不同也. 徵之於文, 而後舜與武王 · 周公之
所德, 若或聞而知之矣. 徵之於文, 而後堯與夫子之所美富者, 亦若見而知
之矣. 是故學文不可緩也."

역문 정요전(程瑤田)의 『논학소기(論學小記)』에 "천하의 공통된 도리는 다섯
가지이고, 사람의 행실은 수백 가지이지만, 그것은 내 몸에 절실하기 때
문에 잠시도 떠날 수 없는 것이며, 내 마음에 절실하기 때문에 하나의
단서라도 배우지 않을 수 없는 것이다. 어디에서 배울 것인가? 옛 성현
이 남긴 전적[文]에서 배워야 한다. 성인과 현인은 나보다 먼저 도를 다
안 자들이니, 진실로 나의 스승이다. 그러나 그들은 이미 떠나갔으니,
그들의 도가 보존되어 있는 곳은 오직 옛 성현이 남긴 전적[文]뿐이다.
옛 성현이 남긴 전적이 보존되었다면 도가 보존되어 있고, 도가 보존되
어 있으면 가르침이 보존되어 내가 옛 성현이 남긴 전적[文]을 배워 얻음
이 있으니, 옛 성현이 남긴 전적을 친히 배울 뿐만이 아니라, 나를 일깨
워 말하게 하고, 나를 불러 깨우치게 한다. 그리하여 서로 의존할 뿐만

이 아니라, 나를 이끌어 도가 거행되게 하고, 나를 통해 도가 실행되게 한다. 순의 대효(大孝)와 무왕과 주공의 달효(達孝)가 그 덕은 같지만, 그들이 덕으로 삼은 것은 같지 않다. 요의 문장(文章)과 공자의 문장이 그 아름다움과 풍부함은 같지만 그들이 아름다움과 풍부함으로 삼은 것은 같지 않다. 옛 성현이 남긴 전적에서 증험해 본 뒤라야 순과 무왕·주공이 덕으로 삼은 것이 마치 들어서 안 것처럼 될 것이고, 옛 성현이 남긴 전적에서 증험해 본 뒤라야 요와 공자가 아름다움과 풍부함으로 삼은 것이 또한 보고서 안 것처럼 될 것이다. 그런 까닭에 학문은 느슨하게 할 수 없는 것이다."라고 했다.

원문 案, "博文"者, 『詩』·『書』·禮·樂與凡古聖所傳之遺籍是也. 文所以載道, 而以禮明之者也. 禮卽文之所著以行之者也. 博學於文, 則多聞多見, 可以畜德, 而於行禮驗之.

역문 살펴보니, "박문(博文)"이란 『시경』과 『서경』과 예(禮)와 음악[樂] 및 모든 옛 성현이 전하여 남겨 준 전적이 이것이다. 전적[文]은 도를 싣는 도구이고, 예로써 도를 밝히는 것이다. 예는 바로 전적이 드러나 실행되는 것이다. 옛 성현이 남긴 전적을 널리 배우면, 듣는 것이 많고 보는 것이 많아져 덕을 쌓을 수 있고, 예를 실천함에서 증명할 수 있다.

원문 禮也者, 履也, 言人所可履行之也. 禮著於經曲之大, 而愼於視·聽·言·動之際, 凡人能以所行納於軌物, 而無所違, 是之謂"約". 約者, 約束. 非謂省約, 與上'博'字爲反對也. "之"者, 此也, 謂此身也. 夫子告顔子以 "克己復禮", 復者, 反也, 反之於禮, 是爲約矣.

역문 예(禮)라는 것은 밟는다[履]는 뜻이니 사람이 밟고 갈 수 있는 것을 말한다. 예는 커다란 경례(經禮)와 곡례(曲禮)[270]에서 드러나 보고 듣고 말하고 움직이는 즈음을 삼가는데, 모든 사람들은 그 때문에 행하는 바가 올바른 법도에 들어가 위배됨이 없을 수 있으니, 이것을 일러 "약(約)"이라고 한다. 약(約)이란 묶어서 단속함[約束]이지, 생략(省約)을 말하는 것이 아니니 앞의 '박(博)' 자와 반대가 된다. "지(之)"는 '이것'이라는 뜻이니, ('約之'의 '之'는) 이 몸을 이르는 것이다. 공자는 안자에게 "극기복례(克己復禮)"를 일러 줬는데, 복(復)이란 되돌아감[反]이니, 예로 되돌아가는 것이 약 자의 의미가 된다.

원문 他日顔子言夫子善誘, "博我以文, 約我以禮", 約禮卽復禮之敎也. 是故 "博文"卽『大學』之致知格物, "約禮"卽『大學』之誠意・正心・修身. 人非博學, 無由約禮, 故夫子言"誦『詩』三百, 不足以一獻." 然徒事博文, 而不約之以禮, 則後世文人記誦之習, 或有文無行, 非君子所許也.

역문 언젠가 안자는 공자가 사람을 잘 이끌어 준다고 말하면서 "옛 성현이 남긴 전적[文]으로써 날 넓혀 주시고 예로써 나를 단속해 주셨다"[271]라고 했는데, 약례(約禮)가 바로 복례(復禮)의 가르침이다. 이런 까닭에 "박문"은 바로 『대학(大學)』의 치지격물(致知格物)이며, "약례"는 바로 『대학』의 성의(誠意)・정심(正心)・수신(修身)이다. 사람이 학문을 넓히지 않으면 예로써 단속할 길이 없기 때문에 공자는 "『시경』3백 편을 외우더라도, 예에 대한 식견이 없다면 술 한 잔 올리는 간단한 일헌(一獻)의 예도 행할 수 없을 것이다."[272]라고 했다. 그러나 쓸데없이 옛 성현이 남긴 전적

---

270 경곡(經曲): 기본적인 대강령의 경례와 구체적인 소절목의 곡례를 말한다. 『예기』「예기」에 "경례가 3백 가지요, 곡례가 3천 가지인데, 그 정신은 하나이다.[經禮三百, 曲禮三千, 其致一也.]"라고 했다.

271 『논어』「자한」.

272 『예기』「예기」.

[文]을 널리 배우는 것만 일삼고 예로써 단속하지 않으면, 후세의 문인(文人)들은 기록하고 암송하는 것만 익혀 혹 문장은 있지만 실천이 없으니, 이는 군자가 허락하지 않는 것이다.

원문 『後漢』「范升傳」引"孔子曰: '博學約之, 弗叛矣夫.'" 又曰: "夫學而不約, 必叛道也." 明"弗畔"專以"約禮"言也. 畔卽叛字. 『唐石經』初刻作"叛", 後磨改. 『說文』, "叛, 反也. 畔, 田界也." 義異. 經典多叚畔爲叛. 『左』「昭」廿一年『經』"宋 華亥·向寧·華定自陳入于宋 南里以叛." 『公羊』『經』作"畔".

역문 『후한서』「범승전」의 인용에는 "공자가 말했다. '널리 배우고 단속하면 도를 위반하지 않을 것이다.'"라고 했고, 또 "배우기만 하고 단속하지 않으면 반드시 도를 위반할 것이다."라고 했으니, 분명 "위배되지 않음[弗畔]"은 오로지 "예로써 단속함[約禮]"을 가지고 말한 것이다. 반(畔)은 곧 반(叛) 자이다. 『당석경』초각본에는 "반(叛)"으로 되어 있었는데, 뒤에 갈아 내고 고쳤다. 『설문해자』에 "반(叛)은 떨어진 반대쪽 부분[反]이다.[273] 반(畔)은 밭두둑[田界]이다.[274]"라고 했으니, 뜻이 다르다. 경전에서는 많은 경우 반(畔) 자를 가차해서 반(叛)의 뜻으로 쓴다. 『춘추좌씨전』「소공」21년의『경』에 "송(宋)나라 화해(華亥)·향녕(向寧)·화정(華定)이 진(陳)나라에서 송나라 남리(南里)로 들어가서 반란(叛亂)을 일으켰다."라고 했는데, 『춘추공양전』의『경』에는 "반(叛)"이 "반(畔)"으로 되어 있다.

---

273 『설문해자』권2: 반(𡶴)은 떨어진 반대쪽 부분[半]이다. 반(半)으로 구성되었고 반(反)이 발음을 나타낸다. 박(薄)과 반(半)의 반절음이다.[𡶴, 半也. 從半反聲. 薄半切.] 『설문해자주』에 "반(叛)은 떨어진 반대쪽 부분[半反]이다.[叛, 半反也.]"라고 했다.

274 『설문해자』권13: 반(畔)은 밭두둑[田界]이다. 전(田)으로 구성되었고, 반(半)이 발음을 나타낸다. 박(薄)과 반(半)의 반절음이다.[畔, 田界也. 從田半聲. 薄半切.]

- 「注」, "弗畔, 不違道."

- 正義曰: 禮者, 道之所以行也. 人違道與否, 不可得知. 但已博文約禮, 由其外以測其內, 亦可不致違道.

○「주」의 "불반은 도에 위배되지 않는다는 뜻이다."

○ 정의에서 말한다.

예란 도가 실행되게 하는 것이다. 사람이 도를 위배했는지의 여부는 알 수 없다. 다만 이미 옛 성현이 남긴 전적을 널리 배우고 예로써 단속해서, 그 외면으로 말미암아 그 내면을 헤아리면 또한 도를 위배하는 데는 이르지 않을 수 있을 것이다.

6-28

子見南子, 子路不說. 夫子矢之曰: "予所否者, 天厭之! 天厭之!"【注】孔安國等以爲南子者, 衛靈公夫人, 淫亂, 而靈公惑之; 孔子見之者, 欲因以說靈公, 使行治道. '矢', 誓也, 子路不說, 故夫子誓之. 行道旣非婦人之事, 而弟子不說, 與之呪誓, 義可疑焉.

공자가 남자를 만나 보았는데, 자로가 좋아하지 않자, 공자가 하늘을 가리키며 말했다. "내가 만약 만나 보지 않는다면 하늘[남자]이 나를 압박할 것이다! 하늘이 나를 압박할 것이다!"【주】공안국 등은 남자에 대해 위나라 영공의 부인인데, 음란해서 영공이 그에게 현혹되었으며, 공자가 남자를 만난 것은 그를 통해 영공을 설득해서 치도(治道)를 행하게 하려고 한 것이라고 생각했다. '시(矢)'는 맹세[誓]이니, 자로가 좋아하지 않았기 때문에 공자가 맹세한 것이다. 도를 행하는 것은 이미 부인의 일이 아닌데, 제자가 좋아하지 않자 그와 함께 저주하는 맹세를 퍼부었으니, 뜻이 의심스럽다.

正義曰:『史記』「世家」, "孔子自蒲反乎衛. 靈公夫人有南子者, 使人謂
孔子曰: '四方之君子, 不辱欲與寡君爲兄弟者, 必見寡小君. 寡小君欲見.'
孔子辭謝, 不得已而見之. 夫人在絺帷中. 孔子入門, 北面稽首. 夫人自帷
中再拜, 環佩玉聲璆然. 孔子曰: '吾鄕爲弗見, 見之禮答焉.'"『法言』「五
百篇」, "或問, '聖人有詘乎?' 曰: '有.' 曰: '焉詘乎?' 曰: '仲尼於南子, 所
不欲見也, 於陽虎有不欲敬也. 見所不見, 敬所不敬, 不詘如何?'"『孔叢子』
「儒服篇」創爲異說, 以夫人與於大饗. 當時南子饗夫子, 夫子亦弗獲已, 果
爾? 則禮所應見, 子路何爲不說? 且『論語』·『史記』但言見南子, 不言南
子饗夫子.

정의에서 말한다.

『사기』「공자세가」에 "공자가 포(蒲) 땅으로부터 위나라로 되돌아 왔
다. 위나라 영공의 부인들 중에 남자라는 자가 있었는데, 사람을 시켜
공자에게 '사방의 군자들 중 우리 군주와 형제처럼 지내고자 함을 치욕
으로 여기지 않는 자들은 반드시 우리 왕비[寡小君]를 뵙습니다. 왕비께
서 뵙고자 합니다.'라고 하게 했다. 공자는 사양하다가 하는 수 없이 그
녀를 만나 보았다. 부인은 휘장 안에 있었다. 공자가 문을 들어서 북쪽
을 향해 절을 했다. 부인은 휘장 안에서 답배를 했는데, 허리에 두른 패
물과 옥구슬 등의 소리가 아름다웠다. 공자가 말했다. '제가 전에는 뵙
고자 하지 않았었는데, 지금 뵙는 것은 답례입니다.'"라고 했다.『법언』
「오백(五百)」에 "어떤 사람이 '성인도 남에게 굽히는 일이 있는가?'라고
묻기에, '있다.'라고 대답했다. '어떤 것이 굽힌 것인가?'라고 묻기에, 다
음과 같이 대답했다. '중니는 위 영공의 부인인 남자에 대해서는 만나지
않으려 했던 경우이고, 계환자(季桓子)의 신하인 양호(陽虎)에게는 공경
하지 않으려는 마음이 있었다. 그러나 만나지 않으려는 사람을 만났고,
공경하지 않으려는 사람을 공경했으니, 굽힌 것이 아니고 무엇이겠는

가?"라고 했다. 『공총자(孔叢子)』「유복(儒服)」에는 다른 얘기를 창작해 놓았는데, 부인이 큰 향연에 참여하기 때문일 것이라는 말이다. 당시에 남자가 공자에게 향연을 베풀었다면 공자 역시 어쩔 수 없이 만나 보게 되었을 것이라는 말인데,[275] 과연 그랬을까? 만약 그랬다면 예의상 응당 만나 보아야 하는 것인데 자로가 어째서 좋아하지 않았을까? 또 『논어』와 『사기』에서는 단지 남자를 만나 보았다고만 말했지, 남자가 공자에게 향연을 베풀었다는 말은 하지 않았다.

원문 毛氏奇齡『改錯』曰:"古無男女相見之禮, 惟祭則主婦獻尸, 尸酢主婦, 謂之交爵, 非祭則否. 故「坊記」云:'非祭, 男女不交爵.' 亦竝非相見卽助祭, 卿‧大夫亦竝不因此妄行見禮. 若夫人初至, 『春秋經』稱'大夫宗婦覿用幣', 謂大夫之宗婦以覿禮入, 非謂大夫亦同入也. 至諸侯大饗, 大夫出行祼獻禮, 同姓諸侯有之, 異姓則否. 故『禮正義』謂'王饗諸侯及諸侯自相饗, 同姓則後夫人親獻, 異姓則使人攝獻.' 自繆侯‧陽侯以同姓, 而遭此變後, 凡同姓亦攝獻, 是男女無相見禮, 無覿禮, 祇有交爵‧饗獻二禮, 而旣則交爵存, 而饗獻亦廢. 至大夫覿幣, 惟何休‧杜預皆有是說, 孔仲達卽非之, 謂『禮』無此文. 況『穀梁傳』云'大夫不見其夫人', 後世儒說, 何如『傳』文足據乎?"由毛說觀之, 益知『孔叢』之謬, 不足證矣.

역문 모기령의 『사서개착』에 "옛날에는 남자와 여자가 서로 만나 보는 예

---

[275] 『공총자(孔叢子)』「유복(儒服)」: 위나라 군주가 만나 보기를 청하였지만 오히려 결국 이루지 못했는데, 어찌 부인이 볼 수 있었겠는가? 옛날에는 큰 향연에 부인이 참가했다. 당시에 예의가 비록 폐하여졌지만 그래도 그렇게 하는 경우가 있었으니, 생각건대, 위나라 군주의 부인이 공자에게 향연을 베풀었으면 공자도 또한 어쩔 수 없이 부인을 만나 보았을 것이다. [衛君請見, 猶不能終, 何夫人之能覿乎? 古者大饗, 夫人與焉. 於時禮儀雖廢, 猶有行之者, 意衛君夫人饗夫子, 則夫子亦弗獲已矣.]

법이 없었고, 오직 제사에서만 주부(主婦)가 술을 따라 시동[尸]에게 올리고, 시동은 주부에게 잔을 돌리는데, 이를 교작(交爵)이라 하니, 제사가 아니면 하지 않는다. 그러므로 『예기』「방기(坊記)」에 '제사가 아니면 남녀가 술잔을 교환하지 않는다.[男女不交爵.]'라고 했으니, 또한 모두 서로 만나 본 것이 아니라 바로 제사를 도운 것이고, 경과 대부도 모두 이에 따라 만나 보는 예를 함부로 행하지 않는다. 부인이 처음 시집온 것과 같은 경우에는, 『춘추』의 경문(經文)에 일컫길 '대부의 종부(宗婦)들이 부인을 뵐 때 예폐(禮幣)를 사용했다.'[276]라고 했으니, 대부의 종부들이 뵙는 예[覲禮]로써 내실에 들어갔다는 말이지, 대부도 함께 들어갔다는 말이 아니다. 심지어 제후의 큰 연향에서는 대부가 나아가 관헌례(祼獻禮)[277]를 거행하는데, 동성(同姓)인 제후의 예에만 있지, 이성(異姓)일 경우에는 없다. 그러므로 『예기정의(禮記正義)』에 '왕이 제후에게 연향을 베풀 때와 제후가 스스로 연향을 도울 때, 동성일 경우에는 후부인(後夫人)이 친히 잔을 올리고, 이성일 경우에는 사람을 시켜 대신 잔을 올리게 한다.'[278]라고 했는데, 본래 목후(繆侯)와 양후(陽侯)는 동성이었기 때문에, 이러한 변란을 겪은 후로는 모든 동성 간에도 대신해서 잔을 올리게 되었으니, 이에 남자와 여자가 서로 만나 보는 예가 없어졌으며, 뵙는 예도 없어지고, 단지 교작(交爵)과 향헌(饗獻) 두 예만 남게 되었다가, 이윽고 교작만 남게 되고, 향헌도 폐기되었다.[279] 대부가 만나 뵐 때의 폐

276 『춘추』「장공(莊公)」 24년.
277 관헌례(祼獻禮): 제주(祭酒)를 모사(茅沙)에 부어 강신(降神)한 뒤, 술을 올리며 지내는 제사.
278 『예기정의(禮記正義)』「방기(坊記)」 정현의 의의(義義).
279 『예기정의』「방기」: 예에 제사가 아니면 남녀가 잔을 교환하지 않으니, 이로써 백성을 방비해도 양후(陽侯)가 오히려 목후(繆侯)를 죽이고 그 부인을 훔친 까닭에 대향(大饗)에 부인의 예를 폐기하였다.[禮非祭, 男女不交爵, 以此坊民, 陽侯猶殺繆侯而竊其夫人, 故大饗廢夫人之

백에 대해서는 오직 하휴와 두예만 모두 이런 말이 있는데, 공중달(孔仲
達: 공영달)은 즉시 그르다고 간주하고 『예기』에는 이런 글이 없다고 했
다. 더구나 『춘추곡량전』에 '대부는 그 부인을 보지 않는다.'[280]라고 했
으니, 후세 유학자들의 설명이 근거로 삼기에 『춘추곡량전』의 글만큼
충분하겠는가? 모기령의 설명에 따라 살펴보면 『공총자』의 오류를 더
욱더 알 수 있으니, 증거로 삼기에는 부족하다.

원문 竊謂南子雖淫亂, 然有知人之明, 故蘧伯玉·孔子皆特致敬. 其請見孔
子, 非無欲用孔子之意, 子路亦疑夫子此見, 爲將詘身行道, 而於心不說,
正猶公山弗擾·佛肸召, 子欲往, 子路皆不說之比, 非因南子淫亂而有此
疑也. 夫子知子路不說, 故告以予若固執不見, 則必觸南子之怒而厭我矣.
天卽指南子. 夫子言"人而不仁, 疾之已甚爲亂", 孟子亦言"仲尼不爲已甚",
可知聖人達節, 非俗情所能測矣.

역문 내가 생각하기에 남자가 비록 음란하다 하더라도 사람을 알아보는 총
명함이 있었기 때문에 거백옥(蘧伯玉)과 공자는 모두 특별히 공경을 다
했다. 그가 공자를 만나 볼 것을 청했을 때는 공자를 등용하려는 생각이
없었던 것이 아니었고, 자로도 공자의 이 만남이 장차 자신을 굽혀 도를
행하려는 것이라고 의심했기 때문에 마음속으로 좋아하지 않은 것이니,
바로 공산불요와 필힐이 불렀을 때 공자가 가려 하자 자로가 모두 좋아
하지 않았던 것과 같은 비유이지, 남자가 음란했기 때문에 이런 의심이
있었던 것이 아니다. 공자도 자로가 좋아하지 않는다는 것을 알았기 때

　禮.]
280 『춘추곡량전(春秋穀梁傳)』「장공(莊公)」 24년: 『예』에 "대부는 부인을 보지 않는다."라고 했
　　다.[『禮』, "大夫不見夫人."]

문에 내가 만약 고집스럽게 만나 보지 않는다면 반드시 남자의 노여움에 저촉되어 나를 미워할 것이라고 일러 준 것이다. 하늘[天]은 바로 남자를 가리킨다. 공자는 "사람으로서 인하지 않음을 미워함이 너무 심하면 난(亂)을 일으킨다."[281]라고 했고, 맹자도 "중니는 너무 심한 것은 하지 않았다."[282]라고 했으니, 성인(聖人)의 뛰어난 절의[達節][283]는 일반인의 생각[俗情]으로는 헤아릴 수 있는 것이 아님을 알 수 있다.

원문 毛氏奇齡『稽求篇』, "'夫子矢之.' 案, 『釋名』云: '矢, 指也.' 『說文』云 '否'者, '不'也. 夫子以手指天, 而曰: '吾敢不見哉? 不則天將厭我矣.' 言南子方得天也. 故『史記』直曰'予所不者', '不'者, '不見'也. 詞例與「項羽傳」 '不者, 吾屬將爲所虜'正同. '所', 若也. 『左傳』'所不與崔‧慶', 『史記』'所不與子犯共', 皆作'若'解. 舊以此爲誓, 正以'所'字相似耳." 案, 毛解"天"字稍異. 高誘『呂覽』「貴因」「注」引亦作"不".

역문 모기령의 『논어계구편』에 "'부자시지(夫子矢之)'라고 했는데, 살펴보니, 『석명』에 '시(矢)는 가리킨다[指]는 뜻이다.'라고 했다. 『설문해자』에서 말하는 '부(否)'의 뜻은 아니다[不]라는 뜻이다.[284] 공자가 손으로 하늘을 가리키며 말하기를 '내가 감히 만나 보지 않겠는가? 만나 보지 않으

---

281 『논어』「태백」.

282 『맹자』「이루하(離婁下)」.

283 달절(達節): 보통의 규범에 구애되지 않으나 절의에 맞는 것을 말한다. 『춘추좌씨전』「성공(成公)」 15년의 기사에 "성인은 천명(天命)에 따라 행동할 뿐 분수에 구애받지 않고, 다음가는 현인은 분수를 잘 지키게 마련이고, 그 아래 어리석은 사람은 분수를 지키려 하지 않는다.[聖達節, 次守節, 下失節.]"라고 했다.

284 『설문해자』권2: 부(否)는 아니다[不]라는 뜻이다. 구(口)로 구성되었고 불(不)로 구성되었다. 방(方)과 구(九)의 반절음이다.[否, 不也. 從口從不. 方九切.]

면 하늘이 장차 나를 압박할 것이다.'라고 한 것이니, 이는 남자가 바야
흐로 천명을 얻었다는 것을 말한 것이다. 그러므로 『사기』에서도 곧장
'내가 만약 만나 보지 않는다면[予所不者]'이라고 했고, 이때의 '아니라면
[不]'이라는 말은 '만나 보지 않으면[不見]'이라는 뜻이다. 이러한 표현의
사례(事例)로는 「항우전(項羽傳)」에 '그렇지 않으면 우리들은 장차 포로
가 될 것이다'라고 한 것과 똑같다.[285] '소(所)'는 만약[若]이다. 『춘추좌씨
전』에 '만약[所] 최씨(崔氏)와 경씨(慶氏)를 가까이하지 않는 자라면'[286]이
라고 했고, 『사기』에 '만약[所] 자범[子犯: 구범(舅犯)]과 함께하지 않는 자
라면'[287]이라고 했는데, 모두 '소(所)' 자를 '약(若)' 자의 뜻으로 해석한다.
예전엔 이 글자를 서(誓)의 뜻으로 삼았는데, 바로 '소(所)' 자와 글자가
서로 비슷하기 때문일 뿐이다."라고 했다. 살펴보니, 모기령이 "천(天)"
자를 해석한 것은 조금 다르다. 고유의 『여람[呂覽: 여씨춘추(呂氏春秋)]』「귀
인(貴因)」의 「주」에 인용한 것도 역시 "불(不)" 자로 되어 있다.

원문 『說文』"否", 從不聲, 故 "不" 叚 "否" 爲之. "厭"與"壓"同. 『考文』引古本正
作"壓". 『說文』, "壓, 笮也." 『禮記』"畏·厭·溺", 『左氏傳』"將以厭衆",
皆"壓"字. "天厭之", 或當時有此語. 『論衡』「問孔篇」說此文"天厭之", 正

---

285 『사기』「항우본기(項羽本紀)」에 "진(秦)의 장병들이 몰래 '장한(章邯) 장군 등이 우리를 속
여 제후군에 항복하게 했다. 지금 관중(關中)에 들어가 진을 격파하면 가장 좋겠지만, 그러
지 못할 경우 제후군은 우리들을 포로로 삼아 동쪽으로 도망칠 것이다. 그렇게 되면 진은 분
명 우리 부모와 처자식을 다 죽일 것이다.'라며 쑥닥거렸다.[秦吏卒多竊言曰: '章將軍等詐吾
屬降諸侯. 今能入關破秦, 大善; 卽不能, 諸侯虜吾屬而東. 秦必盡誅吾父母妻子.]"라고 되어
있는데, 『논어계구편』과는 조금 차이가 있다.
286 『춘추좌씨전』「양공」 25년.
287 『사기』「진세가(晉世家)」.

與<u>毛</u>同. 而以"否"爲"鄙", 解爲鄙陋之行, 反似<u>子路</u>不說爲疑夫子淫亂, 紛
紛詰難, 均無當矣.

역문 『설문해자』의 "부(否)" 자는 불(不)로 구성되었고, 또 불(不)이 발음을
나타내기도 하므로, "불(不)" 자는 "부(否)" 자를 가차해서 사용하기도 한
다. "염(厭)" 자와 "압(壓)" 자도 마찬가지다. 야마노이 가나에[山井鼎]²⁸⁸의
『칠경맹자고문(七經孟子考文)』²⁸⁹에는 고본(古本)을 인용해서 "압(壓)"으로
바로잡았다. 『설문해자』에 "염(厭)²⁹⁰은 압박함[筓]이다."²⁹¹라고 했으며,
『예기』「단궁상(檀弓上)」에 "외사[畏] · 압사[厭] · 익사[溺]²⁹²라고 했고, 『춘

---

288 야마노이 가나에[山井鼎, 1681~1728]: 일본 에도시대 유학자이며 고증학의 일인자이다. 호
는 곤론(崑崙), 자는 군이(君彝) 또는 충보(忠甫)이고, 본성(本姓)은 오카미[大神]이다. 교토
에서 이토 도가이[伊藤東涯]에게 수학했으며, 오규 소라이[荻生徂徠]에게 수학했다. 저서에
『칠경맹자고문(七經孟子考文)』이 있고 이 외에도 여행을 좋아해서 기행문인 『겸창행기(鎌
倉行紀)』와 『온천기행(溫泉紀行)』 등이 있다.

289 『칠경맹자고문』: 칠경(七經)의 고사본(古鈔本) · 송간본(宋刊本)을 일본의 한학자 야마노이
가나에가 정밀하게 비교 · 고증하여 저술한 책이다. 완원간본(阮元刊本)으로, 줄여서 『고문
(考文)』이라고도 한다. 이 책은 뒤에 청나라의 고증학자에게 가치를 인정받았으며, 청나라
건륭제가 집성한 중국 최대의 총서인 『사고전서』에 일본의 한적(漢籍)으로 수록되어 있다.

290 『논어정의』에는 "壓"으로 되어 있는데, 맥락상 "厭"이라야 옳다. 『설문해자』를 근거로 수정
했다. "壓" 자에 대해서는, 『설문해자』 권13 「토부(土部)」에 "압(壓)은 무너짐[壞]이다. 일설
에는 메우고 보충한다[塞補]는 뜻이라고 한다. 토(土)로 구성되었고, 염(厭)이 발음을 나타낸
다. 오(烏)와 압(狎)의 반절음이다.[壓, 壞也. 一曰塞補. 從土厭聲. 烏狎切.]"라고 되어 있다.

291 『설문해자』 권9: 염(厭)은 압박함[筓]이다. 엄(厂)으로 구성되었고, 염(猒)이 발음을 나타낸
다. 일설에는 합(合)이라고도 한다. 어(於)와 첩(輒)의 반절음이다. 또, 일(一)과 염(琰)의 반
절음이다.[厭, 筓也. 從厂猒聲. 一曰合也. 於輒切. 又, 一琰切.]

292 『예기』「단궁상(檀弓上)」: 죽어도 조문을 하지 않는 것에 세 가지가 있으니, 겁이 나서 설명
도 못하고 죽은 외사(畏死)한 경우와 압사(壓死)한 경우와 익사(溺死)한 경우이다.[死而不弔
者三, 畏壓溺.] 외사에 대해서, 『예기주소』 권6, 「단궁상(檀弓上)」 정현의 「주」에 "남이 어
쩌다 나의 죄가 아닌 것을 가지고 나를 공격하는데도 해명하지 못하고 죽는 것이다.[人或時
以非罪攻己, 不能有以說之死之者.]"라고 했다.

추좌씨전』에 "장차 대중을 압박하기 위함이다[將以厭衆]"²⁹³라고 했는데,
모두 "압(壓)" 자의 뜻이다. "천압지(天厭之)"는 아마도 당시에 이런 말이
있었던 듯싶다. 『논형』「문공편(問孔篇)」에 이 문장을 설명하면서 "천압
지(天厭之)"라고 했는데, 모기령의 설과 같다. 그러나 "부(否)" 자를 "비
(鄙)" 자로 쓰고, 비루(鄙陋)한 행실이라고 해석해서 도리어 자로가 좋아
하지 않은 것을 공자의 음란함을 의심한 것이라고 하여 어지럽게 힐난한
것과 같은 것은 하나도 합당한 것이 없다.

원문 鄭「注」云: "矢, 誓也. 否, 不也." 鄭此「注」非全文, 無由知其說. 皇「疏」
引繆播曰: "否', 不也." 此言予若不用, 是天將厭塞此道. 欒肇曰: "'天厭
之'者, 言我之否屈, 乃天所厭也." 王弼曰: "否泰有命. 我之所屈, 不用於
世者, 乃天命厭之. 言非人事所免也." 蔡謨曰: "矢, 陳也, 夫子爲子路矢陳
天命, 非誓也." 李充曰: "夫道消運否, 則聖人亦否, 故曰'予所否者, 天厭
之', 厭亦否也. 言聖人與天同其否泰耳."

  參觀諸說, "矢"或訓"誓", 或訓"陳", 而"否"爲"否塞", "厭"爲"厭絕", 其辭
同也. 天未欲夫子行道, 豈南子所能興? 明己之往見, 不過欲答其禮, 而非
爲求仕可知. 此以解子路之惑, 於義亦通. 但師弟相言, 不得設誓, "矢"當
訓"指", 爲指天也.

역문 정현의 「주」에 "시(矢)는 맹세[誓]이다. 부(否)는 아니다[不]라는 뜻이
다."라고 했는데, 정현의 이 「주」는 전문(全文)이 아니니, 그의 설명을 알
길이 없다. 황간의 「소」에는 무파(繆播)²⁹⁴가 "'부(否)'는 아니다[不也]라는

---

293 『춘추좌씨전』「소공」 26년.
294 무파(繆播, ?~309): 진(晉)나라 때 동해군(東海郡) 난릉현(蘭陵縣) 사람으로 자는 선칙(宣
    則)이다. 무습(繆襲)의 손자이며, 광록대부(光祿大夫) 무열(繆悅)의 아들이다. 벼슬은 급사황

198 논어정의 권7

뜻이다."²⁹⁵라고 한 것을 인용했는데, 이는 내가 만약 등용되지 못한다면 이것은 하늘이 장차 이 도를 압박해서 막으려는 것이라는 말이다. 난조(欒肇)²⁹⁶가 말했다. "'천압지(天厭之)'란, 내가 막히고 굽혀져 있는 것은 결국 하늘이 억누르고 있기 때문이라는 말이다." 왕필(王弼)이 말했다. "막히고 통함[否泰]에는 명이 있으니, 내가 굽혀져 세상에 쓰이지 못하는 것은 바로 천명이 막고 있는 것으로, 이는 사람이 하는 일로는 벗어날 수 있는 것이 아니라는 말이다."²⁹⁷ 채모(蔡謨)²⁹⁸가 말했다. "시(矢)는 진술한다[陳]는 뜻이니, 공자가 자로를 위해 천명(天命)을 진술[矢陳]해 준 것이지 맹세한 것이 아니다." 이충이 말했다. "도(道)가 사라지고 운(運)이 막히면 성인도 모든 것이 막히기 때문에 '내가 막히게 된 것은 하늘이 억눌러 막은 것이다[天厭之]'라고 한 것이니, 압(厭) 역시 막는다[否]는 뜻이다. 이는 성인이 하늘과 더불어 막히고 통함[否泰]을 함께할 뿐임을 말한 것

문시랑(給事黃門侍郎)과 승시중(升侍中)을 역임했다. 저서에 『논어지서(論語旨序)』가 있다.

295 『논어집해의소』 권3, 「논어옹야제6」 황간의 「소」.

296 난조(欒肇, ?~?): 진(晉)나라 때 사람으로 상서랑(尚書郎)을 지냈으며, 자는 영초(永初)이다. 『논어석(論語釋)』과 『논어박(論語駁)』을 지었다고 한다.

297 『논어집해의소』 권3, 「논어옹야제6」 황간의 「소」에 인용한 왕필(王弼)의 「주」에 "염(厭)은 막는다[塞]는 뜻이다.[厭, 塞也.]"라고 했다.

298 채모(蔡謨, 281~356): 동진(東晉) 진류(陳留) 고성(考城) 사람으로 자는 도명(道明)이고, 시호는 문목(文穆)이다. 처음에 동중랑장(東中郎將) 사마소(司馬昭)의 참군(參軍)이 되었다. 소준(蘇峻)을 평정하는 데 공이 있어 제양남(濟陽男)에 봉해졌다. 성제(成帝) 함강(咸康) 5년(339) 태위(太尉) 치감(郗鑒)이 죽자 정북장군(征北將軍)에 임명되어 서주(徐州)와 연주(兗州), 청주(青州)의 제군사(諸軍事)를 감독하면서 서주자사(徐州刺史)에 올랐다. 군사 7천 명을 이끌고 방어하는 데 지략을 발휘했다. 강제(康帝) 때 시중(侍中)과 사도(司徒)에 임명되었지만 사양했다. 목제(穆帝) 때 불려 사신이 십여 차례나 오갔지만 가지 않았다. 대신들이 오만하다고 지적해 서인(庶人)으로 떨어졌다. 이후 학생들을 가르쳤다. 다시 황명을 받아 광록대부(光祿大夫)에 이르렀다. 저서에 『채씨상복보(蔡氏喪服譜)』와 『논어채씨주(論語蔡氏注)』, 『예기음(禮記音)』, 『한서집해(漢書集解)』 등이 있다.

이다."[299]

여러 설들을 참고해서 살펴보니, "시(矢)"는 혹 "맹세[誓]"로 해석하기도 하고, 더러 "진술[陳]"이라고 해석하기도 하며, "부(否)"는 "막힘[否塞]"으로 해석하고, "염(厭)"은 "압절(壓絶)"이라고 해석하기도 하는데, 그 말뜻은 모두 같다. 하늘이 아직 공자가 도를 행하기를 바라지 않으니, 어찌 남자가 일으킬 수 있는 것이겠는가? 자기가 가서 만나 본 것은 남자가 초대한 예에 답례하고자 한 것에 불과함을 분명히 한 것이지, 벼슬을 구해서가 아님을 알 수 있다. 이로써 자로의 의혹이 풀어졌으니, 의리상 역시 통한다. 다만 스승과 제자가 서로 이야기를 나눌 때 맹세를 가설할 수는 없으므로, "시(矢)"는 당연히 "가리킴[指]"으로 해석해야 하니, 하늘을 가리킨 것이 된다.

원문 王氏崧『說緯』以"此見在靈公卒後輒立之時. 南子欲因孔子以固輒位, 子路以見之似有爲輒之意, 而與初言'正名'相反, 所以不說. 夫子則怒而矢之, 謂予如不正名, 必獲天誅." 其說甚誕. 『史記』敍此文下卽云: "居衛月餘, 靈公與夫人同車, 使孔子爲次乘, 招搖市過之, 孔子醜之, 去衛." 則此見明在靈公時. 江氏永『鄕黨圖考』繫此事在孔子五十七歲, 其非衛輒時可知. 至宋 孫奕『示兒編』謂"南子是南蒯, 欲張公室以叛季氏, 夫子見之, 與欲赴弗擾·佛肸同意." 王應麟『困學紀聞』引陳自明說同. 然南蒯叛時, 孔子年方二十二, 子路少孔子九歲, 年方十三, 其說鑿而不通, 宜爲伯厚所斥矣.

역문 왕숭(王崧)[300]의 『설위(說緯)』에 "이 일은 영공이 죽고 난 뒤, 출공 첩(出

---

299 여기까지는 모두 『논어집해의소』 권3, 「논어옹야제6」 황간의 「소」에 인용된 글이나, "난조(樂肇)"의 인용문은 『논어집해』 형병(邢昺)의 「소」에 보이는 내용이다.

300 왕숭(王崧, 1752~1837): 원명은 번(藩), 자는 백고(伯高), 또 다른 자는 요산(乐山)이며, 호

公輒)이 즉위하던 당시에 보인다. 남자가 공자를 통해서 첩(輒)의 지위를 확고하게 하려고 하자, 자로가 남자를 만나 보는 것이 첩을 위하는 마음이 있는 것 같은 데다가, 애초에 '이름을 바로잡겠다[正名]'라고 말한 것과도 상반되기 때문에 좋아하지 않은 것이다. 공자가 노여워하며 맹세한 것은 내가 만일 이름을 바로잡지 않는다면 반드시 하늘의 죽임을 얻게 될 것이라는 말이다."라고 했는데, 대단히 허무맹랑한 말이다. 『사기』「공자세가」에는 이 문장 바로 아래, "위나라에 머문 지 한 달 남짓 되었을 때 영공이 자기 부인과 수레를 함께 타고 공자로 하여금 뒤에 있는 다음 수레를 타게 한 다음 의기양양하게 시내(市內)를 지나가자, 공자가 추하게 여기고 위나라를 떠났다."라고 했다. 그렇다면 이 만남은 분명 영공 당시에 있었던 일이다. 강영의 『향당도고』에는 이 일과 관련해서 공자의 나이 57세 때 있었다고 하니, 위나라 출공 첩의 때가 아님을 알 수 있다. 심지어 송나라 손혁(孫奕)[301]의 『시아편(示兒編)』에는 "남자는 남괴(南蒯)인데, 공실(公室)을 강하게 하고서 계씨(季氏)를 배반하려고 했는데,[302] 공자가 만나 보았으니, 공산불요와 필힐의 부름에 달려가고자 한

　는 유산(酉山)이다. 운남성(雲南省) 낭궁(浪穹) 사람이다. 『운남비정지(云南备征志)』를 편찬했고, 『사기』「서남이전(西南夷傳)」이하 사료 60종을 수집했다. 저서로는 『운남지초(云南志钞)』8권, 『설위(说纬)』6권과 『요산제예(乐山制艺)』, 『요산시집(乐山诗集)』등이 있다.

301 손혁(孫奕, ?~?): 북송(北宋) 때의 학자. 자는 계소(季昭)이고, 호는 이재(履齋)이다. 여릉(廬陵) 사람으로, 영종(寧宗) 때 시종(侍從)에 임명되었다. 저서로는 『시아편(示兒編)』이 있다.

302 『춘추좌씨전』「소공」 12년: 계평자(季平子)가 즉위한 뒤에 남괴(南蒯)를 예우하지 않았다. 남괴가 자중(子仲)에게 이르기를 "내가 계씨를 축출하고서 그 가산(家産)을 공실(公室)로 귀속시킬 것이니, 그대는 계씨를 대신해 경(卿)의 자리에 오르십시오. 나는 비읍(費邑)을 가지고 공실의 신하가 되겠습니다." 자중이 허락하니, 남괴는 숙중목자(叔仲穆子)에게 이 일을 말하고, 또 그 까닭을 고(告)하였다. … 이후 남괴는 성공하지 못할 것을 우려해서 비읍의 무리를 거느리고 계씨를 배반하고서 제나라에 붙었다.[季平子立, 而不禮於南蒯, 南蒯謂子仲,

것과 같은 뜻이다."라고 했다. 왕응린의 『곤학기문』에 진자명(陳自明)[303]의 말을 인용했는데, 내용이 같다. 그러나 남괴가 배반했을 당시 공자의 나이 바야흐로 22세였고, 자로는 공자보다 아홉 살 어리니, 나이가 방년 13세였으니, 이 이야기는 천착한 것으로 통할 수가 없으므로, 백후(伯厚: 왕응린)에게 배척당함이 마땅하다.

- 「注」, "孔安"至"疑焉".
- 正義曰: 皇本作"孔安國曰: '舊以<u>南子者</u>'", 邢本同. 『釋文』載『集解』本皆作"等以爲<u>南子者</u>", 是"舊"爲"等"之誤. 臧氏庸「拜經日記」謂"孔安國"下不當有"曰"字, "孔安國等以爲"者, 首擧<u>孔</u>以該馬 · 鄭 · <u>包</u> · <u>周</u>諸儒之義. "行道"以下四句, 乃何氏語, 以「道國章集解」引<u>包</u> · <u>馬</u>說, 又云"義疑", 故兩存證之, 可見此校極確. 今依以訂正.
- ○ 「주」의 "공안(孔安)"부터 "의언(疑焉)"까지.
- ○ 정의에서 말한다.

   황간본에는 "공안국이 말했다. '구설(舊說)에 남자는[孔安國曰: '舊以南子者']"이라고 되어 있는데, 형병본에도 같다. 『경전석문』에는 『논어집해(論語集解)』본을 실었는데, 모두 "등은 남자는 ~라고 생각한다[等以爲南子者]"라고 되어 있으니, "구(舊)"는 "등(等)" 자가 바뀐 것

"吾出<u>季氏</u>, 而歸其室於公室, 子更其位. 我以<u>費</u>爲公臣." <u>子仲</u>許之, <u>南蒯</u>語<u>叔仲穆子</u>, 且告之故. … <u>南蒯</u>懼不克, 以<u>費</u>叛如<u>齊</u>.]

303 진자명(陳自明, ?~?): 송나라 무주(撫州) 임천(臨川) 사람으로 자는 양보(良甫)이다. 의학에 정통했고, 건강부(建康府) 명도서원(明道書院) 의학교수(醫學敎授)를 지냈다. 그가 지은 『부인대전양방(婦人大全良方)』은 조경(調經)과 중질(衆疾), 구사(求嗣), 태교(胎敎), 임신(姙娠), 좌월(坐月), 산난(産難), 산후(産後), 여덟 부문으로 나뉘어 여러 학자의 처방과 비법을 수집해 부인과의 증상에 따라 치료하게 했는데, 상세하여 빠진 것이 없었다. 앞에 이종(理宗) 가희(嘉熙) 원년(1237)의 서문에 있는데, 삼대에 걸쳐 의학을 공부했고 집안에 의학 서적 몇 권이 있었는데, 일찍이 동남 지역을 다니면서 가는 곳마다 방서(方書)를 구해 읽었다고 했다. 그 밖의 저서에 『외과정요(外科精要)』가 있다.

이다. 장용의 『배경일기』에 "공안국(孔安國)" 아래 "왈(曰)" 자가 있는 것은 합당치 않다고 했는데, "공안국 등은 ~라고 생각한다[孔安國等以爲]"라는 것은, 가장 먼저 공안국을 거론해서 마융·정현·포함·주생렬(周生烈) 등 여러 유학자들을 포함한다는 뜻이다. "행도(行道)" 이하 네 구절은 바로 하안의 말인데, 「도국장집해(道國章集解)」에서 포함과 마융의 설을 인용하고, 또 "뜻이 의심스럽다"라고 했기 때문에 둘 다 두고서 증거로 삼으니, 이 비교가 극히 정확함을 알 수 있다. 지금은 여기에 의거해서 정정(訂正)한다.

원문 『呂氏春秋』「貴因篇」, "孔子道彌子瑕見釐夫人, 因也." 釐夫人卽南子. 『淮南子』「泰族訓」, "孔子欲行王道, 東西南北, 七十說而無所偶. 故因衛夫人·彌子瑕而欲行其道." 『鹽鐵論』「論儒篇」, "孔子適衛, 因嬖臣彌子瑕以見衛夫人." 此皆當時所傳陋說, 以夫子爲詭道求仕, 不經之談, 敢於侮聖矣.

역문 『여씨춘추』「귀인」에 "공자가 미자하(彌子瑕)를 따라 이부인(釐夫人)을 만나 보았는데, 예(禮)에 따른 것[因]³⁰⁴이었다."라고 했는데, 이부인이 바로 남자이다. 『회남자』「태족훈(泰族訓)」에 "공자는 왕도(王道)를 시행하고자 해서, 동서남북으로 70세가 되도록 유세를 하였으나 짝으로 삼아 의기투합할 만한 군주를 만난 적이 없었기 때문에 위 영공의 부인[衛夫人]과 미자하를 통해 자기의 도를 시행하고자 하였다."라고 하였고, 『염철론』「논유(論儒)」에 "공자는 위나라에 가서 위 영공의 총애를 받는 신하인 미자하를 통해 위부인(衛夫人)을 만나 보았다."라고 했는데, 이는 모두 당시 전해지던 비루한 이야기로, 공자를 속임수[詭道]를 써서 벼슬을

---

304 『여씨춘추(呂氏春秋)』「귀인(貴因)」에서 "貴因"의 의미는 이치와 도리, 또는 때와 형세의 흐름에 의지해서 일을 시행하는 것을 귀하게 여긴다는 뜻이므로, 여기서는 "因也"를 "예(禮)에 따른 것"이라고 해석했다.

구했다고 여긴 것이니, 법도에 맞지도 않는 말로 감히 성인을 모욕한 것이다.

6-29

子曰: "中庸之爲德也, 其至矣乎! 民鮮久矣."【注】'庸', 常也. 中·和可常行之德. 世亂, 先王之道廢, 民鮮能行此道久矣, 非適今.

공자가 말했다. "중용(中庸)이라는 덕(德)은 지극하구나! 백성 중에는 중용의 덕을 행할 수 있는 사람이 드문 지 오래구나."【주】 '용(庸)'은 항상[常]이라는 뜻이다. 중(中)과 화(和)는 항상 행할 만한 덕(德)이다. 세상이 어지러워 선왕(先王)의 도가 무너져서 백성 중에는 이 도를 행할 수 있는 자가 드문 지 오래이니, 비단 지금만 그런 것이 아니다.

● 「注」, "庸常"至"適今".

● 正義曰: 『說文』, "庸, 用也." 凡事所可常用, 故"庸"又爲常. 洪氏震煊『中庸說』, "鄭君『目錄』云: '名曰『中庸』者, 以其記中·和之爲用也. 庸, 用也.' 注'君子中庸'云: '庸, 常也, 用中爲常道也.' 二說相輔而成. 證諸「喪服四制」之篇, 曰: '此喪之所以三年. 賢者不得過; 不肖者不得不及, 此喪之中庸, 王者之所常行也.' 不得過·不及謂之中, 所常行謂之庸. 常行者, 卽常用是也. 故贊舜之大智曰: '執其兩端, 用其中於民.' 用中卽中庸之義, 是也. 古訓以'庸'爲常, 非平常之謂也. '庸德之行, 庸言之謹', 鄭君亦注云: '庸猶常也, 言德常行也, 言常謹也.' 證諸『易』「文言」, 曰: '庸言之信, 庸行之謹' 「九家注」云: '庸, 常也, 謂言常以信, 行常以謹.'『荀子』「不苟篇」曰: '庸言必信之, 庸行必愼之.' 楊倞「注」云: '庸, 常也, 謂言常信, 行常愼.' 故下文反之曰: '言無常信, 行無常貞, 惟利所在, 無所不傾, 若是則可謂小人矣.' 此皆以常訓庸者也.『爾雅』「釋詁」曰: '典·彝·法·則·刑·範·矩·庸·恒·律·戛·職·秩, 常也.'『書』

篇或以「典」名, 或以「範」名;『禮』篇或以「法」名, 或以「庸」名, 其義一也."

o 「주」의 "용상(庸常)"부터 "적금(適今)"까지.

o 정의에서 말한다.

『설문해자』에 "용(庸)은 쓴대[用]는 뜻이다."[305]라고 했는데, 모든 일에 항상 쓸 수 있는 것이기 때문에 "용(庸)"은 또 항상[常]이라는 뜻이 된다. 홍진훤(洪震煊)[306]의 『중용설(中庸說)』에 "정군의 『논어공자제자목록』에 『중용』이라고 명명한 것은 그것이 중과 화의 쓰임[用]을 기록했기 때문이다. 용(庸)은 쓴대[用]는 뜻이다.'라고 했고, '군자중용(君子中庸)[307]을 주석하면서 '용(庸)은 항상[常]이라는 뜻이니, 중을 쓰는 항상된 도리[常道]가 되는 것이다.'라고 했으니, 두 가지 설이 서로 보완되어 이루어졌다. 『예기』「상복사제(喪服四制)」에서 증명해보면 '이것이 상기(喪期)가 3년인 까닭이다. 현자도 이 기간을 넘길 수 없고, 불초한 사람도 이 기간을 채우지 않을 수 없으니, 이것이 초상의 중용으로 왕자(王者)가 항상 행하는 바이다.'라고 했는데, 지나치거나 미치지 못함이 없음을 중(中)이라 하고, 항상 행하는 것을 용(庸)이라 한다. 항상 행한다는 것은 바로 항상 쓴대[常用]는 것이 그것이다. 그러므로 순의 위대한 지혜를 찬양하여 '두 끝을 잡고 헤리려 그 중을 백성에게 쓰셨다.'[308]라고 했는데, 중을 쓴대[用中]는 것이 바로 중용의 뜻이니, 옳다. 옛날의 해석에는 '용(庸)'을 상(常)이라고 했는데, 평소[平常]라는 말이 아니다. '항상 덕을 행하고 항상 말을 삼간대[庸德之行, 庸言之

---

305 『설문해자』 권3: 용(籬)은 쓴다[用]는 뜻이다. 용(用)으로 구성되었고 경(庚)으로 구성되었다. 경(庚)은 일을 고친다[更事]는 뜻이니, 『주역』에 "변경하기 3일 전[先庚三日]"이라고 했다. 여(余)와 봉(封)의 반절음이다.[籬, 用也. 從用從庚. 庚, 更事也. 『易』曰: "先庚三日." 余封切.]

306 홍진훤(洪震煊, 1770~1815): 청나라 절강 임해(臨海) 사람. 자는 백리(百里)이고, 호는 삼당(樹堂)이다. 형 홍곤훤(洪坤煊), 동생 홍이훤(洪頤煊)과 함께 '삼홍(三洪)'으로 불렸다. 가경(嘉慶) 18년(1813) 공생(貢生)이 되었다. 일찍이 직례독학막중(直隸督學幕中)에 들어갔다. 완원을 도와 『십삼경교감기(十三經校勘記)』와 『경적찬고(經籍纂詁)』를 편찬하는 일을 도왔다. 시문에 능했다. 저서에 『하소정소의(夏小正疏義)』와 『석고문고이(石鼓文考異)』, 『삼당시초(樹堂詩鈔)』 등이 있다.

307 『중용』 제2장.

308 『중용』 제6장.

謹]'309라고 했는데, 정군 역시 '용(庸)은 항상[常]과 같으니, 덕을 항상 행하고 말을 항상 삼가라는 말이다.'310라고 했다. 『주역』「건괘(乾卦)」의 「문언(文言)」에서 증명해 보면 '항상 말을 진실하게 하고, 항상 행실을 삼가라[庸言之信, 庸行之謹]'라고 했는데, 「구가주(九家注)」에 '용(庸)은 항상[常]이니, 말은 항상 진실하게 하고 행실은 항상 삼가라는 말이다.'라고 했다. 『순자』「불구편(不苟篇)」에 '항상 말은 반드시 진실하게 하고, 항상 행실은 반드시 삼가라.[庸言必信之, 庸行必愼之.]'라고 했는데, 양경의 「주」에 '용(庸)은 항상[常]이니, 말은 항상 진실하게 하고 행실은 항상 삼가라는 말이다.'라고 했다. 그러므로 「불구편」의 아래 문장에서는 반대로 '말은 항상 진실함이 없고 행실은 항상 지조가 없으면서 오직 이익이 있는 곳이면 마음을 쏟지 않는 곳이 없으니, 이와 같다면 소인이라 이를 수 있다.'라고 했으니, 이는 모두 항상[常]으로 용(庸)을 해석한 경우이다. 『이아』「석고」에 '전(典)·이(彝)·법(法)·칙(則)·형(刑)·범(範)·구(矩)·용(庸)·항(恒)·율(律)·알(夏)·직(職)·질(秩)은   항상[常]이라는 뜻이다.'라고 했다. 『서경』의 각 편은 혹 「전(典)」으로 명명하기도 하고 혹은 「범(範)」으로 명명하기도 하며, 『예기』의 각 편은 혹 「법(法)」으로 명명하기도 하고 혹은 「용(庸)」으로 명명하기도 하는데, 그 의리는 같다."라고 했다.

원문 案, 執中始於堯之咨舜, 舜亦以命禹, 其後湯執中, 立賢無方. 至『周官』「大司樂」以"中·和·祗·庸·孝·友"爲六德, 知用中之道, 百王所同矣. 夫子言"中庸"之旨, 多著『易傳』. 所謂"中行", 行卽庸也. 所謂"時", 實時中也. 時中則能和, 和乃爲人所可常行. 故有子言"禮之用, 和爲貴." 而子思作『中庸』, 益發明其說曰: "喜怒哀樂之未發, 謂之中, 發而皆中節, 謂之和. 中也者, 天下之大本也; 和也者, 天下之達道也. 致中和, 天地位焉, 萬物育焉." 明中庸之爲德, 皆人所可常用, 而極其功, 能至於位育. 蓋盡己之

---

309 『중용』 제13장.
310 『예기주소』 권52, 「중용(中庸)」 정현의 「주」.

性, 以盡人之性; 盡人之性, 以盡物之性, 則可以贊天地之化育, 所謂"成己
以成物"者如此. 故夫子贊爲"至德". 『周官』「師氏」, "一曰至德." 鄭「注」,
"至德, 中和之德. 覆燾持載含宏者也." 下引『論語』此文. "覆燾持載", 至
德也. 惟舜在位, 能用中於民, 民皆化之. 顔子未得位, 但能擇中庸, 得善
勿失, 而無所用於民, 所謂有德無位, 不敢作禮樂者也.

역문 살펴보니, 중을 잡는다[執中]는 것은 요가 순에게 일러 준 데서 시작되
었고, 순 역시 이것을 가지고 우에게 명하였으며, 그 후에 탕(湯)이 중
(中)을 잡았으니, 현명한 인재를 등용함에 출신 성분을 따지지 않았다.
심지어 『주관』「대사악(大司樂)」에서는 "중(中)·화(和)·지(祇)·용(庸)·
효(孝)·우(友)"를 6덕(德)으로 삼았는데, 중을 쓰는 도리를 아는 것은 모
든 왕이 같았다. 공자가 "중용"을 말한 취지는 대부분이 『역전(易傳)』에
드러난다. 이른바 "중행(中行)"이라고 할 때에는 행(行)이 바로 용(庸)이
다. 이른바 "시(時)"란 바로 시중(時中)이다. 시중하면 조화로울[和] 수 있
는데, 조화[和]는 바로 사람이 항상 실행할 수 있는 것이다. 그러므로 유
자(有子)는 "예를 씀에 조화로움[和]이 귀중함이 된다."[311]라고 했고, 자사
(子思)는 『중용』을 지어 더욱 그 설을 드러내 밝혀 "기쁨·노여움·슬
픔·즐거움이 아직 드러나지 않은 상태를 중이라 하고, 드러나서 모두
절도에 맞는 것을 화라고 한다. 중이란 천하의 큰 근본이고, 화란 천하
에 두루 통하는 도이다. 중과 화를 이루면, 천지(天地)가 제자리에 서고
만물(萬物)이 제대로 길러진다."[312]라고 하여 중용의 덕은 모두 사람들이
항상 쓸 수 있는 것이며, 그 공효(功效)를 극진히 하면 천지가 제자리에
서고 만물이 제대로 길러지는 데 이를 수 있음을 밝혔다. 자기의 성(性)

---

[311] 『논어』「학이」.
[312] 『중용』제1장.

을 다함으로써 남의 성을 다하고, 남의 성을 다함으로써 만물의 성을 다하며, 만물의 성을 다하면 천지의 화육(化育)을 도울 수 있으니, 이른바 "자기를 완성시킴으로써 남을 완성시킨다."313라는 것이 이와 같은 것이다. 그러므로 공자가 "지극한 덕[至德]"이라고 찬탄한 것이다.

『주관』「사씨(師氏)」에 "첫째는 지극한 덕[至德]이다."라고 했는데, 정현의 「주」에 "지극한 덕[至德]이란 중화(中和)의 덕이니, 덮어 주고 보호하고 실어 주어 모두 포용하는 것이다."314라고 하고, 그 아래에 『논어』의 이 문장을 인용했다. "덮어 주고 보호하고 실어 줌"이 지극한 덕이다. 오직 순만이 천자의 자리에 있으면서 백성들에게 중을 쓸 수 있었기 때문에 백성들이 모두 교화된 것이다. 안자는 지위를 얻지 못하고 다만 중용을 택하여, 한 가지 선(善)을 얻으면 잘 받들어서 잃지 않을 수 있었으나,315 백성들에게는 소용이 없었으니, 이른바 덕이 있으나 천자의 지위가 없으면 감히 예와 음악을 창작하지 못한다316는 것이다.

---

313 『중용』제25장: 성(誠)이란 자신을 이룰 뿐만 아니라 남을 이루어 주니, 자신을 이룸은 인 (仁)이고, 남을 이루어 줌은 지(智)이다. 이는 성(性)의 덕(德)으로 안과 밖을 합일하는 도 (道)이다. 그러므로 이것을 자신에게서 얻으면 때에 맞게 조처하여 마땅함을 얻게 될 것이 다.[誠者, 非自成己而已也. 所以成物也, 成己, 仁也; 成物, 知也, 性之德也. 合內外之道也, 故 時措之宜也.]

314 『주례주소』권14, 「지관사도하・사씨(師氏)」 정현의 「주」.

315 『중용』제8장: 공자가 말했다. "안회의 사람됨은 중용을 택하여, 한 가지 선을 얻으면 잘 받 들어서 가슴속에 새기고 잃지 않았다."[子曰: "回之爲人也, 擇乎中庸, 得一善, 則拳拳服膺而 弗失之矣.]

316 『중용』제28장: 비록 천자의 지위에 있으나 진실로 그에 맞는 덕이 없으면, 감히 예와 음악 을 창작하지 못하며, 비록 그에 맞는 덕이 있으나 진실로 천자의 지위가 없으면, 또한 감히 예와 음악을 창작하지 못한다.[雖有其位, 苟無其德, 不敢作禮樂焉; 雖有其德, 苟無其位, 亦 不敢作禮樂焉.]

世之衰也, 上無明天子, 下無賢方伯, 民無所取法, 賢知之所過, 愚不肖
所不及, 皆無所裁度以適於道. 又甚則無所忌憚, 如小人之反中庸, 故曰
"民鮮久矣". 云"非適今"者, "適", 祇也. 「中庸篇」, "子曰: '中庸其至矣乎!
民鮮能久矣.'" 鄭「注」, '鮮, 罕也, 言中庸爲道至美, 顧人罕能久行.' 鄭意
謂當時民亦能行, 但不能久行. 義遜此「注」.

세상이 쇠하매 위로는 밝은 천자가 없고, 아래로는 현명한 관찰사[方
伯]가 없으며, 백성들은 본보기를 취할 곳이 없어서 현명하고 지혜로운
자들의 지나친 바와 어리석고 불초한 자들의 미치지 못하는 바가 모두
재량하고 헤아려 도에 적중함이 없게 되었다. 또 심지어는 거리낌조차
없어 마치 소인배가 중용을 반대로 하는 것과 같았기 때문에 "백성 중에
는 중용의 덕을 행할 수 있는 사람이 드문 지 오래이다."라고 한 것이다.

"비단 지금만 그런 것이 아니다[非適今]"

"적(適)"은 다만[祇]이라는 뜻이다. 『중용』에 "공자가 말했다. '중용은
지극하구나! 백성 중에는 중용의 덕을 행할 수 있는 사람이 드문 지 오
래구나.'"[317]라고 했는데, 정현의 「주」에 '선(鮮)은 드물다[罕]는 뜻이니,
중용의 도가 지극히 아름답지만, 다만 오랫동안 행할 수 있는 사람이 드
물다는 말이다.'[318]라고 했으니, 정현이 생각하기에는 당시의 백성들 역
시 중용의 덕을 행할 수는 있었으나, 단지 오랫동안 행하지 못했을 뿐이
라고 여긴 것이다. 의리상으로는 『논어』의 이 「주」보다는 못하다.

---

[317] 『중용』 제3장.
[318] 『예기주소』 권52, 「중용」 정현의 「주」.

子貢曰: "如有博施於民而能濟衆, 何如? 可謂仁乎?" 子曰: "何事於仁? 必也聖乎! 堯·舜其猶病諸!【注】孔曰: "君能廣施恩惠, 濟民於患難, 堯·舜至聖, 猶病其難."

자공이 말했다. "만일 백성에게 은혜를 널리 베풀어 민중을 구제할 수 있는 사람이 있다면 어떻습니까? 인하다고 할 수 있습니까?" 공자가 말했다. "어찌하여 인자의 수준에서 말하는가? 반드시 성인일 것이다! 요와 순도 오히려 그것을 어렵다고 여겼을 것이다!【주】공안국이 말했다. "임금이 은혜를 널리 베풀어 백성을 환난에서 구제하는 것은 요와 순 같은 지극한 성인으로서도 오히려 그것이 어려움을 근심했을 것이다."

원문 正義曰: 皇本"如有"作"如能", "衆"下有"者"字. "何事於仁", "事"猶爲也, 見『禮』「樂記」「注」, 言"博施濟衆, 何爲於仁言之?" 明非仁者所能矣.

역문 정의에서 말한다.

황간본에는 "여유(如有)"가 "여능(如能)"으로 되어 있고, "중(衆)" 아래 "자(者)" 자가 있다. "하사어인(何事於仁)"의 "사(事)"는 위(爲)와 같으니, 『예기』「악기(樂記)」의 「주」에 보이는데,[319] "은혜를 널리 베풀어 민중을 구제함을 어찌하여 인자의 수준에서 말하는가?"라는 말이니, 인자가 할 수

---

[319] 『예기』「악기」에 "춤추는 자가 각기 부분으로 나뉘어 있으면 방울을 흔드는 자가 좌우에서 끼고 나가는 것은 무왕의 일이 일찍 이루어진 것을 형상한 것이다.[分夾而進, 事蚤濟也.]"라고 했는데, 정현의 「주」에 "사(事)는 위(爲)와 같다.[事, 猶爲也.]"라고 했다.

있는 것이 아님을 분명히 한 것이다.

원문 毛氏奇齡『改錯』曰: "「鄕飮酒義」曰: '東方者春, 春這爲言蠢也, 産萬物
者聖也. 南方者夏, 夏之爲言假也.' 假者大也, 養而大之, 仁也. 則內聖外
王, 總以仁及萬物爲言. 『禮』所云'天子之立也, 嚮仁而左聖', 以此是也.
然則仁與聖, 皆推心之恕, 以長養萬物, 淺深一體, 祇春爲生之本, 而夏爲
養之本. 養祇邃生, 而春爲資生之原, 長養不窮, 故聖進於仁."

역문 모기령의 『사서개착』에 "『예기』 「향음주의(鄕飮酒義)」에 '동방(東方)은
봄[春]이니, 봄이라는 말은 일어나 꿈틀거린다[蠢]는 뜻이고, 만물을 낳는
것은 성스러운[聖] 일이다. 남방은 여름[夏]이니, 여름이란 말은 크다[假]
는 뜻이다.'라고 했는데, 가(假)란 크다[大]는 뜻이니, 기르고 크게 하는
것이 인이다. 그렇다면 내성외왕(內聖外王)은 인으로 만물에 미쳐 가는
것을 종합해서 한 말이다. 『예기』 「향음주의」에서 말한 '천자가 설 때에
는 인으로 향하고 성(聖)을 왼편에 둔다.'320라는 것도 마찬가지이다. 그
렇다면 인과 성은 모두 마음의 서(恕)를 미루어 만물을 기르고 성장시키
는데, 깊고 얕은 것은 같으며, 단지 봄은 생성의 근본이 되고 여름은 기
름의 근본이 될 뿐이다. 기름은 단지 생성을 완성시킬 뿐이고, 봄은 만
물이 그것을 바탕으로 살아가는 근원이 되니, 기르고 성장시킴이 무궁
하기 때문에 성으로부터 인으로 나아가는 것이다."라고 했다.

---

320 이 구절의 본뜻은 인을 만물을 양육해서 크게 하는 것으로 보고, 성을 만물을 낳는 것으로
보아, 이를 사방의 위치에 적용시켜 『예기』 「향음주의(鄕飮酒義)」에 "천자가 설 때에는 성
(聖: 동방)을 왼쪽으로 하여 인(仁: 남방)으로 향하고, 의(義: 서방)를 오른쪽으로 하여 장
(藏: 북방)을 등져야 한다.[天子之立也, 左聖鄕仁, 右義偝藏也.]"라고 했다.

원문 案, "仁"訓愛, "聖"訓通, 竝見『說文』, 爲最初之誼. 通之爲言無疑滯也, 無阻礙也. 是故通乎天地·陰陽·柔剛之道, 而後可以事天察地; 通乎人仁義之道, 而後可以成己以成物. 若我於理義有未能明曉, 我於人有未能格被, 是卽我之疑滯阻礙, 而有所不通矣. 如此者, 以之自治, 則行事乖戾; 以之治人, 則我所拂逆. 桀·紂·盜蹠之行, 無惡不作, 然推究其失, 祇是不通己極耳. 是故天地交爲泰, 天地不交爲否. 泰者, 通也, 治象也; 否者, 不通也, 亂象也. 通與不通, 天下之治亂系之. 博施濟衆, 無一人不逐其欲, 以我性情通於人, 竝使人無乎不通, 故夫子以爲聖, 以爲堯·舜猶病. 聖·仁本用原同. 故己達達人, 達亦爲通, 特聖爲成德之名. 仁則尙在推暨時言, 仁道大成, 方可稱聖. 故夫子視聖爲最難, 而但言仁; 又以仁亦難及, 而先言恕.

역문 살펴보니, "인(仁)"의 새김은 사랑[愛]이고, "성(聖)"의 새김은 통함[通]인데, 모두 『설문해자』에 보이니, 최초의 정의(情誼)가 된다. 통함[通]이란 말은 의심하여 막힘이 없고, 험난한 장애가 없다는 말이다. 그러므로 천지와 음양(陰陽)과 강유(剛柔)의 도에 통한 뒤에 하늘을 섬기고 땅을 살필수 있고, 사람과 인의(仁義)의 도리에 통한 뒤에 자기를 완성시킴으로써 남을 완성시킬 수 있다. 만약 내가 이(理)와 의(義)에 아직 분명하게 깨닫지 못함이 있고, 내가 남에 대해 아직 다가가 감싸 주지 못함이 있으면 이는 곧 내가 의심해서 막히고 험난한 장애가 되어 통하지 못함이 있는 것이다. 이와 같은 사람이 그런 상태로 스스로를 다스리면 실행하는 일마다 어그러지고, 그런 상태로 남을 다스리면 내가 어깃장을 부리고 거스르게 된다. 걸과 주와 도척(盜蹠)의 행실은 어떤 악행이든 저지르지 않음이 없지만 그러나 그들의 잘못을 추구해 보면 단지 통하지 않음이 너무 극심했을 뿐이다. 따라서 하늘과 땅의 사귐이 태(泰)가 되고,[321] 하늘과 땅이 사귀지 않음이 비(否)가 되니,[322] 태는 통한다는 뜻이고 다스리는 형상이며, 비는 통하지 않는다는 뜻이며 어지러운 형상이다. 통함과 통하지 못함에 천하의 치란(治亂)이 달려 있다. 은혜를 널리 베풀고 민중을 구제해서 한 사람이라도 그 바람을 이루지 못함이 없고, 나의 성정(性情)으로 남과 통하고 아울러 사람들로 하여금 통하지 않음이 없게 하기 때문에 공자가 성인이라 여긴 것이며, 요와 순도 오히려 근심으로 여겼다고 생각한 것이다. 성자(聖者)와 인자의 근본과 쓰임은 원래 같다. 그러므로 자기가 통달[達]하고자 하매 남을 통달하게 하니,[323] 통달[達] 역시 통한다[通]는 뜻이 되고, 특히 성(聖)은 덕을 이룬 명칭이 된다. 인은 아직은 미루어 다다라야 하는 시점에서 말한 것이니, 인의 도가 크게 이루어져야 비로소 성이라 일컬을 수 있다. 그러므로 공자는 성인을 가장 어려운 경지로 보고 단지 인을 말하였을 뿐이고, 또 인 역시 미치기 어려운 경지이므로 우선 서를 말한 것이다.

- 「注」, "君能"至"其難".
- 正義曰: 言"廣施"者, "博"訓廣也. 廣施恩惠, 言君無私, 德能徧及也. 「禮運」言'大同之治'云: "選賢與能, 講信修睦. 故人不獨親其親, 不獨子其子. 使老有所終, 壯有所用, 幼有所長, 矜寡孤獨廢疾者, 皆有所養. 男有分, 女有歸." 此則可言博施矣.
- ○「주」의 "군능(君能)"부터 "기난(其難)"까지.
- ○ 정의에서 말한다.

---

321 『주역』「태(泰)·상(象)」: 하늘과 땅의 사귐이 태괘(泰卦)이니, 임금이 이것을 보고서 천지의 도(道)를 재단하여 이루고 천지의 마땅함을 서로 도와 백성을 돕는다.[天地交泰, 后以財成天地之道, 輔相天地之宜, 以左右民.]
322 『주역』「비(否)·상」: 천지가 사귀지 못하여 만물이 통하지 못하며, 상하가 사귀지 못하여 천하에 나라가 없는 것이다.[天地不交, 而萬物不通也, 上下不交, 而天下无邦也.]
323 『논어』「옹야」.

"널리 베푼다[廣施]"라고 했는데, "박(博)"의 새김이 넓다[廣]이다. 은혜를 널리 베푼다는 것은 임금이 사사로움이 없어 덕이 두루 미칠 수 있다는 말이다. 『예기』「예운」에 '대동(大同)의 정치'를 말하면서 "현명한 사람과 유능한 사람을 선발해서 신의(信義)를 강구하고 화목을 닦는다. 그러므로 사람들은 자기의 어버이만 어버이로 여기지 않고, 자기의 아들만 아들로 여기지 아니하며, 늙은이는 생을 잘 마감함이 있도록 하고, 젊은이는 쓰임이 있도록 하며, 어린이는 잘 자람이 있도록 하고, 홀아비와 과부와 고아와 독신, 고질병에 걸린 사람들도 모두 부양받을 수 있도록 한다. 남자는 직분이 있고, 여자는 돌아갈 남편이 있다."라고 했으니, 이러면 널리 베푼다고 말할 수 있을 것이다.

원문 『爾雅』「釋言」, "濟, 渡也. 濟, 成也. 濟, 益也." 三訓此文皆通. 「注」以濟渡爲言, 濟於患難, 若禹治水, 益焚山澤之類. 堯·舜者, 唐·虞二帝名. 當時有洚水, 民苦昏墊, 艱食鮮食, 是博施濟衆, 堯·舜猶病其難也. 『廣雅』「釋詁」, "病, 難也." 亦據引申以成義.

역문 『이아』「석언(釋言)」에 "제(濟)는 구제한다[渡]는 뜻이다. 제(濟)는 이룬다[成]는 뜻이다. 제(濟)는 유익하다[益]는 뜻이다."라고 했는데, 세 가지 뜻이 이 문장에서는 모두 통한다. 「주」에서는 구제한다[濟渡]는 뜻으로 말했는데, 환난에서 구제함이니, 우가 홍수를 다스린 것과, 익(益)이 산과 늪에 불을 지른 종류[324]와 같은 것이다. 요와 순은 도당씨(陶唐氏)와

---

324 『맹자』「등문공상(滕文公上)」: 순이 익(益)으로 하여금 불을 담당하게 했는데, 익이 산과 늪에 불을 질러 태우자 금수가 도망하여 숨었다. 그리고 순이 우로 하여금 홍수를 다스리게 했는데, 우가 구하(九河)를 소통시키고 제수(濟水)와 탑수(漯水)를 소통시켜 바다로 흘러 들어가게 하며, 여수(汝水)와 한수(漢水)를 트고 회수(淮水)와 사수(泗水)를 터서 양자강(揚子江)으로 흘러 들어가게 하였으니, 그런 뒤에 중국(中國)이 곡식을 먹을 수가 있었다.[舜使益掌火, 益烈山澤以焚之, 禽獸逃匿. 禹疏九河, 瀹濟·漯而注諸海, 決汝·漢, 排淮·泗而注之江, 然後中國可得而食也.]

유우씨(有虞氏) 두 임금의 이름이다. 당시에 홍수(洚水)가 범람해서, 백성
들이 괴로움과 혼란에 허우적거릴 때, 곡물과 생선을 나누어 주었으니,
이것이 은혜를 널리 베풀고 민중을 구제한 것인데, 요와 순은 오히려 그
어려움을 근심으로 여긴 것이다. 『광아』「석고」에 "병(病)은 어려움[難]
이다."라고 했으니, 역시 거듭 인용하는 가운데 의미를 확대한 것에 근
거해서 뜻을 이룬 것이다.

夫仁者, 己欲立而立人, 己欲達而達人. 能近取譬, 可謂仁之
方也已."【注】孔曰: "更爲子貢說仁者之行. '方', 道也. 但能近取譬於己,
皆恕己所欲而施之於人."

인자는 자기가 서고자 하면 남을 서게 하고, 자기가 통달하고자
하면 남을 통달하게 한다. 가까이서 비유를 취할 수 있다면 인을
행하는 방법이라고 할 수 있다."【주】공안국이 말했다. "다시 자공을 위
하여 인자의 행실을 설명한 것이다. '방(方)'은 방도[道]이다. 다만 가까이 자기 자신
에게서 비유를 취할 수만 있어도 모두 자기가 하고자 하는 바를 헤아려 그것을 남에
게 베풀 수 있다."

원문 正義曰: 阮氏元『論仁篇』, "孔子論人以聖爲第一, 仁卽次之, 仁固甚難
能矣. 聖·仁, 孔子皆謙不敢當. 子貢視仁過高, 誤入聖域, 故孔子分別聖
字, 將仁字論之曰: '所謂仁者, 己之身欲立則亦立人, 己之身欲達則亦達
人.' 卽如己欲立孝道, 亦必使人立孝道, 所謂'不匱錫類'也. 己欲達德行,
亦必使人達德行, 所謂'愛人以德'也. 又曰: '爲之不厭', 己立己達也; '誨人

不倦’, 立人達人也. 立者如‘三十而立’之立; 達者如‘在邦必達, 在家必達’
之達.” 案, “立”謂身能立道也; “達”謂道可行諸人也.

역문 정의에서 말한다.

완원의 『논인편(論仁篇)』에 “공자는 사람을 논할 때, 성스러움을 제일
로 삼았고, 인이 그다음이었으니, 인은 진실로 할 수 있기에 매우 어려
운 경지일 것이다. 그러므로 성과 인의 경지는 공자도 모두 겸손하게 감
히 자처하지 않았던 것이다. 자공은 인을 지나치게 높은 경지로 보고 잘
못 성의 경지에 진입시켰기 때문에 공자가 성 자를 분별하고, 인 자를
가지고 논하기를 ‘이른바 인자란 자기 자신이 서고자 하면 또한 남도 서
게 하고, 자기 자신이 통달하고자 하면 또한 남도 통달하게 한다.’라고
했는데, 바로 자기가 효도를 확립하고자 하면 역시 반드시 남으로 하여
금 효도를 확립하게 하는 것과 같은 것이니, 이것이 이른바 ‘효자의 효
도는 다함이 없는지라, 영원히 복을 받는다’[325]라는 것이다. 자기가 덕행
에 통달하고자 하면 역시 반드시 남으로 하여금 덕행에 통달하게 하니,
이것이 이른바 ‘덕으로 사람을 사랑한다’[326]라는 것이다. 또 ‘성과 인을
배우기를 싫어하지 않음[爲之不厭]’[327]은 자기가 서고자 하고 자기가 통달
하고자 하는 것이며, ‘다른 사람을 가르침에 고달프다고 여겨 그만두지
않음[誨人不倦]’[328]은 남을 서게 하고 남을 통달하게 하는 것이다. 입(立)은
‘서른 살에 학문이 확립되었다[三十而立]’[329]라고 할 때의 입(立) 자와 같고,

---

325 『시경』 「대아(大雅)·생민지십(生民之什)·기취(旣醉)」의 “효자의 효도는 다함이 없는지라,
　　영원히 복을 받으리로다.[孝子不匱, 永錫爾類.]”에서 따온 말이다.
326 『예기』 「단궁상」의 “군자는 도덕에 입각해서 사람을 사랑하는 반면, 소인은 그저 고식적으
　　로 사람을 좋아한다.[君子之愛人也以德, 細人之愛人也以姑息.]”라는 말에서 따온 말이다.
327 『논어』 「술이」.
328 『논어』 「술이」.

달(達)은 '나라에 있어서도 반드시 통달하고 집에 있어서도 반드시 통달한다.[在邦必達, 在家必達.]'[330]라고 할 때의 달(達) 자와 같다."라고 했다. 살펴보니, "입(立)"이란 자신이 도를 확립할 수 있다는 말이고, "달(達)"은 남에게 도를 행할 수 있다는 말이다.

- ●「注」, "更爲"至"於人".
- ● 正義曰: 鄭「注」, "方, 猶道也." 此孔所本. 『說文』, "恕, 仁也." 如己之心, 以推諸人, 此求仁之道, 故恕亦訓仁. 恕 · 仁本一理. 子貢未能至恕, 故夫子以爲"非爾所及". 他日問"終身行之", 又告以恕, 皆此敎也. 『孟子』云: "强恕而行, 求仁莫近焉." 卽此"近取譬"之義. 譬者, 喩也. 以己爲喩, 故曰"近". 『大學』言"君子絜矩之道"云: "所惡於上, 毋以使下, 所惡於下, 毋以事上. 所惡於前, 毋以先後, 所惡於後, 毋以從前. 所惡於右, 毋以交於左, 所惡於左, 毋以交於右." "矩"者, 法也. 卽此所云"譬"也; "絜"者, 結也, 挈也, 卽此所云"取"也.
- ○「주」의 "갱위(更爲)"부터 "어인(於人)"까지.
- ○ 정의에서 말한다.

  정현의 「주」에 "방(方)은 방도[道]와 같다."라고 했는데, 이것을 위공이 근거로 한 것이다.[331] 『설문해자』에 "서(恕)는 인(仁)이다."[332]라고 했는데, 자기와 같은 마음을 가지고 남에게 미루어 간다는 뜻으로 이는 인을 구하는 도리이므로 서 또한 뜻을 인이라고 새긴 것이다. 서와 인은 본래 하나의 이치이다. 자공은 아직 서의 단계에 이르지 못했기 때문에 공자가 "네가

---

329 『논어』「위정(爲政)」.

330 『논어』「안연」.

331 원문에는 "孔所本"으로 되어 있으나, 시대적으로나 의미상으로나 "孔"은 마땅히 "僞孔"이라야 통하므로, "위공"으로 해석했다. 이후로 나오는 "孔所本"의 "孔"은 "僞孔"으로 해석한다.

332 『설문해자』 권10: 서(忞)는 인(仁)이다. 심(心)으로 구성되었고 여(如)가 발음을 나타낸다. 서(忞)는 서(恕)의 고문인데, 생략된 형태이다. 상(商)과 서(署)의 반절음이다.[忞, 仁也. 從心如聲. 忞, 古文省. 商署切.]

미칠 바가 아니다"³³³라고 했던 것이다. 훗날 종신토록 행할 만한 것을 물었을 때도 또 서를 말하였으니,³³⁴ 모두 이 가르침인 것이다. 『맹자』「진심상(盡心上)」에 "서를 힘써 행하면 인을 구하는 데 이보다 가까운 것이 없다."라고 했는데, 이것이 바로 "가까이 자기에게서 비유를 취한다[近取譬]"라는 뜻이다. 비(譬)는 비유[喩]이다. 자기를 가지고 비유하기 때문에 "가깝다[近]"라고 말한 것이다. 『대학』 전10장에서 "군자의 혈구지도(絜矩之道)"를 말하면서 "윗사람에게서 싫었던 것으로써 아랫사람을 부리지 말며, 아랫사람에게서 싫었던 것으로써 윗사람을 섬기지 말며, 앞사람에게 싫었던 것으로써 뒷사람에게 먼저 하지 말며, 뒷사람에게 싫었던 것으로써 앞사람을 따르지 말며, 오른쪽에서 싫었던 것으로써 왼쪽을 사귀지 말며, 왼쪽에서 싫었던 것으로써 오른쪽을 사귀지 말라."라고 했다. "구(矩)"란 법(法)이니, 바로 여기서 말하는 "비(譬)"이고, "혈(絜)"이란, 맺는다[結]는 뜻이며, 이끈다[挈]는 뜻이니, 바로 여기서 말한 "취(取)"이다.

---

³³³ 『논어』「공야장(公冶長)」.

³³⁴ 『논어』「위영공」: 자공이 물었다. "한 글자만으로도 종신토록 행할 만한 것이 있습니까?" 공자가 말했다. "아마도 서(恕)일 것이다! 자기가 하고자 하지 않는 것을 남에게 베풀지 말라는 것이다."[子貢問曰: "有一言而可以終身行之者乎?" 子曰: "其恕乎! 己所不欲, 勿施於人."]

논어정의 권8

論語正義卷八

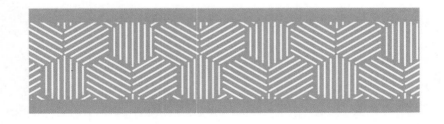

述而第七(술이 제7)

○●○

集解(집해)

○●○

凡三十八章(모두 38장이다)

원문 正義曰:『釋文』云: "舊三十九章, 今三十八章." 所云"舊", 當謂六朝舊本. 所多一章, 疑分"子路問三軍"爲一章也. 『釋文』又云: "'子於是日'以下, 舊別爲章, 今宜合前章; '亡而爲有'以下, 舊爲別章, 今宜與前章合." 陸云 "宜合", 但論其理, 實未嘗合竝也. 若已合竝, 則爲三十六章. 盧氏文弨『釋文考證』以舊三十九章爲『釋文』本, 今三十八章爲朱子本, 則誤解陸氏原文爲後人校語也. 翟氏灝『考異』譏陸氏"宜合"者兩條, 總題但減其一, 以爲失於點對, 則是舊爲四十章, 不合言三十九也.

역문 정의에서 말한다.

『경전석문(經典釋文)』에 "구본[舊]에는 39장이었으나, 지금은 38장이다."라고 했는데, 이른바 "구본[舊]"이란 당연히 6조(六朝)시대의 구본(舊本)이라는 말이다. 1장(章)이 더 많은 것은 아마도 "자로(子路)가 삼군(三軍)에 대해서 질문한[子路問三軍]" 장을 나누어 별도의 1장으로 만들었기 때문인 듯싶다. 『경전석문』에는 또 "'공자(孔子)는 이날[子於是日]' 이하를 구본에서는 별도의 1장으로 보았으나, 지금은 마땅히 앞 장과 합해야 하고, '없으면서 있는 체하고[亡而爲有]' 이하를 구본에서는 별도의 1장으로 보았으나, 지금은 마땅히 앞 장과 합해야 한다."라고 했는데, 육덕명 (陸德明)이 말한 "마땅히 합해야 한다[宜合]"라는 것은 단지 그 이치를 논한 것으로 실제로는 합쳐 놓지 않았다. 만약 이미 합해 놓았다면 36장이 되었을 것이다. 노문초(盧文弨)의 『경전석문고증(經典釋文考證)』에는 구본 39장을 『석문』본이라 하고, 지금의 38장을 주자본(朱子本)이라고 했으니, 육씨(陸氏: 육덕명)의 원문을 후대의 사람들이 교정한 것으로 오해한 것이다. 적호(翟灝)의 『사서고이(四書考異)』에는 육씨의 "마땅히 합해야 한다"라고 한 두 구절을 비판하고, 표제를 종합하면서는 다만 그중에 하나만 줄이고는 점검하고 대조함에 잘못이 있었다고 여겼는데, 그렇다면 이는 구본을 40장으로 본 것이니, 39장이라는 말과는 부합하지 않는다.

7-1

子曰: "述而不作, 信而好古, 竊比於我老彭."【注】包曰: "老彭, 殷賢大夫, 好述古事. 我若老彭, 但述之耳."

공자가 말했다. "옛것을 계승하여 따르고 창작하지 않으며, 옛것을 믿고 좋아하는 것을 마음속으로 우리 노팽(老彭)에게 견주어 보노라."【주】포함(包咸)이 말했다. "노팽은 은(殷)나라의 현대부(賢大夫)로, 옛일을 계승하고 따르기를 좋아하였다. 나도 노팽처럼 옛일을 따를 뿐이다."

원문 正義曰: 『說文』云: "述, 循也. 作, 起也." 述是循舊, 作是創始. 『禮』「中庸記」云: "非天子不議禮不制度, 不考文." 議禮・制度・考文皆作者之事, 然必天子乃得爲之. 故『中庸』又云: "今天下車同軌, 書同文, 行同倫. 雖有其位, 苟無其德, 不敢作禮樂焉; 雖有其德, 苟無其位, 亦不敢作禮樂焉." 鄭「注」, "'今'孔子謂其時", 明孔子無位, 不敢作禮樂, 而但可述之也.

역문 정의에서 말한다.

『설문해자(說文解字)』에 "술(述)은 따른다[循]는 뜻이다.¹ 작(作)은 일으 킨다[起]는 뜻이다.²"라고 했으니, 술(述)은 옛일을 따른다는 뜻이고, 작 (作)은 처음 시작한다는 뜻이다. 『예기(禮記)』「중용(中庸)」에, "천자(天子) 가 아니면 예를 의논하지 못하고, 제도를 제정하지 못하며, 문적(文籍)을 살펴 정하지 못한다."³라고 했는데, 예를 의논하고 제도를 제정하며 문 적을 살피는 일은 모두 작자(作者)의 일이지만, 그러나 반드시 천자라야 할 수가 있다. 그러므로 『중용(中庸)』에서는 또 "지금 천하가 수레는 바 퀴 폭의 규격이 같으며, 글은 문자(文字)가 같으며, 행동은 차례가 같다. 비록 그 지위를 가지고 있으나 진실로 그에 맞는 덕(德)이 없으면 감히 예악(禮樂)을 제정하지 못하며, 비록 그에 맞는 덕이 있으나 진실로 그 지위가 없으면 또한 감히 예악을 제정하지 못한다."⁴라고 했는데, 정현 (鄭玄)의 「주」에 "'지금[今]'이란 공자가 그 당시를 말한 것이다."⁵라고 했

---

1   『설문해자(說文解字)』권2: 술(𧗸)은 따른다[循]는 뜻이다. 착(辵)으로 구성되었고 술(朮)이 발음을 나타낸다. 술(遹)은 주문(籀文)인데, 출(秫)로 구성되었다. 식(食)과 율(聿)의 반절음 이다.[𧗸, 循也. 從辵朮聲. 遹, 籀文從秫. 食聿切.]

2   『설문해자』권8: 작(𠈌)은 일으킨다[起]는 뜻이다. 인(人)으로 구성되었고 사(乍)로 구성되 었다. 즉(則)과 낙(洛)의 반절음이다.[𠈌, 起也. 從人從乍. 則洛切.]

3   『중용(中庸)』제28장.

4   『중용』제28장.

으니, 공자가 지위가 없어서 감히 예악을 제정하지 못하고 단지 그것을 따를 수 있었을 뿐임을 분명히 한 것이다.

원문 『漢書』「儒林傳」, "周道既衰, 壞於幽·厲, 陵夷二百餘年, 而孔子興, 究觀古今之篇籍, 於是敍「書」則斷「堯典」, 稱樂則法「韶舞」, 論『詩』則首「周南」. 綴周之禮, 因魯『春秋』, 擧十二公行事, 繩之以文·武之道, 成一王法, 至獲麟而止. 蓋晚而好『易』, 讀之韋編三絶, 而爲之「傳」. 皆因近聖之事, 以立先王之敎, 故曰'述而不作, 信而好古.'" 是言夫子所述六藝事也.

역문 『전한서(前漢書)』「유림전(儒林傳)」에 "주(周)나라의 도가 이미 쇠하고 유왕(幽王)과 여왕(厲王)에게서 무너져 2백여 년간을 쇠퇴하다가 공자가 일어나 옛날과 지금의 전적을 궁구하고 살펴, 이에 『서경(書經)』을 서술함에는 「요전(堯典)」을 단정하였고, 음악을 일컬을 때에는 「소무(韶舞)」를 본보기로 삼았으며, 『시경(詩經)』을 논함에는 「주남(周南)」을 첫머리로 삼았다. 주나라의 예를 수습하고, 노(魯)나라의 『춘추(春秋)』에 따라 12공(公)의 행사(行事)를 거론함에 문왕(文王)과 무왕(武王)의 도로써 표준을 삼아 하나의 왕법(王法)을 이루어 기린을 잡음에 이르러서 그쳤다. 느지막이 『역』을 좋아해서 하도 많이 읽다 보니 책을 엮은 가죽끈이 세 번이나 끊어졌으며, 「전(傳)」을 짓기도 했다. 이는 모두 성인(聖人)의 일에 가까운 것을 따라 선왕의 가르침을 세운 것이기 때문에 '옛것을 계승하여 따르고 창작하지 않으며, 옛것을 믿고 좋아한다.'라고 한 것이다."라고 했으니, 이것이 바로 공자가 계승하고 따른 육예(六藝)의 일을 말한 것이다.

---

5 『예기주소(禮記注疏)』권53, 「중용(中庸)」정현(鄭玄)의 「주」.

원문 故『中庸』云: "仲尼祖述堯·舜, 憲章文·武." "憲", 法也; "章", 明也. 堯·舜·文·武, 其政道皆布在方策, 所謂古也. 下章云"子曰: '蓋有不知 而作之者, 我無是也. 多聞, 擇其善者而從之; 多見而識之, 知之次也.'" "多聞"·"多見", 皆所學於古者. 故又言"好古, 敏以求之也." 若然, 『孟子』 云"孔子作『春秋』", 『春秋』是述, 亦言"作"者, 散文通稱. 如周公作「常棣」, 召公述之, 亦曰"作「常棣」"矣.

역문 그러므로 『중용』에 "중니(仲尼)는 요(堯)임금과 순(舜)임금을 조종(祖宗)으로 삼아 옛것을 계승하여 따랐으며[祖述], 문왕과 무왕을 본받아서 밝혔다[憲章]."6라고 했는데, "헌(憲)"은 본받음[法]이고, "장(章)"은 밝힘[明]이다. 요임금과 순임금, 문왕과 무왕은, 그들의 정치와 도의[政道]가 모두 서책에 실려 있으니, 이른바 옛것[古]이다. 아래 장에서 "공자가 말했다. '알지도 못하면서 창작하는 자가 있으나, 나는 이러함이 없다. 많이 듣고서 그중에서 선(善)한 것을 가려서 따르며, 많이 보고서 기억한 것이니, 나면서부터 아는 자의 다음이다.'"7라고 했는데, "많이 들음"과 "많이 보는 것"은 모두 옛것에서 배우는 것이다. 그러므로 또 "옛것을 좋아해서 힘써 그것을 구했다."8라고 한 것이다. 만약 그렇다면 『맹자(孟子)』에서 "공자가 『춘추』를 지었다."9라고 했는데, 『춘추』는 계승해서 따른 것인데도 또한 "지었다[作]"라고 말한 것은 산문(散文)10에서는 통칭(通稱)하

---

6 『중용』 제30장.

7 『논어(論語)』「술이(述而)」.

8 『논어』「술이」.

9 『맹자(孟子)』「등문공하(滕文公下)」: 공자(孔子)가 이를 두려워하여 『춘추(春秋)』를 지었는데, 『춘추』는 천자(天子)의 일이다. 이 때문에 공자는 "나를 알아주는 것도 오직 『춘추』 때문일 것이며, 나를 죄주는 것도 오직 『춘추』 때문일 것이다."라고 했다.[孔子懼, 作『春秋』, 『春秋』天子之事也. 是故孔子曰: "知我者, 其惟春秋乎; 罪我者, 其惟春秋乎!"]

기 때문이다. 예를 들면 주공(周公)이 「상체(常棣)」를 지었고, 소공(召公)이 그것을 계승해서 따랐는데 역시 "「상체」를 지었다."라고 한 것과 같다.[11]

원문 "信"者, 知之明, 不信, 必不能好. 故言"篤信好學"也. "竊"者, 『廣雅』「釋詁」云"私也", 夫子謙言, 不敢顯比老彭, 故言私比也. 老彭, 殷大夫; 夫子亦殷人, 故加"我"以親之.

역문 "믿음[信]"이란 앎이 분명한 것이니, 믿지 못하면 반드시 좋아할 수 없다. 그러므로 "신의를 돈독히 해서 배우기를 좋아한다."[12]라고 한 것이다. "절(竊)"이란 『광아(廣雅)』「석고(釋詁)」에 "마음속으로[私]이다."라고 했으니, 공자가 겸손하게 한 말로, 감히 드러내 놓고 노팽에게 견줄 수 없었기 때문에 마음속으로 견준다고 말한 것이다. 노팽은 은나라의 대부(大夫)였고, 공자 역시 은나라 사람이기 때문에 "우리[我]"라는 말을 보태서 친근함을 나타낸 것이다.

● 「注」, "老彭, 殷賢大夫."

● 正義曰: 『大戴禮』「虞戴德」云: "昔老彭及仲傀, 政之敎大夫, 官之敎士, 技之敎庶人, 揚則抑,

---

10 산문(散文): 운율이나 음절의 수 등에 얽매이지 않고 자유롭게 쓴 글. 혼언(混言), 또는 산언(散言)이라고도 한다.

11 「상체(常棣)」의 작자에 대해 『모시(毛詩)』의 서(序)에는 무왕(武王)의 형제인 관숙(管叔)과 채숙(蔡叔)의 실도(失道)를 가엾게 여겨서 소공(昭公)이 지은 노래라 하였고, 공영달(孔穎達)은 이 시의 「소」에서 주공(周公)이 지은 것이라 하였으며, 주희(朱憙)도 『시집전(詩集傳)』에서 주공의 작이라 하였다.

12 『논어』「태백(泰伯)」.

抑則揚, 綴以德行, 不任以言."『漢書』「古今人表」列<u>老彭於仲虺</u>下, <u>仲虺</u>卽<u>仲傀</u>, 是<u>老彭</u>爲<u>殷</u>初人. <u>包氏</u>此「注」當卽本『戴記』也.

○ 「주」의 "노팽은 은나라의 현대부이다."

○ 정의에서 말한다.

『대대례(大戴禮)』「우대덕(虞戴德)」에 "옛날 노팽과 중괴(仲傀)[13]는 대부에게 정치를 가르쳤고, 사(士)에게 관직의 일을 가르쳤으며, 서인(庶人)들에게는 기술을 가르쳤는데, 나태는 사람은 억누르고, 위축된 사람은 일으켜 세웠으며, 덕행으로써 계속하였고, 말로써 직책을 맡기지 않았다."라고 했다. 『전한서』「고금인표(古今人表)」에는 노팽을 중훼(仲虺) 아래에 배열했는데, 중훼가 바로 중괴이니, 노팽은 은나라 초기의 인물이 된다. 따라서 포씨(包氏)의 이 「주」는 당연히 『대대례』를 근거한 것이다.

원문 鄭「注」云: "老, 老聃; 彭, 彭祖." 老聃, 周之太史. 以老·彭爲二人, 與<u>包</u>義異. 『漢書』「敍傳」, "若胤<u>彭</u>而偕<u>老</u>兮", 師古「注」謂<u>彭祖·老聃</u>, 此<u>老·彭</u>爲二人也. 「鄭語」"<u>彭</u>姓<u>彭祖</u>, 爲祝融之後, 滅於<u>商</u>."

역문 정현의 「주」에 "노(老)는 노담(老聃)[14]이고, 팽(彭)은 팽조(彭祖)[15]이다."

---

13 중괴(仲傀, ?~?): 은(殷)나라 성탕(成湯)의 좌상(左相)이었다는 중훼(仲虺)와 동일한 인물이란 설도 있고, 은나라의 저명한 무당이라는 설도 있으며, 그 독음이 비슷하기 때문에 '웅훼(雄虺)'로 바꿔 쓰기도 한다.

14 노담(老聃, ?~?): 노자(老子)이다. 춘추시대 말기 초(楚)나라 고현(苦縣) 사람으로 도가(道家)의 창시자이다. 이름은 이이(李耳)이고, 자는 백양(伯陽)인데, 노담으로도 불린다. 주(周)나라의 수장실사(守藏室史)를 지냈다. 공자가 젊었을 때 낙양(洛陽)으로 찾아가 예에 대해 배운 것으로 알려졌다. '무위자화 청정자정(無爲自化 淸靜自正)'을 주장했다. 주나라가 쇠퇴해지는 것을 한탄하여 은퇴할 결심으로 서쪽으로 함곡관(函谷關)을 나가 은거하려고 했는데, 도중에 관문지기의 요청으로 상하(上下) 2편으로 된 책을 써 주었다고 한다. 그 이후의 소식은 알 수 없다. 이 책을 『노자(老子)』라 하고 『도덕경(道德經)』이라고도 부르는데, 도가사상의 효시로 일컬어진다. 그의 전기는 의문점이 많아, 노자의 생존을 공자보다

라고 했는데, 노담은 주나라의 태사(太史)이다. 노와 팽을 두 사람으로 보았으니, 포함의 뜻과는 다르다. 『전한서』「서전(敍傳)」에 "만약 팽조의 나이를 이어서 노담과 같이 오래 살고자 한다면[若胤彭而偕老兮]"이라고 했는데, "윤팽이해로(胤彭而偕老)"의 "팽"과 "노"에 대해 안사고(顏師古)의 「주」에 팽조와 노담이라고 했으니, 여기의 노와 팽은 두 사람이 된다. 『국어(國語)』「정어(鄭語)」에 "팽의 성(姓)을 썼던 팽조이니, 축융(祝融)의 후예로서 상(商)나라 때 멸망했다."[16]라고 했다.

원문 『楚辭』「天問」, "彭鏗斟雉, 帝何饗?" 王逸「注」謂彭祖以雉羹進堯, 而堯饗之也. 『史記』「五帝紀」, "禹·皐陶·契·後稷·伯夷·夔·龍·倕·益·彭祖, 自堯時而皆擧用." 則彭祖是堯臣也. 『史記』「老子·韓非列傳」,

---

100년 뒤로 보는 설도 있고, 아예 실재 자체를 부정하는 설도 있다. 태사담(太師儋) 또는 노래자(老萊子)라고 보기도 한다.

15 팽조(彭祖, ?~?): 성은 전(籛)이고 이름은 갱(鏗)이다. 상고시대 때 사람으로 육종씨(陸終氏)의 아들이자 전욱(顓頊)의 현손이다. 전하는 말에 요(堯)임금 때 등용되어, 하(夏)나라부터 은나라 말까지 8백여 년을 넘게 살았다고 한다. 늘 계수(桂樹)와 지초(芝草)을 먹었고, 도인(導引)을 잘해 기운을 운영했다. 팽성(彭城)에 봉해져 후세에 팽조로 불리게 되었다.

16 『국어(國語)』권16, 「정어(鄭語)」: 축융(祝融)도 천지의 광명한 덕을 밝게 드러내어 오곡과 재목 등의 것들을 생장시켜서 윤택하게 해 주었다. 그들 후손 여덟 성(姓)이 주나라에서는 후백(侯伯)의 지위에 오른 자가 있지 아니하고, 앞 하나라와 상(商)나라의 왕조시대에, 왕들의 정사 경영을 도운 자로, 곤오씨(昆吾氏)는 하나라에서 제후의 백(伯)이 되었고, 대팽씨(大彭氏)와 시위씨(豕韋氏)는 상나라에서 제후의 백이 되었고, 주나라 때에는 없었다. 기(己)의 성(姓)을 썼던 곤오(昆吾)·소(蘇)·고(顧)·온(溫)나라와, 동씨(董氏)와 동(董)의 성을 썼던 종이(鬷夷)와 환룡(豢龍)나라는 하나라 때 멸망하였고, 팽(彭)의 성을 썼던 팽조(彭祖)·시위(豕韋)·제계(諸稽)나라는 상나라 때에 멸망하였다.[祝融, 亦能昭顯天地之光明, 以生柔嘉材, 者也, 其後八姓, 於周未有侯伯, 佐制物於前代者, 昆吾爲夏伯矣; 大彭·豕韋爲商伯矣, 當周未有. 己姓昆吾·蘇·顧·溫·董, 董姓, 鬷夷·豢龍, 則夏滅之矣; 彭姓彭祖·豕韋·諸稽, 則商滅之矣.]

"老子者, 楚 苦縣 厲鄉 曲仁里人也. 姓李氏, 名耳, 字伯陽, 諡曰聃, 周守藏
室之史也." 司馬貞『索隱』曰: "按, 藏室史, 周藏書室之史也. 又「張蒼傳」
'老子爲柱下史', 蓋卽藏室之柱下, 因以爲官名." 則老子是周史也. 旣老子
是史官, 意彭祖在堯時亦是史官, 故夫子欲竊比此二人矣.

역문 『초사(楚辭)』「천문(天問)」에, "팽갱(彭鏗)이 꿩국을 잘 요리하니 요임금
은 얼마나 즐겼던가?"라고 했는데, 왕일(王逸)의 「주」에 '팽조가 꿩으로
국을 끓여 요임금에게 바치자 요임금이 잔치를 벌였다'라고 했다. 『사기
(史記)』「오제기(五帝紀)」에 "우(禹)・고요(皐陶)・계(契)・후직(後稷)・백이
(伯夷)・기(夔)・용(龍)・수(倕)・익(益)・팽조는 요임금 때부터 모두 등용
되었다."라고 했으니, 그렇다면 팽조는 요의 신하이다. 『사기』「노자(老
子)・한비열전(韓非列傳)」에 "노자(老子)는 초(楚)나라 고현(苦縣) 여향(厲
鄉) 곡인리(曲仁里) 사람이다. 성(姓)은 이씨(李氏)이고 이름은 이(耳)이며,
자는 백양(伯陽), 시호는 담(聃)인데, 주나라의 왕실도서관[藏室]을 지키는
관리였다."라고 했고, 사마정(司馬貞)의 『사기색은(史記索隱)』에 "살펴보
니, 장실(藏室)의 관리란 주나라 장서실(藏書室)의 관리이다. 또『전한서』
「장창전(張蒼傳)」에 '노자가 주하사(柱下史)가 되었다.'라고 했는데, 아마
도 장실의 기둥 바로 아래에 있었기 때문에 그로 인해 관직의 명칭으로
삼은 듯하다."라고 했으니, 그렇다면 노자는 주나라의 관리이다. 이미
노자는 사관(史官)이었고, 아마도 팽조도 요임금 시대에는 역시 사관이
었기 때문에 공자가 이 두 사람을 마음속으로 견주어 보고자 한 것인 듯
싶다.

원문 「莊子音義」引『世本』云: "彭祖姓錢, 名鏗, 在商爲守藏史, 在周爲柱下
史." 以彭祖爲商人, 與「鄭語」及「五帝紀」不合. 至入周爲柱下史, 則以彭
祖爲數百藏人, 竝恐傳聞之誤. 高誘注『呂氏春秋』「情欲」諸篇, 以老彭・

彭祖爲一人. 邢昺疏『論語』謂彭祖於堯時封彭城, 又云卽老子也, 以老彭‧彭祖‧老聃爲一人, 說與包‧鄭又異, 尤未是也.

역문 『경전석문』권26, 「장자음의(莊子音義)」에는 『세본(世本)』[17]을 인용해서 "팽조는 성은 전(錢)이고 이름은 갱(鏗)으로, 상나라 때 수장사(守藏史)가 되었고 주나라 때 주하사가 되었다."라고 하여 팽조를 상나라 사람으로 보았으니, 「정어」및 「오제기」와는 부합되지 않는다. 주나라 시대에 들어서서 주하사가 되었다면, 팽조를 수백 살 먹은 사람으로 본 것이니, 아마도 모두가 잘못 전해 들은 것인 듯싶다. 고유(高誘)는 『여씨춘추(呂氏春秋)』「정욕(情欲)」의 여러 편들을 주석하면서 노팽과 팽조를 한 사람으로 보았다. 형병(邢昺)은 『논어(論語)』를 주석[疏]하면서 팽조를 일러 '요임금 시대에 팽성(彭城)에 봉해졌다' 하였고, 또 '이 사람이 바로 노자이다'라고 하여 노팽과 팽조와 노담을 한 사람이라고 생각했는데, 형병의 말은 포함이나 정현과는 또 다르니, 더욱 맞지 않는다.

원문 「老子列傳」云: "孔子適周, 將問禮於老子." 又云: "老子修道‧德, 其學以自隱無名爲務. 居周久之, 見周之衰, 乃遂去. 至關, 關令尹喜曰: '子將隱矣, 强爲我著書.' 於是老子乃著書上下篇, 言'道德之意五千餘言'而去."

---

17 『세본(世本)』: 저자 미상. 『전한서(前漢書)』「예문지(藝文志)」권30에 "『세본』15편은 옛 사관이 황제(皇帝) 이래 춘추시대 제후(諸侯)와 대부(大夫)까지를 기록하였다.[世本十五篇, 古史官記黃帝以來訖春秋時諸侯大夫.]"라고 되어 있는데, 『세(世)』‧『세계(世系)』‧『세기(世紀)』‧『세첩(世牒)』‧『세기(牒記)』‧『보첩(譜牒)』이라고도 한다. 세(世)는 가계(家系)를 가리키고 본(本)은 기원을 나타낸다. 선진시대 사관이 편찬한 것으로, 황제부터 춘추시대 제왕(帝王)‧제후‧경대부(卿大夫)의 가계와 성씨, 제왕의 도읍, 제도, 시호법 등을 기재하였다. 전체를 「제계(帝系)」‧「왕후세(王侯世)」‧「경대부세(卿大夫世)」‧「씨족(氏族)」‧「작편(作篇)」과 「거편(居篇)」및 「시법(諡法)」등 15편으로 나눌 수 있다.

又云: “李耳無爲自化, 淸靜自正.”

역문 「노자열전」에 “공자가 주나라에 가서 노자에게 예를 물었다.”라고 했고, 또 “노자는 도(道)와 덕(德)을 닦았는데, 그의 학문은 자신을 숨기고 이름을 내지 않는 것에 힘썼다. 주나라에 오랫동안 살다가, 주나라가 쇠약해지는 것을 보고 마침내 그곳을 떠났다. 함곡관에 이르니, 관문을 지키는 관리인 윤희(尹喜)가 ‘선생께서 장차 숨으려 하시니, 억지로라도 저를 위해 책을 써 주십시오.’라고 하였다. 이에 노자는 결국 상하 두 편의 글을 바로 써서는 ‘도와 덕의 뜻을 담은 5천여 글자다.’라고 하고 떠났다.”라고 했으며, 또 “이이(李耳)는 인위적으로 행함이 없이 저절로 교화되도록 하였으며, 맑고 고요히 있으면서도 저절로 올바르게 되도록 하였다.”라고 했다.

원문 『漢書』「藝文志」, “道家者流, 蓋出於史官. 歷記成敗·存亡·禍福·古今之道, 然後知秉要執本, 淸虛以自守, 卑弱以自持, 此人君南面之術. 合於堯之克攘, 『易』之嗛嗛, 一嗛而四益, 此其所長也. 及放者爲之, 則欲絶去禮樂, 兼棄仁義, 曰‘獨任淸虛, 可以爲治.’”案, 老子之學, 源出黃帝, 故漢人多以黃·老竝言.

역문 『전한서』「예문지(藝文志)」에 “도가(道家)의 유파에 속하는 사람들은 대부분 사관(史官)에서 나왔다. 그들은 성패(成敗)와 존망(存亡), 화복(禍福)과 고금(古今)의 도(道)를 낱낱이 기록하였으며, 그런 뒤에 요점을 잡고 근본을 지켜 마음을 깨끗하게 텅 비움으로써 스스로를 지키고 나약한 듯 몸을 낮추어 스스로를 유지할 줄 아니, 이는 인군(人君)이 남면(南面)하는 술수이다. 요임금이 공손하고 겸양할 수 있었던 것과, 『주역』의 겸손하고 겸손해서,[18] 한 번 겸손하매 네 가지가 유익함[19]에 합치하니, 이것이 그들이 장점으로 여기는 것이다. 방탕한 자들이 그것을 행함에 미치면 예악을 끊어 버리고 아울러 인의(仁義)를 버리려고 하면서 '홀로 마음을 깨끗하게 텅 비움을 자임함으로써 다스릴 수 있다.'라고 한다." 라고 했다. 살펴보니, 노자의 학문은 원래 황제(黃帝)에게서 나왔기 때문에 한(漢)나라시대 사람들은 황제와 노자[黃老]를 아울러 언급한다.

원문 宋氏翔鳳『發微』云: "『老子』曰: '聖人處無爲之事, 行不言之敎', 無爲而有事, 不言而有敎, 非居敬而何? 又曰: '聖人抱一爲天下式.' 一者, 誠也. 誠爲敬, 故'抱一'卽居敬. 又曰: '兵者不祥之器, 非君子之器.' 卽'軍旅之事, 未之學也.' 又曰: '聖人無常心, 以百姓心爲心.' 又曰: '善建者不拔, 善抱者不脫, 子孫祭祝不輟! 修之於身, 其德乃眞; 修之於家, 其德乃餘; 修之於鄕, 其德乃長; 修之於國, 其德乃豊; 修之於天下, 其德乃普.' 卽修己以安百姓, 非獨任淸虛者之所及也. 其書二篇, 屢稱'聖人', 卽'述而不作'也. 又曰: '執古之道, 以御今之有. 能知古始, 是謂道紀.' 此'信而好古'也. 又曰: '象帝之先.' 又曰: '太上, 下知有之.' 曰'帝之先', 曰'太上', 此推乎古而益遠者也."

又云: "『論語』不曰彭老, 而曰老彭者, 以老子有親炙之義, 且尊周史也. 至『三朝記』謂稱商老彭者, 以老子雖生周代, 而所傳之學, 則『歸藏』之學,

---

18 겸(嗛): 안사고(顔師古)의 「주」에 "嗛"은 "謙"과 같다고 했다. 『주역(周易)』 「겸괘(謙卦)」 초육(初六)에 "초육은 겸손하고 겸손한 군자(君子)이니, 대천(大川)을 건너더라도 길(吉)하다.[初六, 謙謙君子, 用涉大川, 吉.]"라고 했다.

19 네 가지 유익함[四益]: 안사고가 말했다. "네 가지 유익함이란, '하늘의 도(道)는 가득 찬 것을 이지러지게 하고 겸손(謙巽)한 것을 더해 주며, 땅의 도는 가득 찬 것을 변하게 하고 겸손한 데로 흐르며, 귀신(鬼神)은 가득 찬 것을 해치고 겸손한 것에 복을 주고, 사람의 도는 가득 찬 것을 싫어하고 겸손한 것을 좋아함'을 이르니, 이는 『주역』 「겸괘」의 단사(彖辭)이다.[師古曰: "四益, 謂'天道虧盈而益謙; 地道變盈而流謙; 鬼神害盈而福謙; 人道惡盈而好謙也.' 此「謙」卦彖辭."]

故歸之於商, 尤'信而好古'之明徵也."

역문 송상봉(宋翔鳳)의 『논어발미(論語發微)』에 "『노자(老子)』에 '성인은 인위적으로 행함이 없는 일에 머물고, 말 없는 가르침을 행한다.'[20]라고 했는데, 인위적으로 행함이 없으면서도 일삼음이 있고, 말이 없으면서도 가르침이 있으니, 거경(居敬)이 아니고 무엇이겠는가? 또 '성인은 하나를 끌어안아 천하의 모범이 된다.'[21]라고 했는데, 하나[一]란 성(誠)이다. 성은 경(敬)이 되니, 따라서 '하나를 끌어안는다[抱一]'라는 것은 바로 거경이다. 또 '병기란 상서롭지 못한 기구이니, 군자의 기구가 아니다.'[22]라고 했으니, 바로 '군대에 관한 일은 아직 배우지 못했다.'[23]라는 것이다. 또 '성인은 고정된 마음이 없어, 백성의 마음으로 마음을 삼는다.'[24]라고 했고, 또 '잘 세운 것은 뽑히지 않고, 잘 안은 것은 벗겨지지 않아, 자손의 제사가 그치질 않네! 몸에서 닦으면 그 덕이 참되고, 집에서 닦으면 그 덕이 넉넉하며, 고을에서 닦으면 그 덕이 길이 빛나고, 나라에서 닦으면 그 덕이 풍성하며, 천하에서 닦으면 그 덕이 온 누리에 퍼진다.'[25]라고 했는데, 이것은 바로 '자기를 수양해서 백성을 편안하게 한다'[26]라는 것이니, 홀로 마음을 깨끗하게 텅 비움을 자임하는 자가 미칠 수 있는 경

---

20 『노자』 제2장.
21 『노자』 제22장.
22 『노자』 제31장.
23 『논어』 「위영공(衛靈公)」: 위(衛)나라 영공(靈公)이 공자에게 진법(陣法)을 묻자, 공자가 "조빙(朝聘)의 예(禮)에서 사용하는 그릇[俎豆]에 대한 일은 일찍이 들었지만, 군대에 관한 일은 아직 배우지 못했습니다."라고 하고, 이튿날 마침내 떠났다.[衛靈公問陳於孔子, 孔子對曰: "俎豆之事則嘗聞之矣; 軍旅之事未之學也." 明日遂行.]
24 『노자』 제49장.
25 『노자』 제54장.
26 『논어』 「헌문(憲問)」.

지가 아니다. 『노자』 상하 두 편의 책은 자주 '성인(聖人)'을 일컫는데, 바로 '계승하여 따르고 창작하지 않는다.'라는 말이다. 또 '옛날의 도를 잡고서, 지금의 유(有)의 존재를 다스린다. 태초의 시작을 알 수 있으니, 이것을 도의 본질[紀]이라 한다.'[27]라고 했는데, 이는 '옛것을 믿고 좋아한다.'라는 말이다. 또 '하늘님보다도 앞서 존재한 것인 듯싶다.'[28]라고 하고, 또 '임금이 최고의 정치를 하면, 백성들은 그 임금이 있다는 사실만을 안다.'[29]라고 했는데, '하늘님보다도 앞선다[帝之先]'라느니, '최상의 정치를 하면[太上]'이라느니 하는 이 말은 옛것을 미루어 더욱 멀리까지 추구한다는 말이다."라고 했다.

또 "『논어』에서 팽노(彭老)라 하지 않고, 노팽이라고 한 것은, 노자에게서 직접 가르침을 받은 의리가 있기 때문이기도 하고, 또 주나라의 사관을 존중했기 때문이기도 하다. 심지어 『삼조기(三朝記)』[30]에서 상나라 노팽이라고 일컬은 것은, 노자가 비록 주나라시대에 생존하기는 했지만 그가 전한 학문은 『귀장(歸藏)』의 학문이었기 때문에 상나라에 귀속시킨 것이라고 했으니, 더욱 '옛것을 믿고 좋아한' 분명한 증거이다."라고 했다.

---

27 『노자』 제14장.

28 『노자』 제4장.

29 『노자』 제17장.

30 『삼조기(三朝記)』: 공자가 노 애공(魯哀公)에게 대답한 말을 수록한 것으로 모두 7편이며, 공자가 사흘 아침을 거쳐 애공을 만나 보았다 하여 『삼조기』라고 명명하였다. 지금은 『대대례(大戴禮)』에 아울러 기록되어 있다. 『전한서』 「예문지」에 "공자의 『삼조기』 7편.[孔子『三朝』七篇.]"이라고 했는데, 안사고의 「주」에 "지금 『대대례』에 그중 1편이 있는데, 공자가 노나라 애공에게 대답한 말이다. 사흘 아침을 거쳐 애공을 만나 보았기 때문에 '삼조'라 한다. [今『大戴禮』, 有其一篇, 蓋孔子對魯哀公語也. 三朝見公, 故曰'三朝'.]"라고 했다.

원문 案, 宋君發明老子之學, 是也. 其以<u>彭祖</u>爲殷人, 則沿『世本』之誤. 而以
『三朝記』老彭爲二人, 亦是彊經就我. 其他謂<u>孔子</u>贊『易』, 多取於『歸藏』,
『小戴』所錄七十子之「記」, 皆爲殷禮, 則顯然違異, 今皆刪佚, 不敢著之,
以誤來學.

역문 살펴보니, 송군(宋君: 송상봉)이 노자의 학문을 드러내 밝힌 것이 옳다.
그가 팽조를 은나라 사람이라고 여긴 것은, 『세본』을 따른 실수이다.
그리고 『삼조기』의 노팽을 두 사람이라고 한 것도 역시 경전을 억지로
해석해서 자신의 입장으로 끌어들인 것이다. 그 외에 공자가 『역』을 찬
술하면서 『귀장』에서 취한 것이 많다고 한 것이나, 『소대례(小戴禮)』에
수록되어 있는 일흔 제자의 「기(記)」도 모두 은나라의 예라고 한 것은
현격하게 어긋나거나 다른 것이어서, 지금은 모두 삭제해 버렸으니, 후
학을 그르칠 수 있기 때문에 감히 기록하지 않는다.

7-2

子曰: "默而識之, 學而不厭, 誨人不倦, 何有於我哉?" 【注】鄭
曰: "無是行於我, 我獨有之."

공자가 말했다. "묵묵히 기억하고 배우면서 싫어하지 않으며, 남
을 가르침에 고달프다고 여겨 그만두지 않을 뿐이니, 이 외에 무
엇이 더 나에게 있겠는가?" 【주】정현이 말했다. "남에게는 이러한 행실이
없고,[31] 나에게는 나만 홀로 이러한 행실이 있는 것이다."

---

31 정현 「주」의 "無是行"이 황간본(皇侃本)에는 "人無有是行"으로 되어 있어 이에 의거해서 번
역했다.

원문 正義曰: "默"者, <u>王逸</u>『楚辭』「惜賢」「注」云"寂"也. "識"者, 記也.『詩』·『書』·禮·樂, 士之正業, 皆須諷誦, 若博學無方, 旣非家有其書, 則惟宜默識也. 下篇云"多見而識之", 亦謂默記也. "厭",『說文』作"猒, 飽也." 引申之, 訓足, 訓棄. 夫子自强不息, 日有孳孳, 不知年數之不足, 故能不厭於學也. "倦",『說文』作"券, 勞也."『廣雅』「釋詁」, "券, 勞也, 止也."

역문 정의에서 말한다.

"묵(默)"은 왕일의『초사장구(楚辭章句)』「석현(惜賢)」「주」에 "고요함[寂]이다."라고 했다. "지(識)"는 기억함[記]이다.『시경』·『서경』·예(禮)·악(樂)은 선비의 정규 학업으로 모두 반드시 외고 암송해야 하니, 만약 일정한 방소가 없이 널리 배우다가 이미 집안에 있어야 할 서책을 가지고 있는 경우가 아니라면, 오직 묵묵히 기억함이 마땅하다.「술이(述而)」의 아래 글에서 "많이 보고 기억함" 역시 묵묵히 기억한다는 말이다. "염(厭)"은『설문해자』에 "염(猒)은 싫증이 난다[飽]는 뜻이다."[32]라고 했는데, 이 의미를 확대해서 만족함[足]으로 새기기도 하고, 버림[棄]으로 새기기도 한다. 공자는 스스로 힘쓰고 쉬지 않으며, 날마다 힘쓰고 힘써 앞으로 남은 세월이 얼마 되지 않는 것도 염두에 두지 않았기 때문에 배우기를 싫어하지 않을 수 있었다. "권(倦)"은『설문해자』에 "권(券)은 고달프다[勞]는 뜻이다."[33]라고 했고,『광아』「석고」에 "권(券)은 고달프다[勞]는 뜻이며, 그만둔다[止]는 뜻이다."라고 했다.

---

[32] 『설문해자』권5: 염(猒)은 싫증이 난다[飽]라는 뜻이다. 감(甘)과 연(肰)으로 구성되었다. 염(猒)은 염(肰)의 혹체자인데 퇴(自)로 구성되었다. 어(於)와 염(鹽)의 반절음이다.[猒, 飽也. 從甘從肰. 猒, 猒或從自. 於鹽切.]

[33] 『설문해자』권13: 권(券)은 피곤하다[勞]는 뜻이다. 역(力)으로 구성되었고, 권(卷)의 생략형이 발음을 나타낸다. 거(渠)와 권(卷)의 반절음이다.[券, 勞也. 從力, 卷省聲. 渠卷切.]

원문 "何有於我?", 言二者之外, 我無所有也. 下篇"子曰: '若聖與仁, 則吾豈敢? 抑爲之不厭, 誨人不倦, 則可謂云爾已矣.' 公西華曰: '正唯弟子不能學也.'"『孟子』「公孫丑篇」, "子貢問於孔子曰: '夫子聖矣乎!' 孔子曰: '聖則吾不能, 我學不厭而敎不倦也.' 子貢曰: '學不厭, 知也; 敎不倦, 仁也. 仁且知, 夫子旣聖矣.'" 觀彼文, 則"學不厭, 敎不倦"乃夫子所自任, "何有於我?"乃辭聖仁不敢居之也. 下篇'出則事公卿'章"何有於我?"義同.

역문 "이 외에 무엇이 더 나에게 있겠는가?[何有於我?]"란 두 가지 외에 내가 가지고 있는 것이 없다는 말이다. 「술이」의 아래 장에서 "공자가 말했다. '성(聖)과 인(仁)으로 말할 것 같으면 내가 어찌 감히 자처할 수 있겠는가? 그러나 성과 인을 배우는 것을 싫어하지 않으며, 다른 사람을 가르침에 고달프다고 여겨 그만두지 않는 것은 반드시 그렇다고 말할 수 있다.' 공서화(公西華)가 말했다. '바로 저희들이 배울 수 없는 점입니다.'"라고 했고, 『맹자』「공손추상(公孫丑上)」에 "자공(子貢)이 공자에게 묻기를 '선생님께서는 성인이십니다!'라고 하자, 공자가 말했다. '성인의 일은 내 능하지 못하지만, 나는 배우기를 싫어하지 않고 가르치기를 고달프다고 여겨 그만두지 않는다.' 자공이 말했다. '배우기를 싫어하지 않음은 지혜[知]이고, 가르치기를 고달프다고 여겨 그만두지 않음은 인입니다. 인하시고도 또한 지혜로우시니 선생님께서는 이미 성인이십니다.'"라고 했는데, 이 문장들을 살펴보면 "배우기를 싫어하지 않고 가르치기를 고달프다고 여겨 그만두지 않음"은 바로 공자가 자처한 것이니, "이 외에 무엇이 더 나에게 있겠는가?[何有於我?]"라고 한 것은 결국 성인과 인자(仁者)를 사양하고 감히 자처하지 않은 것이다. 아래 「자한(子罕)」의 '나가서는 공경(公卿)을 섬긴다[出則事公卿]'라고 한 장에서 "이 외에 무엇이 더 나에게 있겠는가?[何有於我?]"라고 한 것도 같은 뜻이다.

- 「注」, "無是行, 於我, 我獨有之."

- 正義曰:「注」有誤文, 當以"行"句絕, "我"字重衍. 鄭謂他人無是行, 夫子乃獨有之. 與上篇"爲
  國乎何有?" "於從政乎何有?", "何有"皆爲不難也.

- ○ 「주」의 "남에게는 이러한 행실이 없고 나에게는 나만 홀로 이러한 행실이 있는 것이다.[無是
  行於我, 我獨有之.]"

- ○ 정의에서 말한다.

  「주」에 잘못된 글자가 있으니, 마땅히 "행(行)"에서 구두를 끊어야 하고, "아(我)" 자는 중복
  되어 불어난 글자이다. 정현은 다른 사람은 이러한 행실이 없고 공자만 유독 그러한 행실이
  있다고 했다. 앞의 「이인(里仁)」에서 "나라를 다스림에 무슨 어려움이 있겠는가?[爲國乎何
  有?]"라고 한 것과, 「옹야(雍也)」에서 "정치에 종사함에 무슨 어려움이 있겠는가?[於從政乎
  何有?]"라고 한 곳의 "하유(何有)"는 모두 어렵지 않다는 말이다.[34]

7-3

子曰: "德之不修, 學之不講, 聞義不能徙, 不善不能改, 是吾
憂也." 【注】孔曰: "夫子常以此四者爲憂."

공자가 말했다. "덕을 닦지 않음과, 학문을 강습(講習)하지 않음
과, 의(義)를 듣고 옮겨 가지 못함과, 불선(不善)을 고치지 못함,
이것이 나의 근심이다." 【주】공안국(孔安國)이 말했다. "공자는 항상 이 네
가지를 근심으로 삼았다."

---

34 정현의 해석에 따르면, 이 문장은 "묵묵히 기억해서 배우고 싫어하지 않으며, 남을 가르침에
   고달프다고 여겨 그만두지 않는 것이 나에게 무슨 어려움이 있겠는가?"가 된다.

원문 正義曰: 『說文』云: “修, 飾也.” 『廣雅』「釋詁」, “修, 治也.” 五常之德, 人所固有, 當時修治之, 則德日新. 『大學記』所云 “明明德” 是也.

역문 정의에서 말한다.

『설문해자』에 “수(修)는 꾸밈[飾]이다.”[35]라고 했고, 『광아』「석고」에 “수(修)는 다스림[治]이다.”라고 했다. 오상(五常)의 덕은 사람이 본래 가지고 있는 것으로, 그때그때마다 그것을 닦고 다스리면 덕이 날마다 새로워진다. 『대학(大學)』 경1장에서 말한 “명명덕(明明德)”이 이것이다.

원문 “學之不講” 者, <u>汪氏中</u>『述學』云: “講, 習也; 習, 肄也. 古之爲敎也以四術, 『書』則讀之, 禮·樂同物, 誦之, 歌之, 弦之, 舞之. 揖·讓·周旋, 是以行禮, 故其習之也, 恒與人共之. ‘學而時習之’, ‘有朋從遠方來’, 所謂 ‘君子以朋友講習’ 也. 學人習之, 其師則從而告之. 『記』曰: ‘小樂正學干, 大胥贊之; 籥師學戈, 籥師丞贊之; 春誦夏弦, 大師詔之瞽宗; 秋學禮, 執禮者詔之; 冬讀 『書』, 典書者詔之.’ 曰 ‘學’, 曰 ‘贊’, 曰 ‘詔’, 必皆有言, 故於文 ‘講’ 從 ‘言’. <u>孔子適宋</u>, 與弟子習禮大樹下, <u>魯</u>諸儒講禮, 鄕飮·大射於<u>孔子</u>家, 皆講學也. 禮·樂不可斯須去身, 故<u>孔子</u>憂學之不講.”

역문 “학문을 강습하지 않음[學之不講]”

왕중(汪中)의 『술학(述學)』에 “강(講)은 습(習)이고, 습(習)은 익힘[肄]이다. 옛날의 가르침은 네 가지 방법을 사용했는데, 『서경』은 읽게 하였고, 예와 음악[樂] 같은 것은 외거나[誦] 부르거나[歌] 타거나[弦] 춤추게[舞] 하였다. 읍(揖)하고 양(讓)하며 주선(周旋)함으로써 예를 행하는 것이니, 따라서 그것을 익히는 것은 항상 사람들과 더불어 함께한다. ‘배우고 때

---

35 『설문해자』 권9: 수(修)는 꾸밈[飾]이다. 삼(彡)으로 구성되었고 유(攸)가 발음을 나타낸다. 식(息)과 유(流)의 반절음이다.[修, 飾也. 從彡攸聲. 息流切.]

에 맞게 익히는 것'과 '벗이 먼 지방으로부터 오는 것'은 이른바 '군자가 「태괘(兌卦)」를 본받아 벗과 함께 강습한다.'[36]라는 것이다. 배우는 사람이 그것을 익히고, 그 스승은 쫓아서 일러 주는 것이다. 『예기』「문왕세자(文王世子)」에 '소악정(小樂正)이 방패를 들고 추는 춤[干]을 가르치면, 태서(大胥)가 그것을 돕고, 약사(籥師)가 창을 들고 추는 춤[戈]을 가르치면 약사승(籥師丞)이 그것을 도우며, 봄에는 악장(樂章)을 외우게 하고 여름에는 금슬(琴瑟)을 연주하게 하되 태사(大師)가 고종(瞽宗)에서 가르치고, 가을에는 예를 배우게 하되 집례(執禮)하는 이가 가르치며, 겨울에는 『서경』를 읽게 하되 전서(典書)하는 이가 가르친다.'라고 했는데, '가르친다[學]', '돕는다[贊]', '가르친다[詔]'라고 하는 것들은 모두 반드시 말이 있는 것이기 때문에 '강(講)'이라는 글자가 '언(言)'으로 구성된 것이다. 공자가 송(宋)나라에 가서 제자들과 함께 큰 나무 아래에서 예를 익힌 것과, 노나라의 여러 선비들과 예를 강습[講]한 것, 공자의 집에서 향음주례(鄕飮酒禮)와 대사례(大射禮)를 베푼 것은 모두 강학(講學)을 한 것이다. 예와 악은 잠시라도 몸에서 떠나서는 안 되기 때문에 공자는 학문을 강습하지 못함을 근심한 것이다."라고 했다.

원문 "徙", 『說文』云: "迻也." 此常訓. 下篇云"徙義, 崇德也." 『荀子』「大略篇」, "君子之學如蛻, 幡然遷之. 故其行效, 其立效, 其坐效, 其置顔色·出辭氣效. 無留善." 亦言君子能徙義也. 『易』「象傳」, "風雷, 益, 君子以見善則遷, 有過則改." 二者貴能力行, 故有取於風雷. 否則習爲不善, 而不復進行德矣. 故夫子深憂之也. 汪氏中『經義知新記』, "講字古音媾, 修·講

---

36 『주역』「태(兌)·상(象)」: 두 개의 못이 서로 붙어 있는 것이 「태괘(兌卦)」이니, 군자는 이를 본받아 벗과 함께 강습한다.[麗澤, 「兌」, 君子以朋友講習.]

一韻, 徙·改一韻." 皇本"修"作"脩", 又每句下皆有"也"字.

역문 "사(徙)"는『설문해자』에 "옮김[迻]이다."[37]라고 했는데, 이것이 일반적인 뜻이다. 아래「안연(顔淵)」에서도 "의로 옮겨 가는 것이 덕을 높이는 것이다."라 하고,『순자(荀子)』「대략편(大略篇)」에 "군자의 학문은 매미가 허물을 벗는 것과 같아서 갑자기 변하며 옮겨 간다. 그러므로 그의 행실을 본받고 그가 서는 것을 본받으며, 그가 표정을 관리하고 말소리 내는 것을 본받아 선을 지체시킴이 없다."라고 했으니, 역시 군자가 능히 의로 옮겨 감을 말한 것이다.『주역』「익괘(益卦)」의「상(象)」에 "바람과 우레가 익(益)이니, 군자가 이를 본받아 선을 보면 옮겨 가고 잘못이 있으면 고친다."라고 했는데, 두 가지는 힘써 행할 수 있음을 귀하게 여기기 때문에 바람과 우레에서 의미를 취함이 있는 것이다. 그렇지 않으면 불선을 행함에 익숙해져서 다시는 덕을 행하는 데로 나아가지 않게 된다. 그러므로 공자가 깊이 근심한 것이다. 왕중의『경의지신기(經義知新記)』에 "강(講) 자의 옛 발음은 구(媾)이고, 수(修)와 강(講)은 같은 운(韻)이며, 사(徙)와 개(改)가 같은 운이다."라고 했다. 황간본(皇侃本)에는 "수(修)"가 "수(脩)"로 되어 있고, 또 매 구절 아래 모두 "야(也)" 자가 있다.

- ●「注」, "夫子常以此四者爲憂."
- ● 正義曰:『北堂書鈔』「藝文部四」引鄭此「注」云: "夫子常以爲憂也." 此孔所襲. 四者是夫子誨人之語, 而云"吾憂"者, 正恐敎術或疎, 致有斯失, 能引爲己責也.
- ○「주」의 "공자는 항상 이 네 가지를 근심으로 삼았다."

---

37 『설문해자』에 "徙" 자는 보이지 않고,『설문해자』권2,「착부(辵部)」에, "이(迻)는 옮김[遷徙]이다. 착(辵)으로 구성되었고 다(多)가 발음을 나타낸다. 익(弋)과 지(支)의 반절음이다. [迻, 遷徙也. 從辵多聲. 弋支切.]"라고 되어 있다.

○ 정의에서 말한다.

『북당서초(北堂書鈔)』「예문부4(藝文部四)」에 정현의 이「주」를 인용하면서, "공자가 항상 근심으로 삼았다."라고 했는데, 이는 위공(僞孔)이 그대로 따른 것이다. 네 가지는 공자가 사람들을 가르친 말인데, "나의 근심이다"라고 말한 것은 바로 가르치는 방법이 혹시라도 엉성해서 이러한 잘못이 있게 되면 가져다 자기의 책임으로 삼을 수 있음을 걱정한 것이다.

7-4

子之燕居, 申申如也, 夭夭如也.【注】馬曰: "'申申'·'夭夭', 和舒之貌."

공자가 조정에서 물러나 편안히 거처할 때에는 경건하고 근엄하였으며, 온화하고 느긋한 모습이었다.【주】마융(馬融)이 말했다. "'신신(申申)'과 '요요(夭夭)'는 온화하고 느긋한 모습이다."

원문 正義曰:『釋文』云: "燕, 鄭本作宴." 案,『後漢』「仇覽傳」引亦作宴.『說文』, "宴, 安也." 宴本字, 燕鳥名, 蓋叚借也.『禮記』有「仲尼燕居」·「孔子閑居」二篇, 鄭『目錄』云: "退朝而處曰燕居; 退燕避人曰閑居." 此皇「疏」亦云: "燕居者, 退朝而居也."

역문 정의에서 말한다.

『경전석문』에 "연(燕)은 정현본에는 연(宴)으로 되어 있다."라고 했는데, 살펴보니,『후한서(後漢書)』「구람전(仇覽傳)」에 인용한 것도 연(宴)으로 되어 있다.『설문해자』에 "연(宴)은 편안함[安]이다."[38]라고 했으니, 연(宴)이 본자(本字)이고 연(燕)은 새 이름이니, 아마도 가차(叚借)한 글자인 듯싶다. 『예기』에는 「중니연거(仲尼燕居)」·「공자한거(孔子閑居)」 두 편이 있는데, 정현의 『논어공자제자목록(論語孔子弟子目錄)』에 "조정에서 물러나 거처하는 것을 연거(燕居)라 하고, 물러 나와 연거하면서 사람을 피하는 것을 한거(閑居)라 한다."라고 했는데, 이 문장에 대한 황간(皇侃)의 「소」에서도 역시 "연거란 조정에서 물러나 거처함이다."라고 했다.

- 「注」, "申申·夭夭, 和舒之貌."
- 正義曰: 皇「疏」引『詩』云: "'桃之夭夭', 即美舒義." "月出"'舒夭紹兮', 亦以夭紹爲舒之姿也. 『廣雅』「釋訓」, "妖妖·申申, 容也." "妖"與夭同.
- 「주」의 "신신과 요요는 온화하고 느긋한 모습이다."
- 정의에서 말한다.
  황간의 「소」에 『시경』을 인용해서 "'아름답게 활짝 핀 복사꽃[桃之夭夭]'[39]이라고 했으니, 바로 아름답게 폈다[美舒]는 뜻이다."라고 했다. 『시경』「국풍(國風)·진(陳)·월출(月出)」에 "어이하면 맺힌 시름을 펼까[舒夭紹兮]"라고 했는데, 역시 요소(夭紹)를 펴는 자태로 여긴 것이다. 『광아』「석훈(釋訓)」에 "요요(妖妖)와 신신은 용모[容]이다."라고 했다. "요(妖)"는 요(夭)와 같은 글자이다.

원문 胡氏紹勳『拾義』, "『漢書』「萬石君傳」, '子孫勝冠者在則, 雖燕必冠, 申申如也.' 師古「注」云: '申申, 整勑之貌.' 此經記者先言'申申'後言'夭夭', 猶「鄕黨」先言'踧踖', 後言'與與'也. '申申'言其敬, '夭夭'言其和. 馬「注」

---

38 『설문해자』 권7: 연(宴)은 편안함[安]이다. 면(宀)으로 구성되었고 안(晏)이 발음을 나타낸다. 어(於)와 전(甸)의 반절음이다.[宴], 安也. 從宀晏聲. 於甸切.]
39 『시경』「국풍(國風)·주남(周南)·도요(桃夭)」.

'申申'亦訓'和舒', 失之矣." 案, 胡說是也.

역문 호소훈(胡紹勳)의 『사서습의(四書拾義)』에 "『한서』「만석군전(萬石君傳)」에 '자손으로서 관을 쓰게 된 자가 곁에 있으면, 비록 편히 있을 때라도 반드시 관을 쓰고 정돈된 자세를 취하였다.'라고 했는데, 안사고의 「주」에 '신신은 정돈[整勅]된 모습이다.'라고 했다. 여기에서 경전을 기록한 자가 먼저 '신신'이라고 말하고 뒤에 '요요'라고 말한 것은 「향당(鄉黨)」에서 '공손하고 경건함[踧踖]'을 먼저 말하고, 뒤에 '점잖고 느긋함[與與]'을 말한 것과 같다. '신신'은 그의 경건한 모습을 말한 것이고, '요요'는 그의 온화한 모습을 말한 것이다. 마융의 「주」에서는 '신신'도 '온화하고 느긋함[和舒]'으로 풀이했는데, 잘못이다." 라고 했다. 살펴보니, 호소훈의 말이 옳다.

원문 漢『安世房中歌』, "救身齊戒, 施敎申申." 『說文』, "申, 神也. 七月陰氣成體, 自申束. 從臼自持也." 是申有約束之義. "申申如"者, 所謂"望之儼然", "夭夭如"者, 所謂"卽之也溫"也.

역문 한대(漢代) 『안세방중가(安世房中歌)』[40]에 "몸가짐을 단속해서 재계(齊戒)하고, 가르침을 펴기를 경건히 하라."라고 했다. 『설문해자』에 "신(申)은 단속한다[神는 뜻이다. 7월에는 음기(陰氣)가 몸을 이루어[41] 스스로를 단속한다. 구(臼)로 구성되었고 스스로를 유지한다는 뜻이다."[42]라

---

40 『안세방중가(安世房中歌)』: 한(漢) 고조(高祖) 유방(劉邦)의 후궁 당산부인(唐山夫人)이 지은 악부이다. 17장으로 되어 있으며 종묘에 제사 지낼 때 부르는 교묘가사(郊廟歌辭)이다.

41 7월을 상징하는 괘인 천지비괘[天地否(䷋)]는 하괘(下卦)가 순음(純陰)으로 구성되었기 때문에 음기가 몸을 이루었다고 한 것이다.

42 『설문해자』권14: 신(申)은 단속한다[神는 뜻이다. 7월에는 음기(陰氣)가 몸을 이루어 스스로를 단속한다. 구(臼)로 구성되었고 스스로를 유지한다는 뜻이다. 관리들은 신시(申時)를

고 했으니, 이 신(申) 자에는 단속[約束]한다는 뜻이 있다. 따라서 "신신여(申申如)"란 이른바 "멀리서 바라보면 근엄하다"라는 것이며, "요요여(夭夭如)"는 이른바 "그에게 다가가면 온화하다"라는 것이다.[43]

7-5

子曰: "甚矣! 吾衰也久矣. 吾不復夢見周公."【注】孔曰: "孔子衰老, 不復夢見周公, 明盛時夢見周公, 欲行其道也."

공자가 말했다. "심하구나! 내가 노쇠함이 오래되었다. 내가 다시는 꿈에서 주공을 만나 보지 못한다."【주】공안국이 말했다. "공자가 노쇠하여 다시는 꿈에서 주공을 보지 못하지만, 한창때에는 꿈에서 주공을 보고 그의 도를 행하고자 하였음을 밝힌 것이다."

원문 正義曰: 『呂覽』「去宥篇」, "人之老也形益衰." 高誘「注」, "衰, 肌膚消也." 『說文』, "瘮, 寐而有覺也." 今省作"夢". 夫子日有孳孳, 不知老之將至, 至是血氣益衰, 力極疲頓, 無復從前之精專, 故有此歎.

기준으로 식사하고 업무를 보았는데, 이것이 신단(申旦)의 정치이다. 모든 신(申)부에 속하는 한자는 다 신(申)의 뜻을 따른다. 신(㠯)은 신(申)의 고문이다. 신(㠯)은 신(申)의 주문(籒文)이다. 실(失)과 인(人)의 반절음이다.[甲, 神也. 七月, 陰氣气成體, 自申束. 從臼自持也. 吏吕餔時聽事, 申旦政也. 凡申之屬皆從申. 㠯, 古文申. 㠯, 籒文申. 失人切.]

[43] 『논어』「자장(子張)」: 자하(子夏)가 말했다. "군자는 세 가지 변함이 있으니, 멀리서 바라보면 근엄하고, 그에게 다가가면 온화하고, 그 말을 들어 보면 또 엄격하다."[子夏曰: "君子有三變: 望之儼然, 卽之也溫, 聽其言也厲."]

정의에서 말한다.

『여람(呂覽: 여씨춘추)』「거유(去宥)」에 "사람이 늙으면 육체는 더욱 쇠한다."라고 했는데, 고유의 「주」에 "쇠(衰)는 살이 빠진다는 뜻이다."라고 했다. 『설문해자』에 "몽(寢)은 수면 중에 지각이 있는 현상이다."[44]라고 했는데, 지금은 생략해서 "몽(夢)"으로 쓴다. 공자는 날마다 힘쓰고 힘써 늙음이 장차 이르는지도 모르다가, 이때에 이르러 혈기가 더욱 쇠하고 힘이 다하여 지쳐 쓰러질 정도였으므로 다시는 종전과 같은 생각의 정밀함과 전일함이 없었기 때문에 이러한 탄식을 하게 된 것이다.

원문 『呂氏春秋』「博志篇」, "蓋聞孔子·墨翟晝日諷誦習業, 夜親見文王·周公旦而問焉. 用志如此其精也, 何事而不達? 何爲而不成? 故曰'精而熟之, 鬼將告之.' 非鬼告之也, 精而熟之也." 案, 周公成文·武之德, 致治太平, 制禮作樂. 魯是周公之後, 故周禮盡在魯. 夫子言"舍魯何適?" 又屢言"從周", 故綴周之禮. 其修『春秋』, 繩之以文·武之道, 成一王法, 與周公制作之意同也.

역문 『여씨춘추』권24, 「불구론제4(不苟論第四)·박지(博志)」에 "듣자 하니 공자와 묵적(墨翟)은 낮에는 글을 외고 학업을 익히며, 밤에는 꿈속에서 문왕과 주공 단(旦)을 직접 만나 보고서 질문을 했다고 한다. 마음을 씀

---

44 『설문해자』권7: 몽(寢)은 수면 중에 지각이 있는 현상이다. 면(宀)으로 구성되었고 역(疒)으로 구성되었으며, 몽(夢)이 발음을 나타낸다. 『주례(周禮)』에 "일월성신(日月星辰)으로 여섯 가지 꿈의 길흉을 점치니, 첫째는 정몽(正寢)이라 하고, 둘째는 악몽(噩寢)이라 하며, 셋째는 사몽(思寢), 넷째는 오몽(悟寢), 다섯째는 희몽(喜寢), 여섯째는 구몽(懼寢)이라 한다."라고 했다. 모든 몽(寢)부에 속하는 글자는 다 몽(寢)의 뜻을 따른다. 막(莫)과 봉(鳳)의 반절음이다.[寢, 寐而有覺也. 從宀從疒, 夢聲. 『周禮』, "以日月星辰占六寢之吉凶: 一曰正寢, 二曰噩寢, 三曰思寢, 四曰悟寢, 五曰喜寢, 六曰懼寢." 凡寢之屬皆從寢. 莫鳳切.]

이 이와 같이 정밀했으니, 무슨 일인들 통달하지 못했겠으며, 무엇을 한들 이루지 못했겠는가? 그러므로 '정밀하게 해서 익숙해지면 귀신이 장차 일러 준다.'라고 하는 것인데, 사실은 귀신이 일러 주는 것이 아니라 정밀하게 해서 익숙해졌기 때문이다."라고 했다. 살펴보니, 주공은 문왕과 무왕의 덕을 완성시켜 치세를 이루어 태평케 하였으며, 예를 제정하고 음악을 만들었다. 노나라는 주공의 후예였기 때문에 주나라의 예가 모두 노나라에 있었다. 공자는 "노나라를 버리고 어디로 가겠는가?"[45]라고 한 적이 있고, 또 여러 차례 "주나라를 따르겠다."라고 했기 때문에 주나라의 예를 수습해 놓았던 것이다. 그는 『춘추』를 편수함에 문왕과 무왕의 도를 법으로 삼아 하나의 왕법(王法)을 완성시켰으니, 주공이 예를 제정하고 음악을 만든 뜻과 같다.

원문 舊讀以"吾衰也久矣"爲句, 見翟氏灝『考異』所引『呂覽』「不苟」「注」·張載『正蒙』·楊時『資吾院記』. 今讀或以"久矣"屬下句. 皇本"公"下有"也"字. 『釋文』云: "本或無'復'字, 非."

역문 옛날의 구두는 "오쇠야구의(吾衰也久矣)"까지를 한 구절로 끊었으니, 적호의 『사서고이』에서 인용한 『여람』「불구(不苟)」의 「주」와 장재(張載)의 『정몽(正蒙)』, 양시(楊時)[46]의 『자오원기(資吾院記)』에 보인다. 지금

---

45 『예기(禮記)』「예운(禮運)」.

46 양시(楊時, 1053~1135): 북송 말기 검남(劍南) 장락(長樂) 사람. 자는 중립(中立), 호는 구산(龜山)이다. 신종(神宗) 희녕(熙寧) 9년(1076) 진사가 되었지만, 관직에 나가지는 않았다. 채경(蔡京)이 나라를 망치고 백성들에게 해를 끼친다고 비판했고, 왕안석(王安石)의 학문을 극력 배척했다. 고종(高宗)이 즉위하자 공부시랑(工部侍郎)이 되었다. 정호(程顥)와 정이(程頤) 형제에게 사사(師事)했는데, 특히 형 정호의 신임을 받았다. 동생 정이가 귀양지에서 돌아왔을 때 제자들 대부분이 영락했지만, 오직 그와 사량좌(謝良佐)만이 학문에 장족의 발

읽을 때는 더러 "구의(久矣)"를 아래 구절에 귀속시키기도 한다.[47] 황간본에는 "공(公)" 아래 "야(也)" 자가 있다. 『경전석문』에 "판본에 따라 간혹 '부(復)' 자가 없기도 한데, 잘못이다."라고 했다.

7-6

子曰: "志於道, 據於德, 依於仁, 游於藝."【注】"志", 慕也. 道不可體, 故志之而已. "據", 杖也. 德有成形, 故可據. "依", 倚也. 仁者功施於人, 故可倚. "藝", 六藝也, 不足據依, 故曰"游".

공자가 말했다. "도에 뜻을 두고, 덕에 의거하며, 인에 의지하고, 예(藝)에서 노닐어야 한다."【주】"지(志)"는 그리워함[慕]이다. 도는 형체(形體)를 형용할 수 없기 때문에 그리워할 뿐이다. "거(據)"는 의거함[杖]이다. 덕은 이루어진 형체가 있기 때문에 의거할 수 있다. "의(依)"는 기댐[倚]이다. 인자는 남에게 은혜 베푸는 것을 공으로 여기기 때문에 의지할 수 있다. "예(藝)"는 육예인데, 의거하거나 의지하기에 부족하기 때문에 "노닌다[游]"라고 한 것이다.

전을 보였다고 칭찬했다. 정호가 그를 중히 여기고, 정이가 사량좌를 중히 여긴 까닭은 그의 기질이 자신과 닮았기 때문이라 일컬어진다. 장수하면서 이정자(二程子: 정호와 정이)의 도학을 발전시켜 낙학(洛學)의 대종(大宗)이 되었고, 문하에서 주자(朱子)와 장식(張栻), 여조겸(呂祖謙) 등 뛰어난 학자가 많이 배출되었다. 유초(游酢), 여대림(呂大臨), 사량좌와 함께 정문사선생(程門四先生)이라 불렸다. 시호는 문정(文靖)이다. 저서에 『구산집(龜山集)』 42권과 『구산어록(龜山語錄)』 4권, 『이정수언(二程粹言)』 2권 등이 있다.

47 지금 읽을 때는 간혹 "심하구나! 나의 노쇠함이여. 오래되었구나! 내 다시 꿈에서 주공을 보지 못함이여.[甚矣! 吾衰也. 久矣! 吾不復夢見周公.]"라고 읽는다는 말이다.

원문 正義曰: 此夫子誨弟子進德修業之法. 道者, 明明德·親民,『大學』之道也. 德者,「少儀」云: "土依於德." 鄭「注」, "德, 三德也. 一曰至德, 二曰敏德, 三曰孝德." 此本『周官』「師氏」之文. 鄭彼「注」云: "至德, 中和之德, 覆燾持載含容者也. 敏德, 仁義順時者也. 孝德, 尊祖愛親." 三德所以敎國子, 故鄭注「少儀」依用之.『論語』此文, 義當同也. 言"據"者, 據猶守也.『中庸』言顔子, "擇乎中庸, 得一善, 則拳拳服膺, 而弗失之." 卽據德矣.

역문 정의에서 말한다.

이는 공자가 제자들에게 덕을 진작시키고 학업을 닦는 방법을 가르친 것이다. 도란 명덕(明德)을 밝히고 백성을 하나 되게 하는『대학』의 도이다. 덕이란,『예기』「소의(少義)」에 "선비는 덕에 의거해야 한다."라고 한 문장에 대한 정현의「주」에 "덕은 3덕(三德)이니, 첫째는 지덕(至德)이고, 둘째는 민덕(敏德)이며, 셋째는 효덕(孝德)이다."[48]라고 했는데, 이는『주례(周禮)』「지관사도하(地官司徒下)·사씨(師氏)」의 내용에 근거한 것이다. 정현은 이「주」에서 "지덕은 중화(中和)의 덕이니, 천지처럼 덮어주고 실어 주어 모두 포용하는 것이다. 민덕은 인의(仁義)가 때에 맞는 것이다. 효덕은 조상을 높이고 어버이를 사랑하는 것이다."[49]라고 했다. 3덕은 공(公)·경(卿)·대부의 아들들[國子]을 가르치는 것이기 때문에 정현이「소의」를 주석하면서 의거하여 사용한 것이다.『논어』의 이 문장의 뜻도 당연히 같다. "거(據)"라고 말했는데, 의거함[據]은 지킨다[守]는 뜻과 같다.『중용』에 안자(顔子)를 말하면서, "중용(中庸)을 택하여, 한 가지 선을 얻으면 잘 받들어서 가슴속에 새기고 잃지 않았다."[50]라고 했

---

48 『예기주소』권35,「소의(少義)」정현의「주」.
49 『주례주소(周禮註疏)』권14,「지관사도하(地官司徒下)·사씨(師氏)」정현의「주」.
50 『중용』제8장.

는데, 바로 덕에 의거했다[據德]는 것이다.

원문 "依仁"猶言親仁, 謂於仁當依倚之也. "游於藝"者, 「學記」云: "不興其
藝, 不能樂學." 又云: "故君子之於學也, 藏焉修焉, 息焉游焉." 鄭「注」,
"興之言喜也, 歆也. 游謂閑暇無事於之游." 然則游者, 不迫遽之意.「少儀」
言"士游於藝", 鄭彼「注」云: "藝, 六藝也. 一曰五禮, 二曰六樂, 三曰五射,
四曰五馭, 六曰九數." 亦本『周官』「保氏」, 彼「注」云: "五禮: 吉·凶·
賓·軍·嘉也; 六樂: 「雲門」·「大咸」·「大韶」·「大夏」·「大濩」·「大
武」也. 鄭司農云: '五射: 白矢·參連·剡注·襄尺·井儀也; 五馭: 鳴和
鸞·逐水曲·過君表·舞交衢·逐禽左; 六書, 象形·會意·轉注·指事·
假借·諧聲也; 九數: 方田·粟米·差分·少廣·商功·均輪·方程·嬴不
足·旁要.'"『唐石經』"游"作"遊".

역문 "인에 의지함[依仁]"은 인자를 가까이한다[親仁][51]는 말과 같으니, 인에
있어서는 마땅히 의지하고 기대야 한다는 말이다.

"예에서 노닐어야 한다[游於藝]"

『예기』「학기(學記)」에 "그 예를 즐기지 못하면, 배움을 즐길 수 없다."
라고 했고, 또 "군자는 학문에 대해서 학교에 들어가서는 학업을 닦고
학교에서 물러나 쉴 때는 예에서 노닐어야 한다."라고 했는데, 정현의
「주」에 "흥(興)이란 말은 즐긴다[喜]는 뜻이고 흠향한다[歆]는 뜻이다. 유
(游)는 그것에 대해 한가롭고 일삼음이 없음을 유라 한다."[52]라고 했다.
그렇다면 유란 갑작스럽거나 급박하지 않다는 뜻이다. 『예기』「소의」에

---

51 「학이(學而)」의 "泛愛衆而親仁"을 유보남은 "널리 민중을 사랑하면서 인자를 가까이해야 한
    다."라고 해석했다.
52 『예기정의(禮記正義)』 권36,「학기(學記)」 정현의 「주」.

"선비는 예에서 노닐어야 한다."라고 했고, 이에 대한 정현의 「주」에, "예는 육예이니, 첫째는 오례(五禮)이고, 둘째는 육악(六樂)이며, 셋째는 오사(五射), 넷째는 오어(五御), 다섯째는 육서(六書), 여섯째는 구수(九數)이다."[53]라고 했는데, 역시 『주관(周官)』「보씨(保氏)」를 근거한 것으로, 거기의 「주」에, "오례는 길례(吉禮)·흉례(凶禮)·빈례(賓禮)·군례(軍禮)·가례(嘉禮)이고, 육악은 「운문(雲門)」·「대함(大咸)」·「대소(大韶)」·「대하(大夏)」·「대호(大濩)」·「대무(大武)」이다. 정사농(鄭司農)이 이르길 '오사는 백시(白矢)·참련(參連)·섬주(剡注)·양척(襄尺)·정의(井儀)이고, 오어(五馭)는 명화란(鳴和鸞)·축수곡(逐水曲)·과군표(過君表)·무교구(舞交衢)·축금좌(逐禽左)이며, 육서는 상형(象形)·회의(會意)·전주(轉注)·지사(指事)·가차(假借)·해성(諧聲)이고, 구수는 방전(方田)·속미(粟米)·차분(差分)·소광(少廣)·상공(商功)·균수(均輸)·방정(方程)·영부족(贏不足)·방요(旁要)이다.'라고 했다."[54]라고 하였다. 『당석경(唐石經)』에는 "유(游)"가 "유(遊)"로 되어 있다.

- 「注」, "志慕"至"曰游".
- 正義曰: 『說文』云: "據, 杖持也. 依, 倚也." 竝常訓. 道不可體, 德有成形, 皆淸虛之論, 不可以解此文也. 禮·樂不可斯須去身, 故周公自稱"多藝". 夫子言藝能從政, 而以爲"不足據依", 亦異乎吾所聞.
- 「주」의 "지모(志慕)"부터 "왈유(曰游)"까지.
- 정의에서 말한다.

---

53 『예기정의』 권35, 「소의(少義)」 정현의 「주」.
54 『주례주소』 권14, 「지관사도하·보씨(保氏)」 정현의 「주」.

『설문해자』에 "거(據)는 지팡이에 의지함[杖持]이다.[55] 의(依)는 기댄대[倚]는 뜻이다.[56]"라고 했는데, 모두 일반적인 해석이다. "도는 형체를 형용할 수 없대[道不可體]"라는 말과 "덕은 이루어진 형체가 있대[德有成形]"라는 말은 모두 청허(淸虛)[57]한 의론으로 이 말로는 이 문장을 이해할 수가 없다. 예(禮)와 악은 잠시라도 몸에서 떠날 수 없기 때문에 주공이 스스로 "재능이 많대[多藝]"[58]라고 한 것이다. 공자는 재능이 있으면 정치에 종사할 수 있다고 했는데,[59] 「주」에서는 "의거하거나 의지하기에 부족하다"라고 했으니, 또한 내가 들은 것과는 다르다.

7-7

子曰: "自行束修以上, 吾未嘗無誨焉." 【注】孔曰: "言人能奉禮, 自行束修以上, 則皆教誨之."

---

55 『설문해자』 권12: 거(擄)는 지팡이에 의지함[杖持]이다. 수(手)로 구성되었고, 거(豦)가 발음을 나타낸다. 거(居)와 어(御)의 반절음이다.[擄, 杖持也. 從手豦聲. 居御切.]

56 『설문해자』 권8: 의(㑗)는 기댄대[倚]는 뜻이다. 인(人)으로 구성되었고, 의(衣)가 발음을 나타낸다. 어(於)와 희(稀)의 반절음이다.[㑗, 倚也. 從人衣聲. 於稀切.]

57 청허(淸虛): 청정(淸淨)과 허무(虛無)를 말한 것으로 마음을 깨끗이 하여 욕심이 없고 모든 사물을 허무로 보는 노장(老莊)의 사상을 이른다.

58 『서경(書經)』 「주서(周書)·금등(金縢)」에 무왕이 병으로 눕게 되자 주공이 선왕들에게 비는 글에서, "저는 어질고 효성이 있으며, 재주도 많고 재능도 많아 귀신을 잘 섬길 수 있지만 원손은 저처럼 재주도 없고 재능도 없어 귀신을 잘 섬기지 못합니다.[予仁若考, 能多材多藝, 能事鬼神, 乃元孫, 不若旦, 多材多藝, 不能事鬼神.]"라고 하면서 귀신을 잘 섬기는 자신을 대신 죽게 해 달라고 하였다.

59 앞의 「옹야(雍也)」에 "구(求)는 재능이 많으니 정치에 종사함에 무슨 어려움이 있겠습니까?[求也藝, 於從政乎何有?]"라고 했다.

공자가 말했다. "포(脯) 한 묶음 이상의 예(禮)를 행한 자부터는 내 일찍이 가르치지 않은 적이 없다." 【주】 공안국이 말했다. "사람이 능히 예를 봉행하여 속수(束修) 이상의 예를 행한 자부터는 모두 가르쳐 주었다는 말이다."

원문 正義曰: "修"與"脩"同, 謂以脩爲摯, 見其師也. 『周官』「膳夫」, "凡肉脩之頒賜, 皆掌之." 「腊人」, "掌乾肉, 凡田獸之脯·腊·膴·胖之事." 鄭「注」, "薄析曰脯, 箠之而施薑桂曰鍛脩." 『釋名』「釋飲食」, "脯又曰'脩', 脩, 縮也, 乾燥而縮也." 「曲禮」云: "以脯脩置者, 左朐右末." 鄭「注」, "屈中曰朐." 此弟子行束脩於其師, 亦當如置脯脩之法, 左朐右末執之. 稱"束"者, 「少儀」「疏」云: "束脩, 十脡脯也." 以非一脡, 故須束之. 孔氏廣森『經學卮言』, "禮薦脯五臟. 凡作脯之法, 皆以條肉中屈之, 五臟則爲朐者五, 爲脡者十, 故謂之束." 取其與束帛十端而五匹者同義. 『北史』「儒林傳」, "馮偉門徒束脩, 一毫不受." 『隨書』「劉炫傳」, "後進質疑受業, 不遠千里. 然嗇於財, 不行束脩者, 未嘗有所教誨." 是"束脩"爲摯禮.

역문 정의에서 말한다.

"수(修)"는 "수(脩)"와 같으니, 말린 포[脩]를 예물로 삼아 스승을 만나 본다는 말이다. 『주례』「천관총재상(天官冢宰上)·선부(膳夫)」에, "마른 육포[肉脩]를 골고루 나누어 주는 일도 모두 관장한다."라고 했고, 「석인(腊人)」에 "말린 고기를 관장하는데, 사냥한 짐승의 고기를 얇게 저며 말린 포[脯], 생강이나 계피 등을 섞어 말린 포[腊], 크고 두텁게 썰어서 말린 포[膴], 갈비뼈가 붙은 포[胖]를 만드는 일을 관장한다."라고 했는데, 정현의 「주」에 "얇게 저민 것을 포(脯)라 하고, 두드려서 생강이나 계피로 조미한 육포를 단수(鍛脩)라 한다."[60]라고 했다. 『석명(釋名)』「석음식(釋飲食)」에는 "포는 또 '수(脩)'라고도 하는데, 수는 움츠러든다[縮]는 뜻이니,

고기를 건조시켜 움츠러든 것이다."라고 했고, 『예기』「곡례상(曲禮上)」
에는 "포와 수를 놓을 경우에는 포의 가운데를 굽혀서 왼쪽에 놓고, 포
의 끝이 오른쪽을 향하도록 한다."라고 했는데, 정현의 「주」에 "가운데
를 굽힌 것을 구(朐)라 한다."[61]라고 했다. 여기에서 제자가 스승에게 속
수의 예를 행하는 것도 역시 마땅히 포와 수를 놓는 법도와 같이 해야
하니, 포의 가운데를 굽혀서 왼쪽에 놓고, 포의 끝이 오른쪽을 향하도록
해서 집어 든다. "속(束)"을 일컫는 것은, 『예기』「소의」 공영달(孔穎達)의
「소」에 "속수는 열 묶음의 말린 포[十脡脯]이다."라고 했으니, 한 장의 포
[一脡]가 아니기 때문에 반드시 묶는 것이므로 "속"을 일컬은 것이다. 공
광삼(孔廣森)의 『경학치언(經學卮言)』에 "예에 포를 드릴 때는 다섯 장의
늘린 포[五臘]를 올린다. 포를 만드는 방법은 모두 가지런히 썬 살코기
를 가운데를 구부려 만드는데, 다섯 장의 늘린 포[五臘]라면 가운데를 굽
힌 것이 다섯 장이고, 곧은 포[脡]가 되는 것이 열 장이므로 속이라 한
다."라고 했는데, 속백(束帛) 열 단[十端]이 다섯 필[五匹]이라는 것과 같은
뜻을 취한 것이다. 『북사(北史)』「유림전(儒林傳)」에 "풍위(馮偉)[62]는 문도
(門徒)들이 속수의 예를 갖추어도 한 털끝만큼도 받지 않았다."라고 했
고, 『수서(隨書)』「유현전(劉炫傳)」에 "후학[後進]들이 의심나는 것을 질문
하고 학업을 받기 위해 천 리를 멀다 여기지 않고 달려 왔다. 그러나 재

---

60 『주례주소』 권4, 「천관총재상(天官冢宰上)·석인(腊人)」 정현의 「주」.
61 『예기주소』 권2, 「곡례상(曲禮上)」 정현의 「주」.
62 풍위(馮偉, ?~?): 북제(北齊)의 학자로서, 중산(中山) 안희현(安喜縣) 사람으로, 자는 위절
(偉節)이다. 신장이 여덟 자[八尺]였으며, 의관을 매우 위엄 있게 차려 보는 자들마다 숙연해
하며 경탄하였다고 한다. 어려서 이보정(李寶鼎)을 좇아 유학했는데, 이보정이 그의 총명함
과 명민함을 중히 여겨 항상 특별한 뜻으로 시험 삼아 질문하면 이해하고 통달한 것이 많았
고, 더욱이 예에 밝았다. 고향으로 돌아온 뒤에는 두문불출해서 빈객들과 교류도 없이 오로
지 정일하게 깊이 사색하여 무소불통(無所不通)하였다고 한다.

물에는 인색해서 속수의 예를 행하지 않는 자에게는 일찍이 가르쳐 주는 바가 없었다."라고 했으니, 이 "속수"는 제자가 스승을 처음 뵐 때, 예물을 가지고 가서 경의를 표하던 예[贄禮]가 된다.

원문 李賢『後漢』「延篤傳」「注」, "束脩謂束帶脩飾, 鄭注『論語』曰: '束脩謂年十五以上也.'" 李引鄭「注」, 所以廣異義. 人年十六爲成人, 十五以上可以行贄見師, 故擧其所行之贄以表其年. 若然, 則十五以下未能行贄. 故「曲禮」云: "童子委贄而退." "委贄"者, 委於地也. 『後漢』「伏湛傳」, "杜詩薦湛曰: '湛自行束脩, 訖無毁玷.'" 『隷釋』「謁者景君墓表」, "惟君束脩仁知." 『幽州刺史朱龜碑』, "仁義成於束脩, 孝弟根其本性." 『隷續』「金恭碑」, "束脩聰." 皆以"束脩"表年, 與鄭義同.

역문 이현(李賢)의 『후한서』「연독전(延篤傳)」「주」에 "속수란 띠를 매고서 꾸민다는 말이니, 정현이 『논어』를 주석하면서 말했다. '속수는 나이 15세 이상을 이른다.'"라고 했는데, 이현이 정현의 「주」를 인용한 것은 다른 뜻을 널리 소개하기 위한 것이다. 사람이 16세가 되면 성인이 되고, 15세 이상이면 예물을 가지고 가서 스승을 만나 보는 예를 행할 수 있기 때문에 그가 행한 예물을 가지고 가서 스승을 만나 보는 예를 거론하여 그 나이를 드러낸 것이다. 만약 그렇다면 15세 이하는 아직 스승에게 예물을 가지고 가서 경의를 표하는 예를 행할 수 없다. 그러므로 『예기』「곡례하(曲禮下)」에 "동자(童子)는 예물을 땅에 내려놓고 물러간다."라고 했으니, "위지(委贄)"란 땅에 내려놓는다는 뜻이다. 『후한서』「복담전(伏湛傳)」에 "두시(杜詩)[63]가 복담(伏湛)[64]을 천거하며 말했다. '복담은 속수를

---

63 두시(杜詩, 기원전 1?~38): 중국 후한(後漢) 광무제(光武帝) 때의 문신이자 학자. 후한(後漢) 때 남양태수(南陽太守)를 지냈으며, 하내군(河內郡) 급현(汲縣) 사람이다. 자는 군공(君公)

행한 이후로부터는 끝끝내 전혀 결점[瑕玷]이 없었습니다.'"라고 했고,『예석(隷釋)』「알자경군묘표(謁者景君墓表)」에 "임금께서는 속수의 나이부터는 인하고 지혜로웠습니다."라 했으며,『유주자사주귀비(幽州刺史朱龜碑)』에 "인의는 속수의 나이에 이루어지고, 효제(孝弟)는 본성(本性)을 근거로 한다."라고 하였고,『예속(隷續)』「김공비(金恭碑)」에 "속수의 나이 때 총명했다.[束脩聰.]"[65]라고 했는데, 모두 "속수"를 가지고 나이를 드러낸 것으로, 정현의 뜻과 같다.

원문 若『後漢』「和帝紀」"束脩良吏",「鄧後紀」"故能束脩, 不觸羅綱."「鄭均傳」"束脩安貧, 恭儉節整."「馮衍傳」"圭潔其行, 束脩其心."「劉殷傳」, "束脩至行",「胡廣傳」"使束脩守善, 有所勸仰."「王龔傳」"束脩勵節", 皆以約束脩飾爲義. 而其字與"脩"通用.

역문 『후한서』「화제기(和帝紀)」에 "몸가짐을 예로써 잘 단속하고 외모를

이다. 건무(建武) 원년(元年)에 한 해에 세 번이나 천거되어 시어사(侍御使)가 되고 여남도위(汝南都尉)와 남양태수를 역임했는데, 행정이 청렴하고 공평했으며 덕정(德政)을 펼쳤다. 특히 두시는 횡포한 장군 소광(蕭光)을 격살(格殺)하고, 역적 양이(楊異) 등을 주벌하는 등 크게 선정을 베풀어 당시 남양 사람들이 사모하여 "먼저는 소부[召父: 소신신(召信臣)]가 있고, 나중에는 두모(杜母: 두시)가 있네.[前有召父, 後有杜母.]"라고 칭송하였다고 한다.

64 복담(伏湛, ?~37): 후한 낭야(琅邪) 동무(東武) 사람으로, 자는 혜공(惠公)이다. 아버지 복리(伏理)에게『제시(齊詩)』를 전수받아 당대의 명유(名儒)가 되었다. 수백 명의 학생들을 가르쳤다. 성제(成帝) 때 박사제자(博士弟子)가 되었고, 신망(新莽) 때 수의(繡衣)로 법을 집행했다. 유현(劉玄) 경시(更始) 때 평원태수(平原太守)를 지냈다. 후한 광무제(光武帝) 때 부름을 받아 상서(尙書)에 임명되었고, 사직(司直)과 대사도(大司徒)를 지낸 뒤 양도후(陽都侯)에 봉해졌다. 일 때문에 면직되고 불기후(不其侯)로 옮겨 봉해졌으며, 귀향 조치를 당했다. 나중에 다시 불렸지만 취임하기 전에 죽었다.

65 『예속(隷續)』에는 이러한 표현이 보이지 않는다. 유보남이 무엇을 근거한 것인지 알 수 없다.『예속』에 "束脩"라는 표현은 "「기주종사곽군비(冀州從事郭君碑)」"에 한 번 보인다.

잘 꾸미는 훌륭한 관리[束修良吏]"라고 한 것이나, 「등후기(鄧後紀)」에서 "그러므로 몸가짐을 예로써 잘 단속하고 외모를 잘 꾸밀 수 있어 법망에 저촉되지 않을 수 있었다.[故能束修, 不觸羅綱.]"라고 한 것, 「정균전(鄭均傳)」에서 "몸가짐을 예로써 잘 단속하고 외모를 잘 꾸몄으며 가난함을 편히 여기고, 공손하고 검소하며 절제되고 정돈되었다.[束修安貧, 恭儉節整.]"라고 한 것, 「풍연전(馮衍傳)」에서 "그 행실을 규벽(圭璧)처럼 깨끗하게 하고, 그 마음을 잘 단속하고 수식하였다.[圭潔其行, 束修其心.]"라고 한 것, 「유은전(劉殷傳)」에서 "몸가짐을 예로써 잘 단속하고 외모를 잘 꾸미는 지극한 행실[束修至行]"이라고 한 것과 「호광전(胡廣傳)」에서 "몸가짐을 예로써 잘 단속하고 외모를 잘 꾸미도록 해서 권면되고 우러르는 바가 있었다.[使束修守善, 有所勸仰.]"라고 한 것, 「왕공전(王龔傳)」에서 "몸가짐을 예로써 잘 단속하고 외모를 잘 꾸미고 절의에 힘썼다[束修勵節]"라고 한 것은 모두 몸가짐을 예로써 잘 단속하고 꾸미는 것으로 뜻을 삼은 것인데, 그 글자가 "수(脩)" 자와 통용된다.

원문 後之儒者, 移以解『論語』此文, 且學李賢 "束帶修飾"之語, 以爲鄭義亦然, 是誣鄭矣. 至闕黨童子, 則使將命, 互鄕童子, 與其潔己. 竝是夫子敎思之廣, 雖未行束脩, 亦誨之矣.

역문 후세의 유학자들은 『논어』의 이 문장을 바꾸어 해석하고, 또 이현의 "띠를 매고서 꾸민다"라는 말을 거론하면서 정현의 뜻도 역시 그런 것이라고 여기는데, 이는 정현을 모함하는 짓이다. 심지어 궐당(闕黨)의 동자(童子)에게 명(命)을 전달하게 한 것[66]이나, 호향(互鄕)의 동자에게 그가

---

66 『논어』「헌문」: 궐당의 동자가 명을 전달하자, 어떤 사람이 물었다. "학문(學問)이 진전(進展)된 자여서입니까?"[闕黨童子將命, 或問之曰: "益者與?"]

자신을 깨끗이 함을 인정해 준 것[67]은 모두 공자가 교육과 사상을 넓힌 것으로 비록 아직 속수를 행하지 않았지만 역시 가르쳐 준 것이다.

원문 鄭「注」云: "誨, 『魯』讀爲悔字, 今從『古』." 包氏愼言『溫故錄』, "案『魯論』, 則束修不謂脯脡. 『易』曰'悔吝'者, 言乎其小疵也. 又曰'震無咎者, 存乎悔.' 聖人戒愼恐懼, 省察維嚴, 故時覺其有悔. 自行束修以上, 謂自知謹飭砥礪, 而學日以漸進也. 恐人以束修卽可無悔, 故言'未嘗無悔'以曉之." 案, 『魯論』義不著, 包說但以意測. 『易』「繫辭傳」"慢藏誨盜", 『釋文』引 "虞作悔", 二字同音叚借, 疑『魯論』義與『古』同, 叚"悔"字爲之. 鄭以『古論』義明, 故定從"誨"也.

역문 정현의 「주」에 "회(誨)는 『노논어(魯論語)』에서는 회(悔) 자의 뜻으로 읽었으나, 지금은 『고논어(古論語)』를 따른다."라고 했고, 포신언(包愼言)의 『논어온고록(論語溫故錄)』에 "『노논어』를 살펴보니 속수는 말린 육포[脯脡]를 말하는 것이 아니다. 『주역』에서 말하는 '뉘우침과 부끄러움[悔吝]'이란 작은 하자를 말하는 것이다. 또 '동(動)하여 허물이 없게 함은 뉘우침에 있다.[震無咎者, 存乎悔.]'[68]라고 했는데, 성인은 오직 경계하고 삼가며 두려워해서 자신을 성찰함이 엄숙하기 때문에 그때그때마다 뉘우침이 있음을 깨닫는다. 속수를 행한 이후부터는 스스로 몸가짐을 공손히 하고 삼가며 학문을 갈고 연마할 줄 알아 학문이 날마다 점점 진전된다.

---

67 『논어』「술이」: 호향 사람과는 더불어 말하기 어려운데, 호향의 동자가 공자를 만나 보자, 문인들이 이상하게 생각했다. 공자가 말했다. "사람이 자기를 깨끗하게 해서 진보하기에, 그가 깨끗이 한 것을 인정해 준 것이지, 지금 이후의 행실까지 신용을 보증해 주는 것은 아니다."[互鄕難與言, 童子見, 門人惑, 子曰: "與其進也, 不與其退也, 唯何甚? 人絜己以進, 與其絜也, 不保其往也."]

68 『주역』「계사하(繫辭下)」.

아마도 사람이 속수하면 즉시 뉘우침이 없을 수 있다고 여겼기 때문에 '일찍이 뉘우친 적이 없었다'라는 말로 깨우친 것인 듯싶다."라고 했다. 살펴보니, 『노논어』는 의미가 분명하지 않고, 포신언의 말도 단지 자기 생각대로 억측한 것일 뿐이다. 『주역』「계사하(繫辭下)」에 "보관을 허술하게 함이 도적을 가르치는 것이다.[慢藏誨盜.]"라고 했는데, 『경전석문』에는 이를 인용하면서 "우번(虞翻)의 『주역우씨의(周易虞氏義)』에는 회(悔)로 되어 있다."[69]라고 했는데, 두 글자는 발음이 같은 가차자(叚借字)이니, 아마도 『노논어』의 뜻도 『고논어』와 같은 것으로, "회(悔)" 자를 가차해서 쓴 것인 듯싶다. 정현이 『고논어』의 뜻을 분명한 것으로 삼았기 때문에, "회(誨)" 자의 뜻을 따르기로 정한다.

- 「注」, "言人能奉禮."
- 正義曰:「注」義不明. 『書』「秦誓」「正義」引孔此「注」云: "束帶修飾", 當是此「注」脫文, 其義卽李賢所本.
- 「주」의 "사람이 능히 예를 봉행하다."
- 정의에서 말한다.

  「주」의 뜻이 분명하지 않다. 『서경』「진서(秦誓)」의 「정의」에 공안국의 이 「주」를 인용하면서 "띠를 매고서 꾸민다[束帶修飾]"라고 했는데, 당연히 이 「주」에서는 빠진 문장으로, 그 뜻을 바로 이현이 계승한 것이다.

---

69 『경전석문(經典釋文)』 권2,「주역음의(周易音義)·주역계사(周易繫辭)」.

7-8

子曰: "不憤不啓, 不悱不發, 擧一隅不以三隅反, 則不復也."

【注】鄭曰: "孔子與人言, 必待其人心憤憤, 口悱悱, 乃後啓發爲說之, 如此, 則識思之深也. 說則擧一隅以語之, 其人不思其類, 則不復重敎之."

공자가 말했다. "마음속으로 분발하지 않으면 가르쳐 주지 않고, 입으로 표현하려고 마음 아프게 생각하면서 슬퍼하지 않으면 드러내서 일깨워 주지 않으며, 한 모퉁이를 들어서 가르쳐 주었는데, 나머지 세 모퉁이를 가지고 돌이켜 생각하지 않으면 다시 들어서 가르쳐 주지 않는다." 【주】정현이 말했다. "공자는 남과 이야기할 때 반드시 그 사람이 마음속으로 분발하고 분발하며, 입으로 표현하려고 마음 아프게 생각하면서 슬퍼하기를 기다렸다가 그런 뒤에야 열어 주고 드러내서 일깨워 말해 주었으니, 이와 같이 하면 식견과 생각이 깊어진다. 설명할 때는 한 모퉁이를 들어 말해 주었는데, 그 사람이 나머지 세 모퉁이를 유추할 것을 생각하지 않으면 다시 거듭해서 가르쳐 주지 않았다."

원문 正義曰: 『說文』云: "啓, 敎也. 從攴, 启聲." 下引此文. 又 "隅, 陬也." 『淮南』「原道訓」, "經營四隅." 高誘「注」, "隅猶方也." 一隅·三隅, 合爲四隅, 故擧一隅則可知三隅. "反"者, 反而思之也. 『荀子』「大略篇」, "有法者以法行, 無法者以類擧. 以其本知其末, 以其左知其右, 凡百事異理而相守也." 是其義也. 劉氏逢祿『述何篇』, "聖人之言, 皆擧一隅, 而俟人以三隅反, 故文約而旨無窮. 董子說『春秋』云: '不能察, 寂若無, 深察之, 無物不在.' 謂不書多於書也." 皇本·高麗本·晁公武據『蜀石經』 "一隅"下有 "而示之" 三字, 『文選』「西京賦」「注」引同. 皇本 "則"下有 "吾"字.

정의에서 말한다.

『설문해자』에 "계(啓)는 가르침[敎]이다. 복(攴)으로 구성되었고 계(启)가 발음을 나타낸다."[70]라고 하면서 그 아래 이 문장을 인용해 놓았고, 또 "우(隅)는 모퉁이[陬]이다."[71]라고 했다. 『회남자(淮南子)』「원도훈(原道訓)」에 "네 모퉁이를 경영했다[經營四隅]."라고 했는데, 고유의 「주」에 "우(隅)는 모서리[方]와 같다."라고 했다. 한 모퉁이[一隅]와 세 모퉁이[三隅]는 합해서 네 모퉁이[四隅]가 되기 때문에 한 모퉁이를 들어서 가르쳐 주면 나머지 세 모퉁이를 알 수 있는 것이다. "반(反)"이란 돌이켜 생각함이다.

『순자』「대략편」에 "법이 있는 것은 법에 따라 시행하고, 법이 없는 것은 유추해서 거행한다. 그 근본을 가지고 그 끝을 알고, 그 왼쪽을 가지고 그 오른쪽을 아는 것이니, 무릇 모든 일은 이치를 달리하지만 지키는 것은 한결같은 것이다."라고 했으니, 이것이 그 뜻이다. 유봉록(劉逢祿)의 『논어술하편(論語述何篇)』에 "성인의 말은 모두 한 모퉁이만 들어서 알려 주고 사람이 그 세 모퉁이를 돌이켜 생각할 것을 기다리기 때문에 문장은 요약되어 있지만 맛이 무궁하다. 동자[董子: 동중서(董仲舒)]는 『춘추』를 이야기하면서, '제대로 살피지 못하면 고요할 땐 없는 듯하지만, 깊이 살피면 없는 것이 없다.'[72]라고 했는데, 글로 드러내지 않은 의미가 글로 써 놓은 것보다 많다는 말이다."라고 했다.

황간본과 고려본, 조공무(晁公武)[73]가 의거한 『촉석경(蜀石經)』에는 "일

---

70 『설문해자』 권2: 계(啟)는 가르침[敎]이다. 복(攴)으로 구성되었고 계(启)가 발음을 나타낸다. 『논어』에 "마음속으로 분발하지 않으면 가르쳐 주지 않는다."라고 했다. 강(康)과 예(禮)의 반절음이다.[啟, 敎也. 從攴启聲. 『論語』曰: "不憤不啟." 康禮切.]

71 『설문해자』 권14: 우(隅)는 모퉁이[陬]이다. 부(阜)로 구성되었고 우(禺)가 발음을 나타낸다. 우(噳)와 구(俱)의 반절음이다.[隅, 陬也. 從阜禺聲. 噳俱切.]

72 『춘추번로(春秋繁露)』 권3, 「옥영(玉英)」.

우(一隅)" 아래 "이시지(而示之)" 3글자가 있고, 『문선(文選)』「서경부(西京賦)」의 「주」에서 인용한 것도 같다. 황간본에는 "즉(則)" 아래 "오(吾)" 자가 있다.

- 「注」, "孔子"至"敎之".
- 正義曰:『方言』, "憤, 盈也."『說文』, "憤, 懣也." 二訓義同. 人於學有所不知不明, 而仰而思之, 則必興其志氣, 作其精神, 故其心憤憤然也. 下篇夫子言"發憤忘食", 謂憤於心也.『文選』「嘯賦」「注」引『字書』曰: "悱, 心誦也." "誦"疑作"痛".『方言』, "菲, 怤恨也." "菲"與"悱"同.『廣雅』「釋詁」作"蕜",『說文』無"悱"字,『新附』據鄭「注」補. 或疑"悱"卽『說文』"悲"字, 當得之.『玉篇』, "悱, 口悱悱." 此本鄭訓.
- ○「주」의 "공자(孔子)"부터 "교지(敎之)"까지.
- ○ 정의에서 말한다.

  『방언(方言)』에 "분(憤)은 가득 찼다[盈]는 뜻이다."라고 했고, 『설문해자』에 "분(憤)은 마음이 괴로워 가슴이 답답하다[懣]는 뜻이다."[74]라고 했는데, 두 가지로 새기지만 뜻은 같다. 사람은 배움에 있어 알지 못하거나 분명하지 않은 것이 있어서 우러러 생각하다 보면 반드시 그 지기(志氣)를 일으키고, 정신을 진작시키기 때문에 그 마음이 분발하고 또 분발하는 것이다. 「술이」의 아래 글에서 공자가 "분발하면 먹는 것도 잊어버린다[發憤忘食]"라고 한 것

---

73 조공무(晁公武, 1105~1180): 송나라 사람. 자는 자지(子止)이다. 장서(藏書)가 많기로 유명하다. 진사를 거쳐 직학사(直學士)와 임안부(臨安府)의 소윤(少尹)을 지냈다. 저서로는『소덕문집(昭德文集)』60권,『석경고이(石經考異)』,『계고후록(稽古后錄)』,『중용대전(中庸大傳)』,『소덕당고(昭德堂稿)』,『역고훈전(易詁訓傳)』,『숭고초창(嵩高樵唱)』,『부지(附志)』 1권,『육첩주(六帖注)』30권,『노자통술(老子通述)』2권이 있었으나, 지금은 겨우『군재독서지(郡齋讀書志)』만 남아 있고, 대부분 산실되었다.

74 『설문해자』권10: 분(懣)은 마음이 괴로워 가슴이 답답하다[懣]는 뜻이다. 심(心)으로 구성되었고 분(賁)이 발음을 나타낸다. 방(房)과 문(吻)의 반절음이다.[懣, 懣也. 從心賁聲. 房吻切.]

도 마음속으로 분발한다는 말이다. 『문선』「소부(嘯賦)」의 「주」에 『자서(字書)』를 인용해

서 "비(悱)는 마음속으로 왼대[誦]는 뜻이다."라고 했는데, "송(誦)"은 아마도 "통(痛)"으로 써

야 할 듯하다. 『방언』에 "비(悱)는 마음 아프게 생각하면서 슬퍼한대[悲悵]는 뜻이다."라고

했는데, "비(悲)"와 "비(悱)"는 같은 글자이다. 『광아』「석고」에는 "비(悲)"로 되어 있고, 『설

문해자』에는 "비(悱)" 자가 없으므로, 『설문신부(說文新附)』의 정현의 「주」를 근거로 보

충했다.[75] 혹자는 "비(悱)"는 바로 『설문해자』의 "비(悲)" 자일 것이라고 여기는데, 당연히

옳다. 『옥편(玉篇)』에 "비(悱)는 입으로 표현하려고 마음 아프게 생각하면서 슬퍼한대[口悱

悱는 뜻이다."라고 했는데, 이는 정현의 해석을 근거로 한 것이다.

원문 「學記」曰: "時觀而弗語, 存其心也." 「注」云: "使之悱悱憤憤, 然後啓發

也." 「記」又云: "力不能問, 然後語之." "力不能問", 故口悱悱也. 當心憤

憤 · 口悱悱時, 已是用力於思, 而未得其義. 乃後啓發爲說之, 使人知思之

宜深, 不敢不專心致志也.

역문 『예기』「학기」에 "때에 맞춰 살펴보고 말하지 않는 것이 그 마음을 보

존하는 것이다."라고 했는데, 「주」에 "입으로 표현하려고 마음 아프게

생각하면서 슬퍼하고, 마음속으로 분발하고 분발하게 한 뒤에 가르쳐

주고 드러내어 일깨워 주는 것이다."[76]라고 했다. 「학기」에 또 "질문할

수 없을 정도로 노력한 뒤에 말해 준다."라고 했는데, "질문할 수 없을

정도로 노력했기" 때문에 입으로 표현하려고 마음 아프게 생각하면서

---

75 『설문해자』권10, 「심부(心部)」에 "비(悱)는 입으로 표현하려고 마음 아프게 생각하면서 슬
퍼한대[口悱悱는 뜻이다. 심(心)으로 구성되었고 비(非)가 발음을 나타낸다. 부(敷)와 미
(尾)의 반절음이다.[悱, 口悱悱也. 從心非聲. 敷尾切.]"라고 했는데, 이것이 서현(徐鉉)의 신
부자(新附字)라는 말이다.

76 『예기주소』권36, 「학기(學記)」 정현의 「주」.

슬퍼하는 것이다. 마음속으로 분발하고 분발하며, 입으로 표현하려고 마음 아프게 생각하면서 슬퍼하는 지경을 당한 것은 이미 생각에 힘을 쏟았지만 아직 그 뜻을 얻지 못했기 때문이다. 그런 뒤에 가르쳐 주고 드러내어 일깨워 설명해서 사람들로 하여금 지혜와 사고를 마땅히 깊어지게 해 주면, 마음을 전일하게 하고 뜻을 극진히 하지 않을 수 없을 것이다.

원문 『孟子』「盡心下」云: "君子引而不發, 躍如也." "引"者, 引其緖也. 又「學記」云: "故君子之敎喩也, 開而弗達, 開而弗達則思." 「注」云: "開謂開發事端, 但爲學者開發大義而已, 亦不事事使之通達也." 竝此"擧一隅"之義也. "不復重敎之"者, 言敎之旣不深思, 則不復重敎之. 「學記」所謂"語之而不知, 雖舍之可也."『易』「蒙·象」云: "初筮告, 再三瀆. 瀆則不告, 利貞." 鄭「注」, "弟子初問, 則告之以事義, 不思其三隅相況以反解而筮者, 此勤師而功寡, 學者之災也. 瀆筮則不復告, 欲令思而得之, 亦所以利義而幹事也."

역문 『맹자』「진심하(盡心下)」에 "군자는 사람을 가르칠 때에 활시위를 당기기만 하고 쏘지 않으나[引而不發], 실제로 쏘는 것처럼 한다."라고 했는데, "당긴다[引]"라는 것은 그 실마리[緖]를 당기는 것이다. 또 『예기』「학기」에 "군자의 가르침과 깨우침은 열어 주되 통달을 강요하지 않으니, 열어 주되 통달을 강요하지 않으면 스스로 사고하게 된다."라고 했는데, 「주」에 "개(開)는 일의 단서를 열어서 드러내어 일깨워 주는 것으로, 다만 배우는 자들을 위해 대의(大義)를 열어서 드러내어 일깨워 주기만 할 뿐이니, 역시 사사건건이 그들로 하여금 통달하도록 강요하는 것이 아니다."77라고 했으니, 모두 여기의 "한 모퉁이를 들어서 가르쳐 준다"라는 뜻이다. "다시 거듭해서 가르쳐 주지 않았다"라는 것은 가르쳐 주었으나, 이미 깊이 사고하지 않으면 다시 거듭해서 가르쳐 주지 않았다는 말이다. 「학기」의 이른바, "말해 주었는데도 알지 못하면 비록 그대로 내버려 두어도 괜찮다."라는 것이다. 『주역』「몽괘(蒙卦)」의 「단(彖)」에 "첫 번째 점에서 물으면 일러 주지만, 두 번 세 번 묻는 것은 점을 모독하는 짓이다. 모독하면 일러 주지 않으니, 곧음[貞]이 이롭다."라고 했는데, 정현의 「주」에 "제자들이 처음 물으면 일의 의리를 일러 주는데, 세 모퉁이가 서로 대응함을 생각해서 돌이켜 이해하지 않고 점을 치니, 이처럼 스승을 괴롭히면서도 효과가 적은 것이 배우는 자의 재앙이다. 점을 모독하면 다시 일러 주지 않는 것은, 생각해서 터득하게 하고 싶어서이니, 그렇게 하는 것도 역시 의(義)를 이롭게 여기면서 일을 주관하는 것이다.[78]"라고 했다.[79]

7-9

子食於有喪者之側, 未嘗飽也. 【注】喪者哀戚, 飽食於其側, 是無惻隱之心.

---

77 『예기주소』 권36, 「학기」 정현의 「주」.

78 『주역』「건(乾)·문언(文言)」에 "원(元)이란 선(善)한 작용을 지속시키는 것이고, 형(亨)이란 여름에 녹음이 우거져 모든 아름다움이 모이는 것과 같은 작용이며, 이(利)란 의로움이 조화를 이루는 것이고, 정(貞)이란 일의 근간이 되는 것이다. 군자는 인을 체득함으로써 사람을 기를 수 있고, 아름다움을 모으는 작용을 함으로써 예에 합당하게 실천할 수 있으며, 남을 이롭게 함으로써 의로움과 조화를 이룰 수 있고, 곧고 견고함으로써 일의 원동력이 될 수 있다.[元者善之長也; 亨者嘉之會也; 利者義之和也; 貞者事之幹也. 君子體仁, 足以長人; 嘉會, 足以合禮, 利物, 足以和義, 貞固, 足以幹事.]"라고 했다.

79 송(宋) 왕응린(王應麟) 편, 『주역정강성주(周易鄭康成注)』「몽(蒙)」.

공자는 초상을 당한 사람의 곁에서 음식을 먹을 때, 일찍이 배불리 먹은 적이 없었다. 【주】 초상을 당한 자는 슬퍼하는데, 그 곁에서 배불리 먹는다면 이는 측은지심(惻隱之心)이 없는 것이다.

원문 正義曰:「檀弓」云: "食於有喪者之側, 未嘗飽也." 「注」, "助哀戚也." 毛氏奇齡『稽求篇』謂「檀弓」所記, 卽夫子事. 皇本連下章, 而以此「注」繫於後, 與『釋文』所見本不合.

역문 정의에서 말한다.

『예기』「단궁상(檀弓上)」에 "초상을 당한 사람의 곁에서 음식을 먹을 때, 일찍이 배불리 먹은 적이 없었다."라고 했는데, 「주」에 "슬픔을 도운 것이다."[80]라고 했다. 모기령(毛奇齡)은 『논어계구편(論語稽求篇)』에서 「단궁(檀弓)」에 기록한 것은 바로 공자의 일이라고 했다. 황간본은 아래 장과 연결되어 있고, 이 「주」를 그 뒤에 달아 놓았는데, 『경전석문』에 보이는 판본과는 일치하지 않는다.

7-10

子於是日哭, 則不歌. 【注】 一日之中, 或哭或歌, 是褻於禮容.

공자는 이날 곡(哭)을 하였으면 노래하지 않았다. 【주】 하루 안에 곡도 하고 노래도 하면 이는 예에 맞는 행동을 더럽히는 것이다.

---

80 『예기주소』 권8, 「단궁상(檀弓上)」 정현의 「주」.

원문 正義曰: 『說文』云: "哭, 哀聲也. 歌, 詠也." 『毛詩』「園有桃」「傳」, "曲
合樂曰歌." 謂人聲與樂齊作也. 何休『公羊』「注」引『魯詩』「傳」, "大夫士
日琴瑟." 「曲禮」云: "大夫無故不徹縣, 士無故不徹琴瑟." 「注」, "故謂災
患喪病." 此弔人之喪, 旣以情親哀哭之故, 一日之內, 亦不得歌也. 「曲禮」,
"哭日不歌." 「檀弓」, "弔於人, 是日不樂." 毛氏奇齡『稽求篇』謂「檀弓」卽
指夫子此事, 是也.

역문 정의에서 말한다.

『설문해자』에 "곡(哭)은 슬퍼하는 소리[哀聲]이다.[81] 가(歌)는 노래한다
[詠]는 뜻이다.[82]"라고 했다. 『모시(毛詩)』「원유도(園有桃)」의 「전」에 "가
락과 악기 연주를 합해서 부르는 노래를 가(歌)라 한다."[83]라고 했는데,
사람의 목소리와 악기가 일제히 연주된다는 말이다. 하휴(何休)의 『춘추
공양전(春秋公羊傳)』「주」에 『노시(魯詩)』[84]의 「전」에 "대부와 사는 날마
다 금슬(琴瑟)을 연주하는 성찬을 먹는다."[85]라고 한 것을 인용했다. 『예

---

81 『설문해자』 권2: 곡(哭)은 슬퍼하는 소리[哀聲]이다. 훤(吅)으로 구성되었고, 옥(獄)의 생략
형이 발음을 나타낸다. 모든 곡(哭)부에 속하는 한자는 다 곡(哭)의 뜻을 따른다. 고(苦)와
옥(屋)의 반절음이다.[哭, 哀聲也. 從吅, 獄省聲. 凡哭之屬皆從哭. 苦屋切.]

82 『설문해자』 권8: 가(歌)는 노래한다[詠]는 뜻이다. 흠(欠)으로 구성되었고 가(哥)가 발음을
나타낸다. 가(謌)는 가(歌)의 혹체자인데, 언(言)으로 구성되었다. 고(古)와 아(俄)의 반절음
이다.[歌, 詠也. 從欠哥聲. 謌, 歌或從言. 古俄切.]

83 『모시주소(毛詩注疏)』 권9, 「국풍(國風)·위(魏)·원유도(園有桃)」 모형(毛亨)의 「전」.

84 『노시(魯詩)』: 전한(前漢)의 학자이자 문제(文帝) 때 초왕(楚王)의 태자 무(戊)의 스승이며
정치고문으로 태중대부(太中大夫)를 지냈던 노나라의 신배(申培, ?~?)가 제나라의 부구백
(浮丘伯)에게 시(詩)를 배웠고, 문제 때에 박사(博士)가 되어 시를 가르쳤는데 이를 『노시』
라고 한다. 한나라 초기에 전해진 시에는 『제시(齊詩)』·『노시』·『한시(韓詩)』와 모형과
그 조카 모공(毛公)이 전한 『모시(毛詩)』가 있었는데, 후한 때, 정현이 『모시』에 전주(箋註)
를 붙이자 다른 3가의 시는 모두 사라지고 모시만이 유행하여 후대에 전해졌으니, 이것이
지금의 『시경』이다.

기』「곡례하」에 "대부는 변고가 없으면 현가(縣歌)의 연주를 거두지 않으며, 사는 변고가 없으면 금슬 연주를 치우지 않는다."라고 했는데,「주」에 "변고[故]란 천재지변[災]이나 환난[患], 초상[喪]과 질병[病]을 말한다."[86]라고 했으니, 이는 남의 초상을 조문할 때 이미 정분이 친밀해서 슬프게 곡하기 때문에, 그날 하루 안에는 또한 노래를 부를 수 없는 것이다. 「곡례하」에도 "곡한 날에는 노래 부르지 않는다."라고 했고,「단궁하(檀弓下)」에도 "남을 조문했으면, 이날은 음악을 연주하거나 듣지 않는다."라고 했다. 모기령의 『논어계구편』에는 「단궁」의 내용이 바로 공자의 이 일을 가리키는 것이라고 했는데, 옳다.

원문 鄭注「檀弓」云: "君子哀樂不同日." 又『鄭志』答臨碩云: "謂一日之中, 旣以哀事哭, 又以樂而歌, 是爲哀樂之心無常." 言人旣以哀事哭, 則竟一日當常有哀心也. 此惟弔哭在前則然. 若已歌, 而後聞他人之喪, 則弔哭正禮所宜矣. 皇本"日"下有"也"字. 『論衡』「感類篇」引亦有"也"字. 『釋文』云: "舊以爲別章, 今宜合前章."

역문 정현은 「단궁」에 주석을 달면서 "군자는 슬픔과 음악 듣기와 연주를 같은 날에 하지 않는다."[87]라고 했다. 또 『정지(鄭志)』에 임석(臨碩)[88]에게 답하면서 "그날 하루 동안이라는 말이니, 이미 슬픈 일로 곡하고 또 음악을 연주하면서 노래하면 이는 슬퍼하고 즐거워하는 마음이 무상(無常)

---

85 『춘추공양전주소(春秋公羊傳注疏)』권3,「은공(隱公)」5년 9월 기사에 대한 하휴(何休)의 「전」.

86 『예기주소』권4,「곡례하(曲禮下)」정현의「주」.

87 『예기주소』권9,「단궁하(檀弓下)」정현의「주」.

88 임석(臨碩, ?~?): 미상. 『정지(鄭志)』권하에는 "臨石難"으로 되어 있고, 『주례주소』권26,「춘관종백하(春官宗伯下)·여무(女巫)」가공언(賈公彦)의「소」에는 "林碩難"으로 되어 있다.

한 것이다."라고 했으니, 사람이 이미 슬픈 일로 곡을 하였으면 하루가 끝날 때까지는 마땅히 일정하게 슬퍼하는 마음이 있어야 한다는 말이다. 이는 오직 조문하고 곡하는 일이 앞에 있을 때 그런 것이다. 만약 이미 노래를 불렀는데, 나중에 남의 부고를 들었다면 조문하고 곡하는 것이 진실로 예에 마땅하다. 황간본에는 "일(日)" 아래 "야(也)" 자가 있다. 『논형(論衡)』「감류편(感類篇)」에 인용한 것 역시 "야(也)" 자가 있다. 『경전석문』에는 "옛날에는 별도의 장으로 삼았으나, 지금은 앞 장과 합하는 것이 마땅하다."라고 했다.

- 「注」, "一日"至"禮容".
- 正義曰: 皇本此「注」脫.
- ○「주」의 "일일(一日)"부터 "예용(禮容)"까지.
- ○ 정의에서 말한다.
  황간본에는 이 「주」가 빠져 있다.

7-11

子謂顏淵曰: "用之則行, 舍之則藏, 唯我與爾有是夫!"【注】孔曰: "言可行則行, 可止則止, 唯我與顏淵同."

공자가 안연(顏淵)을 평하여 말했다. "등용해 주면 나아가 도를 행하고, 버려두면 도를 감추어 두는 것이니, 오직 나와 너만이 이런 능력이 있구나!"【주】공안국이 말했다. "도를 행할 만하면 행하고, 도를 그만둘 만하면 그만두는 것이니, 오직 나와 안연만이 같을 뿐이라는 말이다."

원문 正義曰:『新語』「愼微篇」引此文說之云:"言顔淵道施於世, 而莫之用." 是行·藏皆指道言. 孟子謂"士窮不失義, 達不離道." 又云:"古之人得志, 澤加於民, 不得志, 修身見於世. 窮則獨善其身, 達則兼濟天下." 卽此義. 案, 下篇夫子言"天下有道則見, 無道則隱." 此明人出處之法. 若此云"用之則行, 舍之則藏." 但言"用之", "舍之", 不復計及"有道"·"無道"者, 正是維世之意, 欲易無道爲有道也. 此惟時中之聖能之. 孟子稱孔子"可以仕則仕", 謂用之卽可以仕也; "可以止則止", 謂舍之卽可以止也. 顔子合符聖德, 故夫子言"我與爾有是"矣.

역문 정의에서 말한다.

『신어(新語)』「신미(愼微)」에 이 문장을 인용하여 말하기를 "안연이 도가 세상에 시행됨에도 등용되지 않음을 말한 것이다."라고 했다. 여기서 행함[行]과 감추어 둠[藏]은 모두 도를 가리켜서 한 말이다. 맹자(孟子)는 "선비는 빈궁해도 의를 잃지 않고, 영달해도 도를 떠나지 않는다."[89]라고 했고, 또 "옛사람들은 자신의 뜻을 이루면 은택이 백성에게 더해지고, 자신의 뜻을 이루지 못하면 몸을 닦아 세상에 자신을 드러냈다. 곤궁할 때는 홀로 자기 몸을 선하게 하였고[獨善其身], 영달하면 천하 사람들을 모두 선하게 하였다."[90]라고 했는데, 바로 이 뜻이다. 살펴보니, 아래 「태백(泰伯)」에서 공자가 "천하에 도가 있으면 자신을 드러내고 도가 없으면 숨어야 한다."라고 했으니, 이는 사람들의 출처(出處)의 법을 밝

---

89 『맹자』「진심상(盡心上)」.

90 『맹자』「진심상」.

힌 것이다. 여기에서 "등용해 주면 나아가 도를 행하고, 버려두면 도를 감추어 두는 것이다."라고 하면서 단지 "등용해 주다", "버려두다"라고 만 말하고 다시 "도가 있음"과 "도가 없음"을 따져서 언급하지 않은 것과 같은 것은 바로 세상의 뜻을 버리로 삼아 도가 없는 상태[無道]를 바꾸어 도가 있는 상태[有道]가 되게 하려 한 것이다. 이는 오직 시중(時中)의 성인만이 할 수 있다. 맹자는 공자를 일컬어 "벼슬할 만하면 벼슬했다"[91]라고 했는데, 등용해 줌이 바로 벼슬할 만한 것이라는 말이고, "그만둘 만하면 그만두었다"라고 했는데, 버려둠이 바로 그만둘 만한 것이라는 말이다. 안자는 성인의 덕에 부합했기 때문에 공자가 "나와 너만이 이런 능력이 있다"라고 말한 것이다.

子路曰: "子行三軍則誰與?" 子曰: "暴虎馮河, 死而無悔者, 吾不與也. 必也, 臨事而懼, 好謀而成者也."【注】孔曰: "大國三軍. 子路見孔子獨美顔淵, 以爲己勇, 至於夫子爲三軍將, 亦當誰與己同? 故發此問. '暴虎', 徒搏. '馮河', 徒涉."

자로가 말했다. "선생님께서 3군(三軍)을 거느리신다면 누구와 함께하시겠습니까?" 공자가 말했다. "맨손으로 범을 때려잡으려 하고 맨몸으로 황하를 건너려다가 죽으면서도 후회함이 없는 자와는 나는 함께하지 않을 것이다. 반드시 일에 임하여 두려워하고, 계책을 잘 세워서 성공하는 자와 함께할 것이다."【주】공안국이 말했다. "대국(大國)은 3군이다. 자로는 공자가 안연만 칭찬하시는 것을 보고서,

---

91 『맹자』「공손추상(公孫丑上)」.

자신은 용맹하니, 공자가 3군의 장수가 되면 또한 마땅히 누가 자기만 같겠는가[92]라고 여겼기 때문에 이런 질문을 한 것이다. '포호(暴虎)'는 맨손으로 때려잡는 것이고, '빙하(馮河)'는 맨몸으로 건너는 것이다."

원문 正義曰: "好謀"者, 好猶善也. 『左』「襄」四年「傳」, "咨難爲謀." 『說文』, "慮難曰謀." 戴氏望『論語注』云: "王者行師, 以全取勝, 不以輕敵爲上." 「傳」曰: "善爲國者不師, 善師者不陳, 善陳者不戰, 善戰者不死, 善死者不亡." 案, 『逸周書』「武紀解」, "謀有不足者三: 仁廢則文謀不足, 勇廢則武謀不足, 備廢則事謀不足." 是行軍當用謀也.

역문 정의에서 말한다.

"호모(好謀)"라고 했는데, 호(好)는 잘한다[善]는 뜻과 같다. 『춘추좌씨전(春秋左氏傳)』「양공(襄公)」 4년의 「전」에 "어려운 일에 대해서 묻는 것[咨難]을 모(謀)라고 한다."라고 했고, 『설문해자』에는 "어려운 일에 대해서 염려하는 것[慮難]을 모(謨)라 한다."[93]라고 했다. 대망(戴望)의 『논어주(論語注)』에 "왕자(王者)가 군사를 거느려 온전히 승리를 취하기 위해서는 적을 가벼이 여김을 최상으로 여기지 않아야 한다."라고 했다. 『춘추곡량전(春秋穀梁傳)』「장공(莊公)」 8년의 「전」에 "나라를 잘 다스리는 자는 군사를 일으키지 않고, 군사를 잘 거느리는 자는 진을 치지 않으며, 진

---

92 『논어정의』에는 '誰'로 되어 있으나, 『논어집해의소(論語集解義疏)』 권4, 「논어술이제7(論語述而第七)」에는 "誰"가 "唯"로 되어 있다." "唯"로 수정하면 해석이 "또한 당연히 오직 자기와 함께할 것이라고 여겼다.[亦當唯與己同.]"가 된다.

93 『설문해자』 권3: 모(謨)는 어려운 일에 대해서 염려하는 것[慮難]을 모(謀)라 한다. 언(言)으로 구성되었고 모(某)가 발음을 나타낸다. 모(𧪡)는 모(謀)의 고문이다. 모(𧧽) 역시 모(謀)의 고문이다. 막(莫)과 부(浮)의 반절음이다.[謨, 慮難曰謀. 從言某聲. 𧪡, 古文謀. 𧧽, 亦古文. 莫浮切.]

을 잘 치는 자는 싸우지 않고, 싸움을 잘 하는 자는 죽이지 않으며, 죽이기를 잘하는 자는 망하지 않는다."라고 했다. 살펴보니, 『일주서(逸周書)』「무기해(武紀解)」에 "계책을 세움에는 세 가지 부족함이 있으니, 인이 무너지면 문(文)에 대한 계책[謀]이 부족하고, 용(勇)이 무너지면 무(武)에 대한 계책이 부족하며,[94] 비(備)가 무너지면 일[事]에 대한 계책이 부족하다."라고 했는데, 이것이 군사를 거느림에 마땅히 계책을 써야 한다는 것이다.

원문 焦氏循『補疏』, "'好謀而成', 成猶定也, 定卽決也. 『三國志』「郭嘉傳」, '袁公多端寡要, 好謀無決.' 無決卽是無成. 好謀而成, 卽是好謀而能決也."『釋文』, "馮, 亦作憑."皇本同.

역문 초순(焦循)의 『논어보소(論語補疏)』에 "'호모이성(好謀而成)'에서, '성(成)'은 정(定)과 같고, 정은 바로 결단함[決]이다. 『삼국지(三國志)』「곽가전(郭嘉傳)」에 '원공[袁公: 원소(袁紹)][95]은 단정함은 많으나 요령이 적고, 계책을 잘 세우나 결단력이 없다.'라고 했는데, 결단력이 없다는 것은 바로 성공이 없다는 것이다. 계책을 잘 세워 성공하는 것은 바로 계책을 잘 세워서 결단을 내릴 수 있는 것이다."라고 했다. 『경전석문』에 "빙(馮)은 또 빙(憑)으로도 되어 있다."라고 했는데, 황간본도 같다.

---

94 『논어정의』에는 "武廢則勇謀不足"으로 되어 있으나, 『일주서(逸周書)』「무기해(武紀解)」를 근거로 수정하고 해석했다.

95 원소(袁紹, ?~202): 후한 말기의 무인. 자는 본초(本初)이고, 예주(豫州) 여남군(汝南郡) 여양현[汝陽縣: 지금의 하남성 상수현(商水縣)] 사람이다. 4대에 걸쳐 삼공(三公)의 지위에 오른 명문 귀족 출신으로 영제(靈帝)가 죽자 대장군 하진(何進)의 명을 받아, 조조(曹操)와 함께 강력한 군대를 편성하였다. 일찍이 하진을 도와 환관들을 죽였으며, 동탁을 칠 때에는 17제후의 맹주였다. 이어 공손찬을 멸하고 조조와 맞섰으나, 여러 차례 패한 끝에 진중에서 죽었다.

● 「注」, "大國"至"徒涉".

● 正義曰:「夏官·序官」, "凡制軍, 萬有二千五百人爲軍. 王六軍, 大國三軍, 次國二軍, 小國 一軍. 軍將皆命卿." 是"大國三軍"也. "夫子爲三軍將", 卽命卿矣. 子路有治賦之才, 故問夫 子行軍將誰與? 冀己有所能以自見也. "暴虎徒搏, 馮河徒涉", 竝『爾雅』「釋訓」文. 郭注"徒 搏"云"空手執也", "徒涉"云"無舟楫". 『說文』, "淜, 無舟渡河也." 『玉篇』, "徒涉曰淜." 今經典 作"馮", 皆"淜"之叚借. "馮", 『說文』訓"馬行疾", 別一義.

○ 「주」의 "대국(大國)"부터 "도섭(徒涉)"까지.

○ 정의에서 말한다.

「하관(夏官)·서관(序官)」에 "무릇 군대를 편성함은 12,500명을 1군으로 한다. 왕은 6군, 대 국은 3군, 다음으로 작은 나라는 2군, 소국은 1군으로 한다. 군대의 장수는 모두 경으로 명 (命)한다."라고 했으니, 이래서 "대국은 3군"인 것이다. "공자가 3군의 장수가 되었다"라는 것은 바로 경에 명해졌다는 말이다. 자로는 군부(軍賦)를 다스리는 재능이 있었기 때문에 공 자가 군대를 거느리게 되면 장차 누구와 함께할 것인가를 묻고, 자기에게 있는 능력을 가지 고 스스로 드러내기를 바란 것이다. "'포호'는 맨손으로 때려잡는 것이고, '빙하'는 맨몸으로 건너는 것이다."라고 했는데, 모두 『이아(爾雅)』「석훈(釋訓)」의 글이다. 곽박(郭璞)은 "도박 (徒搏)"을 주석하면서 "맨손으로 잡음"이라고 했고, "도섭(徒涉)"을 주석하면서 "배와 노가 없음"이라고 했다. 『설문해자』에 "빙(淜)은 배 없이 황하를 건넌다는 뜻이다."[96]라고 했고, 『옥편』에 "맨몸으로 건너는 것을 빙(淜)이라 한다."라고 했는데, 지금 경전에 "빙(馮)"으로 되어 있는 것은 모두 "빙(淜)"을 가차한 것이다. "빙(馮)"은 『설문해자』에 "말이 빠르게 달린 다는 뜻이다."[97]라고 했으니, 일반적인 의미와는 다르다.

---

96 『설문해자』 권11: 빙(淜)은 배 없이 황하를 건넌다는 뜻이다. 수(水)로 구성되었고 붕(朋)이 발음을 나타낸다. 피(皮)와 빙(冰)의 반절음이다.[淜, 無舟渡河也. 從水朋聲. 皮冰切.]

97 『설문해자』 권10: 빙(馮)은 말이 빠르게 달린다는 뜻이다. 마(馬)로 구성되었고 빙(冫)이 발 음을 나타낸다. 방(房)과 융(戎)의 반절음이다.[馮, 馬行疾也. 從馬冫聲. 房戎切.]

7-12

子曰: "富而可求也, 雖執鞭之士, 吾亦爲之, 【注】鄭曰: "富貴不可求而得之, 當修德以得之. 若於道可求者, 雖執鞭之賤職, 我亦爲之." 如不可求, 從吾所好." 【注】孔曰: "'所好'者, 古人之道."

공자가 말했다. "부(富)가 만약 구할 만한 것이라면, 비록 채찍을 잡는 무사[士]라도 내가 또한 하겠으나, 【주】정현이 말했다. "부귀는 구하여 얻어서는 안 되고, 마땅히 덕을 닦아서 얻어야 한다. 만약 도의(道義)에 있어 구할 만한 것이라면 비록 채찍을 잡는 천한 일이라도 나는 또한 할 것이다." 만약 구할 만하지 못하다면, 내가 좋아하는 것을 따르겠다." 【주】 공안국이 말했다. "'좋아하는 것[所好]'이란 옛사람의 도이다."

원문 正義曰: 『史記』「伯夷列傳」引"富貴如可求", 此出『古論』, 以"富貴"連文. "而"與"如"義通也. 宋氏翔鳳『發微』云: "『周官』「太宰」, '祿, 以馭其富.' 三代以上, 未有不仕而能富者. 故官愈尊, 則祿愈厚, 求富卽幹祿也. '富而可求', 謂其時可仕, 則出而求祿. 孔子爲委吏·乘田, 其職與執鞭之士同也. '不可求', 爲時不可仕. 「孔子世家」言, '定公五年, 陽虎囚季桓子, 季氏亦僭於公室, 陪臣執國政, 是以魯自大夫以下, 皆僭於正道. 故孔子不仕, 退而修『詩』·『書』·禮·樂, 弟子彌衆, 至自遠方, 莫不受業焉.' 此'孔子不仕', 謂'不可求', '修『詩』·『書』·禮·樂', 爲'從吾所好'. 孔子自述出處之際, 故以兩'吾'字明之." 案, 宋說與『古論』義合.

역문 정의에서 말한다.

『사기』「백이열전(伯夷列傳)」에 "부귀가 만약 구할 만한 것이라면[富貴

如可求]"이라고 인용했는데, 이는 『고논어』에서 나온 것으로, "부귀(富貴)"라고 글자를 이어서 표현했다. "이(而)"는 "만약[如]"과 뜻이 통한다. 송상봉의 『논어발미』에 "『주관』「태재(太宰)」에 '봉록[祿]이니, 이로써 그 부유함을 어거한다.'⁹⁸라고 했다. 3대(三代) 이상 벼슬하지도 않으면서 부유할 수 있는 사람은 없다. 그러므로 관직이 높아지면 높아질수록 봉록은 더욱 후해지니, 부유함을 구하는 것은 곧 봉록을 구하는 것이다. 따라서 '부가 만약 구할 만한 것이라면'이라는 말은 그때 당시에 벼슬할 만했더라면 벼슬에 나아가 봉록을 구했을 것이라는 말이다. 공자는 위리(委吏)와 승전(乘田)이 됐었는데, 그 일은 채찍을 잡는 무사[士]와 같다. '구할 만하지 못하다[不可求]'라는 것은 시대가 벼슬할 만하지 못하다는 말이다. 「공자세가(孔子世家)」에 '정공(定公) 5년에 양호(陽虎)가 계환자(季桓子)를 가두고, 계씨(季氏) 역시 공실(公室)을 참람해서 배신(陪臣)⁹⁹으로 국정을 옮겨쥐니, 이 때문에 노나라는 대부로부터 그 이하는 모두 참람되게 정도를 넘어서게 되었다. 그러므로 공자는 관직에 나아가지 않고 물러나 『시경』·『서경』·예·악을 정리해서 편집하고 수정하였는데, 그러자 제자들이 더욱 많아져 먼 지방으로부터 찾아와 공자에게서 수업(受業)하지 않은 사람이 없었다.'라고 했으니, 여기에서 '공자가 관직에 나아가지 않았다[孔子不仕]'라는 것이 '구할 만하지 못하다[不可求]'라는 말

---

98 『주례』「천관총재상(天官冢宰上)·태재(太宰)」.

99 배신(陪臣): 제후의 신하가 천자에게 대하여 자기를 이르는 말. 『사기(史記)』 권32, 「제태공세가(齊太公世家)」에 "주나라 상경(上卿)으로서 관중(管仲)을 예우하려고 하니, 관중이 머리를 조아리면서 아뢰기를, '신은 배신이니 어찌 감히 그렇게 할 수 있겠습니까?[周欲以上卿禮管仲, 管仲頓首曰: '臣陪臣安敢.']라고 하였고, 『춘추좌씨전(春秋左氏傳)』「양공(襄公)」 21년조 두예(杜預)의 주석에 "제후의 신하가 천자에게 칭하기를 배신이라고 한다.[諸侯之臣稱於天子曰陪臣]"라고 하였다.

이고, 『시경』·『서경』·예·악을 정리해서 편집하고 수정했다[修『詩』·『書』·禮·樂]라는 것이 '내가 좋아하는 것을 따르겠다[從吾所好]'라는 말이 된다. 공자가 스스로 벼슬에 나아가고 물러나는 시기를 진술한 것이기 때문에 두 번 '나[吾]'라는 글자를 가지고 분명히 한 것이다."라고 했다. 살펴보니, 송상봉의 말이 『고논어』와 의미가 부합된다.

원문 『說苑』「立節篇」引此文說之云: "故阨窮而不憫, 勞辱而不苟, 然後能有致也." "勞辱"卽謂"執鞭"言, 雖勞辱之事, 亦不可苟, 當視可求, 然後爲之也. 阨窮不憫, 則從吾所好也. 但言爲"執鞭"者, 孟子云: "仕非爲貧也, 而有時乎爲貧. 爲貧者, 辭尊居卑, 辭富居貧. 惡乎宜乎? 抱關擊柝." 今此言 "富而可求", 謂時可仕, 兼己亦爲貧, 故但可爲執鞭之士也. 『釋文』, "鞭, 或作硬, 音吾孟反, 非也." "吾亦爲之", 一本無"亦"字, "之"下有"矣"字. "如不可求", 皇本"求"下有"者"字.

역문 『설원(說苑)』「입절(立節)」에 이 문장을 인용하고 설명하면서 "그러므로 곤궁한 지경에 처해도 걱정하지 않으며, 수고롭고 괴로워도[勞辱] 구차스러워하지 않은 뒤라야 이루어짐이 있을 수 있다."[100]라고 했는데, "수고롭고 괴로워도[勞辱]"라고 한 것이 바로 "채찍을 잡음[執鞭]"을 일러서 한 말로, 비록 수고롭고 괴로운 일이라 하더라도 구차스러워해서는 안 되고, 마땅히 구할 만함을 본 뒤에 해야 하는 것이다. 곤궁한 지경에 처해도 걱정하지 않으면 내가 좋아하는 것을 따르게 된다. 다만 "채찍을 잡는" 자가 되겠다고만 말했을 뿐인데, 맹자는 "벼슬함은 가난을 해결하

---

100 『설원(說苑)』 권4, 「입절(立節)」에 『논어』 「술이」의 이 문장을 인용하긴 했으나, 인용 부분의 내용은 없다. 인용한 내용은 『한시외전(韓詩外傳)』에 있는 내용인데, 유보남이 『설원』의 내용으로 착각한 듯하다.

기 위해서가 아니지만, 때로는 가난을 해결하기 위한 경우가 있다. 가난을 해결하기 위해서 벼슬하는 자는 높은 자리를 사양하고 낮은 자리에 있어야 하며, 녹(祿)이 많은 자리를 사양하고 녹이 적은 자리에 처해야 한다. 어떠한 자리가 마땅한가? 관문(關門)을 지키는 문지기나 목탁(木柝)을 치는 야경꾼이 적당하다."[101]라고 했다. 지금 여기에서 말한 "부가 만약 구할 만한 것이라면"이라는 말은 시대가 벼슬할 만한 때이고, 아울러 자기도 가난을 해결해야 하기 때문에 단지 채찍을 잡는 무사가 될 수 있을 뿐이라는 말이다. 『경전석문』에 "편(鞭)은 더러 경(硬)으로 쓰기도 하고, 발음이 오(吾)와 맹(孟)의 반절음이라고 했는데, 틀렸다."[102]라고 했다. "오역위지(吾亦爲之)"는 어떤 판본에는 "역(亦)" 자가 없고, "지(之)" 아래 "의(矣)" 자가 있다. "여불가구(如不可求)"는 황간본에는 "구(求)" 아래 "자(者)" 자가 있다.

- 「注」, "富貴"至"爲之".
- 正義曰: 鄭以"富貴"連言, 亦『古論』義也. 修德以得富貴, 卽夫子言"寡尤‧寡悔, 祿在其中", "學也祿在其中"之旨. "於道可求", 謂仕之道也, 言己雖修德, 仍視道可仕否也. 孟子云: "古之人未嘗不欲仕也, 又惡不由其道." 卽此義也. "執鞭"爲"賤職"者, 鞭是刑具, 『書』"鞭作官刑"是也. 『周官』, "條狼氏掌執鞭以趨辟, 王出入則八人夾道, 公則六人, 候‧伯則四人, 子‧男則二人." 又云: "凡誓, 執鞭以趨於前, 且命之."「注」, "趨辟, 趨而辟行人, 若今卒辟車之爲也. '孔子曰云云', 言士之賤也." 據「序官」, 條狼氏是下士, 故稱賤矣.
- 「주」의 "부귀(富貴)"부터 "위지(爲之)"까지.
- 정의에서 말한다.

---

101 『맹자』「만장하(萬章下)」.
102 『경전석문』 권24, 「논어음의(論語音義)‧술이제7(述而第七)」.

정현은 "부귀"라고 이어서 말했는데, 역시 『고논어』의 뜻이다. 덕을 닦아 부귀를 얻는다는 것은 바로 공자의 "허물이 적고 후회가 적으면 녹이 그 가운데 있을 것이다."[103]라는 말과 "배우기만 해도 그 가운데 봉록이 있는 경우가 있다."[104]라는 말의 취지이다. "도의에 있어 구할 만한 것"은 벼슬하는 도의를 이르니, 자기가 비록 덕을 닦았지만 여전히 도의에 있어 벼슬을 해도 되는지 안 되는지를 살펴본다는 말이다. 맹자가 "옛사람들이 벼슬하고 싶어 하지 않은 것은 아니지만, 또 올바른 도의를 따르지 않는 것을 미워하였다."[105]라고 한 것이 바로 이 도의이다. "채찍을 잡음[執鞭]"을 "천한 일[賤職]"이라고 한 것은 채찍[鞭]이 형벌을 가하는 도구이기 때문이니, 『서경』에 "관부에서는 채찍의 형벌을 행한다."[106]라고 한 것이 이것이다. 『주관』에 "조랑씨(條狼氏)는 채찍을 잡고 달려가 행인(行人)을 벽제(辟除)하는 일[趨辟]을 관장하는데, 왕이 출입할 때는 8명이 길 양쪽으로 늘어서서 행인을 벽제하고, 공작(公爵)의 경우는 6명, 후작(侯爵)과 백작(伯爵)은 4명, 자작(子爵)과 남작(男爵)은 2명이 그 일을 한다."라고 했고, 또 "맹서할 때는 채찍을 잡고 대중 앞으로 달려가 명령한다."[107]라고 했는데, 「주」에 "추벽(趨辟)은 달려가서 행인을 물리치는 것이니, 오늘날 병졸들이 수레를 피하도록 하는 것과 같다. '공자가 말했다 운운'했는데, 천박한 무사[士]를 말한 것이다."[108]라고 했다. 『주례』「추관사구상(秋官司寇上)·서관(序官)」에 의거하면 조랑씨는 하사(下士)이므로 천하다고 일컬은 것이다.

---

103 『논어』「위정(爲政)」.

104 『논어』「위영공」.

105 『맹자』「등문공하」.

106 『서경』「우서(虞書)·순전(舜典)」.

107 『주례』「추관사구하(秋官司寇下)·조랑씨(條狼氏)」.

108 『주례주소』권36, 「추관사구하(秋官司寇下)·조랑씨(條狼氏)」정현의 「주」.

7-13

子之所愼, 齊·戰·疾. 【注】 孔曰: "此三者, 人所不能愼, 而夫子獨能愼之."

공자가 삼간 것은 재계[齊]와 전쟁과 질병이었다. 【주】 공안국이 말했다. "이 세 가지는 남들은 삼가지 못하는 것인데 공자만 유독 삼갈 수 있었다."

원문 正義曰: 『說文』云: "愼, 謹也. 齋, 戒潔也. 從示, 齊省聲." 經典"齋"·"齊"二文錯見. 「祭統」云: "及時將祭, 君子乃齊. 齊之爲言齊也, 齊不齊以致齊者也. 故散齊七日以定之, 致齊三日以齊之." 又云: "及其將齊也, 防其邪物, 訖其耆欲, 耳不聽樂. 故『記』曰: '齊者不樂.' 言不敢散其志也. 心不苟慮, 必依於道, 手足不苟動, 必依於禮."

역문 정의에서 말한다.

『설문해자』에 "신(愼)은 삼간다[謹]는 뜻이다.[109] 재(齋)는 경계하고 깨끗이 한다[戒潔]는 뜻이다. 시(示)로 구성되었고, 재(齊)의 생략형이 발음을 나타낸다.[110]"라고 했는데, 경전(經典)에서는 "재(齋)"와 "재(齊)" 두 글자가 뒤섞여서 보인다. 『예기』「제통(祭統)」에 "때가 되어 장차 제사를

---

109 『설문해자』 권10: 신(愼)은 삼간다[謹]는 뜻이다. 심(心)으로 구성되었고 진(眞)이 발음을 나타낸다. 신(昚)은 신(愼)의 고문이다. 시(時)와 인(刃)의 반절음이다.[愼, 謹也. 從心眞聲. 昚, 古文. 時刃切.]

110 『설문해자』 권1: 재(齋)는 경계하고 깨끗이 한다[戒潔]는 뜻이다. 시(示)로 구성되었고, 재(齊)의 생략형이 발음을 나타낸다. 재(𪗋)는 재(齋)의 주문(籒文)인데 재(襲)의 생략형으로 구성되었다. 측(側)과 개(皆)의 반절음이다.[齋, 戒潔也. 從示, 齊省聲. 𪗋, 籒文齋從襲省. 側皆切.]

지내려고 할 때 군자는 마침내 재계한다. 재계란 말은 가지런히 한다는 뜻이니, 가지런하지 않은 것을 가지런하게 해서 재계를 지극히 하는 것이다. 그러므로 7일 동안 산재(散齊)하여 마음을 안정시키고, 3일 동안 치재(致齊)하여 마음을 가지런하게 한다.[111]"라고 했고, 또 "장차 재계하려는 데 이르면 그 간사한 것들을 막고, 그 기욕(嗜欲)을 그치고, 귀로 음악을 듣지 않는다. 그러므로 『예기』「곡례상」에서 말하기를, '재계하는 자는 음악을 듣지 않는다.'라고 했으니 감히 그 마음을 흩어지게 하지 않는다는 말이다. 마음으로 구차하게 생각하지 않아서 반드시 도리에 의거하며, 수족(手足)을 구차하게 움직이지 않아서 반드시 예(禮)에 의거하게 된다."라고 했다.

---

111 산재(散齊)와 치재(致齊): 제사 지낼 날짜가 확정되면, 제관은 심신을 정결하게 가다듬어 행사의 본디 절차와 의의를 충실하게 이행하기 위하여 재계(齊戒)를 행한다. 재계에는 산재와 치재가 있는데, 산재는 평상시 업무를 그대로 행하되 조문을 하거나 음악을 즐기는 등 정서에 변화를 일으키는 일을 자제하여 심신을 경건하게 가다듬는 것이다. 율곡(栗谷)의 『격몽요결(擊蒙要訣)』「제례장(祭禮章)」에 "시제(時祭)를 지낼 경우에는 산재를 4일간 하고 치재를 3일간 하며, 기제(忌祭)를 지낼 경우에는 산재를 2일간 하고 치재를 1일간 하며, 참례(參禮)를 할 경우에는 미리 재계하기를 1일간 한다. 이른바 산재라는 것은 남의 초상에 조문하지 않고 질병을 문병하지 않으며, 냄새나는 음식을 먹지 않고 술을 마시되 취하는 데 이르지 않으며, 모든 흉하고 더러운 일에 다 상관하지 않는 것이요, [만일 길에서 흉하고 더러운 것을 갑자기 만나면 눈을 가리고 피하여 보지 말아야 한다.] 이른바 치재라는 것은 음악을 듣지 않고, 출입하지 않고, 마음을 전일하게 해서 제사 지낼 분을 생각하여, 그분이 생전에 생활하시던 모습을 생각하며, 웃고 말씀하시던 것을 생각하며, 좋아하시던 것을 생각하며, 즐기시던 것을 생각함을 이른다. 이렇게 한 뒤에야 제사 지낼 때를 맞이하여 그 모습을 보는 듯하고, 그 음성을 듣는 듯하여 정성이 지극하여 신이 흠향하는 것이다.[時祭則散齊四日, 致齊三日; 忌祭則散齊二日, 致齊一日; 參禮則齊宿一日, 所謂散齊者, 不弔喪·不問疾·不茹葷, 飮酒不得至亂, 凡凶穢之事, 皆不得預, [若路中猝遇凶穢, 則掩目而避, 不可視也.] 所謂致齊者, 不聽樂·不出入, 專心想念所祭之人, 思其居處, 思其笑語, 思其所樂, 思其所嗜之謂也. 夫然後, 當祭之時, 如見其形, 如聞其聲, 誠至而神享也.]"라고 했다.

『韓詩外傳』八, "傳曰: '居處齊則色姝, 食飮齊則氣珍, 言語齊則信聽, 思齊則成, 志齊則盈. 五者齊, 斯神居之.'" 竝言愼齊之事也. 『說文』云: "戰, 鬬也." 愼戰謂臨事而懼, 好謀而成也. 「禮器」云: "子曰: '我戰則克, 祭者受福, 蓋得其道.'" 此之謂也. "愼疾"者, 所以守身也. 『金匱要略』言, "人有疾, 當愼養, 苦酸辛甘不遺, 形體有衰, 雖在經絡, 無由入其腠理." 卽此義也.

역문 『한시외전(韓詩外傳)』 권8에 "다음과 같은 말이 전해 온다. '거처가 정제(整齊)되면 낯빛이 좋고, 음식이 정제되면 기(氣)가 아름다우며, 언어가 정제되면 신뢰해서 듣고, 생각이 정제되면 일에 성취가 있으며, 뜻이 정제되면 가득 채움이 있다. 이 다섯 가지가 정제되면 이에 바른 정신이 깃든다.'"라고 했으니, 모두 삼가고 가지런히 하는 일을 말한 것이다.

『설문해자』에 "전(戰)은 싸운다[鬬]는 뜻이다."[112]라고 했다. 전쟁을 삼간다는 것은 "일에 임하여 두려워하고, 계책을 잘 세워서 성공한다.[臨事而懼, 好謀而成也.]"라는 말이다. 『예기』「예기(禮器)」에 "공자가 말했다. '나는 전쟁을 하면 이기고 제사를 지내면 복을 받으니, 올바른 방법대로 하기 때문이다.'"라고 했는데, 이것을 말하는 것이다. "질병을 삼간다"라는 것은 몸을 지키는 방법이다. 『금궤요략(金匱要略)』[113]에 "사람이 질병이 있으면 마땅히 보양을 삼가야 되니, 쓰고 시며 맵고 단 것을 빠뜨리지 않아야 하는데, 몸이 쇠하는 병에 걸리면 비록 경락(經絡)[114]에 침이나

---

112 『설문해자』 권12: 전(戰)은 싸운다[鬬]는 뜻이다. 과(戈)로 구성되었고 단(單)이 발음을 나타낸다. 지(之)와 선(扇)의 반절음이다.[戰, 鬬也. 從戈單聲. 之扇切.]

113 『금궤요략(金匱要略)』: 후한 때의 장중경(張仲景, 150~219)이 지었다고 하는 의서(醫書)이다. 그의 『상한론(傷寒論)』과 함께 동양(東洋) 의학(醫學)의 원전(原典)으로 처방학 및 치료학 연구에 중요한 책이다. 주로 고대의 내과(內科) 잡병의 치료법을 논술하였다.

114 경락(經絡): 오장육부(五臟六腑)에 생긴 병의 증후가 몸 겉에 나타나는 자리. 이 자리에 침

뜸을 놓으면 된다고는 하지만 삼초(三焦)[115]가 회통하는 원진(元眞)의 자리와, 피부나 장기의 결로 들어갈 길이 없다."[116]라고 했는데, 바로 이 뜻이다.

7-14

子在齊聞「韶」, 三月不知肉味, 【注】周曰:"孔子在齊, 聞習「韶」樂之盛美, 故忽忘於肉味." 曰:"不圖爲樂之至於斯也."【注】王曰:"'爲', 作也. 不圖作「韶」樂至於此. '此', 齊."

이나 뜸으로 자극하면 관계된 장부(臟腑)의 병이 낫게 된다. 그 자극하는 부위를 경혈(經穴), 또는 혈(穴)이라고 하며, 경락에는 정경(正經) 열둘이 있고 기경(奇經) 8맥(八脈)이 있다. 경락은 경맥(經脈)과 낙맥(絡脈)을 합한 말인데, 경맥은 수족(手足)의 삼음(三陰)·삼양(三陽)의 맥(脈)이다. 수 삼음(手三陰)은 태음(太陰) 폐(肺)·소음(小陰) 심(心)·궐음(厥陰) 심포(心胞), 수 삼양(手三陽)은 태양(太陽) 담(膽)·소양(小陽) 소장(小腸)·양명(陽明) 대장(大腸)이며, 족 삼음(足三陰)은 태음(太陰) 비(脾)·소음(少陰) 신(腎)·궐음(厥陰) 간(肝), 족 삼양(足三陽)은 태양(太陽) 방광(膀胱)·소양(小陽) 명문삼초(命門三焦)·양명(陽明) 위경(胃經)인데, 이 수족의 삼음·삼양이 좌우(左右) 손의 맥관(脈關)인 촌(寸)·관(關)·척(尺)·삼관(三關)에 분포되어 있다. 낙맥은 가로로 지선(支線)을 이루어 상호 연결되어 온몸에 기혈(氣血)을 전달하는 통로가 된다.

115 삼초(三焦): 한방(漢方)에서 이르는 육부(六腑)의 하나로, 상초(上焦)·중초(中焦)·하초(下焦)의 총칭인데, 상초는 심장(心臟) 아래에 있어 음식물을 위(胃)에 들여보내는 작용을 하고, 중초는 위 속에 있어 소화를 맡고, 하초는 방광(膀胱) 위에 있어 수분(水分)의 배설(排泄)을 맡는다고 한다.

116 『금궤요략』 권1,「장부경락선후병맥증(臟腑經絡先後病脈證)」에는 "形體有衰" 밑에 "病" 자가 있고, "雖在經絡" 네 글자는 없다. 그리고 "腠理"에 대해, "주(腠)는 삼초가 회통하는 원진(元振)의 자리로서 혈기가 흐르는 곳이고, 이(理)는 피부(皮膚)와 장부의 결[文理]이다.[腠者, 是三焦通會元振之處, 爲血氣所注; 理者, 是皮膚臟腑之文理也.]"라고 했다.

공자가 제(齊)나라에 있을 때 「소(韶)」를 듣고 익히면서 석 달 동안 고기 맛도 모르고, 【주】 주생렬(周生烈)이 말했다. "공자가 제나라에 있을 때 「소」 음악의 성대하고 아름다운 소리를 듣고 익혔으므로 문득 고기 맛을 잊은 것이다." 말하길 "음악을 하는 것이 이런 경지에 이를 줄은 생각하지 못했다."라고 했다. 【주】 왕숙(王肅)이 말했다. "'위(爲)'는 연주함[作]이니, 「소」 음악을 연주하는 것이 여기[此]에까지 이를 줄은 생각하지 못했다는 말이다. '차(此)'는 제나라이다."

원문 正義曰: 皇本"韶"下有"樂"字. 『史記』「孔子世家」言"孔子年三十五, 昭公奔於齊, 魯亂, 孔子適齊, 與齊太師語樂, 聞「韶」音"云云. 江氏永『鄉黨圖考敍』, "此適齊爲孔子三十六歲, 三十七歲自齊反魯." 『說苑』「修文篇」, "孔子至齊郭門之外, 遇一嬰兒挈一壺, 相與俱行. 其視精, 其心正, 其行端. 孔子謂御曰: '趣驅之, 趣驅之. 「韶」樂方作!'" 此相傳夫子聞「韶」樂之事.

역문 정의에서 말한다.

　　황간본에는 "소(韶)" 아래 "악(樂)" 자가 있다. 『사기』「공자세가」에 "공자 나이 서른다섯 때 소공(昭公)이 제나라로 달아났고, 노나라에 난이 일어나자 공자는 제나라로 가서 제나라의 태사(太師)와 음악을 이야기하고, 「소」 음악을 들었다"라고 운운했다. 강영(江永)의 『향당도고서(鄉黨圖考敍)』에 "여기서 제나라로 간 것은 공자 서른여섯이 되었을 때이고, 서른일곱에 제나라로부터 노나라로 돌아왔다."라고 했다. 『설원』「수문(修文)」에 "공자가 제나라 국도(國道)의 성문 외곽에 도착해서 병을 들고 가는 한 어린아이를 만나 서로 함께 길을 갔다. 그 아이의 시선은 밝게 빛나고 마음은 바르고 행동은 단정했다. 공자가 수레를 모는 사람에게 말했다. '빨리 가자, 빨리 가자. 「소」 음악이 한창 연주 중이구나!'"라고 했으니, 이는 공자가 「소」음악을 들은 일을 서로 전한 것이다.

원문 "不知肉味", 猶言"發憤忘食"也. 『說文』, "味, 滋味也. 圖, 畫計難也." "不圖"者, 言「韶」樂之美, 非計度所及也. 『釋文』, "爲樂並如字. 本或作嬀, 音居危反, 非." 包氏愼言『溫故錄』, "嬀, 陳姓, 夫子蓋知齊之將爲陳氏, 故聞樂而深痛太公·丁公之不血食也." 此就『釋文』所載或本爲義. 然此句承"不知肉味"之下, 正以贊美「韶」樂, 所以聞習之久, 至不知肉味也. 若以"爲樂"作"嬀樂", "至於斯"爲陳將代齊, 則是感痛之義, 與上文不貫, 似非是也.

역문 "고기 맛도 몰랐다"라는 것은 "분발하면 먹는 것도 잊는다"라는 말과 같다. 『설문해자』에 "미(味)는 풍성한 맛[滋味]이다.[117] 도(圖)는 어려움을 해결할 여러 가지 생각들을 그림으로 나타낸 것이다.[118]"라고 했으니, "생각하지 못했다[不圖]"라는 것은 「소」음악의 아름다움이 헤아려서 미칠 수 있는 것이 아니라는 말이다. 『경전석문』에 "위악(爲樂)은 모두 본 글자와 같이 읽어야 한다. 판본에 따라서는 더러 규(嬀)로 되어 있고, 발음은 거(居)와 위(危)의 반절음이라고 하는데, 틀렸다."[119]라고 했다. 포신언의 『논어온고록』에 "규(嬀)는 진(陳)나라 국성이니, 공자는 제나라가 장차 진씨(陳氏)가 될 것을 알았기 때문에, 음악을 듣고는 태공(太公)과 정공(丁公)이 제사를 받지 못하게 될 것임을 깊이 애통해한 것이다."라고

---

117 『설문해자』 권2: 미(味)는 풍성한 맛[滋味]이다. 구(口)로 구성되었고 미(未)가 발음을 나타낸다. 무(無)와 비(沸)의 반절음이다.[味, 滋味也. 從口未聲. 無沸切.]
118 『설문해자』 권6: 도(圖)는 어려움을 해결할 여러 가지 생각들을 그림으로 나타낸 것이다. 국(口)으로 구성되었고 비(啚)로 구성되었다. 비(啚)는 어렵다는 뜻[難意]이다. 동(同)과 도(都)의 반절음이다.[圖, 畫計難也. 從口從啚. 啚, 難意也. 同都切.]
119 『경전석문』 권24, 「논어음의·술이제7」.

했으니, 이는『경전석문』에 실려 있는 혹본(或本)의 측면에서 뜻으로 삼은 것이다. 그러나 이 구절은 "고기 맛도 모르고[不知肉味]"의 아래에 이어져 있으니, 바로「소」음악을 찬미한 것이고, 듣고 익히기를 오랫동안 했기 때문에 고기 맛도 모르는 지경에 이르게 되었다는 것이다. 만약 "위악(爲樂)"을 "규악(嬀樂)"으로 하면, "지어사(至於斯)"는 진나라가 장차 제나라를 대신할 것이라는 뜻이고, 그렇다면 이는 애통해하는 뜻이므로 앞의 문장과는 일관되지 않으니, 옳지 않은 듯하다.

- 「注」, "周曰"至"肉味".
- 正義曰:『文選』「嘯賦」「注」引此「注」爲"周生", 或當時周與周生能識別也. "聞習"者, 謂聞而習之.「孔子世家」言孔子"學之, 三月不知肉味." "學之"二字卽安國故也, 亦卽此「注」所云"聞習"也.
- ○ 「주」의 "주왈(周曰)"부터 "육미(肉味)"까지.
- ○ 정의에서 말한다.

  『문선』「소부」의「주」에 이「주」를 인용하면서 "주생(周生)"이라고 했으니, 아마도 당시에는 주(周)와 주생을 식별할 수 있었던 듯싶다. "문습(聞習)"이란 듣고서 익힌다는 말이다.「공자세가」에 공자가 "듣고 익히면서 석 달 동안 고기 맛도 몰랐다[學之三月不知肉味]"라고 했는데, "학지(學之)" 두 글자는 바로 공안국이 의도적으로 쓴 글자이니, 역시 바로 이「주」에서 말한 "듣고 익힘[聞習]"이다.

- 「注」, "爲作"至"此齊".
- 正義曰: "爲 · 作", 常訓.「注」以"此"爲齊, 言此「韶」樂不意至於齊也. 此王誤解.
- ○ 「주」의 "위작(爲作)"부터 "차제(此齊)"까지.
- ○ 정의에서 말한다.

  "위(爲)는 연주함[作]"이라는 것은 일반적인 해석이다.「주」에서 "차(此)"를 제나라라고 했으니, 이「소」음악이 제나라에까지 이를지 생각하지 못했다는 말이다. 이 부분은 왕숙의 오해이다.

『漢書』「禮樂志」, "夫樂本情性, 浹肌膚而藏骨髓, 雖經乎千載, 其遺風
餘烈尙猶不絶. 至春秋時, 陳 公子完犇齊. 陳, 舜之後, 「招」樂存焉. 故孔
子適齊聞「招」, 三月不知肉味, 曰'不圖爲樂之至於斯', 美之甚也." 以"不
圖"句爲美, 義勝此「注」. 上篇"子謂「韶」, '盡美盡善.'" 又『左傳』, "吳季札
見舞「韶」「箾」者, 曰: '德至矣哉, 大矣! 如天之無不幬也, 如地之無不載
也. 雖甚盛德, 故蔑以加於此矣, 觀止矣.'" 是言「韶」樂至美也.

『전한서』「예악지(禮樂志)」에 "음악은 성정(性情)에서 근원하여 살갗과
피부에 스며들고 골수에 간직되어, 비록 천년이 지나도 그 유풍(遺風)과
남긴 공적은 오히려 끊이지 않는다. 춘추시대에 이르러 진나라 공자(公
子) 완(完)이 제나라로 망명했는데, 진나라는 순임금의 후예이므로 「소」
음악이 보존되어 있었다. 그러므로 공자가 제나라에 가서 「소」음악을
듣고는 석 달 동안 고기 맛을 모르고서 '음악을 연주하는 것이 이곳에까
지 이르렀을 줄은 생각하지 못했다.'라고 했으니, 매우 찬미한 것이다."
라고 했는데, "생각하지 못했다[不圖]"라는 구절을 찬미한 것으로 여긴
것이니, 그 뜻은 이 「주」를 계승한 것이다. 앞의 「팔일(八佾)」에서 "공
자가 「소」음악을 평하며 '아름다움을 다하였고, 선(善)을 다하였다.'"라
고 했고, 또 『춘추좌씨전』에서는 "오(吳)나라의 계찰(季札)이 「소」음악
과 「소(箾)」에 맞추어 춤추는 자를 보고 말했다. '덕이 지극하고 광대하
여, 일체를 덮지 않음이 없는 하늘과 같고, 일체를 싣지 않음이 없는 대
지(大地)와 같습니다. 아무리 성대한 덕이라 해도 이보다 더할 수 없으
니, 훌륭하기 그지없습니다.[觀止矣.]120'"라고 했는데, 이는 「소(韶)」음악
의 지극히 아름다움을 말한 것이다.

冉有曰:"夫子爲衛君乎?【注】鄭曰:"'爲', 猶助也. 衛君者, 謂輒也. 衛靈公逐太子蒯聵, 公薨而立孫輒. 後晉趙鞅納蒯聵於戚城, 衛石曼姑帥師圍之, 故問其意助輒不乎?" 子貢曰:"諾! 吾將問之." 入, 曰:"伯夷·叔齊何人也?" 曰:"古之賢人也." 曰:"怨乎?" 曰:"求仁而得仁, 又何怨?"【注】孔曰:"夷·齊讓國遠去, 終於餓死, 故問怨邪. 以讓爲仁, 豈有怨乎?" 出, 曰:"夫子不爲也."【注】鄭曰:"父子爭國, 惡行. 孔子以伯夷·叔齊爲賢且仁, 故知不助衛君明矣."

염유(冉有)가 말했다. "선생님께서 위(衛)나라 임금을 도우실까?" 【주】 정현이 말했다. "위(爲)는 조(助)와 같다. 위나라 임금은 첩(輒)을 이른다. 위나라 영공(靈公)이 태자 괴외(蒯聵)를 축출하였는데, 영공이 죽자 손자인 첩을 옹립했다. 뒤에 진(晉)나라 조앙(趙鞅)이 괴외를 척성(戚城)으로 들여보내니, 위나라 석만고(石曼姑)가 군사를 거느리고 가서 그곳을 포위하였으므로 공자의 뜻이 첩을 도울 것인지 아닌지를 물은 것이다." 자공이 말했다. "그래! 내가 곧 여쭈어 보겠다." 그리고서 자공이 공자의 방에 들어가 말했다. "백이(伯夷)와 숙제(叔齊)는 어떠한 사람입니까?" "옛날의 현인이다." "원망하였습니까?" "인을 구해서 인을 얻었으니 또 무엇을 원망하였겠느냐?" 【주】 공안국이 말했다. "백이와 숙제는 나라를 사양하고 멀리 떠나 결국 굶어 죽었으므로 원망했느냐고 물은 것이다. 사양을 인으로 삼았으니, 어찌 원망이 있었겠는가? 그러자 자공이 나와서 말했다. "선생님께서는 돕지 않으실 것이다." 【주】 정현이 말했다. "부자(父子)간에 나라를 다툰 것은 악행이다. 공자가 백이와 숙제를 현명하고 또 인하다고 여겼기 때문에 위나라 임금을 돕

---

120 관지의(觀止矣): 음악(音樂)이나 문사(文辭) 등이 정점에 도달한 것을 찬양하는 말로 쓰인다.

지 않을 것이 분명함을 안 것이다.”

원문 正義曰:『說文』云: “諾, 䛔也.” 引夷·齊者, 借二子以正衛事也. 蓋輒之
立及拒蒯聵, 是以王父命辭父命. 然叔齊亦是父命立之, 及父死, 不復拘執
父命, 而讓國伯夷, 與衛輒之堅執王父命而辭父命者相反; 若伯夷又尊父
命, 而終讓國不受, 與衛蒯聵之棄父命而爭國者相反. 故子貢於二子, 詢其
人爲何如, 蓋欲以知夫子爲衛君與否, 而兼以明蒯聵之是非耳.

역문 정의에서 말한다.

『설문해자』에 “낙(諾)은 응함[䛔]이다.”[121]라고 했다. 백이와 숙제 두 사
람을 인용한 것은 두 사람의 사례를 빌려 위나라의 사태를 질정한 것이
다. 첩을 세운 것과 괴외를 내친 것은 왕부(王父)의 명령 때문에 아버지
의 명령[父命]을 사양한 것이다. 그러나 숙제 역시 아버지의 명령으로 즉
위했다가 아버지가 죽자 다시 아버지의 명령에 구속되지 않고 백이에게
나라를 양보했으니, 위나라의 첩이 왕부의 명령을 악착같이 고집하고
아버지의 명령을 사양한 것과는 상반되고, 백이 같은 경우도 아버지의
명령을 존중해서 끝내 나라를 사양하고 받지 않았으니, 위나라의 괴외
가 아버지의 명령을 팽개치고 나라를 다툰 것과도 상반된다. 그러므로
자공이 두 사람에 대해 그들의 사람 됨됨이가 어떠한가를 물은 것은 공
자가 위나라의 임금을 도울 것인지 아닌지를 알고자 해서였던 것이고,
아울러 괴외의 잘잘못을 밝히고자 해서였을 뿐이다.

---

[121] 『설문해자』 권3: 낙(䛔)은 응함[䛔]이다. 언(言)으로 구성되었고 약(若)이 발음을 나타낸다.
노(奴)와 각(各)의 반절음이다.[䛔, 䛔也. 從言若聲. 奴各切.]

원문 云"怨乎"者, 言伯夷不得立, 叔齊或恐兄爭國, 不得已而讓, 皆不能無怨. 惟夷·齊之讓出於親愛之誠, 其心無非求仁, 而卽得仁, 尙何所怨乎?『公羊』「疏」解『論語』此文, 以爲夷·齊適周, 怨周王不用其言, 非矣.

역문 "원망했습니까?[怨乎?]"라고 한 것은, 백이가 즉위하지 못하매, 숙제가 혹시라도 형이 나라를 다툴까 두려워해서 부득이하게 사양했다면 모두 원망이 없을 수 없다는 말이다. 오직 백이와 숙제의 사양만큼은 친애(親愛)하는 정성에서 나온 것으로, 그들의 마음은 인을 구하지 않음이 없어 즉시 인을 얻은 것이니, 오히려 무엇을 원망했겠는가?『춘추공양전』의 「소」에『논어』의 이 문장을 해설하면서, 백이와 숙제가 주나라로 가서, 주왕(周王)이 그들의 말을 받아들이지 않은 것을 원망했느냐는 것이라고 했는데, 아니다.

원문 『釋文』, "吾將問之"一本無'將'字." "曰古之賢人也", 皇本"曰"上有"子"字, "賢人"作"賢仁". 惠氏棟『九經古義』引下鄭「注」"賢且仁", 以爲古本"賢仁"之證, 不知鄭「注」乃隱括"古之賢人也", "求仁而得仁"二句義, 非本作"賢仁". 阮氏元『校勘記』·皇本·高麗本·『考文』引古本·足利本, "又何怨"下有"乎"字. 『左傳』「哀」三年「正義」·『史記』「伯夷列傳」「索隱」·『文選』「江淹雜體詩」「注」引竝作"又何怨乎", 疑古本如此.

역문 『경전석문』에 "'내가 곧 여쭈어 보겠다[吾將問之]'는 어떤 본에는 '장(將)' 자가 없다."라고 했다.

"공자가 말했다. '옛날의 현인이다.'[曰: '古之賢人也.']"

황간본에는 "왈(曰)" 앞에 "자(子)" 자가 있고, "현인(賢人)"은 "현인(賢仁)"으로 되어 있다. 혜동(惠棟)의『구경고의(九經古義)』에 아래 정현의 「주」에서 "현명하고도 또한 인하다"라고 한 것을 인용해서 고본(古本)에는 "현인(賢仁)"으로 되어 있다는 증거로 삼았는데, 정현의 「주」가 결국은 은연중에 "옛날의 현인이다[古之賢人也]"와 "인을 구해서 인을 얻었다[求仁而得仁]"라고 한 두 구절의 뜻을 포함하고 있다는 것을 모른 것으로, 본래 "현인(賢仁)"으로 되어 있었던 것은 아니다. 완원(阮元)의 『십삼경주소교감기(十三經注疏校勘記)』와 황간본, 고려본과 『칠경맹자고문(七經孟子考文)』[122]에는 고본(古本)과 아시카가본[足利本]을 인용했는데, "우하원(又何怨)" 아래 "호(乎)" 자가 있다. 『춘추좌씨전』「애공(哀公)」 3년의 「정의」와 『사기』「백이열전」의 『사기색은(史記索隱)』과 『문선』「강엄잡체시(江淹雜體詩)」의 「주」에 인용한 것은 모두 "우하원호(又何怨乎)"라고 되어 있는데, 아마도 고본이 이와 같았던 것으로 생각된다.

- 「注」, "爲猶"至"不乎".
- 正義曰:『詩』「鳧鷖」, "福祿來爲." 鄭「箋」, "爲, 猶助也."『左』「定」十四年「傳」言衛靈公太子蒯聵得罪君夫人南子, 出奔宋, 哀二年, "夏, 靈公卒, 夫人曰: '命公子郢爲太子. 君命也.' 對曰: '郢異於他子, 且君沒於吾手, 若有之, 郢必聞之. 且亡人之子輒在.' 乃立輒." 又『經』書六月乙亥, "晉 趙鞅帥師, 納衛世子蒯聵于戚. 三年春, 齊 國夏·衛 石曼姑帥師圍戚." 此蒯聵出奔及輒立拒父始末也.
- 「주」의 "위유(爲猶)"부터 "불호(不乎)"까지.
- 정의에서 말한다.

  『시경』「부예(鳧鷖)」에 "복록이 와서 돕도다.[福祿來爲.]"라고 했는데, 정현의 「전」에 "위(爲)는 조(助)와 같다."[123]라고 했다. 『춘추좌씨전』「정공(定公)」 14년의 「전」에 위나라 영공

122『칠경맹자고문(七經孟子考文)』: 칠경(七經)의 고초본(古鈔本)·송간본(宋刊本)을 일본(一本)의 한학자 야마노이 가나에[山井鼎: 야마노이 곤론[山井崑崙]]가 정밀하게 비교 고증하여 저술한 책. 완원간본(阮元刊本). 줄여서 『고문(考文)』이라고도 한다. 이 책은 뒤에 청조(清朝)의 고증학자에게 가치를 인정받았으며, 청나라 건륭제가 집성한 중국 최대의 총서인 『사고전서(四庫全書)』에 일본의 한적(漢籍)으로 수록되어 있다.

의 태자 괴외가 군부인(君夫人)인 남자에게 죄를 지어 송나라로 달아난 것을 말하고, 또 노나라 애공(哀公) 2년에 "여름에 영공이 죽자 부인이 말하길, '공자(公子) 영(郢)에게 명하여 태자를 삼으라. 선군(先君)의 명이시다.'라고 하자, 영이 대답하기를 '저는 다른 아들들과 신분이 다르고, 또 선군이 훙서(薨逝)하실 때 곁에 있었으니, 만약 그런 명이 계셨다면 제가 반드시 들었을 것입니다. 그리고 또 도망간 사람[蒯聵]의 아들[輒]이 있습니다.'라고 하자, 이에 첩을 임금으로 세웠다."[124]라고 했다. 또 『춘추』 경문(經文)에 6월 을해일(乙亥日)의 기사를 쓰면서, "진나라 조앙이 군대를 거느리고서 위나라 세자 괴외를 호위(護衛)하여 척읍(戚邑)으로 들여보냈다."[125]라고 했고, "3년 봄에 제나라 국하(國夏)와 위나라 석만고가 군대를 거느리고 가서 척읍을 포위했다."[126]라고 했으니, 이것이 괴외가 달아난 것과 첩이 즉위해서 아버지를 막은 시작과 끝이다.

원문 『公羊傳』, "'晉 趙鞅帥師, 納衛世子蒯聵于戚.' 戚者何? 衛之邑也. 曷不言入于衛? 父有子, 子不得有父也. 齊 國夏曷與衛 石曼姑帥師圍戚? 伯討也. 此其爲伯討奈何? 曼姑受命乎靈公而立輒, 以曼姑之義, 爲固可以拒之也. 輒者曷爲者也? 蒯聵之子也. 然則曷爲不立蒯聵而立輒? 蒯聵爲無道, 靈公逐蒯聵而立輒. 然則輒之義可以立乎? 曰: 可. 其可奈何? 不以父命辭王父命, 以王父命辭父命, 是父之行乎子也. 不以家事辭王事, 以王事辭家事, 是上之行乎下也."

『穀梁傳』, "'晉 趙鞅帥師, 納衛世子蒯聵于戚.' 納者, 內弗受也. 何用弗受也? 以輒不受也, 以輒不受父之命, 受之王父也, 信父而辭王父, 則是不

123 『모시주소』 권24, 「대아(大雅)·생민지십(生民之什)·부예(鳧鷖)」.
124 『춘추좌씨전』 「애공(哀公)」 2년.
125 여기까지가 『춘추』 「애공(哀公)」 2년의 경문(經文)이다.
126 『춘추』 「애공」 3년의 경문.

尊王父也. 其弗受, 以尊王父也." 二『傳』所言, 自是衛人當日所據之義.

역문 『춘추공양전』에 "'진나라 조앙이 군대를 거느리고서 위나라 세자 괴외를 호위하여 척읍으로 들여보냈다.'라고 했는데 척(戚)이란 어떤 곳인가? 위나라의 읍이다. 어째서 위나라로 들어갔다고 말하지 않았는가?[127] 아비는 자식을 두었으나, 자식은 아버지를 둔 도리를 얻지 못했기 때문이다. 제나라 국하는 어째서 위나라 석만고와 함께 군대를 거느리고 척읍을 포위한 것인가? 방백(方伯)으로서 토벌한 것이다. 이것을 방백의 토벌이라고 한 것은 어째서인가? 석만고가 영공에게서 명을 받아서 첩을 세웠으니, 석만고는 신하의 의리로써 진실로 괴외를 막을 수 있다고 여긴 것이다. 첩은 어떤 자인가? 괴외의 아들이다. 그렇다면 어째서 괴외를 세우지 않고 첩을 세웠는가? 괴외가 무도(無道)했기 때문에, 영공이 괴외를 축출하고 첩을 세운 것이다. 그렇다면 첩은 도의상 즉위할 수 있는 것인가? 대답은 '즉위할 수 있다.'라는 것이다. 즉위할 수 있다는 것은 어째서인가? 아버지의 명 때문에 왕부의 명을 사양할 수는 없지만, 왕부의 명 때문에 아버지의 명을 사양할 수는 있으니, 이는 아버지가 자식에게 행하는 도의이다. 또 집안일[家事] 때문에 왕의 일[王事]을 사양할 수는 없지만, 왕의 일 때문에 집안일은 사양할 수 있으니, 이는 윗사람이 아랫사람에게 행하는 도의이다.[128]"라고 했다.

『춘추곡량전』에는 "'진나라 조앙이 군대를 거느리고서 위나라 세자 괴외를 호위하여 척읍으로 들여보냈다[納].'라고 했는데, 들여보낸 것은 국내에서 받아들이지 않았기 때문이다. 어째서 받아들이지 않았는가? 첩이 받아들이지 않았기 때문인데, 첩은 아버지의 명을 받지 않고 왕부

---

127 여기까지는 『춘추공양전(春秋公羊傳)』「애공(哀公)」 2년의 내용이다.
128 여기까지는 『춘추공양전』「애공」 3년의 내용이다.

의 명을 받았기 때문이니, 아버지의 명을 믿고 왕부의 명을 사양하면 이는 왕부의 명을 존중하지 않는 것이다. 그가 아버지를 받아들이지 않은 것은 왕부를 존중한 것이다."[129]라고 했는데, 두『전』에서 말한 것은 본래 위나라 사람들이 당시에 의거하던 도의이다.

원문 鄭依爲說, 故此「注」言"靈公逐蒯聵", 又言"立孫輒"也. 周人之法, 無嫡子者立嫡孫, 蒯聵負罪出亡, 已絶於衛, 故輒得申王父之命. 當時臣民安之, 大國助之, 而夫子亦且爲公養仕, 故冉有疑夫子爲衛君也. 夫子於哀六年自楚反衛, 爲衛輒四年, 此問當在其時.

역문 정현은 이를 근거로 설명했기 때문에 여기의 「주」에서 "영공이 괴외를 축출했다[靈公逐蒯聵]"라고 한 것이고, 또 "손자인 첩을 세웠다[立孫輒]"라고 한 것이다. 주나라 사람들의 법도는 적자(嫡子)가 없는 경우 적손(嫡孫)을 즉위시키는데, 괴외는 죄를 지고 도망갔으니, 이미 위나라와는 인연이 끊어진 것이기 때문에 첩이 왕부의 명을 펼 수 있었던 것이다. 당시에 신하와 백성들이 첩을 편히 여기고, 대국들도 그를 도왔으며, 공자 역시도 군주가 봉양하는 벼슬을 하고 있었기 때문에[130] 염유는 공자가 위나라 임금을 도울 것이라고 생각했던 것이다. 공자는 애공 6년에 초나라에서 위나라로 되돌아가 4년 간 위나라 첩을 도왔으니, 이 질문

---

129 『춘추곡량전(春秋穀梁傳)』「애공(哀公)」 2년.

130 『맹자』「만장하」: 공자는 도를 행하는 것이 가능함을 보고서 한 벼슬이 있었고, 군주가 예우하는 것이 타당할 경우에 한 벼슬이 있었으며, 군주가 봉양을 하는 경우에 한 벼슬이 있었다. 계환자(季桓子)에 있어서는 도를 행하는 것이 가능함을 보고서 한 벼슬이었고, 위나라 영공에 있어서는 교제가 가능해서 한 벼슬이었으며, 위나라 효공(孝公)에 있어서는 임금이 봉양함으로써 한 벼슬이었다.[孔子有見行可之仕, 有際可之仕, 有公養之仕. 於季桓子, 見行可之仕也, 於衛靈公, 際可之仕也, 於衛孝公, 公養之仕也.]

은 당연히 그때 있었던 것이다.

- 「注」, "夷・齊"至"怨乎?".
- 正義曰:『史記』「伯夷列傳」, "父欲立叔齊, 及父卒, 叔齊讓伯夷. 伯夷曰: '父命也.' 遂逃去. 叔齊亦不肯立而逃之, 國人立其中子. 於是伯夷・叔齊聞西伯昌善養老, 蓋往歸焉. 及至, 西伯卒, 武王東伐紂, 伯夷・叔齊叩馬而諫. 武王已平殷亂, 天下宗周, 而伯夷・叔齊恥之, 義不食周粟, 隱於首陽山, 采薇而食之, 遂餓死於首陽山." 此卽二子讓國, 終於餓死之事也. 伯夷能順乎親, 叔齊能恭其兄, 孝弟皆爲仁也.『左』「僖」八年「傳」, "能以國讓, 仁孰大焉?"
- ○「주」의 "이・제[夷・齊]"부터 "원호(怨乎)"까지.
- ○ 정의에서 말한다.

  『사기』「백이열전」에 "아버지가 숙제를 세우고 싶어 했으나 아버지가 죽자, 숙제는 백이에게 양보했다. 그러나 백이는 '아버지의 명이다.'라고 하고는 마침내 달아나 버렸다. 숙제 역시 즉위하려 하지 않고 도망가자, 나라 사람들이 가운데 아들을 세웠다. 이 무렵 백이와 숙제는 서백(西伯) 창(昌)이 노인을 잘 모신다는 말을 듣고는 그에게 가서 귀의하려 했다. 도착해 보니 서백은 죽고 무왕이 동쪽으로 주(紂)를 정벌하자, 백이와 숙제는 말 머리를 잡아당기며 부당함을 간(諫)했다. 무왕이 은나라의 난리를 평정하고 천하가 주나라를 종주로 받들었지만 백이와 숙제는 이를 부끄럽게 여겨 의리상 주나라의 곡식을 먹지 않고, 수양산(首陽山)에 숨어 고비를 따서 먹다가 마침내 수양산에서 굶어 죽었다."라고 했으니, 이것이 바로 백이와 숙제가 나라를 양보하다가 결국에는 굶어 죽는 데서 끝이 난 일이다. 백이는 어버이에게 순종할 수 있었고, 숙제는 형에게 공손할 수 있었으니, 효도와 공손함은 모두 인이 된다.『춘추좌씨전』「희공(僖公)」 8년의 「전」에 "능히 나라를 남에게 양보하니, 이보다 더 큰 인이 어디에 있겠습니까?"라고 했다.

- 「注」, "父子"至"明矣".
- 正義曰: 不言蒯聵爭國, 而曰"父子爭國", 是兼絶之也. 何休『公羊解詁』謂, "輒雖得正, 非義之高." 卽引此文說之.

○ 「주」의 "부자(父子)"부터 "명의(明矣)"까지.

○ 정의에서 말한다.

괴외가 나라를 다투었다고 하지 않고 "부자간에 나라를 다투었다"라고 한 것은, 둘 다를 끊어 버린 것이다. 하휴의 『춘추공양해고(春秋公羊解詁)』에 "첩이 비록 올바름이 될 수는 있지만 의리가 높은 것은 아니다."라고 했는데, 바로 이 문장을 인용해서 한 말이다.

7-16

子曰: "飯疏食飲水, 曲肱而枕之, 樂亦在其中矣.【注】孔曰: "疏食', 菜食. '肱', 臂也. 孔子以此爲樂." 不義而富且貴, 於我如浮雲."【注】鄭曰: "富貴而不以義者, 於我如浮雲, 非己之有."

공자가 말했다. "거친 밥을 먹고 물을 마시며, 팔을 굽혀 베더라도 즐거움이 또한 그 가운데 있다.【주】공안국이 말했다. "'소사(疏食)'는 푸성귀로 차린 음식[菜食]이다. '굉(肱)'은 팔뚝[臂]이다. 공자가 이것을 즐거움으로 여긴 것이다." 의롭지 못하면서 부유하고 귀한 것은 나에게는 뜬구름과 같다."【주】정현이 말했다. "부유하고 귀하되 의로써 얻은 것이 아니면 나에게는 뜬구름과 같다는 말은 자기의 소유가 아니라는 것이다."

원문 正義曰:『說文』云: "飯, 食也. 疏, 粗也. 粗, 疏也."『詩』「召旻」"彼疏斯粺", 鄭「箋」, "疏, 䵃也, 謂糲米也." 段氏玉裁『說文注』云: "糲米與粺米校, 則糲爲粗."『國語』"食粗衣惡"是也. "稷與黍稻粱校, 則稷爲粗". 「喪服」「傳」"食疏食", 「注」"疏猶䵃也"是也.

역문 정의에서 말한다.

『설문해자』에 "반(飯)은 밥[食]이다.[131] 소(疏)는 거칠다[粗]는 뜻이다.[132] 조(粗)는 거칠다[疏]는 뜻이다.[133]"라고 했다. 『시경』「소민(召旻)」에 "저것 은 거친 쌀이고 이것은 정한 쌀이다[彼疏斯稗]"라고 했는데, 정현의 「전」 에 "소(疏)는 거칠다[麤]는 뜻이니, 매조미쌀[糲米]을 이른다."라고 했다. 단옥재(段玉裁)는 『설문해자주(說文解字注)』에서 "매조미쌀[糲米]과 정미 [粺米]를 비교하면 매조미쌀이 더 거칠다."라고 했다. 『국어』의 "거친 밥 을 먹고 나쁜 옷을 입는다[食粗衣惡]"[134]라는 말이 이것이다. 단옥재의 『설 문해자주』에 "피[稷]를 기장[黍]과 벼[稻]와 조[粱]와 비교하면, 피가 더 거 칠다."[135]라고 했다. 『의례(儀禮)』「상복(喪服)」의 「전」에 "거친 밥을 먹는 다[食疏食]"라고 했는데, 「주」에서 "소(疏)는 거칠다[麤]는 뜻과 같다"라고 한 것이 이것이다.

원문 案, 『論語』三言"疏食", 皆謂糲米, 亦當兼稷言之. 稷, 今之高粱, 北方用 爲常食, 比粱黍爲賤也. 『釋文』云: "疏, 本又作蔬." 皇本作"蔬", 因孔「注」 致誤. 『說文』云: "枕, 臥所薦首者."

---

[131] 『설문해자』권5: 반(飯)은 밥[食]이다. 식(食)으로 구성되었고 반(反)이 발음을 나타낸다. 부 (符)와 만(萬)의 반절음이다.[飯, 食也. 從食反聲. 符萬切.]

[132] 『설문해자』에 따르면 "疏"는 "通"이다. 『설문해자』권14「돌부(厹部)」에 "소(㼝)는 통한다 [通]는 뜻이다. 유(厹)로 구성되었고, 필(疋)로 구성되었다. 필(疋)이 또한 발음을 나타낸다. 소(所)와 저(菹)의 반절음이다.[㼝, 通也. 從厹從疋, 疋亦聲. 所菹切.]"라고 했다. "疏"를 "粗" 라고 한 것은 유보남이 잘못 본 것이다.

[133] 『설문해자』권7: 조(粗)는 거칠다[疏]는 뜻이다. 미(米)로 구성되었고 차(且)가 발음을 나타 낸다. 조(徂)와 고(古)의 반절음이다.[粗, 疏也. 從米且聲. 徂古切.]

[134] 『국어』권4,「노어상(魯語上)」. 『국어』에는 "食麤衣惡"이라고 되어 있다.

[135] 『설문해자』권7,「미부(米部)」 "粗"에 대한 단옥재(段玉裁)의 「주」.

역문 살펴보니, 『논어』에는 세 번 "거친 밥을 먹는다[疏食]"라고 했는데,[136] 모두 매조미쌀[糲米]을 이르는 것으로 역시 당연히 피를 아울러서 한 말이다. 피는 지금의 고량(高粱)인데, 북방에서는 평소 식용으로 사용하지만 기장이나 조에 비해 품질이 떨어진다. 『경전석문』에 "소(疏)는 판본에 따라 또 소(蔬)로도 되어 있다."라고 했는데, 황간본에 "소(蔬)"로 되어 있으니, 공안국의 「주」를 따라서 잘못된 것이다.[137] 『설문해자』에 "침(枕)은 누워서 머리를 올려 두는 것이다."[138]라고 했다.

원문 "樂亦在其中"者, 言貧賤中自有樂也. 『呂氏春秋』「愼人篇」, "古之得道者, 窮亦樂, 達亦樂. 所樂非窮達也, 道得於此, 則窮達一也, 爲寒暑風雨之序矣." 斯其義也. "不義而富且貴"者, 謂不以其道得富貴也. "浮雲"者, 『說文』, "浮, 汎也. 雲, 山川氣也." 孟子謂"行一不義, 殺一不辜, 而得天下, 孔子不爲." 故孔子自言不義之富貴, 視之如浮雲然, 明無所動於心也. 劉氏逢祿『述何篇』, "此因上章而類記之, 不義之富貴, 不特齗牘與輒也, 卽石曼姑之受命於靈公, 皆不義也."

역문 "즐거움이 또한 그 가운데 있다"라는 것은, 가난하고 천한 가운데 저절로 즐거움이 있다는 말이다. 『여씨춘추』「신인(愼人)」에 "옛날의 도를

---

136 『논어』「술이」의 이 문장 외에도 「향당(鄕黨)」에 "비록 거친 밥과 나물국과 오이라 할지라도 제사를 지냈으니, 반드시 엄숙하고 경건했다.[雖疏食菜羹瓜, 祭, 必齊如也.]"라고 하였고, 「헌문」에 "관중에 대하여 묻자, 공자가 말했다. '이른바 이 사람은 백씨(伯氏)의 병읍(騈邑) 3백 호를 빼앗아 거친 밥을 먹게 했지만, 백씨는 평생을 마치도록 원망하는 말이 없었다.'[問管仲. 曰: '人也, 奪伯氏 騈邑三百, 飯疏食, 沒齒無怨言.']"라고 하였다.

137 『논어집해의소』권4, 「논어술이제7」에는 "飯疏食飮水"라고 되어 있는데, 여기에 인용한 공안국의 「주」에는 "孔安國曰: '疏食菜食也.'"라고 해서, "疏"가 "蔬"로 되어 있다.

138 『설문해자』권6: 침(枕)은 누워서 머리를 올려 두는 것이다. 목(木)으로 구성되었고 유(尤)가 발음을 나타낸다. 장(章)과 임(衽)의 반절음이다.[枕, 臥所薦首者. 從木尤聲. 章衽切.]

터득한 자는 곤궁하더라도 즐거워했으며 영달하더라도 또한 즐거워했으니, 그들이 정말 즐거워한 것은 곤궁이나 영달과 같은 것이 아니다. 도가 나에게 얻어지면 곧 곤궁과 영달이 하나여서 추위와 더위, 바람과 비 같은 자연의 추이와 같은 정도의 일이 된다."라고 했는데, 이것이 그러한 뜻이다. "의롭지 못하면서 부유하고 귀한 것"이란 정당한 도리로 얻은 부귀가 아니라는 말이다. "뜬구름"이란, 『설문해자』에 "부(浮)는 떠 있다[汎는 뜻이다.[139] 운(雲)은 산천의 기운이다.[140]"라고 했다. 맹자는 "한 가지 의롭지 않은 일을 하거나 한 사람의 죄 없는 자를 죽여서 천하를 얻는다 하더라도 공자는 하지 않았다."[141]라고 했으니, 따라서 공자가 스스로 의롭지 못한 부유함과 귀함을 마치 뜬구름처럼 본다고 한 것은 마음에 동요됨이 없음을 밝힌 것이다. 유봉록의 『논어술하편』에 "이는 앞 장에 따라 종류별로 기록한 것이니, 의롭지 못한 부귀란, 단지 괴외와 첩뿐만이 아니라 바로 석만고가 영공에게 명을 받은 것도 모두 의롭지 않다는 것이다."라고 했다.

- 「注」, "疏食, 菜食. 肱, 臂也."
- 正義曰: 『說文』無 "蔬"字. 疑古菜食之字亦作 "疏". 『禮記』「月令」云: "有能取食." 「注」, "菜曰

---

[139] 『설문해자』 권11: 부(浮)는 떠 있다[汎는 뜻이다. 수(水)로 구성되었고, 부(孚)가 발음을 나타낸다. 박(縛)과 모(牟)의 반절음이다.[浮, 汎也. 從水孚聲. 縛牟切.]

[140] 『설문해자』 권11: 운(雲)은 산천의 기운이다. 우(雨)로 구성되었고, 운(云)은 구름이 돌아가는 모양을 상형하였다. 모든 운(雲)부에 속하는 한자는 다 운(雲)의 뜻을 따른다. 운(㒬)은 운(雲)의 고문인데, 우(雨)를 생략했다. 운(㐬)도 운(雲)의 고문이다. 왕(王)과 분(分)의 반절음이다.[雲, 山川氣也. 從雨, 云象雲回轉形. 凡雲之屬皆從雲. 㒬, 古文省雨. 㐬, 亦古文雲. 王分切.]

[141] 『맹자』 「공손추상」.

疏." 是也. 疏爲菜之通名, 不爲粗惡, 孔此「注」誤也.『說文』, "㧖, 臂上也. 肱, 古或從肉."
『廣雅』「釋親」, "肱謂之臂."

○ 「주」의 "소사(疏食)'는 푸성귀로 차린 음식[菜食]이다. '굉(肱)'은 팔뚝[臂]이다."

○ 정의에서 말한다.

『설문해자』에는 "소(蔬)" 자가 없으니, 아마도 옛날에는 푸성귀로 차린 음식[菜食]이라는 글
자도 역시 "소(疏)"로 썼을 듯싶다.『예기』「월령(月令)」에 "소사(疏食)를 채취할 수 있다.[有
能取疏食.]"[142]라고 했는데,「주」에 "푸성귀[菜]를 소(疏)라 한다."[143]라고 한 것이 이것이다.
소(疏)는 푸성귀[菜]를 통칭하는 것으로, 거칠고 나쁘다는 뜻이 아니니, 공안국의 이「주」는
잘못된 것이다.『설문해자』에 "굉(㧖)은 팔뚝 위[臂上]이다. 굉(肱)은 고문인 굉(?)의 혹체
자이고 육(肉)으로 구성되었다."[144]라고 했다.『광아』「석친(釋親)」에 "팔뚝[肱]을 일러 비
(臂)라 한다."라고 했다.

7-17

子曰: "加我數年, 五十以學『易』, 可以無大過矣."【注】『易』"窮
理盡性, 以至於命". 年五十而知天命, 以知命之年讀至命之書, 故可以無大過.

---

142 『논어정의』에는 "有能取疏食"라고 되어 있으나,『예기』「월령(月令)」에는 "有能取蔬食"라
하여 "疏"가 "蔬"로 되어 있다.

143 이「주」는『일주서』권2,「대광해제11(大匡解第十一)」에 "먹을 수 있는 푸성귀를 소(蔬)라
한다.[可食之菜曰蔬]"라는 표현에 보인다.

144 『설문해자』권3: 굉(㧖)은 팔뚝 위[臂上]이다. 우(又)로 구성되었고, 굉(玄)의 고문으로 구성
되었다. 굉(?)은 굉(玄)의 고문이다. 상형자이다. 굉(肱)은 굉(玄)의 혹체자인데 육(肉)으로
구성되었다. 고(古)와 횡(薨)의 반절음이다.[㧖, 臂上也. 從又, 從古文玄. ?, 古文玄, 象形.
肱, 玄或從肉. 古薨切.]

공자가 말했다. "내 나이에 몇 해를 더해 주어 50세에 『주역』을 배웠으므로 큰 허물이 없을 수 있었다."【주】『주역』은 "이치를 끝까지 연구하고 본성을 다하여 천명(天命)을 아는 데 이르는 것"[145]이다. 공자는 50세의 나이에 천명을 알았으니, 천명을 안 나이에 천명에 이르는 글을 읽었기 때문에 큰 허물이 없을 수 있었다.

원문 正義曰:「孔子世家」, "孔子晚而喜『易』, 序「彖」·「繫」·「象」·「說卦」·「文言」. 讀「易」, 韋編三絶. 曰: '假我數年, 若是, 我於『易』則彬彬矣.'" 彼文作"假", 『風俗通義』「窮通卷」引『論語』亦作"假". 『春秋』「桓」元年, "鄭伯以璧假許田." 『史記』「十二諸侯年表」作"以璧加魯, 易許田", 是"加"·"假"通也. 夫子五十前得『易』, 冀以五十時學之, 明『易』廣大悉備, 未可遽學之也. 及晚年贊『易』旣竟, 復述從前"假我數年"之言, 故曰"假我數年, 若是, 我於『易』則彬彬矣." "若是"者, 竟事之辭, 言惟假年, 乃彬彬也.「世家」與『論語』所述, 不在一時, 解者多失之.

역문 정의에서 말한다.

「공자세가」에 "공자가 만년에 『주역』을 좋아해서 「단전(彖傳)」, 「계사전(繫辭前)」, 「상전(象傳)」, 「설괘전(說卦傳)」, 「문언전(文言傳)」을 차례로 지었다. 『주역』을 읽는데 죽간을 묶은 가죽끈이 세 번이나 끊어질 정도였다. 공자는 말하길 "내 나이에 몇 해를 더해 주었으므로 이와 같이 해서 내가 『주역』에 대하여 제대로 통달[彬彬]한 것이다."라고 했다. 『사기』의 문장에는 "가(假)" 자로 되어 있는데, 『풍속통의(風俗通義)』「궁통(窮通)」[146]에서 인용한 『논어』에도 역시 "가(假)"로 되어 있다. 『춘추』

---

[145] 『주역』「설괘전(說卦傳)」.

「환공(桓公)」 원년에 "정백(鄭伯)이 팽읍(祊邑)에 옥[璧]을 더 얹어 주고서 [假] 허전(許田)¹⁴⁷을 빌렸다."라고 했고, 『사기』「십이제후연표(十二諸侯年表)」에는 "노나라에 옥[璧]을 더 얹어 주고서[加] 허전을 바꾸었다."라고 했으니, "가(加)"와 "가(假)"는 통용된다. 공자는 50세 전에 『주역』을 얻었는데, 50세의 나이로 그것을 배우기를 바랐으니, 분명 『주역』은 광대하게 모든 이치를 다 갖추고 있어서 빠르게 배울 수 있는 것이 아니다. 만년에 이르러서는 『주역』의 찬술을 이미 마치고 다시 종전에 했던 "내 나이에 몇 해를 더해 주어"라는 말을 술회(述懷)한 것이기 때문에 "내 나이에 몇 해를 더해 주어 이와 같이 해서[若是] 내가 『주역』에 대하여 제대로 통달[彬彬]한 것이다."라고 한 것인데, "이와 같이 해서[若是]"란, 일을 마쳤다는 의미에서 한 표현이니, 오직 몇 년을 보태 주어야만 이에 제대로 통달할 수 있다는 말이다. 「공자세가」와 『논어』에서 진술하고 있는 것은 같은 시기에 있었던 것이 아닌데, 해설가들은 많이들 이것을 놓친다.

원문 姚氏配中『周易學』云: "文王爻辭, 惟九三言人事,「傳」則言行·言學·言進修, 無在非學也.「象」曰: '君子以自强不息.' 子蓋三致意焉. 子曰: '五十以學『易』', 而於每卦「象」·「傳」必曰'以', '以'者, 學之謂也." 又曰: "學『易』, 學爲聖也, 非徒趨吉避凶已也. 有天地卽有『易』, 旣作『易』, 而

---

146 『논어정의』 원문에는 "窮通卷"으로 되어 있는데, 『풍속통의(風俗通義)』에는 「궁통(窮通)」은 있지만 「궁통권(窮通卷)」은 없고, 또 『논어』를 인용한 내용도 「궁통」에 있으니, "卷" 자는 잘못 들어간 글자인 듯하다.

147 허전(許田): 주나라 성왕(成王)이 낙양(洛陽)에 왕성을 건조하고서 천도(遷都)할 뜻이 있었으므로 주공 단에게 주어, 노나라 임금이 조회 왔을 때에 조숙읍(朝宿邑)으로 삼게 한 땅으로 정(鄭)나라 가까이에 있다.

天地之道著, 天下之理得, 聖之所以爲聖, 求諸『易』而可知矣."

역문 요배중(姚配中)[148]의 『주역학(周易學)』에 "문왕의 효사(爻辭)는 오직 구삼효(九三爻)에서만 인사(人事)를 말하였고, 「전」에서는 행실을 말하고 학문을 말하며 덕의 진작과 마음의 수양을 말했으니, 배움이 아닌 것이 없다. 그러므로 「상」에서 '군자는 이것을 본받아 스스로 힘쓰고 쉬지 않는다.'[149]라고 했으니, 공자가 대체로 깊이 마음을 쓴 것[三致意][150]이다. 공자는 '50세에 『주역』을 배워서'라고 하고, 또 모든 괘(卦)의 「상」과 「전」에 반드시 '본받아[以]'라고 했으니, '본받아[以]'라는 것은 배운다는 말이다."라고 했다. 또 "『주역』을 배운다는 것은 배워서 성인이 되겠다는 뜻이지, 단지 길함을 추구하고 흉함을 피할 뿐만은 아니다. 천지가 있으면 바로 『역』이 있고, 이미 『역』이 성립되매 천지의 도(道)가 드러나고, 천하의 이치가 터득되는 것이니, 성인이 성인이 된 까닭은 『역』에서 구해야 알 수 있을 것이다."라고 했다.

원문 案, "學『易』可以無大過"者, 『易』之道, 皆主中行, 主變通, 故學之而可與適道, 可與立權也. 「繫辭傳」云: "是故, 君子居則觀其象而玩其辭, 動則

---

148 요배중(姚配中, 1792~1844): 청나라 안휘(安徽) 정덕(旌德) 사람. 자는 중우(仲虞)이다. 경사백가(經史百家)에 정통했고, 특히 『주역』에 조예가 깊었다. 정씨의(鄭氏義)를 근본으로 삼아 『주역참상(周易參象)』과 『주역요씨학(周易姚氏學)』, 『주역통론월령(周易通論月令)』 등을 지었다. 평소에 거문고를 좋아해 전해지는 거문고 악보의 오류를 정리해 『금학(琴學)』을 짓기도 했다. 그 밖의 저서에 『서학습유(書學拾遺)』와 『지과심성송주(智果心成頌注)』 등이 있다.

149 『주역』「건 · 상(象)」.

150 삼치의(三致意): 깊이 마음을 쓴다는 뜻이다. 『사기』 권84, 「굴원전(屈原傳)」에 "군주를 지키고 나라를 일으켜 다시 회복시켜 보려고 이 한 편의 작품에 깊이 마음을 쓴 것이다.[其存君興國而欲反復之, 一篇中, 三致意焉.]"라고 하였다.

觀其變而玩其占. 是以自天佑之, 吉無不利. 吉·凶者, 言乎其失得也;
悔·吝者, 言乎其小疵也; 無咎者, 善補過也." 夫子聖德, 旣學『易』, 當無
小疵. 無過可補, 而云"可無大過"者, 謙言不敢自承無過也.

역문 살펴보니, "『주역』을 배워서 큰 허물이 없을 수 있었다."라고 했는데,
『주역』의 도는 중도(中道)를 행함을 주로 하고 변통(變通)을 주로 하기
때문에 『주역』을 배우면 도에 나아갈 수 있고, 덕을 확립할 수 있으며
권도(權道)를 행할 수 있다.[151] 「계사상(繫辭上)」에 "그러므로 군자는 편안
하게 거처할 때는 그 상(象)을 자세히 관찰하고 그 말을 상세히 완미(玩
味)하며, 움직일 때는 그 변하는 것을 자세히 관찰하고 그 점을 상세히
완미한다. 이런 까닭에 하늘에서부터 도와서 길(吉)하고 이롭지 않음이
없다. 길함과 흉함은 잘못된 것과 잘된 것을 말한 것이고, 뉘우침[悔]과
곤란함[吝]은 작은 허물을 말한 것이며, 허물이 없다는 것은 허물을 잘
보완한 것이다."라고 했는데, 공자는 성인의 덕을 지니고, 이미 『주역』
을 배웠으니 당연히 자그마한 하자도 없고 보완할 만한 허물도 없는데,
그래도 "큰 허물이 없을 수 있었다."라고 한 것은 허물이 없음을 감히 스
스로 자처하지 못함을 겸손하게 말한 것이다.

원문 『釋文』云: "學『易』如字, 『魯』讀易爲亦, 今從『古』." 此出鄭「注」. <u>惠氏</u>
<u>棟</u>『九經古義』, "『外黃令高彪碑』, '恬虛守約, 五十以斅.' 此從『魯論』,
'亦'字連下讀也." 案, 『魯』讀不謂學『易』, 與「世家」不合, 故<u>鄭</u>從『古論』.

---

151 『논어』「자한(子罕)」: 공자가 말했다. "함께 배울 수는 있어도 아직 도(道)에 나아갈 수는 없
으며, 도에 나아갈 수는 있어도 아직 덕을 세울 수는 없으며, 덕을 세울 수는 있어도 아직 권
도(權道)를 행할 수는 없다."[子曰: "可與共學, 未可與適道; 可與適道, 未可與立; 可與立, 未
可與權."] 유보남은 "與"를 "以"로 보고, "立"을 "立德"이라고 했으므로, 유보남의 해석에 따라
번역했다.

역문 『경전석문』에 "학『역』(學『易』)은 글자의 본뜻대로 읽어야 하는데,『노논어』에서는 역(易)을 역(亦)의 뜻으로 읽었으니, 지금은 『고논어』를 따른다."라고 했는데, 이는 정현의 「주」에서 나온 것이다. 혜동의 『구경고의』에 "『외황령고표비(外黃令高彪碑)』에는 '성격이 조용하고 욕심이 없어 자신을 지킴이 요약되었으며, 50세에 배웠다.'라고 되어 있으니, 이는 『노논어』를 따른 것이고, '역(亦)' 자는 아래 구절에 이어서 읽는다."라고 했다. 살펴보니, 『노논어』에서 읽은 것은 『주역』을 배웠다는 말이 아니니, 「공자세가」의 내용과는 일치하지 않기 때문에 정현이 『고논어』를 따른 것이다.

원문 戴氏望『論語注』, "加當言假, 假之言暇. 時子尙周流四方, 故言'暇我數年'也. '五十'者, 天地之數. 大衍所從生, 用五用十以學『易』, 謂'錯綜變化以求之'也. 『易說』曰: '『易』一陰一陽, 合而爲十五之謂道. 陽變七之九, 陰變八之六, 亦合於十五, 則象變之數若一. 陽動而進變七之九, 象其氣之息也; 陰動而退變八之六, 象其氣之消也. 故太一取其數以行九宮, 四正·四維皆合於十五, 五音, 六律, 七宿由此作焉. 「大過」於消息爲十月卦, 陽伏陰中, 上下皆陰, 故「雜卦」曰'大過, 顚也.' 顚則陽息, 萬物死. 聖人使陽升陰降, 由「復」出「震」, 自「臨」而「泰」, 盈「乾」生「井」, 終「旣濟」, 定六位, 正王度, 見可不遇大過之世也." 此以"五"·"十"皆『易』數, 亦備一義.

역문 대망의 『논어주』에 "가(加)는 당연히 가(假)를 말하는 것이니, 가(假)는 겨를[暇]이라는 말이다. 당시에 공자는 여전히 사방을 두루 떠돌았기 때문에 '나에게 몇 년의 겨를이 주어지면'이라고 말한 것이다. '오십(五十)'이란 천지(天地)의 수이다. 대연(大衍)[152]의 수(數)가 이로부터 생겨나는

---

152 대연(大衍): 대연수(大衍數). 천지(天地)의 수(數)를 최대한으로 불린 수치, 즉 하도(河圖)

데, 5를 사용하고 10을 사용해서 『주역』을 배우므로, 이를 '이리저리 뒤섞고 변화시켜 구한다'라고 하는 것이다. 『역설(易說)』에 '『역』이 한 번은 음(陰)이었다가 한 번은 양(陽)이었다가 해서 합하여 15가 되는 것을 도라 한다. 양이 변해서 7이 9로 가고, 음이 변해서 8이 6으로 가는데, 역시 15에서 합해지니, 단(彖)이 변하는 수는 한결같다. 양이 움직여 나아가서 변하여 7이 9로 가는 것은 기(氣)가 자라남을 형상한 것이고, 음이 움직여 물러나 변하여 8이 6으로 가는 것은 기(氣)가 줄어듦을 형상한 것이다. 그러므로 태일(太一)은 그 음양의 수를 취해서 구궁(九宮)[153]으로 운행하고, 사정(四正)[154]과 사유(四維)[155]가 모두 15에서 합하며, 오음

중궁(中宮)의 천수(天數) 5를 지수(地數) 10으로 곱한 수를 말한다. 『주역』「명서(明筮)」에 "수를 붙인 근원은, 천은 3이고 지는 2이니, 이것을 부연하여 지극하게 해서 50이 갖추어졌다. 이것을 대연이라 한다. 하나는 비워 두고 쓰지 아니하니, 쓰이는 것은 49개의 시초이다.[倚數之元, 參天兩地 衍而極之, 五十乃備, 是曰大衍. 虛一无爲, 其爲用者, 四十九蓍.]"라고 했다. 또『주역』「계사상(繫辭上)」에, "대연의 수가 50인데, 쓰는 것은 49이다. 이것을 둘로 나누어 양의(兩儀)를 상징하고, 여기에 하나를 걸어서 삼재(三才)를 상징하고, 넷으로 세어 사시(四時)를 상징하고, 남는 것을 손가락 사이에 끼어 윤달을 상징하니, 55년에 다시 윤달이 드므로, 다시 손가락 사이에 산가지를 끼워서 건다.[大衍之數五十, 其用, 四十有九. 分而爲二, 以象兩, 掛一, 以象三, 揲之以四, 以象四時, 歸奇於扐, 以象閏, 五歲, 再閏, 故再扐而後掛.]"라고 했는데, 이것이 대연법(大衍法)이다.

153 구궁(九宮):『낙서(洛書)』에 대응한,『주역』의 후천(後天) 팔괘의 여덟 방위와 그 중앙의 한 방위를 합한 아홉 방위를 이르는 말. 이(離), 간(艮), 태(兌), 건(乾), 곤(坤), 감(坎), 진(震), 손(巽) 여덟 개의 궁에 중앙궁(中央宮)을 더하여 구궁이라고 한다. 또『당회요(唐會要)』「구궁단(九宮壇)」에 따르면 구궁은 역산(曆算)의 아홉 분야로 즉 태일(太一)·섭제(攝提)·헌원(軒轅)·초요(招搖)·천부(天符)·청룡(靑龍)·함지(咸池)·태음(太陰)·천일(天一)을 구궁이라고 한다.

154 사정(四正): 동·서·남·북의 정방위(正方位). 간지(干支)로는 자(子)·오(午)·묘(卯)·유(酉)이고, 팔괘(八卦)로는 감괘(坎卦)·이괘(離卦)·진괘(震卦)·태괘(兌卦)로, 겨울, 여름, 봄, 가을의 사시(四時)를 각각 나누어 주관한다.

155 사유(四維): 사방의 구석으로, 역(易)에서 서북쪽인 건괘(乾卦), 서남쪽인 곤괘(坤卦), 동북

(五音)과 육률(六律)[156]과 칠수(七宿)[157]가 이로 말미암아 일어난다.'[158]라고 했다. 「대과(䷛)」는 음양이 불어나고 소멸되는 가운데 10월 괘[곤(䷁)]가 되는데, 4양이 2음 가운데 잠복해 있다가, 상괘와 하괘가 모두 음이 되었기 때문에 「잡괘전(雜卦傳)」에서 '대과(大過)는 넘어짐[顚]이다.'라고 한 것이다. 넘어지면 양이 소멸되고 만물이 죽는다.[159] 성인이 양이 올라가고 음이 내려가게 해서 「복(䷗)」을 말미암아 「진(䷲)」으로 나아가게 하고, 「임(䷒)」으로부터 「태(䷊)」가 되게 하며, 「건(䷀)」을 채워 「정(䷿)」을 낳게 하고 「기제(䷾)」에서 마치게 하여 육위(六位)[160]를 정하고, 왕의 법도를 바르게 하니, 큰 허물을 만나지 않을 수 있는 세상을 보게 되었다."라고 했는데, 이는 "오(五)"와 "십(十)"을 모두 『역』의 수로 본 것으

쪽인 간괘(艮卦), 동남쪽인 손괘(巽卦)를 가리킨다. 한편, 나라를 다스림에 지켜야 할 네 가지 원칙인 예(禮), 의(義), 염(廉), 치(恥)를 사유라고도 한다.

156 육률(六律): 12율(十二律) 가운데 양성(陽聲)에 속하는 육률은 황종(黃鍾)·태주(太簇)·고선(姑洗)·유빈(蕤賓)·이칙(夷則)·무역(無射)을 말한다.

157 칠수(七宿): 28수(二十八宿)의 별자리를 창룡(蒼龍), 백호(白虎), 주작(朱雀), 현무(玄武)의 사령(四靈)으로 나누어 각각 동, 서, 남, 북으로 정한 다음 7수씩을 속하게 하는데, 각(角)·항(亢)·저(氐)·방(房)·심(心)·미(尾)·기(箕)의 7수는 동방(東方)에 있고 모양이 용(龍)과 같다 하여 창룡칠수(蒼龍七宿)라 하고, 두(斗)·우(牛)·여(女)·허(虛)·위(危)·실(室)·벽(壁)의 7수는 북방(北方)에 있고 그 모양이 거북이나 뱀과 같다 하여 현무칠수(玄武七宿)라 하고, 규(奎)·누(婁)·위(胃)·묘(昴)·필(畢)·자(觜)·삼(參)의 7수는 서방(西方)에 있고 그 모양이 범의 모양과 같다 하여 백호칠수(白虎七宿)라 하고, 정(井)·귀(鬼)·유(柳)·성(星)·장(張)·익(翼)·진(軫)의 7수는 남방(南方)에 있고 그 모양이 새와 같다 하여 주작칠수(朱雀七宿)라 한다.

158 『주역건착도(周易乾鑿度)』 권하에 보인다. 『역설(易說)』은 누구의 『역설』인지 분명하지 않다.

159 "顚則陽息"이라고 했는데, 『주역』에서 "소(消)"는 소멸을 "식(息)"은 불어남을 의미하므로, "顚則陽消"가 되어야 옳을 듯하다.

160 육위(六位): 『주역』 괘(卦)의 육효(六爻). 「건·단(彖)」에 "종시에 훤하면 육위가 각기 제때를 맞추어 이루어진다.[大明終始, 六位時成.]"라고 했다.

로, 역시 하나의 의미를 갖추고 있다.

- 「注」, "『易』窮理盡性以至於命"
- 正義曰:『易』「說卦」文. "窮理"者, 致知格物之學. "盡性"者, 成己成物之學. "至命", 則所以盡 人事而達天道也.
- 「주」의 "『주역』은 '이치를 끝까지 연구하고 본성을 다하여 천명을 아는 데 이르는 것'이다."
- 정의에서 말한다.

  이는『주역』「설괘(說卦)」의 문장이다. "궁리(窮理)"란 앎을 이루고 만물의 이치를 연구하는 [致知格物] 학문이다. "진성(盡性)"이란 자기를 이루고 남을 이루어 주는[成己成物]161 학문 이다. "지명(至命)"이란 사람의 일을 다 해서 천도를 통달하는 것이다.

7-18

子所雅言,【注】孔曰: "'雅言', 正言也."『詩』·『書』·執禮, 皆雅言 也.【注】鄭曰: "讀先王典法, 必正言其音, 然後義全, 故不可有所諱. 禮不誦, 故言執."

공자가 발음을 정확히 해서 말한 것은 【주】 공안국이 말했다. "'아언(雅 言)'은 발음을 정확히 해서 말하는 것이다."『시경』과『서경』, 예를 집행하 는 것이었으니, 모두 발음을 정확히 해서 말한 것이다.【주】 정현이 말했다. "선왕의 전장(典章)과 법도(法度)를 읽을 때는 반드시 그 발음을 정확하게

161『중용』제25장: 성(誠)은 스스로 자기를 이룰 뿐이 아니라, 남을 이루어 주는 것이다.[誠者, 非自誠己而已也, 所以成物也.]

해서 말한 뒤에야 뜻이 온전해지므로 기피하는 것[諱]이 있어서는 안 된다. 예(禮)는 외지 않으므로 '집행[執]'이라고 말한 것이다."

원문 正義曰: 此承上章"學『易』"之言而類記之. "所"字, 卽指『易』言, 乃不獨 『易』也, 若『詩』・『書』・執禮, 皆雅言也. 此略本<u>焦氏循</u>『補疏』說. 不及 樂者, <u>方氏觀旭</u>『偶記』謂"樂在『詩』・禮之中"是也.

역문 정의에서 말한다.

이는 앞 장에서 "『주역』을 배우면"이라고 한 말을 이어서 종류별로 기록한 것이다. "소(所)" 자는 곧 『주역』을 가리켜서 한 말이지만, 결국 은 유독 『주역』뿐만이 아니라, 『시경』과 『서경』, 예를 집행하는 것 같 은 경우에도 모두 발음을 정확히 해서 말했다는 것이다. 이는 대략 초순 의 『논어보소』의 설을 근거로 한 것이다. 악(樂)을 언급하지 않은 것에 대해 방관욱(方觀旭)의 『논어우기(論語偶記)』에 "음악[樂]은 『시경』과 예 의 가운데 있기 때문이다."라고 했는데, 옳다.

- 「注」, "讀先"至"言執".
- 正義曰: 『詩』・『書』, 皆先王典法之所在, 故讀之必正言其音. <u>鄭</u>以"雅"訓"正", 故<u>僞孔</u>本之. 先從叔<u>丹徒君</u>『騈枝』曰: "夫子生長於魯, 不能不魯語. 惟誦『詩』・讀『書』・執禮, 必正言其 音, 所以重先王之訓典, 謹末學之流失."
- 「주」의 "독선(讀先)"부터 "언집(言執)"까지.
- 정의에서 말한다.

  『시경』과 『서경』은 모두 선왕의 전장과 법도가 담겨 있는 것이기 때문에 읽을 때 반드시 그 발음을 정확히 해서 말해야 한다. 정현이 "아(雅)"를 "정(正)"의 뜻으로 새겼기 때문에 위공 이 이를 근거로 삼은 것이다. 작고하신 종숙(從叔) 단도군(丹徒君)의 『논어변지(論語騈枝)』

에 "공자는 노나라에서 태어나 자랐으니, 노나라 말을 하지 않을 수 없었다. 그러나 오직『시경』을 외거나『서경』을 읽거나 예를 집행할 때는 반드시 그 발음을 정확히 해서 말했으니, 선왕의 교훈과 법도를 소중히 여기고 후학[末學]이 잘못됨[流失]을 삼가기 위해서였다."라고 했다.

원문 又云: "昔者, 周公著『爾雅』一篇, 以釋古今之異言, 通方俗之殊語. 劉熙『釋名』曰: '爾, 昵也, 昵, 近也; 雅, 義也, 義, 正也.' 五方之音不同, 皆以近正爲主也. 上古聖人, 正名百物, 以類法象, 別品類, 統人情, 壹道術, 名定而實辨, 言協而志通. 其後事爲踵起, 象數滋生, 積漸增加, 隨時遷變, 王者就一世之所宜, 而斟酌損益之, 以爲憲法, 所謂雅也. 然而五方之俗不能强同, 或意同而言異, 或言同而聲異, 綜集謠俗, 釋以雅言, 比物連類, 使相附近, 故曰『爾雅』.『詩』之有「風」,「雅」也亦然. 王都之音最正, 故以「雅」名; 列國之音不盡正, 故以「風」名. 王之所以撫邦國諸侯者, 七歲屬象胥論言語, 協辭命, 九歲屬瞽史諭書名, 聽聲音, 正於王朝, 達於諸侯之國, 是謂雅言. 雅之爲言夏也. 孫卿「榮辱篇」云: '越人安越, 楚人安楚, 君子安雅, 是非知能材性然也. 是注錯習俗之節異也.' 又「儒效篇」云: '居楚而楚, 居越而越, 居夏而夏, 是非天性也, 積靡使然也.' 然則'雅'與'夏'古字通."

역문 또 "옛날 주공이『이아』한 권을 지어 옛날과 지금의 차이 나는 말을 해석하고, 사방과 세속의 다른 언어들을 통하게 하였다. 유희(劉熙)[162]의

---

162 유희(劉熙, ?~?): 후한 말기의 훈고학자로, 자는 성국(成國)이며, 북해(北海) 사람이다. 관직은 남안태수(南安太守)를 지냈으며, 정현의 제자라고 알려져 있으나 분명하지 않다. 저서로 훈고의 자서(字書)인『석명(釋名)』8권과,『맹자주(孟子注)』가 있는데,『맹자주』는 전하지 않고,『석명』은 훈고학의 중요한 자서로 후대에까지 커다란 영향을 끼쳤다.

『석명』에 '이(爾)는 일(昵)인데 일(昵)은 가깝다[近]는 뜻이고, 아(雅)는 의(義)인데 의(義)는 바르다[正]는 뜻이다.'라고 했으니, 오방(五方)[163]의 발음이 같지 않으므로 모두 정확한 발음에 가까운 것을 위주로 한 것이다. 상고시대에 성인이 만물을 정확히 명명해서 법상(法象)을 분류하고, 만물의 갖가지 종류[品類]를 분별하며, 인정(人情)을 통솔하고, 도술(道術)을 하나로 통일시키니, 명칭이 정해지자 실제가 변별되고, 언어가 조화롭게 되자 뜻이 통하게 되었다. 그 후로 일이 잇달아 일어남에 상수(象數)[164]가 불어나고[165] 쌓여서 점점 증가하면서 수시로 변하는데, 왕자(王者)가 온 세상이 마땅하게 여기는 바에 나아가 상황에 따라 짐작하고 덜고 더해서 헌법(憲法)을 만드니, 이른바 아(雅)라는 것이다. 그런데 오방의 풍속은 억지로 같아지게 할 수는 없으니, 혹은 생각이 같은데 말이 다르거나, 혹은 말이 같은데 소리가 달라서 세상의 풍속을 모으고 수집해서 발음을 정확히 한 말[雅言]로 해석하고, 사물을 비교하여 종류별로

---

163 오방(五方): 중국(中國)과 사방(四方)에 있는 이적(夷狄)의 나라를 합쳐 이른 말이다. 『예기』「왕제(王制)」에 "오방의 백성들이 언어가 통하지 않고 기욕이 같지 않으므로 그 뜻을 알고 그 기욕을 통하게 하였으니, 동방을 '기(寄)'라 하고 남방을 '상(象)'이라 하고 서방을 '적제(狄鞮)'라 하고 북방을 '역(譯)'이라 하였다.[五方之民, 言語不通, 嗜欲不同, 達其志, 通其欲. 東方曰寄, 南方曰象, 西方曰狄鞮, 北方曰譯.]"라고 하였다. 이에 대한 공영달의 「소」에 "'제(鞮)'는 안다[知]는 뜻이니, 이적의 말을 통역하여 중국과 서로 알게 함을 말한다.[鞮, 知也, 謂通傳夷狄之語, 與中國相知.]"라고 하였다.

164 상수(象數): 사물의 생긴 형상과 길하고 흉한 운수를 이른다. 한편 상수는 『주역』의 괘(卦)에 따라 나타나는 형상(形象)과 변화(變化)를 말하기도 한다. 『주역』에서 '상(象)'은 괘상(卦象)과 효상(爻象)을 가리키며, '수(數)'는 음양수(陰陽數)와 효수(爻數)를 가리킨다.

165 『춘추좌씨전』「희공(僖公)」 15년조에 "거북점은 형상(形象)으로 길흉(吉凶)을 보이고, 시초점은 수(數)로 길흉을 보인다. 사물(事物)이 생긴 뒤에 형상이 있고 형상이 있은 뒤에 점점 많아지며, 많아진 뒤에 수가 생긴다.[龜, 象也; 筮, 數也. 物生而後 有象 象而後 有滋 滋而後 有數]"라고 하였다.

연결 지어 서로 비슷한 것끼리 모아 놓았으므로『이아』라 한 것이다.『시경』에 「풍(風)」과 「아(雅)」가 있는 것도 역시 마찬가지다. 왕도(王都)의 발음이 가장 정확하기 때문에 「아」라고 명명한 것이고, 열국(列國)의 발음은 다 정확한 것은 아니므로 「풍」이라고 명명한 것이다. 왕이 크고 작은 나라[邦國]의 제후(諸侯)들을 어루만지는 방법은 7년마다 통역관[象胥]을 소집해서 언어를 의논하게 하고, 외교 문서의 작성 및 전달[辭命]을 알맞게 하며, 9년마다 악사와 사관(史官)을 소집해서 서명(書名)을 깨우치고 음악을 청취하게 하는 것이다.[166] 왕의 조정에서 바루어져 제후의 나라에까지 전파되니 이를 아언(雅言)이라 한다. 아(雅)라는 말은 중하[夏]라는 뜻이다. 손경(孫卿)의『순자』「영욕편(榮辱篇)」에 '월(越)나라 사람은 월나라를 편히 여기고, 초(楚)나라 사람은 초나라를 편히 여기며, 군자는 단아함[雅][167]을 편히 여기니, 이는 지능이나 재주, 본성 때문에 그런 것이 아니다. 이는 일을 처리하는 습관과 풍속의 제한에 따라 달라지는 것이다.'라고 했고, 또 「유효편(儒效篇)」에 '초나라에 살면 초나라 사람이 되고, 월나라에 살면 월나라 사람이 되며, 중하[夏][168]에 살면 중하 사람이 되니, 이것은 타고난 본성 때문이 아니라 쌓인 습관을 따라 그렇게 되는 것이다.'라고 했으니, 그렇다면 '아(雅)'는 '하(夏)'의 옛 글자와 통용된다."라고 했다.

---

166 『주례』「추관사구하 · 대행인(大行人)」에 보인다.

167 『순자(荀子)』「영욕편(榮辱篇)」 양경(陽倞)의 「주」에 "아(雅)는 바르다[正]는 뜻이니, 훌륭한 덕이 있는 자를 아라 한다.[雅, 正也, 而有美德者謂之雅.]"라고 했으므로, 여기서는 "단아함"으로 번역했다.

168 『순자』「유효편(儒效篇)」 양경의 「주」에 "하(夏)는 중하(中夏)를 이른다.[夏, 謂中夏]"라고 했다.

원문 謹案, 『駢枝』發明鄭義, 至爲確矣. 周室西都, 當以西都音爲正. 平王東遷, 下同列國, 不能以其音正乎天下, 故降而稱「風」. 而西都之雅音, 固未盡廢也. 夫子凡讀『易』及『詩』·『書』·執禮, 皆用雅音, 然後辭義明達, 故鄭以爲"義全"也. 後世人作詩用官韻, 又居官臨民, 必說官話, 卽雅言矣.

역문 삼가 살펴보니, 『논어변지』에서 발명(發明)한 정현의 뜻이 지극히 명확하다. 주나라 왕실은 서도(西都)이니, 당연히 서도의 발음을 정음으로 삼는다. 평왕(平王)이 동으로 천도(遷都)하면서 열국(列國)과 같은 지위로 강등되어 그곳의 발음으로는 천하를 바로잡을 수 없었기 때문에 낮추어 「풍」이라 일컫게 되었다. 그래도 서도의 정확한 발음이 진실로 아직은 완전히 폐기된 것은 아니었다. 공자가 『주역』 및 『시경』과 『서경』을 읽을 때와 예를 집행할 때 모두 정확한 발음을 사용한 뒤에 말의 의미가 분명하게 전달되었기 때문에 정현이 "뜻이 온전하다"라고 여긴 것이다. 후세의 사람들은 시를 지을 때, 표준 운[官韻][169]을 사용하고, 또 관직에 있으면서 백성들에게 임할 때 반드시 표준어[官話][170]를 사용하는데, 이것이 바로 아언이다.

---

169 관운(官韻): 과거(科擧)를 보던 시대에, 관(官)에서 지정한 운서(韻書)가 있었는데, 시부(詩賦)를 지을 때 운자(韻字) 사용의 표준이 되었다.

170 관화(官話): 중국에서 청조(淸朝) 말까지 조정(朝廷)과 정계(政界)에서 사용하던 중국 북방의 주요 방언(方言)이었는데, 현재는 주로 중국 표준어를 호칭하던 말로 쓰인다. 북경(北京)이란 말을 붙여 북경관화라는 말을 만들어 쓴 일도 있다. 1910년 중화민국이 되면서 국어라 하였다. 영어로 만다린랭귀지(The Mandarin Language) 또는 만다린(chinese mandarin)이라 하였는데, 이것은 포르투갈어 'Mandarin→Mandar(명령하다)'의 변형이다. 본래 공무원의 말이라는 뜻이었지만 공식적인 용어, 즉 공용어란 의미가 되었다. 이처럼 관화란 공용어라는 뜻이기 때문에 넓은 중국에서는 북경관화 외에 남경(南京)관화라든지 서남[西南: 성도(成都)]관화 등의 명칭도 있었으나 좁은 뜻으로는 북경의 말을 가리킨다.

원문 「曲禮」云: "『詩』·『書』不諱, 臨文不諱."「注」云: "爲其失事正." 鄭以 "不諱"亦雅言之一端, 故擧以明之. "禮不誦, 故言執"者, 禮亦有讀, 但此 "執禮"是在行事時, 故言"不誦"也.『困學記聞』引葉夢得曰: "蓋古者謂持『禮 書』以治人者, 皆曰'執'.『周官』「大史」大祭祀, 宿之日, 讀『禮書』; 祭之 日, 執『書』以次位常. 凡射事, 執其禮事."

역문 『예기』「곡례상」에 『시경』을 외고 『서경』을 읽을 때는 휘(諱)하지 않 으며, 예를 거행함에 소리 내어 예문(禮文)을 낭독할 때 그 예문의 글자 도 휘하지 않는다.[171]라고 했는데,「주」에 "행사가 잘못될 수 있기 때문 이다."[172]라고 했다. 정현은 "기피하지 않는 것[不諱]" 역시 아언의 한 자 락이라고 여겼기 때문에 거론하여 밝힌 것이다. "예는 외지 않기 때문에 '집행'이라고 말한 것이다."라고 했는데, 예도 읽기는 하나, 다만 여기서 의 "예를 집행함[執禮]"이란 예사(禮事)를 집행하고 있을 때이므로 "외지 않는다"라고 말한 것이다. 『곤학기문(困學記聞)』에는 섭몽득(葉夢得)[173]이

---

171 『예기주소』권3,「곡례상」공영달의「소」에 『시경』·『서경』과 임문(臨文)에 휘하지 않는 것에 대하여 하윤(何胤)의 말을 인용해서 다음과 같이 말했다. "하윤이 말하길 '『시경』과 『서경』이라고 한 것은 공부할 때를 말한 것이고, 임문이라고 한 것은 예를 거행함에 소리 내 어 예문(禮文)을 창(唱)하는 것을 말하니 행사 때를 말한 것이다.'라고 하였다. 살펴보니 『논 어』에서 말한 '『시경』·『서경』·집례(執禮)'는 바로 가르치고 배우는 것이다. 『시경』과 『서 경』을 공부할 때는 입으로 외지만 예는 외지 않으니, 예문을 앞에 놓고 행사를 할 때에 만약 에 휘하는 바가 있다면 행사가 잘못될 수 있기 때문에 휘하지 않는 것이다.[何胤云, '『詩』· 『書』謂敎學時也; 臨文謂禮執文, 行事時也.' 案『論語』云'『詩』·『書』·執禮'是敎學. 惟『詩』· 『書』有誦, 禮則不誦, 惟臨文行事, 若有所諱則竝失事正, 故不諱也.]"

172 『예기주소』권3,「곡례상」정현의「주」.

173 섭몽득(葉夢得, 1077~1148): 송나라 소주(蘇州) 오현(吳縣) 사람으로 자는 소온(少蘊)이고, 호는 석림(石林)이다. 철종(哲宗) 소성(紹聖) 4년(1097) 진사가 되어 한림학사(翰林學士)를 맡아 사대부들이 파당(派黨)을 짓는 일에 대해 극론(極論)했다. 영창부(潁昌府)에서 일할 때 상평속(常平粟)을 열어 빈민들을 구휼했고, 환관 양전(楊戩) 등의 수탈을 억제했으며, 탐관

"아마도 옛날 『예서(禮書)』를 가지고 사람을 다스리는 것을 모두 '집(執)'이라고 한 것 같다. 『주관』「대사(大史)」에 보면 대제사(大祭祀)[174]에서는 치제(致齋)를 하는 날 동안에는 『예서』를 읽고, 제사를 지내는 날에는 『예서』를 가지고 제사에 참여하는 사람의 일정한 자리를 차례로 정한다. 사사(射事)에서도, 그 예사(禮事)를 집행한다.[175]"라고 한 것을 인용했다.

원문 『論語騈枝』曰: "執, 猶掌也. 執禮, 謂詔相禮事. 「文王世子」曰: '秋學禮, 執禮者詔之.' 「雜記」曰: '女雖未許嫁, 年二十而笄, 禮之, 婦人執其禮.'" 諸文皆言"執禮", 與此經同. 翟氏灝『考異』云: "古者學禮行禮, 皆有詔贊者爲之宣唱校呼, 使無失錯. 若今之贊禮官, 其書若今之儀注, 於此而不正其言, 恐事亦失正也."

역문 『논어변지』에 "집행[執]은 담당함[掌]과 같으니, 집례(執禮)란 예를 집행하는 일을 돕는다[詔相][176]는 말이다. 『예기』「문왕세자」에 '가을에 예를 배우는데, 예를 집행하는 자[執禮者]가 이를 돕는다.'라고 했고, 「잡기하(雜記下)」에 '여자는 비록 아직 시집가기를 허락하지 않아도 나이가 20세이면 계례(笄禮)를 올리고 성인의 예로 대접하는데, 부인이 그 예를 집행[執其禮]한다.'라고 했다."라고 하였다. 여러 문장에서 모두 "집례"를 말하

오리들을 체포하다가 결국 축출되었다. 용도각직학사(龍圖閣直學士) 등을 지냈다. 평생 배우기를 좋아해 박학했고, 특히 사(詞)를 잘 지었다. 또한 『춘추』에 정밀하여 『춘추전(春秋傳)』과 『춘추고(春秋考)』, 『춘추얼(春秋讞)』, 『춘추지요총례(春秋指要總例)』, 『석림춘추(石林春秋)』 등을 저술했다. 그 밖의 저서에 『건강집(建康集)』과 『석림사(石林詞)』, 『피서록화(避暑錄話)』, 『석림연어(石林燕語)』, 『석림시화(石林詩話)』 등이 있다.

174 대제사(大祭祀): 종묘의 제사.

175 『주례』「춘관종백하(春官宗伯下)·대사(大史)」에 자세한 내용이 보인다.

176 조상(詔相): 예를 집행하거나 의식을 치를 때 사용되는 언사(言辭)나 절차를 인도하는 일을 말한다.

고 있는데, 이 경전의 의미와 같다. 적호의 『사서고이』에 "옛날 예를 배우고 예를 행함에 모두 돕는[詔贊] 자를 두어 선창(宣唱)하고 외치도록 하여 잘못이 없도록 하였다. 지금의 찬례관(贊禮官)으로 말할 것 같으면 그 문서가 지금의 의주(儀注)[177]와 같은데, 이에 대해 그 말을 정확하게 해 놓지 않았으므로 또한 잘못될까 걱정스럽다."라고 했다.

7-19

葉公問孔子於子路, 子路不對, 子曰: "女奚不曰, 其爲人也, 發憤忘食, 樂以忘憂, 不知老之將至云爾."【注】孔曰: "葉公名諸梁, 楚大夫, 食采於葉, 僭稱公. 不對者, 未知所以答."

섭공(葉公)이 자로에게 공자에 대해 물었으나, 자로가 대답하지 않자, 공자가 말했다. "너는 어찌하여 '그 사람됨이 분발하면 먹는 것도 잊고, 도를 즐겨 근심을 잊고서 늙음이 장차 닥쳐오는 것도 모른다는 말 등등'을 말해 주지 않았느냐?"【주】공안국이 말했다. "섭공은 이름이 제량(諸梁)으로, 초나라 대부(大夫)인데, 섭현(葉縣)을 식읍(食邑)으로 받고서 공(公)을 참칭(僭稱)했다. 대답하지 않은 것은 어떻게 대답해야 할지 몰랐기 때문이다."

---

177 의주(儀注): 나라의 전례(典禮)에 관한 절차를 주해(註解)하여 기록한 책. 의식의 절차, 의식에 참여할 인원과 복장, 의식에 필요한 물품의 마련 등을 상세히 정리한 것으로 행사 전에 미리 마련하였다.

원문 正義曰: "發憤忘食"者, 謂好學不厭, 幾忘食也. "樂以忘憂"者, 謂樂道不憂貧也. "不知老之將至"者, 言忘身之老, 自强不息也.

역문 정의에서 말한다.

"분발하면 먹는 것도 잊는다[發憤忘食]"라는 것은 배우기를 좋아해서 싫어하지 않아 거의 먹는 것을 잊는다는 말이다. "도를 즐겨 근심을 잊는다[樂以忘憂]"라는 것은 도를 즐겨 가난을 근심하지 않는다는 말이다. "늙음이 장차 닥쳐오는 것도 모른다[不知老之將至]"라는 것은 몸이 늙는 것조차 잊고서 스스로 힘쓰고 쉬지 않는다는 말이다.

원문 『荀子』「勸學篇」, "眞積力久則入, 學至乎沒而後止也. 故學數有終, 若其義則不可須臾舍也." 是夫子忘老之意也. 「孔子世家」言"齊景公卒之明年, 孔子自蔡如葉. 葉公問政"云云: "他日問孔子於子路"云云. 計夫子時年六十三·四歲, 故稱老矣. 又「世家」"其爲人也"句下, 有"學道不倦, 誨人不厭"二句. 皇本"至"下有"也"字.

역문 『순자』「권학편(勸學篇)」에 "참되게 쌓아 가며 오래도록 노력하면 학문의 길에 들어서게 되는데, 학문이란 죽음에 이른 뒤에야 그만두는 것이다. 그러므로 학문하는 수순은 끝이 있으나 그 의(義)는 잠시라도 버려서는 안 된다."라고 했는데, 이것이 공자가 늙음을 잊었다는 뜻이다. 「공자세가」에 "제 경공(齊景公)이 죽은 다음 해에 공자는 채(蔡)나라로부터 섭(葉) 땅에 갔다. 섭공이 정치에 대해서 물었다"라고 운운했고, 또 "다른 날 자로에게 공자에 대해서 물었다"라고 운운했다. 계산해 보면 공자는 당시 나이가 63~64세였기 때문에 늙음을 일컬었던 것이다. 또 「공자세가」에는 "그 사람됨이[其爲人也]"라고 한 구절 아래 "도를 배우기를 게을리하지 않고, 남을 가르치기를 싫어하지 않았다"라는 두 구절이 있다. 황간본에는 "지(至)" 아래 "야(也)" 자가 있다.

- 「注」, "葉公"至"以答".

- 正義曰:『左』「定」五年「傳」, "葉公 諸梁之弟后臧從其母於吳." 「哀」十六年「傳」稱沈諸梁, 「莊子釋文」云: "姓沈, 名諸梁, 字子高". 杜預『左』「宣」三年「傳」「注」, "葉, 楚地, 今南陽 葉縣." 其故城距今縣治二十里. 據『左傳』葉公是縣尹, 非食采之邑. 故鄭注『禮』「緇衣」云"葉公, 楚縣公." 是也. 「鄉飲酒禮」「注」, "大國有孤四命, 謂之公." 「士喪禮」「注」, "公, 大國之孤四命也." 若然, 則諸侯臣得稱公. 故『左傳』有邢公・棠公・商成公・白公. 此葉公亦是四命之孤, 非因僭稱也. 然高誘注『呂覽』「察微篇」・『淮南』「覽冥訓」並云: "楚僭稱王, 其守邑大夫皆稱公." 則以公爲僭稱, 漢儒已有是說, 不始於僞孔矣. "未知所以答"者, 子路以己之知不足知聖人也.

- 「주」의 "섭공(葉公)"부터 "이답(以答)"까지.

- 정의에서 말한다.

『춘추좌씨전』「정공」5년의「전」에 "섭공 제량의 아우 후장(后臧)이 그 어머니와 함께 오나라로 잡혀가 있었다."라고 했는데, 「애공」16년의「전」에 심제량(沈諸梁)이라 칭하였고, 「장자석문(莊子釋文)」에 "성은 심(沈)이고 이름은 제량이며 자는 자고(子高)이다."[178]라고 했다. 두예(杜預)는 『춘추좌씨전』「선공(宣公)」3년「전」의「주」에서 "섭은 초나라 땅으로 지금의 남양(南陽) 섭현이다."라고 했는데, 그 고성(高城)이 현의 관아[縣治]에서 20리 떨어진 곳에 있다. 『춘추좌씨전』에 의거해 보면 섭공은 섭현의 현윤(縣尹)이니, 섭은 채지(采地)로 받은 식읍(食邑)이 아니다. 그러므로 정현은『예기』「치의(緇衣)」를 주석하면서 "섭공은 초나라의 현공(縣公)이다."라고 했으니, 옳다. 『의례』「향음주례(鄉飲酒禮)」의「주」에 "대국에는 고(孤)가 있고, 4명(四命)을 받은 사람을 공(公)이라 한다."라고 했고, 「사상례(士喪禮)」의「주」에, "공은 대국의 고로서 4명을 받은 자이다."라고 했다. 만약 그렇다면 제후의 신하도 공이라 칭할 수 있다. 그러므로『춘추좌씨전』에 형공(邢公)과 당공(棠公)과 상성공(商成公)과 백공(白公)이 있는 것이다. 따라서 여기의 섭공 역시 4명을 받은 고이지, 참칭에 인한 것이 아니다. 그러나 고유는『여람』「찰미(察微)」와『회남자』「남명훈(覽冥訓)」을 주석하면

---

178 『경전석문』권26, 「장자음의상(莊子音義上)・인간세제4(人間世第四)」.

서 모두 "초나라에서 왕(王)을 참칭하자 그곳의 읍을 지키는 대부들도 모두 공을 참칭했다."
라고 했으니, 그렇다면 공을 참칭한 것이라고 여기는 것은 한나라시대 유학자들에게는 이미
이런 설이 있었던 것이지, 위공에게서 비롯된 것이 아니다. "어떻게 대답해야 할지 몰랐다[未
知所以答]"라는 것은, 자로가 자기의 지혜로는 성인을 알기에 부족했다는 말이다.

7-20

子曰: "我非生而知之者, 好古, 敏以求之者也." 【注】鄭曰: "言此
者, 勸人學."

공자가 말했다. "나는 태어나면서부터 안 사람이 아니다. 옛것을
좋아해서 힘써 그것을 구한 자이다." 【주】 정현이 말했다. "이렇게 말한
것은 사람들에게 배움을 권장한 것이다."

원문 正義曰: 敏, 勉也, 言黽勉以求之也. 說本朱氏彬『經傳考證』. 皇本"敏"
下有"而"字.

역문 정의에서 말한다.

민(敏)은 힘쓴다[勉]는 뜻이니, 힘써 그것을 구했다는 말이다. 주빈(朱
彬)[179]의 『경전고증(經傳考證)』에 근거한 설명이다. 황간본에는 "민(敏)"

---

179 주빈(朱彬, 1753~1834): 청나라 강소(江蘇) 보응(寶應) 사람으로 자는 무조(武曹) 또는 울보
(鬱甫)이다. 건륭(乾隆) 60년(1795) 거인(擧人)이 되었다. 왕무횡(王懋竑)의 경학(經學)을
계승하고, 외형(外兄) 유대공(劉臺拱) 및 왕염손(王念孫)과 함께 공부했다. 훈고(訓詁)와 성
음(聲音), 문자(文字)를 깊이 연구했다. 주희의 이학(理學)을 추존하고, 육왕학(陸王學)을

아래 "이(而)" 자가 있다.

- 「注」, "言此者, 勸人學."
- 正義曰: 生知者, 不待學而能知也. 夫子亦是生知, 特以生知爲上, 謙不敢居, 且恐學者自恃
  聰質, 將懈於學. 故但以學知自承, 且以勸勉人也.
- 「주」의 "이렇게 말한 것은 사람들에게 배움을 권장한 것이다."
- 정의에서 말한다.
  태어나면서부터 안다는 것은 배우기를 기다리지 않고도 알 수 있다는 말이다. 공자 역시도
  태어나면서부터 안 사람이지만 단지 태어나면서부터 아는 것을 최상의 경지로 삼을 뿐, 겸손
  하여 감히 자처하지 않은 것은, 장차 배우는 자들이 스스로 총명한 자질을 믿고 배움에 나태
  할까 걱정한 것이다. 그러므로 다만 배워서 아는 것으로써 스스로 자처하고 또 사람들을 권
  장한 것이다.

7-21

子不語怪・力・亂・神. 【注】王曰: "'怪', 怪異也. '力', 謂若奡蕩舟・烏
獲擧千鈞之屬. '亂', 謂臣弑君・子弑父. '神', 謂鬼神之事. 或無益於敎化, 或所
不忍言."

공자는 괴이함과 완력과 환란과 귀신을 말하지 않았다. 【주】왕숙
이 말했다. "'괴(怪)'는 괴이(怪異)함이다. '역(力)'은 오(奡)가 육지에서 배를 끌고 다

배척했다. 한당송(漢唐宋) 학자들의 장점을 두루 취하고 확실한 근거를 제시했다. 저서에 『경
전고증(經傳考證)』과 『예기훈찬(禮記訓纂)』, 『유도당시문집(游道堂詩文集)』 등이 있다.

니고[180] 오확(烏獲)이 천균(千鈞)을 든 것[181] 등을 이른다. '난(亂)'은 신하가 임금을 시해하고 자식이 아비를 시해하는 것을 이른다. '신(神)'은 귀신(鬼神)의 일을 이른다. 어떤 것은 교화에 무익하고 어떤 것은 차마 말할 수 없는 것이다."

원문 正義曰: "不語", 謂不稱道之也. 『大戴禮』「曾子立事篇」, "君子亂言而弗殖, 神言弗致也." 卽此義.

역문 정의에서 말한다.

"불어(不語)"라는 것은 일컫거나 말하지[稱道] 않았다는 말이다. 『대대례』「증자입사(曾子立事)」에 "군자는 어지러운 말을 퍼뜨리지 않고, 귀신에 대한 근거 없는 말을 받아들이지 않는다."라고 한 것이 바로 이 의미이다.

- 「注」, "怪怪"至"忍言".
- 正義曰: 『說文』云: "怪, 異也." 此常訓. 『書傳』言夫子辨木·石·水·土諸怪, 及防風氏骨節專車之屬, 皆是因人問答之非, 自爲語之也. 至日食·地震·山崩之類, 皆是災變, 與怪不同,

---

180 오(烏, ?~?): 중국 고대의 장사로 육지에서 배를 끌고 다닐 정도로 힘이 셌다고 한다. 『논어』「헌문」에 "예(羿)는 활을 잘 쏘았고, 오는 힘이 세어 육지에서 배를 끌고 다녔지만 모두 제명에 죽지 못했다.[羿善射; 奡盪舟, 俱不得其死.]"라고 하였고, 한유(韓愈)의 「천사(薦士)」에 "허공을 가로지르듯 경어를 구사하니, 그 어려운 글자를 온당하게 놓는 힘은 오를 밀어낼 정도이다.[橫空盤硬語, 妥帖力排奡.]"라고 했다.

181 오확(烏獲, ?~?): 중국 춘추전국시대 진(秦)나라 무왕(武王) 때의 용사(勇士)이다. 천균(千鈞)의 무게를 들어 올릴 수 있는 장사로 무왕의 총애를 받았다. 『맹자』「고자하(告子下)」에 "오확이 들던 짐을 들면 또한 오확과 같은 사람이 될 뿐이다.[擧烏獲之任, 是亦爲烏獲而已矣.]"라고 했는데, 주희의 『집주』에 "오확은 옛날의 힘이 센 사람으로 천균을 들어서 옮길 수 있었다.[烏獲, 古之有力人也, 能擧移千鈞.]"라고 했다.

故『春秋』紀之獨詳. 欲以深戒人君, 當修德力政, 不諱言之矣. "羿蕩舟", 「憲問篇」文, 說具

彼「疏」. "烏獲"見『孟子』「告子下」, 趙岐「注」, "古之有力人也, 能移擧千鈞." 『左』「宣」十五

年「傳」, "民反德爲亂", 亂莫大於弑父與君, 故擧以釋之. 皇「疏」云'無益於敎化'者, 解不言

怪・力・神三事也. 云'或所不忍言'者, 解不言亂事也."

○「주」의 "괴괴(怪怪)"부터 "인언(忍言)"까지.

○ 정의에서 말한다.

『설문해자』에 "괴(怪)는 괴이함[異]이다."[182]라고 했는데, 이것이 일반적인 해석이다. 『서

전(書傳)』에서 공자가 나무와 돌과 물과 흙 등의 괴이한 것을 변별했다고 한 것[183]과 방풍씨

(防風氏)의 뼈마디가 수레에 가득 찼다고 한 것[184] 등은 사람들의 잘못된 문답(問答)에 따라

스스로 말해 준 것이다. 일식(日食)이나 지진(地震), 산이 붕괴한 것 등은 모두 천재지변이

니, 괴이함과는 같지 않기 때문에 『춘추』에 기록한 것이 유달리 자세했던 것이다. 임금을 깊

이 경계시키려면 마땅히 덕을 닦고 정치에 힘쓰게 해야 하니 말하는 것을 기피하지 않았다.

"예가 육지에서 배를 끌고 다녔다"라는 것은 「헌문(憲問)」에 있는 글인데, 설명이 황간의

「소」에 갖추어져 있다.[185] "오확"은 『맹자』 「고자하(告子下)」에 보이는데, 조기(趙岐)의 「주」

---

182 『설문해자』 권10: 괴(恠)는 괴이함[異]이다. 심(心)으로 구성되었고 골(圣)이 발음을 나타낸
다. 고(古)와 괴(壞)의 반절음이다.[恠, 異也. 從心圣聲. 古壞切.]

183 『서전(書傳)』에는 이러한 표현이 보이지 않는다. 『국어』 권5, 「노어하」에 "제가 들으니, 나
무나 돌의 기이한 것은 기(夔)와 망량(蝄蜽)이라 하고, 물의 기이한 것은 용(龍)과 망상(罔
象)이라 하며, 흙의 기이한 것은 분양(墳羊)이라고 하였습니다.[丘聞之, 木石之怪曰夔蝄蜽,
水之怪曰龍罔象, 土之怪曰墳羊.]"라는 표현이 보인다.

184 『사기』 「공자세가」: 오(吳)가 월(越)을 공격하여 회계(會稽)를 허물었는데 수레에 꽉 찰 정
도로 큰 해골을 얻었다. 오왕이 사신을 보내 중니에게 "어떤 사람의 해골이 가장 큽니까?"라
고 물었다. 중니가 "우(禹)가 회계산(會稽山)에 신들을 불렀을 때 방풍씨가 늦게 와서 우가
그를 죽이고 조리를 돌렸는데 그 해골이 수레에 가득 찼다고 하니, 이것이 가장 큽니다."라
고 했다.[吳伐越, 墮會稽, 骨節專車. 吳使使問仲尼, "骨何者最大?" 仲尼曰: "禹致群神於會稽
山, 防風氏後至, 禹殺而戮之, 其節專車, 此爲大矣."]

185 『논어집해의소』 권14, 「헌문제14(憲問第十四)」 하안(何晏)의 「집해」에 "예(羿)는 유궁국
(有窮國)의 임금이다. 활을 잘 쏘았으므로 하나라 임금 상(相)의 왕위(王位)를 찬탈하였는
데, 그 신하 한착(寒浞)이 예를 시해하였다. 오는 한착의 아들로 힘이 세었다. 탕(盪)은 밀다

에 "옛날의 힘이 센 사람으로, 천균을 들어서 옮길 수 있었다."라고 했다. 『춘추좌씨전』 「선공」 15년의 「전」에 "백성들이 덕을 어기면 환란[亂]이 일어난다"라고 했는데, 환란은 아버지와 임금을 시해하는 것보다 큰 것이 없으므로 거론해서 해석한 것이다. 황간의 「소」에 "'교화에 무익하다'라는 것은 괴이함과 완력과 귀신 세 가지 일에 대해 말하지 않은 것을 해석한 것이고, '어떤 것은 차마 말할 수 없는 것이다'라고 한 것은 환란에 대한 일을 말하지 않은 것을 해석한 것이다."라고 했다.

7-22

子曰: "三人行, 必有我師焉, 擇其善者而從之, 其不善者而改之." 【注】 言我三人行, 本無賢愚, 擇善從之, 不善改之. 故無常師.

공자가 말했다. "세 사람이 함께 길을 가면 그 가운데 반드시 나의 스승이 있으니, 선하다고 하는 것을 가려서 따르고, 불선하다고 하는 것을 가려서 고쳐야 한다." 【주】 우리 세 사람의 언행[186]이 본래 현명함과 어리석음의 구별이 없으니, 선한 언행을 가려서 따르고 불선한 언행을 가려서 나의 불선을 고쳐야 한다. 그러므로 배움에는 일정한 스승이 없다는 말이다.

[推]이니, 육지에서 배를 밀고 다닐 정도로 힘이 세었으나, 하나라 임금 소강(少康)에게 죽임을 당했다.[羿, 有窮國之君, 以其善射, 篡夏后相之位, 其臣寒浞殺之. 奡, 寒浞之子, 多力. 盪, 推也, 能陸地推舟而行, 爲夏后少康所殺.]"라고 했다.

186 "我三人行"의 "行"을 유보남은 "言行"의 "行"으로 보았으므로, 여기서는 "언행(言行)"이라고 해석했다.

원문 正義曰: "三人"者, 衆辭也. "行"者, 行於道路也. 錢氏坫『後錄』, "『左傳』子產曰: '其所善者, 吾則行之; 其所惡者, 吾則改之, 是吾師也.'" 與此文同義. 案, 如錢說, 是善與不善, 謂人以我爲善不善也. 我竝彼爲三人, 若彼二人以我爲善, 我則從之; 二人以我爲不善, 我則改之. 是彼二人皆爲吾師.

역문 정의에서 말한다.

"세 사람"이란 여럿이라는 말이다. "행(行)"이란 길을 감이다. 전점(錢坫)의 『논어후록(論語後錄)』에 "『춘추좌씨전』에서 자산(子産)이 말했다. '저들이 선하다고 하는 것을 내가 행하고, 저들이 악하다고 하는 것을 내가 고친다면 이들이 바로 나의 스승이다.'"라고 했는데, 이 문장과 뜻이 같다. 살펴보니, 전점의 말대로라면 이는 선과 불선으로, 남이 나를 '선하다고 여기거나 불선하다고 여긴다'라는 말이다. 내가 저 세 사람에 포함이 되니, 만약 다른 두 사람이 나를 선하다고 여기면 나는 그대로 따르면 되고, 두 사람이 나를 불선하다고 여기면 내가 고치면 된다. 그러므로 저 두 사람이 모두 나의 스승이 되는 것이다.

원문 『書』「洪範」云: "三人占, 則從二人之言." 此之謂也. 皇「疏」引王朗曰: "于是道消俗薄, 鮮能崇賢尙勝, 故託斯言以厲之. 夫三人之行, 猶或有師, 況四海之內, 何求而不應哉?"

역문 『서경』「홍범(洪範)」에 "세 사람이 점을 치면 두 사람의 말을 따른다."라고 했으니, 이것을 말한 것이다. 황간의 「소」에는 왕랑(王朗)[187]이 "이

---

187 왕랑(王朗, ?~228): 삼국시대 위(魏)나라 동해(東海) 담[郯, 산동성 담성(郯城)] 사람. 초명은 엄(嚴)이고, 자는 경흥(景興)이며, 시호는 일성(日成)이다. 왕숙(王肅)의 아버지이고, 양사(楊賜)에게 수학했다. 처음에 통경(通經)으로 낭중(郎中)에 임명되었다. 서주자사(徐州刺史) 도겸(陶謙)이 무재(茂才)로 천거하여 도겸의 치중(治中)이 되었다. 조조에게 귀순하여 간의대부(諫議大夫)가 되어 군사(軍事)에 참여했다. 헌제 때 효렴에 발탁되어 벼슬했는데,

에 도가 사라지고 풍속이 각박해져서 능히 현자를 숭상하고 수승한 자를 높이는 일이 드물어졌기 때문에 이 말에 빗대어 힘쓰게 한 것이다. 세 사람이 함께 길을 가더라도 오히려 혹 스승이 있는데, 하물며 사해(四海) 안에서 누구를 구한들 응하지 않겠는가?"[188]라고 한 말을 인용했다.

원문 『釋文』, "我三人行, 一本無'我'字. 必得我師焉, 本或作'必有'." 『唐石經』 及皇本·高麗本·『攷文』據古本, 足利本"三"上竝有"我"字. "有"作"得", 與『釋文』本合. 馮氏登府『異文考證』, "案何「注」·邢「注」竝云'言我三人行', 『穀梁』范「注」亦云'我三人行', 至'有'作'得', 『史記』「世家」亦如此."

역문 『경전석문』에 "'아삼인행(我三人行)'은, 어떤 판본에는 '아(我)' 자가 없다. '필득아사언(必得我師焉)'은 판본에 따라 더러 '필유(必有)'로 되어 있다."라고 했다.[189] 『당석경』 및 황간본과 고려본, 그리고 고본(古本)에 의거한 『칠경맹자고문』과 아시카가본에는 "삼(三)" 위에 모두 "아(我)" 자가 있다. "유(有)"가 "득(得)"으로 되어 있는 것은 『경전석문』본과 일치한다. 풍등부(馮登府)의 『논어이문고증(論語異文考證)』에 "하안(何晏)의 「주」와 형병의 「주」에는 모두 '언아삼인행(言我三人行)'이라고 되어 있고, 『춘추곡량전』 범녕(范寧)의 「주」에도 '아삼인행(我三人行)'이라 했으며, 심지어

조조의 아들 조비(曹丕)가 황제가 된 뒤에도 그를 섬겨 벼슬이 사공(司空)에 이르렀다. 낙평향후(樂平鄕侯)에 봉해졌다. 대리(大理)에 있으면서 옥사를 관대하게 처결했다. 명제(明帝) 때 난릉후(蘭陵侯)에 봉해졌고, 사도(司徒)로 옮겼다. 제갈량(諸葛亮)의 침공을 맞아 하후무(夏侯楙)가 대패한 뒤 당시 이미 76세였지만 조진을 도와 출전해 제갈량과 전장에서 만나 토론하다가 그의 조리 있는 변설에 화가 치밀어 낙마했고 후송 도중 죽었다. 저서에 『역전(易傳)』과 『춘추전(春秋傳)』, 『효경전(孝經傳)』, 『주관전(周官傳)』 등이 있다.

188 『논어집해의소』 권4, 「논어술이제7」 황간(皇侃)의 「소」.
189 『경전석문』 권24, 「논어음의·술이제7」. 『논어집해의소』에는 이 문장이 "子曰: 我三人行, 必得我師焉."으로 되어 있다.

'유(有)'가 '득(得)'으로 되어 있는데,[190] 『사기』「공자세가」 역시 이와 같다."라고 했다.

- 「注」, "言我"至"常師".
- 正義曰:「注」似以"行"爲"言行"之行. 三人之行, 本無賢愚, 其有善有不善者, 皆隨事所見, 擇而從之·改之, 非謂一人善, 一人不善也. 旣從其善, 卽是我師, 於義亦可通也. 下篇子貢曰: "夫子焉不學, 而亦何常師之有?"
- 「주」의 "언아(言我)"부터 "상사(常師)"까지.
- 정의에서 말한다.

  「주」에서는 "행(行)"을 "언행(言行)"이라고 할 때의 행(行)으로 본 것 같다. 세 사람의 언행이 본래는 현명함과 어리석음이 없지만, 선이 있거나 불선이 있는 것은 모두 일에 따라 드러나므로, 가려서 따르거나 고쳐야 한다는 것이니, 한 사람의 선이나 한 사람의 불선을 말하는 것이 아니다. 이미 그 선을 따르면 바로 나의 스승이라는 말이니, 의미상 또한 통할 만하다. 아래 「자장(子張)」에서 자공이 말했다. "선생님께서 누구에게서든 배우지 않으셨겠으며, 어찌 일정한 스승이 있으셨겠습니까?"

7-23

子曰: "天生德於予, 桓魋其如予何?" 【注】包曰: "桓魋, 宋司馬. '天'生'德'者, 謂授我以聖性, 德合天地, 吉無不利. 故曰'其如予何'."

---

190 문연각 사고전서의 『춘추곡량주소(春秋穀梁注疏)』 권9, 「희공(僖公)」 27년의 「주」에는 "夫三人行, 必有我師."라고 되어 있다. 풍등부(馮登府)의 설과는 다르니, 풍등부가 어느 판본에 의거했는지 알 수 없다.

공자가 말했다. "하늘이 나에게 덕(德)을 주셨으니, 환퇴(桓魋)가 나를 어쩌겠는가?"【주】 포함이 말했다. "환퇴는 송나라 사마(司馬)이다. '하늘이 덕을 주셨다[天生德]'라는 것은 하늘이 나에게 성스러운 본성[聖性]을 주었으니, 덕이 천지(天地)에 부합해서 길하고 이롭지 않음이 없다는 말이다. 그러므로 '나를 어쩌겠는가?'라고 말한 것이다."

원문 正義曰: 『書』「召誥」云: "今天其命哲?" 是人之知愚皆天所生, 夫子五十知天命, 知己有德, 爲天所命, 故此復言"天生德於予"也. 『史記』「孔子世家」云: "孔子去衛過曹, 去曹適宋, 與弟子習禮於大樹下. 宋司馬桓魋欲殺孔子, 拔其樹. 孔子去. 弟子曰: 可以速矣. 孔子曰: '天生德於予, 桓魋其如予何?'" 是此語爲夫子答弟子之辭. 「世家」云: "是歲, 魯定公卒." 爲定十五年. 又云: "孔子遂至陳, 主於司城貞子家." 「宋世家」則以孔子過宋在宋景二十五年, 當魯哀三年. 「陳世家」及「十二諸侯年表」又以孔子至陳在湣公六年, 當魯定十四年. 傳聞異辭, 未知孰是.

역문 정의에서 말한다.

『서경』「소고(召誥)」에 "이제 하늘이 우리에게 밝음[哲]을 명할 것인가?"¹⁹¹라고 했는데, 이는 사람의 지혜로움과 어리석음은 모두 하늘이 준 것이라는 말이고, 공자는 50세에 천명을 알았다고 했으니, 자기가 가지고 있는 덕이 하늘이 명한 것임을 알았기 때문에 여기에서 다시 "하늘이 나에게 덕을 주었다"라고 말한 것이다. 『사기』「공자세가」에 "공자는 위

---

191 『서경』「주서·소고(召誥)」: 이제 하늘이 우리에게 밝음을 명(命)할 것인가? 길흉(吉凶)을 명할 것인가? 오랜 국운을 명할 것인가? 이것을 아는 것은 지금 우리가 처음 정사(政事)함에 달려 있습니다.[今天, 其命哲? 命吉凶? 命歷年? 知今我初服.]

나라를 떠나 조(曹)나라를 거치고, 조나라를 떠나 송나라를 지나다가 제자들과 큰 나무 아래에서 예를 익혔다. 송나라의 사마인 환퇴가 공자를 죽이려고 그 나무를 뽑아 버렸다. 공자가 떠났다. 제자들이 '빨리 떠나는 것이 좋겠습니다.'라고 하자 공자가 말했다. '하늘이 나에게 덕을 주셨으니, 환퇴가 나를 어쩌겠는가?'"라고 했으니, 여기서의 이 말은 공자가 제자들의 말에 대답한 것이 된다. 「공자세가」에 "이해에 노나라 정공(定公)이 죽었다."라고 했으니, 정공 15년이 된다. 또 "공자는 마침내 진(陳)에 이르러 사성정자(司城貞子)의 집에 머물렀다."라고 했는데, 『사기』「송세가(宋世家)」에는 공자가 송나라를 지나간 일이 송나라 경공(景公) 25년에 있었다고 하니, 이해는 노나라 애공 3년에 해당된다. 「진세가(陳世家)」 및 「십이제후연표」에는 또 공자가 진나라에 다다른 것이 혼공(湣公) 6년에 있는데, 이해는 노나라 정공 14년에 해당된다. 전하여 들리는 말이 다르니 어느 것이 옳은지 모르겠다.

- 「注」, "桓魋"至"予何".
- 正義曰: 桓魋, 卽向魋. 稱桓者, 向是桓族也. "聖性"者, 孟子以堯·舜爲性之, 言性成自然也. 夫子聖性, 是天所授, 雖遭困阨, 無損聖德. 故曰"吉無不利"也. 此夫子據天道福善之理, 解弟子憂懼之意, 若微服而過, 則又知命所宜然矣.
- 「주」의 "환퇴(桓魋)"부터 "여하(予何)"까지.
- 정의에서 말한다.

환퇴는 바로 상퇴(向魋)이다. 환(桓)이라고 칭한 것은 상(向)이 환족(桓族)이기 때문이다.

"성스러운 본성[聖性]"

맹자는 요임금과 순임금을 타고난 본성(本性)대로 했다[192]고 하였으니, 본성이 이루어진 것이 자연과 같다[193]는 말이다. 공자의 성스러운 본성은 하늘이 준 것이므로 비록 곤액(困阨)을 만나더라도 성스러운 덕성(德性)을 손상시킬 수 없다. 그러므로 "길하여 이롭지 않음이 없다"라고 한 것이다. 이는 공자가 하늘의 도는 선을 행하는 자에게는 복으로써 보답하는 이치[194]에 근거해서 제자들이 근심하고 두려워하는 마음을 풀어 준 것이고, 미복(微服) 차림을 하고 떠난 것과 같은 것[195]은 또 천명에 마땅한 바를 알았기 때문에 그랬던 것이다.

7-24

子曰: "二三子以我爲隱乎? 吾無隱乎爾. 吾無行而不與二三子者, 是丘也."【注】包曰: "'二三子', 謂諸弟子. 聖人知廣道深, 弟子學之不能及, 以爲有所隱匿, 故解之我所爲, 無不與爾共之者, 是丘之心."

공자가 말했다. "너희들은 내가 무언가를 숨긴다고 여기느냐? 나는 너희들에게 숨기는 것이 없다. 나는 무엇을 행하든 너희에게 보여 주고 가르쳐 주지 않음이 없는 사람이니, 이런 사람이 바로 나이다."【주】포함이 말했다. "'이삼자(二三子)'는 여러 제자들을 이른다. 성인은

---

192 맹자가 말했다. "요·순은 본성대로 하신 것이고, 탕·무는 실천하신 것이며, 오패(五霸)는 빌린 것이다."[孟子曰: "堯·舜性之也; 湯·武身之也; 五霸假之也]

193 『공자가어(孔子家語)』권38, 「칠십이제자해(七十二弟子解)」에, "어려서 이루어진 것은 곧 천성(天性)과 같으며, 습관(習貫)으로 이루어진 것은 자연(自然)과 같다.[少成則若性也, 習貫成自然也.]"라고 하였고, 『전한서』권48, 「가의전(賈誼傳)」에서도 "어려서 이루어진 것은 천성과 같으며, 습관은 자연과 같다.[少成若天性, 習慣如自然.]"라고 하였다.

194 『공자가어』권5, 「재액제20(在厄第二十)」: 선(善)을 행하는 사람에게는 하늘이 복으로 갚아 준다.[爲善者, 天報之以福.]

195 『맹자』「만장상(萬章上)」: 공자가 노나라와 위나라에 머물기를 좋아하지 않아 그곳을 떠나 송나라로 갔는데, 송나라 사마인 환퇴가 길목에서 기다리고 있다가 공자를 죽이려 하자, 공자가 미복 차림을 하고 송나라를 지나갔다.[孔子不悅於魯·衛, 遭宋 桓司馬將要而殺之, 微服而過宋.]

지혜가 넓고 도가 깊어, 제자들이 배워도 미칠 수 없기 때문에 숨기는 것이 있다고 여겼다. 그러므로 내가 행하는 것은 너희들과 함께하지 않는 것이 없으니, 이것이 바로 나의 마음이라고 해명한 것이다."

正義曰:「學記」云: "敎人不盡其材." 「注」, "謂師有所隱也." 夫子以身敎, 不專以言敎, 故弟子疑有所隱也. "行"者, 謂所行事也. "與"猶示也, 敎也. 下篇 '予欲無言' 章義同. 趙氏佑『溫故錄』, "'乎爾', 與『詩』之 '俟我于著乎而', 『孟子』 '然而無有乎爾, 則亦無有乎爾!' 俱齊 · 魯間語辭." 皇本作 "以我爲隱子乎", 又 "吾無" 下有 "所"字.

정의에서 말한다.

『예기』「학기」에 "사람을 가르치면서 그의 재주를 다하지 않는다."라고 했는데, 「주」에 "스승이 숨기는 것이 있다는 말이다."[196]라고 했다. 공자는 몸으로 가르쳤지, 오로지 말로만 가르치지 않았기 때문에 제자들이 숨기는 것이 있다고 의심한 것이다. "행(行)"이란 행하는 일을 이른다. "여(與)"는 보여 줌[示]과 같고, 가르침[敎]과 같다. 아래 「양화(陽貨)」에서 '나는 말이 없고자 한다.'라고 말한 문장과 의미가 같다. 조우(趙佑)의 『사서온고록(四書溫故錄)』에 "'호이(乎爾)'는 『시경』의 '나를 문간에서 기다렸다[俟我於著乎而]'[197]라고 한 것과, 『맹자』「진심상(盡心上)」에서 '그런데도 아무도 없으니, 그렇다면 또한 아무도 없겠구나![然而無有乎爾, 則亦無有乎爾]'라고 한 것은 모두 제나라와 노나라 사이의 어사(語辭)이다."라고 했다. 황간본에는 "나를 은자(隱子)로 여기느냐[以我爲隱子乎]"로 되어

---

196 『예기주소』 권36, 「학기」 정현의 「주」.
197 『시경』『국풍 · 제(齊) · 저(著)』.

있고, 또 "오무(吾無)" 아래 "소[所]" 자가 있다.

- 「注」, "聖人"至"之心".
- 正義曰: 聖人知廣道深, 弟子學之, 旣不能及, 故夫子亦不敎之. 所謂"中人以下, 不可語上"也. 乃弟子則疑夫子有所隱匿, 故夫子復以"無隱"解之, 明"我之心, 凡所爲學, 無不欲與二三子共之, 但二三子未能幾此耳, 疑我爲隱, 不亦過乎?"「注」此義亦通. "隱匿"者, 『爾雅』「釋詁」, "隱匿, 微也." 『說文』, "隱, 蔽也." 與乚同. "乚, 匿也. 象迟曲隱蔽形, 讀若隱."
- ○「주」의 "성인(聖人)"부터 "지심(之心)"까지.
- ○ 정의에서 말한다.

  성인은 지혜가 넓고 도가 깊어, 제자들이 배워도 이미 미치지 못했기 때문에 공자도 더 이상 가르치지 않았으니, 이른바 "중간 수준 이하의 사람에게는 지극히 지혜로운 재[上知]의 학문을 말해 줄 수 없다."[198]라는 것이다. 결국 제자들이 공자가 숨기는 것이 있다고 의심했기 때문에 공자가 다시 "숨기는 것이 없다"라고 해명한 것이니, "나의 마음은 모든 학문을 하는 바에 있어서 너희들과 함께하고자 하지 않음이 없는데, 다만 너희들이 아직 여기에 이르지 못한 것일 뿐이면서 내가 숨긴다고 의심하니 또한 지나치지 않은가?"라고 해명한 것이다. 「주」의 이 뜻 역시 통한다. "은닉(隱匿)"이란 『이아』「석고(釋詁)」에 "은닉(隱匿)은 숨긴다[微]는 뜻이다."라고 했고, 『설문해자』에는 "은(隱)은 가린다[蔽]는 뜻이다."[199]라고 했는데, 은(乚)과 같은 글자이다. 『설문해자』에 "은(乚)은 숨긴다[匿]는 뜻이다. 구부러져 가린 모양을 형상화했다. 은(隱)과 같이 발음한다."[200]라고 했다.

---

198 『논어』「옹야」.

199 『설문해자』 권14: 은(隱)은 은폐함[蔽]이다. 부(𨸏)로 구성되었고 은(㥯)이 발음을 나타낸다. 어(於)와 근(謹)의 반절음이다. [隱, 蔽也. 從𨸏㥯聲. 於謹切.]

200 『설문해자』 권12: 은(乚)은 숨긴다[匿]는 뜻이다. 구부러져 가린 모양을 상형했다. 모든 은(乚)부에 속하는 한자는 다 은(乚)의 뜻을 따른다. 은(隱)과 같이 발음한다. 어(於)와 근(謹)의 반절음이다. [乚, 匿也. 象迟曲隱蔽形. 凡乚之屬皆從乚. 讀若隱. 於謹切.]

7-25

子以四教: 文, 行, 忠, 信. 【注】四者有形質, 可舉以教.

공자는 네 가지를 가지고 가르쳤으니, 문(文)과 행(行)과 충(忠)과 신(信)이었다. 【주】네 가지는 형질(形質)이 있으므로 거론하여 가르칠 수 있다.

원문 正義曰: "文"謂『詩』·『書』·禮·樂, 凡博學·審問·愼思·明辨, 皆文之敎也. "行"謂躬行也. 中以盡心曰"忠", 恒有諸己曰"信". 人必忠信, 而後可致知力行, 故曰: "忠信之人, 可以學禮." 此四者, 皆敎成人之法, 與敎弟子先行後學文不同.

역문 정의에서 말한다.

"문(文)"은 『시경』과 『서경』과 예(禮)와 음악[樂]이니, 널리 배움[博學]과 자세히 물음[審問], 신중히 생각함[愼思]과 밝게 분변함[明辨]이 모두 문의 가르침이다. "행(行)"은 실천[躬行]을 이른다. 속으로 마음을 다하는 것을 "충(忠)"이라 하고, 항상 자기에게 가지고 있는 것을 "신(信)"이라 한다. 사람은 반드시 성실[忠]하고 진실[信]한 뒤에 앎을 이루어 힘써 실천할 수 있기 때문에 "성실하고 진실한 사람이라야 예를 배울 수 있다."[201]라고 한 것이다. 이 네 가지는 모두 성인(成人)을 가르치는 방법으로, 제자들에게 먼저 실천한 뒤에 글을 배우도록 한 것과는 같지 않다.

---

201 『예기』「예기(禮器)」.

子曰: "聖人, 吾不得而見之矣, 得見君子者, 斯可矣."【注】疾
世無明君. 子曰: "善人, 吾不得而見之矣, 得見有恒者, 斯可矣.
亡而爲有, 虛而爲盈, 約而爲泰, 難乎有恒矣."【注】孔曰: "難可
名之爲有常."

공자가 말했다. "성인(聖人)을 내가 만나 볼 수 없다면, 군자(君子)
라도 만나 볼 수 있으면 좋겠다."【주】세상에 밝은 임금이 없음을 괴로워
한 것이다. 공자가 말했다. "선인(善人)을 내가 만나 볼 수 없다면,
항상된 마음을 가진 자[有恒者]라도 만나 볼 수 있으면 좋겠다. 없
으면서 있는 체하고, 비었으면서 가득한 체하며, 요약되었는데도
크게 통한 체하면 항상된 마음을 갖기 어려울 것이다."【주】공안
국이 말했다. "그러한 사람에게 항상된 마음이 있다고 명명하기 어렵다는 말이다."

원문 正義曰: 『大戴禮』「五義篇」, "所謂聖人者, 知通乎大道, 應變而不窮,
能測萬物之情性者也." 是言聖人無所不通, 能成己成物也. 『禮記』「哀公
問篇」, "子曰: '君子者, 人之成名也.'" 『韓詩外傳』, "言行多當, 未安諭也;
知慮多當, 未周密也. 是篤厚君子, 未及聖人也." 此聖人君子之分也.

역문 정의에서 말한다.

『대대례』「오의(五義)」에 "이른바 성인이란 지혜가 대도(大道)에 통달
하여 끝없이 변화에 대응하며 만물의 성정(性情)을 헤아릴 수 있는 자이
다."라고 했는데, 이는 성인이 통달하지 않은 것이 없어서 자기도 이루
고 남도 이루어 줄 수 있음을 말한 것이다. 『예기』「애공문(哀公問)」에

"공자가 말했다. '군자라는 것은 사람이 성취한 훌륭한 명칭[202]이다.'"라고 했고, 『한시외전』에 "언행이 대체로 타당하더라도 아직 편히 깨우친 것이 아니고, 지려(知慮)가 대체로 타당하더라도 아직 주밀(周密)한 것은 아니다. 이는 돈독하고 후덕한 군자이지 아직 성인에는 미치지 못한 것이다."라고 했으니, 이것이 성인과 군자의 구분이다.

원문 "善人"者, 下篇夫子答子張言善人之道, "不踐迹, 亦不入於室." "入室"者, 入聖人之室. 言踐迹, 然後入室, 是善人爲聖人之次也. "有恒"者, 有常也. 『易』「象傳」, "雷風恒, 君子以立不易方." 非有恒, 無以爲君子, 卽無由爲善人, 故有恒爲學者始基也. 兩加"子曰"者, 言非一時也.

역문 "선인"이란, 아래 「선진(先進)」에서 공자가 자장(子張)의 질문에 답하면서 선인의 도에 대해 "성인의 자취를 밟지 않으면[不踐迹],[203] 또한 성인의 방에 들어가지 못한다."라고 했는데, "입실(入室)"이란, 성인의 경지[室]에 들어감이다. 성인의 자취를 밟은[踐迹] 뒤에 경지에 들어간다고 했으니, 이는 선인이 성인의 다음이 된다는 것이다. "유항(有恒)"이란 항상된 마음[常]이 있는 것이다. 『주역』「항괘(恒卦)」의 「상」에 "우레[雷☳]와 바람[風☴]이 항(恒)이니, 군자는 이를 본받아 자신의 방향을 확고히 세워 바꾸지 않는다."라고 했으니, 항상된 마음이 있지 않으면 군자가 될 수 없고, 선인이 될 경로도 없기 때문에 항상된 마음을 갖는 것이 배우는 자들의 첫 기초가 되는 것이다. 두 번 "자왈(子曰)"을 쓴 것은 같은 때 한

---

202 『예기주소』 권51, 「애공문(哀公問)」 공영달의 「소」에 "무릇 군자라고 이르는 것은 사람이 성취한 훌륭한 명칭이라는 말이다.[言凡謂之君子者, 人之成就美名.]"라고 했다.

203 『논어』「선진(先進)」의 "踐迹"에 대해, 유보남은 "'천적(踐迹)'이란, 예와 악을 배우는 일을 말한다.['踐迹'者, 謂學禮樂之事也.]"라고 했다.

말이 아니기 때문이다.

원문 "虛"者, 『續漢』「五行志」, "虛, 空名也." "盈"者, 『說文』云"滿也." "泰"者, 『易』「序卦傳」"通也." 亡・有・虛・盈・約・泰, 以淺深取義.

역문 "허(虛)"는 『후한서』「오행지(五行志)」에 "허(虛)는 빈 것[空]을 이른다."라고 했고, "영(盈)"은 『설문해자』에 "채운다[滿]는 뜻이다."[204]라고 했으며, "태(泰)"는 『주역』「서괘(序卦)」에 "통한다는 뜻이다."라고 했으니, 망(亡)・유(有)・허(虛)・영(盈)・약(約)・태(泰)는 깊고 얕은 것으로 뜻을 취한 것이다.

원문 李氏光地『箚記』說, "有恒, 是篤實之人. 若不篤實則虛誇, 虛誇之人, 必不能有常心而久於事. 『易』曰'浚恒之凶, 始求深也.' 始而求深, 在賢者尙有進銳・退速之過, 況其下者乎? 夫子有川上之歎, 而亟稱於水曰: '水哉, 水哉!' 爲其德至實, 不舍晝夜, 盈科後進也. 故學者始但求小德, 得一善, 則拳拳服膺如水, 雖未出中而涓涓不息也, 終則其中未大有若無, 實若虛, 如水之旣平而終不盈也. 惟如是, 是以能常德行而習敎事, 久於其道, 而忽不知入於聖賢之域, 此夫子之思有恒意也."

역문 이광지(李光地)[205]의 『논어맹자차기(論語孟子箚記)』에 "항상된 마음[恒]이

---

204 『설문해자』 권5: 영(盈)은 그릇을 채운다[滿器]는 뜻이다. 명(皿)과 고(夃)로 구성되었다. 이(以)와 성(成)의 반절음이다.[盈, 滿器也. 從皿・夃. 以成切.]

205 이광지(李光地, 1642~1718): 청나라 복건(福建) 안계(安溪) 사람. 자는 진경(晉卿)이고, 호는 용촌(榕村) 또는 후암(厚庵)이며, 시호는 문정(文貞)이다. 경학(經學)과 악률(樂律), 역산(曆算), 음운(音韻) 등에 정통했으며, 황제의 칙명으로 『성리정의(性理精義)』와 『주자대전(朱子大全)』 등을 편수했다. 정주학(程朱學)을 추숭하여 강희제의 신임으로 청나라 초기 주자학의 대표적 인물이 되었지만, 절충적인 태도를 취하여 육왕학도 배척하지 않았다. 그러

있으면 독실(篤實)한 사람이다. 만약 독실하지 않으면 허풍과 과장이니, 허풍치고 과장하는 사람은 반드시 항상된 마음을 가지고 일을 오래 지속할 수 없다. 『주역』「항괘」의 「상」에 '평상시보다 깊게 요구함[浚恒][206]의 흉함은 처음에[207] 구하기를 깊게 하기 때문이다.'라고 했으니, 처음에 구하기를 깊게 하면 현자(賢者)의 수준에서도 오히려 나아감이 날래고 물러남이 빠른 허물이 있는데, 하물며 낮은 수준의 사람에 있어서이겠는가? 공자는 물가에서 탄식한 적이 있었는데, 자주 그 물을 일컬어 '물이여, 물이여!'라고 했으니, 그 덕이 지극히 성실해서 밤낮으로 쉬지 않아 웅덩이가 파인 곳 모두를 채우고 난 뒤에야 앞으로 나아가기 때문이다. 그러므로 배우는 자들이 처음에는 다만 작은 덕을 구하다가 한 가지 선을 얻으면 마치 물처럼 잘 받들어 가슴속에 새겨서, 비록 아직은 가운데에서 벗어난 것은 아니지만[未出中][208] 물이 샘솟듯 끊임없이 노력하면, 결국에는 속이 아직은 크지 않았어도,[209] 있으면서도 없는 것처럼 하며,

---

나 전조망(全祖望) 같은 학자는 그가 율려(律呂)나 역산, 음운에만 밝았지 나머지 분야는 부족했다고 평했다. 근래의 평가도 정주학에 기대 관직에만 연연한 사람으로 평가하고 있다. 저서에 『주역관전(周易觀象)』과 『주역통론(周易通論)』,『상서해의(尙書解義)』,『효경전주(孝經全注)』,『대학고본설(大學古本說)』,『중용여론(中庸餘論)』,『논어맹자차기(論語孟子箚記)』,『이정유서(二程遺書)』,『주자어류사찬(朱子語類四纂)』,『홍범설(洪範說)』,『고악경(古樂經)』,『용촌전집(榕村全集)』,『용촌어록(榕村語錄)』 등이 있다.

206 준항(浚恒): 아랫사람이 윗사람에게 평상적인 것보다 훨씬 지나치게 요구하다가 기대에 못 미쳐 원망한다는 말이다. 『주역』「항(恒)」 초육(初六)에 "평상시보다 깊게 요구한다. 바르더라도 흉하여, 이로운 바가 없다.[浚恒, 貞凶, 无攸利.]"라고 했다.

207 『논어정의』에는 "以求深也"로 되어 있으나, 『주역』「항·상」을 근거로 "始求深也"로 고치고 해석했다.

208 미출중(未出中): 『주역』「감(坎)」 구이의 「상」에 "작은 소득을 구해야 하는 것은 아직 험난한 가운데서 빠져나오지 않았기 때문이다.[求小得, 未出中也.]"라고 했다.

209 『주역』「감」 구오의 「상」에 "웅덩이가 차지 않는 것은 속이 아직 크지 않았기 때문이다.[坎

꽉 찼으면서도 빈 것처럼 하게 되어서, 마치 물이 이미 평평해짐에 채워지지 않은 상태를 마치는 것과 같게 된다.[210] 오직 이와 같아야 하니, 이렇게 함으로써 덕행을 항상 행하고, 가르치는 일을 익혀[211] 그 도(道)를 항구적(恒久的)으로 행하면 홀연히 알지도 못하는 사이에 성현의 경지에 이르게 되니, 이에 공자의 생각 속에 항상된 마음[恒意]이 있었던 것이다.”라고 했다.

원문 案,『中庸』云: “君子之道, 闇然而日章; 小人之道, 的然而日亡.” 君子是有恒, 故能闇然而日章, 小人是無恒, 故雖的然而日亡. “的然”, 卽亡而爲有諸象也.『宋石經』避諱“恒”作“常”.『釋文』云: “亡如字, 此舊爲別章, 今宜與前章合.” 案, 皇本正與前章合, 不爲別章, 或如盧氏文弨『考證』, 謂『釋文』所云爲後人校語也.

역문 살펴보니,『중용』에 “군자의 도는 어렴풋하지만 날로 드러나고, 소인의 도는 반짝하지만 날로 없어진다.”[212]라고 했는데, 군자는 항상된 마음이 있기 때문에 어렴풋하지만 날로 드러나고, 소인은 항상된 마음이 없기 때문에 비록 반짝하지만 날로 없어진다. “반짝[的然]”하는 것이 바로 없으면서 있는 체하는 모습이다.『송석경(宋石經)』에는 “항(恒)”을 피휘(避諱)해서 “상(常)”으로 되어 있다.『경전석문』에 “망(亡)은 글자의 본음대로 읽어야 한다. 이 단락은 옛날에는 별도의 장이었으나 지금은 앞 장

___
不盈, 中未大也.]”라고 했다.
210 『주역』「감」구오의 효사에 “구덩이가 차지 못하였으니, 이미 평평함에 이르면 허물이 없을 것이다.[坎不盈, 祗旣平 无咎.]”라고 했다.
211 『주역』「감·상」: 물이 거듭 이르는 것이 습감(習坎)이니, 군자가 이를 본받아 덕행(德行)을 항상 행하며 가르치는 일을 익힌다.[水洊至習坎, 君子以, 常德行, 習敎事.]
212 『중용』제33장.

과 합하는 것이 마땅하다."²¹³라고 했다. 살펴보니, 황간본은 참으로 앞
장과 합해 있어서 별도의 장으로 되어 있지 않으니, 더러는 노문초의『경
전석문고증』처럼,『경전석문』에서 말한 것을 일러 후세 사람들이 교감
(校勘)한 말이라고 한다.

- 「注」, "疾世無明君."
- 正義曰:「注」以聖人·君子·善人有恒, 皆指當時天子·諸侯言之, 所謂"上無明天子, 下無
  賢方伯"也.
- ○「주」의 "세상에 밝은 임금이 없음을 괴로워한 것이다."
- ○ 정의에서 말한다.
  「주」는 성인과 군자와 선인은 항상된 마음을 가지고 있다고 여기기 때문에, 모두 당시의 천
  자와 제후를 가리켜서 한 말이니, 이른바 "위로는 밝은 천자가 없고 아래로는 현명한 방백이
  없다"²¹⁴라는 것이다.

- 「注」, "難可名之爲有常."
- 正義曰:『爾雅』「釋詁」, "恒, 常也."『說文』, "恒, 心之常也."『易』「象傳」, "恒, 久也." "久"·
  "常", 義同.
- ○「주」의 "그러한 사람에게 항상된 마음이 있다고 명명하기 어렵다."
- ○ 정의에서 말한다.
  『이아』「석고」에 "항(恒)은 항상[常]이라는 뜻이다."라고 했고,『설문해자』에는 "항(恒)은 마
  음의 항상됨이다."²¹⁵라고 했다.『주역』「항괘」의「단」에, "항(恒)은 오래 지속됨[久]이다."라

---

213 『경전석문』 권24, 「논어음의·술이제7」.
214 『설원』 권10, 「경신(敬愼)」에 보인다.
215 『설문해자』 권13: 항(𢛳)은 항상[常]이라는 뜻이다. 심(心)으로 구성되었고 주(舟)로 구성되
   었다. 이(二)의 사이 위아래에서 한결같은 마음으로 배를 운행함이 항(恒)이다. 항(𣱸)은 항

고 했으니, "구(久)"와 "상(常)"은 뜻이 같다.

子釣而不綱, 弋不射宿. 【注】孔曰: "'釣'者, 一竿釣. '綱'者, 爲大綱, 以
橫絕流, 以緡繫釣, 羅屬著綱. '弋', 繳射也. '宿', 宿鳥."

공자는 낚시질은 하였지만 그물질은 하지 않았으며, 주살질은 하
되 둥지 안에 머물러 있는 새를 쏘아 맞추지는 않았다. 【주】 공안
국이 말했다. "'조(釣)'는 한 자루의 낚싯대이다. '강(綱)'은 큰 그물을 만들어 흐르는
물을 가로질러 놓고, 생사(生絲)에 낚시를 매달아 그물의 벼리에 벌여서 엮어 놓은
것이다. '주살[弋]'은 화살을 생사로 만든 실에 매어 쏘는 것이다. '숙(宿)'은 둥지 안에
머물러 있는 새이다."

원문 正義曰: 『御覽』八百三十四引鄭「注」云: "綱謂爲大索橫流屬釣." 案, 『說
文』, "綱, 維・紘・繩也." 「考工記」「注」, "綱, 連侯繩也." 皇「疏」云: "作
大綱橫遮於廣水, 而羅列多鈞, 著之以取魚也." 卽鄭義也. 王氏引之『經義
述聞』謂"綱"爲"網"譌, 此不解綱制, 欲改經字也. 『釋文』, "綱音剛, 鄭本
同." "綱"字本可不音, 陸氏之意, 亦恐後人誤作網矣.

역문 정의에서 말한다.

(恆)의 고문인데 월(月)로 구성되었다. 호(胡)와 등(登)의 반절음이다.[亙, 常也. 從心從舟.
在二之間上下, 一心以舟施, 恒也. 𣕕, 古文恆從月. 胡登切.] 유보남이 "心之常也"라고 한 것
과는 차이가 있다.

『태평어람(太平御覽)』권834,「자산부(資産部)」에 정현의「주」를 인용해서 "강(綱)은 동아줄을 만들어 흐르는 물에 가로질러 놓고 낚시를 매달아 놓은 것을 말한다."라고 했다. 살펴보니,『설문해자』에 "강(綱)은 밧줄[維]·갓끈[紘]·노끈[繩] 등이다."[216]라고 했다.『주례』「동관고공기하(冬官考工記下)·재인(梓人)」의「주」에 "강(綱)은 과녁[侯]을 매다는 끈이다."라고 했고, 황간의「소」에 "큰 그물을 만들어 넓게 흐르는 물을 가로막고 여러 개의 낚싯바늘을 매달아 벌여 놓고 물고기를 잡는 것이다."[217]라고 했으니, 바로 정현의 뜻이다. 왕인지(王引之)의『경의술문(經義述聞)』에 "강(綱)"은 "망(網)"이 바뀐 것이라고 했는데, 이는 강(綱)의 제도를 모르고 경전의 글자를 바꾸려 한 것이다.『경전석문』에 "강(綱)은 발음이 강(剛)이고, 정현본도 같다."라고 했다. "강(綱)" 자는 본래 발음을 표기하지 않아도 되니, 육씨가 생각하기에도 역시 후대의 사람들이 잘못 망(網) 자로 썼다고 여긴 듯하다.

원문 物茂卿『論語徵』云: "天子諸侯, 爲祭及賓客則狩. 豈無虞人之供, 而躬自爲之, 所以敬也. 狩之事大, 而非士所得爲. 故爲祭及賓客則釣弋, 蓋在禮所必然焉. 古者貴禮不貴財, 不欲必獲. 故在天子諸侯則三驅, 在士則不綱不射宿."

역문 모노 시게노리[物茂卿][218]의『논어징(論語徵)』에 "천자와 제후는 제사를

---

216 『설문해자』권13: 강(綱)은 밧줄[維]·갓끈[紘]·노끈[繩] 등이다. 사(糸)로 구성되었고 강(岡)이 발음을 나타낸다. 강(枬)은 강(綱)의 고문이다. 고(古)와 낭(郎)의 반절음이다.[綱, 維紘繩也. 從糸岡聲. 枬, 古文綱. 古郎切.]

217 『논어집해의소』권4,「논어술이제7」황간의「소」.

218 모노 시게노리[物茂卿, 1666~1728]: 일본(日本)의 고문사학자(古文辭學者) 오규 소라이[荻生徂徠]이다. 이름은 나베마쓰[雙松], 시게노리[茂卿]는 그의 자이다. 소라이[徂徠]는 그의 호

지내거나 손님을 접대하게 되면 사냥[狩]을 하였다. 어찌 우인(虞人)[219]이 제공해 주는 것이 없었겠는가마는, 몸소 스스로 사냥을 하는 것이 공경하는 것이었기 때문이다. 사냥의 일은 큰일로서 사(士)가 할 수 있는 일이 아니다. 따라서 제사를 지내거나 손님을 접대하게 되면 낚시와 주살질을 하는데, 대체로 예에 있어서는 반드시 마땅히 그렇게 해야 하는 것이다. 옛날에는 예를 귀하게 여기고 재물을 귀하게 여기지 않았으므로 굳이 포획하려고 하지는 않았다. 그러므로 천자나 제후는 삼면에서 몰이를 하였고[220] 사는 그물질하지 않고 둥지 안에 머물러 있는 새를 쏘아 맞추지 않았다."[221]라고 했다.

- 「注」, "釣者"至"宿鳥".
- 正義曰: 『說文』, "釣, 鉤魚也." 以鉤取魚謂之釣, 故釣亦名鉤. 『廣雅』「釋器」, "釣, 鉤也." 是也. 鉤以細鐵絲爲之, 以繳繫於竹竿之首, 『詩』云: "籊籊竹竿, 以釣於淇"是也. 「注」言"一竿釣"者, 對大綱有多鉤言之. "繫釣"當作"繫鉤". 『文選』「西征賦」「注」引此「注」正作"鉤". "羅"者, 列也, 言非一鉤也.
- ○「주」의 "조자(釣者)"부터 "숙조(宿鳥)"까지.
- ○ 정의에서 말한다.

인데, 겐엔[蘐園]을 사용하기도 한다. 그가 창시한 학파를 '고문사학파(古文辭學派)' 또는 '겐엔학파'라고도 한다. 소라이의 '고문사학'은 주자학, 송학(宋學)을 철저히 비판하고 고대의 글, 즉 '고문사(古文辭)'의 정신으로 돌아가야 한다는 것을 주장하고, 유가의 근본 경전, 즉 육경(六經)으로 거슬러 올라갈 것을 주장하였다. 저서로는 『논어징(論語徵)』, 『문답서(問答書)』, 『변도(辨道)』, 『변명(辨名)』, 『태평책(太平策)』, 『정담(政談)』 등이 있다.

219 우인(虞人): 경험이 많고 능숙한 사냥꾼.
220 삼면에서 몰고 한 면은 터 주어 도망갈 수 있도록 한 것이다.
221 『논어징』「술이(述而)」.

『설문해자』에 "조(釣)는 물고기를 낚는대[鉤魚]는 뜻이다."222라고 했는데, 갈고리로 물고기를 낚는 것을 낚시[釣]라고 하기 때문에 낚시질을 또 구(鉤)라고 명명하기도 한다. 『광아』「석기(釋器)」에 "조(釣)는 낚시[鉤]이다."라고 한 것이 이것이다. 낚시[鉤]는 가는 철사(鐵絲)로 만들고, 생사(生絲)를 사용해서 대나무 장대 머리끝에 매다는데, 『시경』에 "길쭉길쭉한 낚싯대로 기수(淇水)에서 낚시질한다."223라고 한 것이 그것이다. 「주」에서 "한 자루의 낚싯대[一竿釣]"라고 한 것은, 큰 벼리에 있는 많은 낚시에 상대해서 한 말이다. "계조(繫釣)"는 당연히 "계구(繫鉤)"로 써야 한다. 『문선』「서정부(西征賦)」의 「주」에는 이 「주」를 인용하면서 "구(鉤)"로 바로잡았다. "나(羅)"는 벌여 놓음이니, 한 개의 낚시가 아니라는 말이다.

원문 "繳"者, 『說文』, "繳, 生絲縷也." 僞孔此「注」亦是用鄭義. "弋繳射"者, 『說文』, "雉, 繳射飛鳥也. 從隹, 弋聲." 弋卽雉省. 『周官』「司弓矢」, "矰矢茀矢, 用諸弋射." 「注」, "矰矢, 弓所用也; 茀矢, 弩所用也. 結繳於矢謂之矰. 矰, 高也. 茀矢象焉. 二者皆可以弋飛鳥." 彼「注」言"矰射"爲"結繳於矢", 卽此「注」所云"繳射"矣. 『說文』, "宿, 止也." 言鳥棲止巢中也.

역문 "격(繳)"은 『설문해자』에 "격(繳)은 생사로 만든 실이다."224라고 했으니, 위공의 이 「주」는 역시 정현의 뜻을 사용한 것이다.

"익격사(弋繳射)"

『설문해자』에 "익(雉)은 화살을 실에 매어 나는 새를 쏘는 것이다. 추(隹)로 구성되었고 익(弋)이 발음을 나타낸다."225라고 했으니, 익(弋)은

---

222 『설문해자』 권14: 조(釣)는 물고기를 낚는대[鉤魚]는 뜻이다. 금(金)으로 구성되었고 작(勺)이 발음을 나타낸다. 다(多)와 소(嘯)의 반절음이다.[釣, 鉤魚也. 從金勺聲. 多嘯切.]

223 『시경』「국풍・위(衛)・죽간(竹竿)」.

224 『설문해자』 권13: 격(繫)은 생사로 만든 실이다. 사(糸)로 구성되었고 교(敫)가 발음을 나타낸다. 지(之)와 약(若)의 반절음이다.[繫, 生絲縷也. 從糸敫聲. 之若切.]

225 『설문해자』 권4: 익(雉)은 화살을 실에 매어 나는 새를 쏘는 것이다. 추(隹)로 구성되었고

바로 익(弋)의 생략형이다. 『주관』 「사궁시(司弓矢)」에 "증시(矰矢)와 불시 (茀矢)는 주살[弋射: 화살에 실을 매어 쏨]에 사용한다."라고 했는데, 「주」에 "증시는 활[弓]에 사용하는 것이고, 불시는 쇠뇌[弩]에 사용하는 것이다. 화살[矢]에 생사로 만든 실을 매어 놓은 것을 주살[矰]이라 하는데, 증(矰) 은 높이 나는 새를 쏜다[高]는 뜻이다. 불시는 증시와 비슷하게 생겼다. 이 두 가지는 모두 나는 새를 주살할 수 있다."[226]라고 했으니, 「사궁시」 의 「주」에서 "증시"는 "화살[矢]에 생사로 만든 실을 매어서 만든다"라고 한 것이 바로 여기 「주」에서 말한 "화살을 생사로 만든 실에 매어 쏘는 것[繳射]"이다. 『설문해자』에 "숙(宿)은 머물러 있다[止]는 뜻이다."[227]라고 했으니, 새가 둥지 안에 머물러 있다는 말이다.

7-28

子曰: "蓋有不知而作之者, 我無是也【注】 包曰: "時人有穿鑿妄作 篇籍者, 故云然." 多聞, 擇其善者而從之; 多見而識之, 知之次 也."【注】 孔曰: "如此者, 次於天生知之."

공자가 말했다. "알지도 못하면서 창작하는 자가 있으나, 나는 이 러함이 없다. 【주】 포함이 말했다. "당시에 사람들 중에 당치도 않은 말을 억지

익(弋)이 발음을 나타낸다. 여(與)와 직(職)의 반절음이다.[矰, 生絲縷也. 從隹弋聲. 與職切.]

226 『주례주소』 권32, 「하관사마하(夏官司馬下)·사궁시(司弓矢)」 정현의 「주」.

227 『설문해자』 권7: 숙(宿)은 머물러 있다[止]는 뜻이다. 면(宀)으로 구성되었고 숙(佰)이 발음 을 나타낸다. 숙(佰)은 숙(夙)의 고문이다. 식(息)과 축(逐)의 반절음이다.[宿, 止也. 從宀佰 聲. 佰, 古文夙. 息逐切.]

述而第七(술이 제7) 343

로 끌어다가 함부로 책을 창작하는 자가 있었기 때문에 이렇게 말한 것이다." **많이 듣고서 그중에서 선한 것을 가려서 따르며, 많이 보고서 기억한 것이니, 나면서부터 아는 자의 다음이다."** 【주】 공안국이 말했다. "이렇게 하는 자가 태어나면서부터 아는 자의 다음이다."

원문 正義曰: "不知"者, 不知其義也. 無所聞見, 必不能作. 惟聞見未廣, 又不能擇善而從之識之, 斯於義違失, 卽爲不知而作矣. "擇善"貫下"多見". 故邢「疏」云: "多見, 擇善而識之." 是也. 『公羊』「哀公」十四年「傳」, "『春秋』何以始乎隱? 祖之所逮聞也. 所見異辭, 所聞異辭, 所傳聞異辭."

역문 정의에서 말한다.

"알지도 못한다"라는 것은 그 뜻[義]을 모른다는 것이다. 보고 들은 것이 없으면 필연적으로 창작할 수가 없다. 그러나 보고 들은 것이 넓지 않으면서도 또한 선을 가려서 따르거나 기억하지 못하면 이에 뜻에 거슬리거나 잘못되어 그냥 알지도 못하면서 창작하는 짓을 저지르게 되는 것이다. "택선(擇善)"은 아래 "다견(多見)"까지 일관되게 이어진다. 그러므로 형병의 「소」에 "많이 보고서 선을 가려 기억한다."라고 했으니, 옳다. 『춘추공양전』「애공」14년의 「전」에 "『춘추』는 왜 은공(隱公)에서 시작했는가? 그때부터 선조의 일을 들어서 확인할 수 있었기 때문이다. 이때는 보는 것도 기이한 말이었고, 들은 것도 기이한 말이었으며, 전해 들은 것도 기이한 말이었다."라고 했다.

원문 『春秋繁露』「楚莊王篇」, "『春秋』分十二世, 以爲三等, 有見, 有聞, 有傳聞. 有見三世, 有聞四世, 有傳聞五世. 故哀·定·昭, 君子之所見也;

襄 · 成 · 宣 · 文, 君子所聞也; 僖 · 閔 · 莊 · 桓 · 隱, 君子所傳聞也. 所見
六十一年, 所聞八十五年, 所傳聞九十六年. 於所見微其辭, 於所聞痛其
禍, 於傳聞殺其恩, 與情俱也." 此夫子修『春秋』, 證之於所聞所見者也. 又
夫子言夏 · 殷之禮, 皆能言之, 但以文獻不足, 不敢徵之, 此可見聖人愼審
之意.

역문 『춘추번로(春秋繁露)』「초장왕(楚莊王)」에 "『춘추』는 12대에 걸친 노나
라의 왕조를 세 단계로 나누었으니, 눈으로 직접 본 시대가 있고, 귀로
직접 들은 시대가 있으며, 간접적으로 전해 들은 시대가 있다. 눈으로
직접 본 시대가 3세대이고, 귀로 직접 들은 시대가 4세대이며, 간접적으
로 전해 들은 시대가 5세대이다. 따라서 애공 · 정공 · 소공은 군자(공자)
가 눈으로 직접 본 시대이고, 양공(襄公) · 성공(成公) · 선공(宣公) · 문공
(文公)은 군자가 귀로 직접 들은 시대이며, 희공(僖公) · 민공(閔公) · 장공
(莊公) · 환공(桓公) · 은공은 군자가 간접적으로 전해 들은 시대이다. 눈
으로 직접 본 시대가 61년이고, 귀로 직접 들은 시대가 85년이며, 간접
적으로 전해 들은 시대가 96년이다. 눈으로 직접 본 시대에 대해서는 그
말을 은미하게 표현했고, 귀로 직접 들은 시대에 대해서는 당시의 재앙
을 가슴 아파했으며, 간접적으로 전해 들은 시대에 대해서는 온정을 줄
이고 실정을 갖추어 사실대로 썼다."라고 했으니, 이는 공자가 『춘추』
를 지을 때, 귀로 직접 듣고 눈으로 직접 본 것을 증거로 삼았다는 것이
다. 또 공자는 하나라와 은나라의 예(禮)를 모두 말할 수 있으나, 다만
전적(典籍)과 현명한 사대부가 부족하기 때문에 감히 증거 댈 수 없다[228]
라고 했으니, 여기에서 성인이 신중하게 살피는 뜻을 볼 수 있다.

---

228 『논어』「팔일(八佾)」.

『漢書』「朱雲傳」「贊」, "世傳朱雲言過其實, '蓋有不知而作之者, 我無
是也.'" 謂世人傳述雲事多失實, 則爲不知而作. "作", 是作述解者, 或爲作
事, 誤也. 『廣雅』「釋詁」, "次, 近也." 『儀禮』「特牲饋食」「注」, "次猶貳."

『전한서』「주운전(朱雲傳)」의 「찬」에 "세상에 전해지는 주운(朱雲)[229]에
대해서는 말이 실상보다 지나치기 때문에 '알지도 못하면서 창작한 것
이 있으나, 나는 이러함이 없다.'라고 한 것이다."[230]라고 했는데, 세상
사람들이 주운의 일을 전술(傳述)하는 것이 실정과 어긋나는 것이 많으
니, 그렇다면 알지도 못하고 창작한 것이 된다는 말이다. "작(作)"은 술
해(述解)를 창작했다는 것인데, 더러 일을 하다[作事]라고도 하니, 잘못이
다. 『광아』「석고」에 "차(次)는 가깝다[近]는 뜻이다."라고 했고, 『의례』

---

229 주운(朱雲, ?~?): 전한 노(魯, 산동성) 사람인데, 가족이 평릉(平陵)으로 옮겼고, 자는 유(游)
이다. 젊어서부터 임협(任俠)을 좋아했다. 나이 마흔에 백우자(白友子)에게 『주역』을, 소망
지(蕭望之)에게 『논어』를 배웠다. 원제(元帝) 때 소부(少府) 오록충종(五鹿充宗)과 논쟁을
벌여 연달아 꺾고 박사(博士)가 되었다. 두릉령(杜陵令)으로 옮겼고, 나중에 괴리령(槐里令)
이 되었다. 사람됨이 강직해서 여러 차례 글을 올려 조정 대신들이 시위소찬(尸位素餐)하는
것을 비판했다가 결국 금고(禁錮)를 당하고 원제 때야 풀려났다. 성제(成帝) 때 조정에서 간
신 장우(張禹)를 참수해야 한다고 주청했다가 황제의 화를 사서 끌어내 죽임을 당할 뻔했
다. 황제의 노여움을 사서 어사에게 끌려갈 때 "관룡방(關龍逢)과 비간(比干)의 뒤를 따라
지하에서 노닐 수 있으면 족하다![得下從龍逢·比干, 遊於地下, 足矣!]"라고 외치며 전각의
난간을 끝까지 붙잡고 버티는 바람에 난간이 모두 부서졌다. 뒤에 성제가 그의 충심을 깨닫
고는 부서진 난간을 그대로 보존하여 직신의 정표(旌表)로 삼게 했던 고사가 전한다. 이때
좌장군(左將軍) 신경기(辛慶忌)가 목숨을 걸고 간쟁해 사면을 받을 수 있었다. 이후 다시는
관직에 나가지 못했다. 만년에는 학생들을 가르치며 보냈다. 이름난 제자로 박사가 된 엄망
(嚴望), 엄원(嚴元)이 있다. 70여 세로 죽었다.
230 『전한서』 권67, 「양호주매운전(楊胡朱梅云傳)」. 『전한서』 원문에는 "세상에서 주운을 칭송
하는데, 대부분이 실상보다 지나친 것이 많다. 그러므로 '알지도 못하면서 창작하는 자가 있
으나, 나는 이러함이 없다.'라고 한 것이다.[世稱朱雲多過其實. 故曰: '蓋有不知而作之者, 我
亡是也.']"라고 했다.

「특생궤사례(特牲饋食禮)」의 「주」에 "차(次)는 두 번째[貳]라는 말과 같다."라고 했다.

- 「注」, "如此者, 次於天生知之."
- 正義曰: 下篇"子曰: '生而知之者, 上也, 學而知之者, 次也.'" 夫子自居學知, 故言"我非生而知之者, 好古, 敏以求之者也." 是次於生知也.
- ○ 「주」의 "이렇게 하는 자가 태어나면서부터 아는 자의 다음이다."
- ○ 정의에서 말한다.

  아래 「계씨(季氏)」에 "공자가 말했다. '태어나면서부터 아는 자가 최상이고, 배워서 아는 자가 그다음이다.'"라고 했는데, 공자는 스스로 배워서 아는 자임을 자처했기 때문에 앞에서 "나는 태어나면서부터 안 사람이 아니다. 옛것을 좋아해서 힘써 그것을 구한 자이다."라고 했으니, 이것이 태어나면서부터 안 사람의 다음이 된다는 말이다.

7-29

互鄉難與言, 童子見, 門人惑. 【注】鄭曰: "互鄉, 鄉名也. 其鄉人言語自專, 不達時宜, 而有童子來見孔子, 門人怪孔子見之."

호향(互鄉) 사람과는 더불어 말하기 어려운데, 호향의 동자가 공자를 만나 보자, 문인들이 이상하게 생각했다. 【주】정현이 말했다. "호향은 고을의 이름이다. 호향의 사람들은 말을 제멋대로 하고 시의(時宜)를 적절하게 알지 못하는데, 어떤 동자가 찾아와 공자를 만나 보자, 문인들이 공자가 그를 만나 준 것을 괴이(怪異)하게 여긴 것이다."

원문 正義曰:『說文』「辛部」, "男有辠曰奴, 奴曰童." 「人部」, "僮, 未冠也." 是僮·童義別. 今經典俱叚"童"爲"僮". 『禮』「雜記」「注」, "童, 未成人之稱." 「學記」「注」, "成童十五以上." 皇「疏」引琳公說, "此鄕有一童子難與言, 以'互鄕難與言童子見'八字爲一句." 非經旨.

역문 정의에서 말한다.

『설문해자』「신부(辛部)」에 "죄를 지은 남자를 종[奴]이라 하는데, 남자 종[奴]을 동(童)이라 한다."[231]라고 했고, 「인부(人部)」에 "동(僮)은 아직 관례(冠禮)를 하지 않았다는 뜻이다."[232]라고 했으니, 동(僮)과 동(童)은 뜻이 다르다. 지금의 경전에서는 "동(童)"을 가차해서 "동(僮)"의 의미로 쓴다. 『예기』「잡기상(雜記上)」의 「주」에는 "동(童)은 아직 성인이 되지 않은 사람을 일컫는다."라고 했고, 「학기」의 「주」에는 "성동(成童)은 15세 이상이다."라고 했다. 황간의 「소」에는 임공(琳公)[233]이 "이 고을에 어떤 한 동자가 있는데 함께 말하기 어렵다는 뜻이니, '호향난여언동자현(互鄕難與言童子見)' 여덟 글자를 한 구절로 보아야 한다."[234]라고 했는데, 경전의

---

231 『설문해자』권3: 동(童)은 죄를 지은 남자를 종[奴]이라 하는데, 남자 종[奴]을 동(童)이라 하고, 여자 종을 첩(妾)이라 한다. 건(辛)으로 구성되었고, 중(重)의 생략형이 발음을 나타낸다. 동(童)은 동(童)의 주문(籒文)인데, 가운데가 절(竊) 자의 가운데와 같고, 입(廿)으로 구성되었다. 입(廿)은 질(疾) 자의 고문인 듯싶다. 도(徒)와 홍(紅)의 반절음이다.[童, 男有辠曰奴, 奴曰童, 女曰妾. 從辛, 重省聲. 童, 籒文童, 中與竊中同, 從廿. 廿, 以爲古文疾字. 徒紅切.]

232 『설문해자』권8: 동(僮)은 아직 관례(冠禮)를 하지 않았다는 뜻이다. 인(人)으로 구성되었고 동(童)이 발음을 나타낸다. 도(徒)와 홍(紅)의 반절음이다.[僮, 未冠也. 從人童聲. 徒紅切.]

233 임공(琳公, 736~820): 당(唐)나라의 불교학자 석혜림(釋慧琳)으로, 속성은 배(裴)이고, 자는 포옥(抱玉)이다. 불교와 유교에도 조예가 깊었을 뿐만 아니라 인도의 성명론(聲明論)과 중국의 훈고학(訓詁學)에도 정통했다. 당 헌종(憲宗) 원화(元和) 5년(810) 서명사(西明寺)에 있으면서 중국 고전의 훈고와 음운을 연구하여 『일체경음의(一切經音義)』 100권을 저술하였는데, 이를 『대장음의(大藏音義)』라고 하기도 하고, 『혜림음의(慧琳音義)』라고 하기도 한다.

취지가 아니다.

- 「注」, "<u>互鄉</u>"至"<u>見之</u>".
- 正義曰: <u>互鄉</u>, 不知所在. 『<u>元和郡縣志</u>』謂<u>滕縣</u>東二十三里有合鄉故城, 卽<u>互鄉</u>. <u>顧氏祖禹</u> 『<u>方輿紀要</u>』謂在今<u>嶧縣</u>西北, 當卽<u>滕縣</u>東之合鄉. 又『<u>太平寰宇記</u>』<u>徐州</u> <u>沛縣</u>·<u>陳州</u> <u>項城縣</u> 北一里, 竝有<u>互鄉</u>. 又『<u>困學記聞</u>』引<u>王無咎</u>云: "<u>鹿邑</u>之外有<u>互鄉城</u>, 前代因立<u>互鄉縣</u>." 又『<u>明 一統志</u>』謂在<u>陳州</u> <u>商水縣</u>. <u>方氏以智</u>『<u>通雅</u>』謂<u>互鄉</u>名<u>古廬里</u>, 今在<u>睢州</u>, 諸說不同.
- 「주」의 "호향(互鄉)"부터 "견지(見之)"까지.
- 정의에서 말한다.

  호향은 어디에 있는지 모르겠다. 『원화군현지(元和郡縣志)』에 등현(滕縣) 동쪽 23리 되는 곳에 합향(合鄉)의 옛 성이 있었으니, 그곳이 바로 호향이라고 했다. 고조우(顧祖禹)[235]의 『독사방여기요(讀史方輿紀要)』에는 지금의 역현(嶧縣) 서북쪽에 있으니, 바로 등현 동쪽의 합향에 해당된다고 했고, 또 『태평환우기(太平寰宇記)』[236]에서는 서주(徐州)의 패현(沛縣)

---

234 『논어집해의소』 권4, 「논어술이제7」 황간의 「소」.

235 고조우(顧祖禹, 1631~1692): 명말청초 때 강남(江南) 무석(無錫) 사람. 역사지리학자로, 자는 경범(景范) 또는 복초(復初)이고, 호는 낭하(廊下)이다. 상숙(常熟) 완계(宛溪)에서 살아 학자들은 완계선생이라 부른다. 사학자이자 고유겸(顧柔謙)의 아들이다. 아버지의 가르침을 받아 지리학에 정통했다. 청나라에 벼슬하지 않고 유민(遺民)을 자처했다. 일찍이 서건학(徐乾學)의 초청을 받아 『대청일통지(大淸一統志)』편찬에 참여했다. 책이 완성된 뒤 천거를 한사코 사양했다. 사지(史地)에 밝았다. 20년에 걸쳐 『여도요람(輿圖要覽)』 4권과 『독사방여기요(讀史方輿紀要)』 130권(1678)을 완성했다. 『독사방여기요』는 매 지명마다 반드시 역대에 걸친 여러 사실들을 정밀하게 해설을 달아 군사지리학의 명저로 꼽힌다. 그 밖의 저서에 『완계집(宛溪集)』이 있다.

236 『태평환우기(太平寰宇記)』: 중국 송(宋)나라시대의 지지. 현존하는 세계에서 가장 오래된 지지이다. 총 200권, 목록 2권으로 구성되어 있다. 송나라의 악사가 편찬하였다. 979년 송이 천하를 통일한 후 그 영역과 그들이 외이(外夷), 즉 오랑캐라고 부르고 있는 주변의 민족을 설명하기 위해 편찬되었다. 각 부(府)·주(州)의 연혁, 현(縣)의 수, 호수(戶數), 생산물과 그 지방 인물의 성씨·약전(略傳)·산천·명승고적 등을 상세히 기록하고 있다. 내용적으

과 진주(陳州)의 항성현(項城縣) 북쪽 1리 되는 곳에 모두 호향이 있다고 했다. 또『곤학기
문』에는 왕무구(王無咎)[237]를 인용하면서 "녹읍(鹿邑) 외곽에 호향성(互鄉城)이 있었는데,
전대(前代)에 그로 인해 호향현(互鄉縣)을 세웠다."라고 했고, 또『명일통지(明一統志)』에
진주(陳州) 상수현(商水縣)에 있다고 했다. 방이지(方以智)[238]의『통아(通雅)』에는 호향의
지명은 고장리(古廅里)인데, 지금은 휴주(雎州)에 있다고 했으니, 여러 설들이 다 같지 않다.

로는 지나치게 간략하게 서술되어 있던 당의『정원십도록(貞元十道錄)』,『원화군현지(元和
郡縣志)』등을 보완하고 있으며, 오대(五代)에 개정된 지명을 알 수 있게 설명하고 있는 점
도 역사 연구에 많은 도움을 준다. 또한, 소실되어 오늘날에는 존재하지 않는 서적의 내용도
많이 인용하고 있다. 육조(六朝)나 당의 유풍을 계승하면서도 송대 문화의 특색까지도 잘 나
타내고 있다. 현행본에는 건륭(乾隆)·가경(嘉慶)·광서(光緖) 등의 간행본이 있는데, 모두 8권
이 결여되어 있다.

237 왕무구(王無咎, 1024~1069): 송나라 건창(建昌) 남성(南城, 강서성) 사람. 자는 보지(補之)
이다. 가우(嘉祐) 연간에 진사가 되어 강도위(江都尉)와 위진주부(衛眞主簿), 천태령(天台
令)을 지냈다. 나중에 벼슬을 버리고 왕안석(王安石)과 어울렸다. 책을 좋아하고 열심히 공
부하여 주변의 학자들이 많이 귀의했다. 왕안석이 천거하여 국자직강(國子直講)이 되었는
데, 명령서가 내려가기도 전에 죽었다. 저서에『논어해(論語解)』와 문집이 있다.

238 방이지(方以智, 1611~1671): 명말청초 때 강남 동성(桐城) 사람. 자는 밀지(密之)이고, 호는
만공(曼公) 또는 녹기(鹿起)이다. 젊었을 때는 복사(復社)의 명사였다. 숭정(崇禎) 13년
(1640) 진사가 되어 한림원(翰林院) 검토(檢討)가 되었다. 홍광(弘光) 때 마사영(馬士英)과
완대월(阮大鋮)의 중상모략을 받아 남해(南海)로 달아나 살면서 약을 팔아 생계를 꾸렸다.
영력(永曆) 때 좌중윤(左中允)을 지냈지만 무고를 당해 탄핵되었다. 청나라 군대가 월(粤)에
들어온 뒤 오주(梧州)에서 출가했다. 황종희(黃宗羲), 진정혜(陳貞慧), 오응기(吳應箕), 왕
부지(王夫之) 등과 교유했다. 명나라가 망한 뒤 이름을 오석공(吳石公), 호를 우도인(愚道
人)으로 바꾸었다. 출가한 뒤 이름을 대지(大智) 또는 무가(無可), 호를 홍지(弘智) 또는 약
침(藥枕), 부산우자(浮山愚者), 우자대사, 극환노인(極丸老人) 등으로 바꾸었다. 예악(禮樂)
과 율수(律數), 성음(聲音), 서화(書畵), 문자(文字) 등에 두루 능통했고, 특히 과학과 철학에
정통했다. 저서에『역비(易秘)』와『동서균(東西均)』,『통아(通雅)』,『물리소지(物理小識)』
등이 있다.

원문 閻氏若璩『釋地續』云: "余因『新‧舊唐書』‧杜氏『通典』‧『隋』「地理志」鹿邑名縣始隋開皇十八年, 此後未見有析置互鄉事." 則無咎之言, 閻氏已深斥之. 地理家好牽附, 恐他說亦多類此矣.

역문 염약거(閻若璩)의 『사서석지속(四書釋地續)』에 "내가 『신당서(新唐書)』와 『구당서(舊唐書)』, 그리고 두씨[杜氏: 두우(杜佑)][239]의 『통전(通典)』과 『수서』「지리지(地理志)」를 보니, 녹읍(鹿邑)이 지명으로 나타나는 것은 수(隋)나라 개황(開皇) 18년에 처음 보이고, 이 뒤로는 아직 호향을 갈라놓은 일을 보지 못했다."라고 했으니, 그렇다면 무구(無咎)의 말은 염씨가 이미 심하게 배척한 것이다. 지리학자(地理學者)들은 견강부회하기를 좋아하니, 아마도 그의 말 역시 대체로 이런 것과 유사한 듯하다.

원문 "言語自專, 不達時宜", 謂其俗鄙固, 不信人言也. 言"怪孔子見之", 明非怪童子來見.

역문 "말을 제멋대로 하고 시의(時宜)를 적절하게 알지 못한다"라는 것은 그들의 풍속이 비천하고 고루하며 남의 말을 믿지 않는다는 말이다. "공자가 그를 만나 준 것을 괴이하게 여겼다"라고 말한 것은 동자가 와서 공자를 만나 본 것을 괴이하게 여긴 것이 아님을 밝힌 것이다.

---

[239] 두우(杜佑, 735~812): 당나라 경조(京兆) 만년(萬年) 사람. 자는 군경(君卿), 시호는 안간(安簡)이다. 증조부 이래 관료를 지낸 귀족 집안에서 태어나 일찍부터 여러 관직을 역임했다. 문자를 좋아하고 고금의 일에 해박했는데, 학문은 부국안민(富國安民)을 으뜸으로 삼았다. 처음에 부음(父蔭)으로 제남참군(濟南參軍)에 오르고, 거듭 승진하여 탁지겸화적사(度支兼和糴使)에 이르렀다. 당시 군사와 관련된 일이 발생하자 궤운(饋運)에 관한 사무는 모두 그에게 맡겼다. 호조시랑(戶曹侍郎)과 판탁지(判度支)를 지냈다. 저서에 『통전(通典)』 200권이 있는데, 상고로부터 현종(玄宗) 때까지 역대의 제도를 아홉 부분으로 분류하여 수록한 역사서로, 제도사(制度史) 연구에 불가결한 자료이다. 그 밖의 저서에 『통전』의 요점을 쓴 것으로 생각되는 『이도요결(理道要訣)』 등이 있다.

子曰: "與其進也, 不與其退也, 唯何甚?【注】孔曰: "敎誨之道, 與
其進, 不與其退, 怪我見此童子, 惡惡一何甚." 人潔己以進, 與其潔也,
不保其往也."【注】鄭曰: "'往'猶去也. 人虛己自潔而來, 當與之進, 亦何
能保其去後之行?"

───

공자가 말했다. "그의 진보를 인정해 준 것이지, 그의 퇴보를 인
정해 준 것이 아니니, 무엇이 심하느냐?【주】공안국이 말했다. "가르치
는 방법은 그의 진보를 인정해 주고 그의 퇴보를 인정해 주지 않는 것인데, 내가 이
동자를 만나 준 것을 이상하게 여기니, 악(惡)을 미워함이 어째서 그리 심하냐는 말
이다." 사람이 자기를 깨끗하게 해서 진보하기에, 그가 깨끗이 한
것을 인정해 준 것이지, 지금 이후의 행실까지 보증해 주는 것은
아니다."【주】정현이 말했다. "'왕(往)'은 거(去)와 같은 뜻이다. 사람이 마음을
비우고 자신을 깨끗하게 해서 찾아오면 그의 진보를 인정해 줌은 당연하지만, 또한
어찌 지금부터 이후의 행실까지 보증할 수 있겠는가?"

원문 正義曰: 何休『公羊』「注」, "去惡就善曰進." 童子來見是求進, 故宜與
之, 與孟子言"來者不拒"意同. 劉氏逢祿『述何』云: "『春秋』列國進乎禮義
者與之, 退則因而貶之, 亦此義也." "唯何甚"者, "唯", 語辭. 夫子不爲已
甚, 故云"唯何甚"也. "潔", 『唐·宋石經』竝作'絜'. 『說文』無"潔"字.「鄕飮酒
義」「注」, "絜, 猶淸也." 保猶保辜之保." 郭璞『方言』「注」, "保言可保信也."

역문 정의에서 말한다.

하휴의 『춘추공양전』「주」에 "악을 떠나 선으로 나아감을 진보[進]라
한다."라고 했다. 동자가 찾아와서 만나 본 것은 진보를 추구한 것이기
때문에 인정해 줌이 마땅하니, 『맹자』에서 "오는 자를 막지 않는다"[240]라

고 말한 것과 뜻이 같다. 유봉록의 『논어술하편』에 "『춘추』에서는 열국 (列國) 가운데 예의(禮義)를 진작시킨 나라는 인정해 주었고, 퇴보시킨 나라는 그에 따라 폄훼하였으니, 역시 이와 같은 뜻이다."라고 했다. "유하심(唯何甚)"에서 "유(唯)"는 어사(語辭)이다. 공자는 지나치게 심하다고 여기지 않았기 때문에 "무엇이 심하느냐[唯何甚]"라고 한 것이다. "결(潔)"은 『당석경』과 『송석경』에 모두 '결(絜)'로 되어 있다. 『설문해자』에는 "결(潔)" 자가 없다. 『예기』「향음주의(鄕飮酒義)」의 「주」에 "결(絜)은 청(淸)과 같은 뜻이다."라고 했다. 보(保)는 보고(保辜)[241]라고 할 때의 보(保) 자와 같다. 곽박의 『방언』「주」에 "보(保)는 보증하고 믿을 수 있다는 말이다."라고 했다.

- 「注」, "往猶去也".
- 正義曰: 言'從今以往'也. 皇「疏」引顧歡曰: "往謂前日之行. 夫人之爲行, 或有始無終, 或先迷後得. 故敎誨之道, 潔則與之, 往日之行, 非我所保也." 此與鄭異, 亦通.
- 「주」의 "왕(往)은 거(去)와 같다".
- 정의에서 말한다.
  '지금부터 이후'라는 말이다. 황간의 「소」에는 고환(顧歡)이 "왕(往)은 지난날[前日]의 행실을 말한다. 사람들의 행실은 더러 유시무종(有始無終)하기도 하고, 혹은 먼저는 헤매다가 뒤에 가서 터득하기도 한다. 따라서 가르치는 방법은 깨끗하게 하면 인정해 주는 것이지, 지난날의 행실까지 내가 보증해 주는 것은 아니다."라고 한 말을 인용했는데, 이는 정현의 해석과는 다르지만 역시 통한다.

---

240 『맹자』「진심하(盡心下)」.
241 보고(保辜): 사람을 상해한 자에게 피해자의 상처를 치료하게 하여 치유될 때까지 형(刑)의 집행을 유예하던 제도.

7-30

子曰: "仁遠乎哉? 我欲仁, 斯仁至矣."【注】包曰: "仁道不遠, 行之卽是."

공자가 말했다. "인이 멀리 있겠는가? 내가 인을 실천하고자 하면 이에 인이 이른다."【주】포함이 말했다. "인의 도리는 멀리 있지 않으니, 실천하는 것이 바로 인의 도리이다."

원문 正義曰: 此'求仁得仁'之旨. 『孟子』「盡心」云: "求則得之, 舍則失之, 是求有益於得也, 求在我者也."

역문 정의에서 말한다. 이는 '인을 구해서 인을 얻었다'[242]라는 취지이다. 『맹자』「진심상」에 "구하면 얻고 버리면 잃는데, 이러한 구함은 얻음에 유익함이 있으니, 자신에게 있는 것을 구하기 때문이다."라고 했다.

● 「注」, "仁道不遠, 行之卽是."

● 正義曰: 「注」以"欲仁"卽宜行仁, 夫子告顔子以"克己復禮爲仁", 卽此義.

○ 「주」의 "인의 도리는 멀리 있지 않으니, 실천하는 것이 바로 인의 도리이다."

○ 정의에서 말한다.

「주」에서는 "욕인(欲仁)"을 곧 마땅히 인을 실천함[宜行仁]이라고 했으니, 공자가 안자에게 "자기를 다스려 예로 돌아가는 것이 인을 행하는 것이다"라고 말해 준 것이 바로 이 뜻이다.

---

242 『논어』「술이」.

陳司敗問, "昭公知禮乎?" 孔子曰: "知禮." 【注】孔曰: "'司敗', 官名, 陳大夫. 昭公, 魯昭公."

진(陳)나라의 사패(司敗)가 물었다. "소공이 예를 압니까?" 공자가 말했다. "예를 압니다." 【주】 공안국이 말했다. "'사패'는 관직의 명칭이니, 진나라 대부이다. 소공은 노나라 소공이다."

원문 正義曰: 『左』「昭」五年「傳」, "公如晉, 自郊勞至于贈賄, 無失禮, 晉侯謂女叔齊曰: '魯侯不亦善於禮乎?' 對曰: '魯侯焉知禮?' 公曰: '何爲?' 對曰: '是儀也, 不可謂禮.'" 『公羊』「昭」二十五年「傳」, "公孫于齊, 次于陽州. 齊侯唁公於野井, 昭公曰: '喪人不佞, 失守魯國之社稷' 云云. 孔子曰: '其禮與? 其辭足觀矣.'" 是魯昭本習於容儀, 當時以爲知禮, 故司敗有此問. 鄭「注」云: "司敗, 人名, 齊大夫." 皇本"孔子"下有"對"字.

역문 정의에서 말한다.

『춘추좌씨전』「소공(昭公)」5년의 「전」에 "소공이 진(晉)나라에 가서 교로(郊勞)[243]할 때부터 증회(贈賄)[244]할 때까지 예를 잃음이 없자, 진후[晉侯: 진 평공(晉平公)][245]가 여숙제(女叔齊)에게 '노후(魯侯)가 또한 예에 뛰어

---

243 교로(郊勞): 외국(外國)의 임금이나 사신의 행차가 근교에 당도하면 주국(主國)의 임금이 경(卿)을 보내어 위로하는 것.

244 증회(贈賄): 외국 사절이 돌아갈 때 예물을 주는 것.

245 진후(晉侯, ?~기원전 532): 춘추시대 진나라의 국군(國君)인 진 평공(平公)이다. 이름은 표(彪)이고, 도공(悼公)의 아들이다. 평공 3년 제후의 군대를 이끌고 노나라를 구하기 위해 제

나지 않은가?'라고 하자, 여숙제가 '노후가 어찌 예를 알겠습니까?'라고
대답했다. 진 평공이 '어째서 그리 말하는가?'라고 하자, 여숙제가 다음
과 같이 대답했다. '이는 몸을 가지는 태도[儀]이지, 예라고 할 수는 없습
니다.'"라고 했다. 『춘추공양전』「소공(昭公)」 25년의 「전」에는 "노나라
소공이 제나라로 도망가서[孫] 양주(陽州)에 머물렀다. 제후(齊侯)가 뜰의
우물[野井]에서 소공을 위문[唁]하자 소공이 '나라를 잃은 사람이 재주도
없어서, 노나라의 사직을 수호하지도 못하고'라고 운운했다. 공자가 말
했다. '그의 예와 그의 말은 충분히 살펴볼 만한 것이었다.'"라고 했으니,
이에 노나라의 소공이 본래 몸가짐과 태도에 익숙한 것을 당시에는 예를
안다고 여겼기 때문에 사패가 이런 의문이 있었던 것이다. 정현의 「주」
에는 "사패는 사람 이름으로, 제나라 대부이다."라고 했고, 황간본에는
"공자(孔子)" 아래 "대(對)" 자가 있다.

- 「注」, "司敗"至"昭公".
- 正義曰:『左』「文」十年「傳」, "楚 子西曰: '臣歸死於司敗.'"「宣」四年「傳」, "楚箴尹克黃自拘
  於司敗." 是司敗爲官名. "子西歸死司敗"與"晉 魏絳歸死司寇"語同. 杜注『左傳』曰: "陳・楚
  名司寇爲司敗." 陳有司敗, 本『論語』此文. 杜與僞孔同, 與鄭異也. 昭公, 名裯, 見『左』「襄」
  三十年「傳」.『周書』「謚法解」, "容儀恭美曰昭."
- 「주」의 "사패(司敗)"부터 "소공(昭公)"까지.
- 정의에서 말한다.

나라를 공격하여 수도를 포위했다. 다음 해 제후들과 독양(督揚)에서 모여 대국이 소국을
침범하지 않는다는 조약을 맺었다. 세금을 지나치게 많이 걷고 백성들의 형편을 돌보지 않
았으며, 음락(淫樂)을 즐겼다. 정치가 조・한・위(趙韓魏) 삼가(三家)로 몰려갔다. 26년 동
안 재위했다.

『춘추좌씨전』「문공(文公)」 14년의 「전」에 "초나라 자서(子西)가 말했다. '신(臣)은 사패에게 가서 죽고자 합니다.'"라고 했고, 「선공」 4년의 「전」에 "초나라의 잠윤(箴尹)인 극황(克黃)이 스스로 사패에게 가서 구속되기를 청하였다."라고 했으니, 사패는 관직의 명칭이다. "자서가 사패에게 가서 죽으려 한 것"과 "진(晉)나라에서 위강(魏絳)이 사구(司寇)에게 가서 죽기를 청한 것"[246]은 같은 말이다. 두예는 『춘추좌씨전』을 주석하면서 "진(陳)나라와 초나라에서는 사구의 명칭을 사패라고 한다."라고 했는데, 진(陳)나라에 사패가 있다는 것은 『논어』의 이 문장에서 근거한 것이다. 두예의 말은 위공의 말과는 같고, 정현의 말과는 다르다. 소공의 이름은 도(裯)인데 『춘추좌씨전』「양공」 30년의 「전」에 보인다. 『주서(周書)』「시법

---

246 『춘추좌씨전』「양공」 3년 「전」: 진후(晉侯)의 아우 양간(揚干)이 곡량(曲梁)에서 군대의 행렬(行列)을 어지럽히자, 위강(魏絳)이 그의 마부를 죽였다. 그러자 진후가 노하여 양설적(羊舌赤)에게 말하기를 "제후를 회합한 것은 영예로운 일인데, 양간이 모욕을 당했으니 이런 치욕이 어디 있단 말인가? 반드시 위강을 죽일 것이니 놓치지 말라."라고 하니, 양설적이 대답하기를 "위강은 두마음이 없어 임금을 섬기는 데 어려운 일을 피하지 않고, 죄가 있으면 그 형벌을 피하지 않으니, 그가 스스로 와서 사정을 자세히 말할 것인데 수고롭게 명을 내리실게 뭐 있습니까?"라고 하였다. 양설적의 말이 끝나자마자 위강이 와서 마부에게 임금께 올리는 글을 주고 검을 뽑아 자결하려 하니, 사방(士魴)과 장로(張老)가 막았다. 진 도공(晉悼公)이 그 글을 읽어 보니, 그 글에 "지난날 임금님께서는 쓸 만한 사람이 부족하여 신에게 사마(司馬)의 직책을 맡기셨습니다. 신이 듣건대 '군대는 군령을 순종하는 것을 무(武)라 하고, 군중(軍中)의 일을 맡은 자는 죽을지언정 군령을 범하지 않는 것을 경(敬)이라 한다.'라고 하였습니다. 임금님께서 제후를 회합하셨으니 신이 어찌 감히 공경(恭敬)하지 않겠습니까? 임금님의 군대가 군기를 범하고, 군리(軍吏)가 군법을 집행하지 않는다면 이보다 큰 죄가 없습니다. 신은 직분을 다하지 못해 사죄(死罪)를 범할까 두려워 양간에게 치욕이 미치게 하였으니 죄를 피할 곳이 없습니다. 미리 부하들을 교훈하지 않고 부월(斧鉞)을 사용하는 데 이르렀으니, 신의 죄가 무거우니, 감히 형벌에 복종하지 않아 임금님을 노하게 하겠습니까? 신은 나라로 돌아가서 사구(司寇)에게 사형을 받기를 청합니다."라고 했다.[晉侯之弟揚干亂行於曲梁, 魏絳戮其僕. 晉侯怒, 謂羊舌赤曰: "合諸侯, 以爲榮也, 揚干爲戮, 何辱如之? 必殺魏絳, 無失也." 對曰: "絳無貳志, 事君不辟難, 有罪不逃刑, 其將來辭, 何辱命焉?" 言終, 魏絳至, 授僕人書, 將伏劍, 士魴張老止之. 公讀其書, 曰: "日君乏使, 使臣斯司馬. 臣聞'師衆以順爲武, 軍事有死無犯爲敬'. 君合諸侯, 臣敢不敬? 君師不武, 執事不敬, 罪莫大焉. 臣懼其死, 以及揚干, 無所逃罪. 不能致訓, 至於用鉞, 臣之罪重. 敢有不從, 以怒君心? 請歸死於司寇."]

해(諡法解)」에 "몸가짐과 태도[容儀]가 공손하고 아름다운 것을 소(昭)라 한다."라고 했다.

孔子退, 揖巫馬期而進之, 曰: "吾聞君子不黨, 君子亦黨乎?
君取於吳, 爲同姓, 謂之吳孟子, 君而知禮, 孰不知禮?"【注】
孔曰: "巫馬期, 弟子, 名施. 相助匿非曰'黨'. 魯, 吳俱姬姓, 禮同姓不昏, 而君
取之, 當稱'吳姬', 諱曰'孟子'." 巫馬期以告, 子曰: "丘也幸. 苟有過,
人必知之!"【注】孔曰: "以司敗之言告也. 諱國惡, 禮也. 聖人道宏, 故受以
爲過."

공자가 물러나자, 사패가 무마기(巫馬期)에게 절하고 그에게 나
아가 말했다. "내가 듣기에 군자는 패거리를 짓지 않는다고 하는
데, 군자도 패거리를 짓습니까? 노나라 임금이 오나라 여인에게
장가를 들었으나, 동성(同姓) 간에 혼인을 한 것이기 때문에, 동
성혼을 감추려고 그 여인을 일러 '오맹자(吳孟子)'라 하였으니, 이
런 임금인데도 예를 안다면 누구인들 예를 모르겠습니까?"【주】
공안국이 말했다. "무마기는 제자인데, 이름은 시(施)이다. 서로 도와 잘못을 숨겨 주
는 것을 '당(黨)'이라 한다. 노나라와 오나라는 모두 희성(姬姓)이다. 예에 의하면 동
성 간에는 혼인하지 않는데, 노나라 임금이 오나라 여인을 아내로 취하였으니, 응당
'오희(吳姬)'라고 칭해야 하는데, 이를 숨기고 '맹자(孟子)'라고 불렀다." 무마기가
사패의 말을 공자에게 보고하자 공자가 말했다. "나야말로 다행
이로다. 진실로 과실이 있으면 남이 반드시 그것을 아는구나!"
【주】 공안국이 말했다. "사패의 말을 보고한 것이다. 나라의 잘못을 숨기는 것은 예
이다. 성인은 도가 크기 때문에 사패의 비난을 받아들여 자신의 허물로 여긴 것이다."

원문 正義曰: 夫子見陳 司敗, 巫馬期爲介, 入俟於庭. 及夫子退, 期當隨行, 而司敗仍欲與語, 故揖而進之也. 皇「疏」云"揖者, 古人欲相見, 前進皆先揖 之, 於禮, 巫馬期當答揖, 此不言者, 略也." 皇本"進之"作"進也", "取"作"娶". 『釋文』, "娶, 本今作取." 『說文』, "娶, 取婦也. 從女從取, 取亦聲." "吳" 者, 國名. 杜注『左』「宣」十八年「傳」云: "吳國, 今吳郡." 今江蘇 蘇州府治."

역문 정의에서 말한다.

공자가 진나라의 사패를 만나 볼 때, 무마기가 중개인이 되어 뜰에 들어가 기다리고 있었다. 공자가 물러갔으면 무마기가 응당 쫓아가야 했지만 사패가 여전히 함께 얘기하려 했기 때문에, 절하고 그에게 나아간 것이다. 황간의 「소」에 "읍(揖)이란 옛사람들은 서로 만나 보려 할 때엔 앞으로 나아가 모두 먼저 읍(揖)을 하는 것이다."라고 했으니, 예의상 무마기도 당연히 답례로 읍을 했을 터인데, 여기에서 언급하지 않은 것은 생략한 것이다. 황간본에는 "진지(進之)"가 "진야(進也)"로 되어 있고, "취(取)"가 "취(娶)"로 되어 있다. 『경전석문』에 "취(娶)는 판본에 따라 지금은 취(取)로 되어 있다."라고 했다. 『설문해자』에 "취(娶)는 아내를 맞이한다[取婦]는 뜻이다. 여(女)로 구성되었고 취(取)로 구성되었는데, 취(取)가 발음을 나타내기도 한다."[247]라고 했다. "오(吳)"는 나라 이름이다. 두예는 『춘추좌씨전』「선공」 18년의 「전」을 주석하면서 "오나라는 지금의 오군(吳郡)이다."라고 했는데, 현재의 강소성(江蘇省) 소주부(蘇州府)의 부청(府廳) 소재지이다.

---

[247] 『설문해자』 권12: 취(娶)는 아내를 맞이한다[取婦]는 뜻이다. 여(女)로 구성되었고 취(取)로 구성되었는데, 취(取)가 발음을 나타내기도 한다. 칠(七)과 귀(句)의 반절음이다.[娶, 取婦 也. 從女從取, 取亦聲. 七句切.]

- 「注」, "<u>巫馬</u>"至"<u>孟子</u>".

- 正義曰: "<u>巫馬</u>"者, 以官爲氏, 『周官』有"巫馬掌養疾馬而乘治之"是也. 「仲尼弟子列傳」, "<u>巫馬施</u>, 字子旗, 少<u>孔子</u>三十歲."『漢書』「古今人表」及『呂氏春秋』「具備覽」亦作"<u>巫馬旗</u>", 此文作"期"者, <u>梁氏玉繩</u>『人表考』云: "『說文』, '施, 旗也. 故齊 <u>欒施</u>字子旗.'" 而期與旗古通.『左』「昭」十三年"令尹子旗", 「楚語下」作"<u>子期</u>", 「定」四年"<u>子期</u>", 『呂覽』「高義」「注」作"<u>子旗</u>", 『戰國策』"<u>中期</u>推琴", 『史』「魏世家」作"<u>中旗</u>", 皆其驗也. 案, <u>鄭</u> <u>豐施</u>亦字<u>子旗</u>, 見『左』「昭」十六年「傳」「注」. "旗"本字, 凡作期, 皆叚借也. <u>鄭</u>『目錄』云"<u>魯人</u>", 『家語』「弟子解」則云"<u>陳人</u>".

○ 「주」의 "무마(巫馬)"부터 "맹자(孟子)"까지.

○ 정의에서 말한다.

"무마(巫馬)"는 관직명으로 성씨를 삼은 것이니, 『주관』에 "무마는 병든 말을 길러서 타 보고 치료하는 일을 담당한다"[248]라고 한 것이 이것이다. 『사기』「중니제자열전」에 "무마시(巫馬施)는 자가 자기(子旗)이고 공자보다 13세 어리다."라고 했다. 『전한서』「고금인표」 및 『여씨춘추』「구비람(具備覽)」에도 "무마기(巫馬旗)"로 되어 있는데, 이 글자를 "기(期)"로 쓴 것에 대해 양옥승(梁玉繩)의 『한서고금인표고(漢書古今人表考)』에 "『설문해자』에 '시(施)는 기(旗)이다. 그러므로 제나라 난시(欒施)의 자가 자기(子旗)인 것이다.'[249]라고 했다."라고 하였으니, 기(期)와 기(旗)는 옛날에는 통용되었다. 『춘추좌씨전』「소공」 13년에 "영윤 자기(子旗)"가 『국어』「초어하(楚語下)」에는 "자기(子期)"로 되어 있고, 「정공」 4년의 "자기(子期)"가 『여람』「고의(高義)」의 「주」에는 "자기(子旗)"로 되어 있으며, 『전국책(戰國策)』「진책(晉策)」에 "중기(中期)가 거문고를 밀쳐놓았다"라고 한 것이 『사기』「위세가(魏世家)」에는 "중기(中旗)"로 되어 있는 것이 모두 그 증거이다. 살펴보니, 정(鄭)나라의 풍시(豐施) 역시 자가 자기(子旗)인데, 『춘추좌씨전』「소공」 16년 「전」의 「주」에 보인다.[250] "기(旗)"가 본

---

248 『주례』「하관사마하 · 무마(巫馬)」.

249 『설문해자』 권7: 시(施)는 깃발의 모양이다. 언(㫃)으로 구성되었고 야(也)가 발음을 나타낸다. 제(齊)나라 난시(欒施)의 자가 자기(子旗)이니, 시(施)가 기(旗)임을 알 수 있다. 식(式)과 지(支)의 반절음이다.[施, 旗貌. 從㫃也聲. 齊 欒施字子旗, 知施者旗也. 式支切.]

250 『춘추좌씨전』「소공」 7년 두예의 「주」에 "풍시(豐施)는 정나라 공숙단(公孫段)의 아들이

자(本字)이니, 모든 기(期) 자로 되어 있는 것은 다 가차한 글자이다. 정현의 『논어공자제자목록』에는 "노나라 사람"이라고 했고, 『공자가어(孔子家語)』「칠십이제자해(七十二弟子解)」에는 "진(陳)나라 사람"이라고 했다.

원문 "姬"者, 周姓. 魯是周公之後, 吳是泰伯之後, 故云"俱姬姓"也. 『禮』「坊記篇」, "子云'取妻不取同姓, 以厚別也.' 故買妾不知其姓, 則卜之." 又「大傳」曰: "繫之以姓而弗別, 綴之以食而弗殊, 雖百世而昏姻不通者, 周道然也." 是周禮同姓皆不昏也.

역문 "희(姬)"는 주나라의 성이다. 노나라는 주공의 후예이고, 오나라는 태백(泰伯)의 후예이므로 "모두 희성(姬姓)이다"라고 한 것이다. 『예기』「방기(坊記)」에 "공자가 이르길 '아내를 맞이할 때 동성의 여자를 취하지 않는 것은 분별을 두텁게[厚] 하기 위함이다.'라고 했다. 그러므로 첩(妾)을 사들일 때 그 성을 모르면 점을 치는 것이다."라고 했고, 또 「대전(大傳)」에 "성으로 연계하여 분리하지 않으며 음식으로 정을 이어서 끊지 않으니, 비록 백대의 먼 친척 간이라도 혼인을 통하지 않는 것은 주나라의 도가 그러하였다."[251]라고 했으니, 이는 주나라의 예는 같은 성끼리는 전

다.[豊施, 鄭 公孫段之子.]"라고 했고, 16년 두예의 「주」에 "자기(子旗)는 공숙단(公孫段)의 아들 풍시이다.[子旗, 公孫段之子豊施也.]"라고 했다.

[251] 이 말은 촌수가 멀어져 친속관계(親屬關係)가 끝났으면 서로 혼인해도 되느냐는 물음에 답한 말로, 곧 촌수가 아무리 멀어도 한 성(姓)으로 연계되어 성이 다르지 않고, 종자(宗子)가 연회를 열어 족인(族人)을 연합할 때 원족(遠族)이라 하여 대우를 달리하지 않으니, 동성인(同姓人)은 촌수가 아무리 멀어도 서로 혼인을 하지 않는 것이 주나라의 제도라는 것이다. 『예기』「대전(大傳)」의 내용은 다음과 같다. "6대가 지난 뒤에는 친속이 다하니, 여러 성씨가 위에서 갈라지고 친척이 아래에서 다하면 혼인도 통할 수 있겠는가? 성으로 연계하여 분리하지 않으며 음식으로 정을 이어서 끊지 않으니, 비록 백대의 먼 친척 간이라도 혼인을 통하지

부 다 혼인하지 않았다는 것이다.

원문 "當稱'吳姬', 諱曰'孟子'"者, 吳姬猶齊姜·宋子之比. 昭公知娶同姓爲非禮, 故諱稱吳孟子.『公羊』十二年"孟子卒",「傳」云: "昭公之夫人也." 稱孟子, 諱取同姓, 蓋吳女也. 何休「注」, "昭公諱而謂之吳孟子,『春秋』不繫吳者, 婦人繫姓不繫國, 雖不諱, 猶不繫也. 不稱夫人, 不言薨, 不書葬, 深諱之." 據何「注」, 則吳孟子乃昭公所稱,『論語』所云"謂之"者, 昭公"謂之"也.『禮』「雜記」云"夫人之不命於天子, 自魯昭公始也."「注」云: "不告於天子, 天子亦不命之." 又「坊記」云: "魯『春秋』去夫人之姓曰吳, 其死曰'孟子卒'."「注」, "吳·魯同姓也. 昭公取焉, 去姬曰吳而已. 至其死, 亦略云'孟子卒', 不書'夫人某氏薨'. 孟子蓋其且字." 孔「疏」謂"依『春秋』之例, 當云'夫人姬氏至自吳.' 魯諱同姓, 但書'夫人至自吳.'" 仲尼修『春秋』, 以犯禮明著, 全去其文, 故經無其事是也.

역문 "응당 '오희'라고 칭해야 하는데, 이를 숨기고 '맹자'라고 불렀다."

오희는 제강(齊姜)이나 송자(宋子)의 예와 같다. 소공이 동성에게 장가드는 것이 예가 아님을 알았기 때문에 이를 숨기고 오맹자라고 부른 것이다.『춘추공양전』12년에 "맹자가 죽었다"라 했고,「전」에 "소공의 부인이다."라고 했는데, 맹자라고 칭한 것은 동성의 여인에게 장가든 것을 숨긴 것으로, 오나라의 여인이었기 때문이다. 하휴의「주」에 "소공이 동성임을 숨기고 오맹자라고 했는데,『춘추』에 오(吳) 자를 붙이지 않은 것은, 부인은 성을 붙이고 국명을 붙이지 않기 때문이니, 비록 숨기려 하지 않았더라도 더욱이 국명을 붙이지는 않는다. 부인이라 칭하지 않

않는 것은 주도가 그러하였다.[六世親屬竭矣, 其庶姓別於上, 而戚單於下, 昏姻可以通乎? 繫之以姓而弗別, 綴之以食而弗殊, 雖百世而昏姻不通者, 周道然也.]"

고, 훙(薨)이라 말하지 않으며, 장사 지낸 것[葬]을 기록하지 않은 것은 깊이 숨긴 것이다."라고 했다. 하휴의 「주」에 근거해 보면 오맹자는 바로 소공이 부른 칭호이니, 『논어』에서 "그 여인을 일러[謂之]"라고 한 것은, 소공이 "그 여인을 일러"라는 말이다. 『예기』「잡기하」에 "부인을 맞이하였으나 천자에게 아뢰어 명을 받지 않은 것은 노나라 소공으로부터 시작되었다."라고 했는데, 「주」에 "천자에게 아뢰지 않았기 때문에 천자 역시 명하지 않은 것이다."라고 했다. 또 「방기」에 "노나라 『춘추』의 기록에는 오히려 부인의 성을 버리고 다만 오라고만 하고, 그가 죽자 '맹자가 졸(卒)하다'라고 했다."라고 하였는데, 「주」에 "오나라와 노나라는 동성이다. 노나라 소공이 오나라로 장가를 들었는데, 오나라의 성인 희를 버리고 오라고만 했을 뿐이다. 그가 죽자 역시 생략해서 '맹자가 졸했다'라고만 하고, '부인 모씨(某氏)가 훙하였다.'라고는 기록하지 않았다. 맹자는 아마도 그의 또다른 자인 듯하다."라고 했다. 공영달의 「소」에는 "『춘추』의 사례에 의거해 보면 당연히 '부인 희씨(姬氏)가 오나라에서 왔다.'라고 기록했어야 하는데, 노나라에서는 동성임을 숨기고 단지 '부인이 오나라에서 왔다'라고만 썼다."[252]라고 했다. 중니는 『춘추』를 지으면서 예를 범한 것이 분명한 것은 그 문장 전체를 빼 버렸기 때문에 경문(經文)에는 그 기사가 없는 것이 맞다.

원문 賈逵『左傳解詁』, "言孟子, 若言吳之長女也." 然則"子"是女子之稱, 而杜注『左傳』以"子"爲宋姓, 則以吳女詭稱宋女. 若然, 舊史所書應稱"夫人子氏至自宋", 今『春秋』猶稱"夫人至自吳", 則稱"子"不爲宋女明矣.

역문 가규(賈逵)의 『춘추좌씨전해고(春秋左氏傳解詁)』에 "맹자(孟子)라는 말

---

252 『예기주소』 권51, 「방기(坊記)」 공영달의 「소」.

은, 오나라의 장녀(長女)라는 말과 같다."라고 했는데, 그렇다면 "자(子)"
는 여자의 호칭인데, 두예는 『춘추좌씨전』을 주석하면서 "자(子)"를 송
나라의 성이라고 했으니, 이는 오나라의 여인을 송나라의 여인이라고
속여서 칭한 것이다. 만약 그렇다면 옛 역사책에 기록된 것은 응당 "부
인 자씨(子氏)가 송나라에서 왔다"라고 칭해야 하는데, 지금의 『춘추』에
는 오히려 "부인이 오나라에서 왔다"라고 칭하였으니, "자(子)"라고 칭했
다고 해서 송나라의 여인이 되지 않는다는 것은 분명하다.

- 「注」, "諱國"至"爲過".
- 正義曰: 云"諱國惡禮也"者, 『左』「僖」元年「傳」文. 『公羊』「隱」二年「傳」, "無駭率師入極, 此
  滅也, 其言'入'何? 內大惡, 諱也." 『白虎通』「諫諍篇」, "所以爲君隱惡何? 君至尊, 故設輔弼,
  置諫官, 本不當有遺失." 然而君有過惡, 亦人臣之責. 昭公時, 孔子本未仕, 旣未得諫, 而爲
  君諱, 故「注」以爲"道宏"也.
- ○ 「주」의 "휘국(諱國)"부터 "위과(爲過)"까지.
- ○ 정의에서 말한다.

"나라의 잘못을 숨기는 것은 예이다."라는 말은 『춘추좌씨전』「희공」원년「전」의 글이다.
『춘추공양전』「은공」2년의 「전」에 "무해(無駭)가 군사를 거느리고 극(極) 땅으로 들어가니,
이것은 멸망시킨 것인데, '들어갔다[入]'라고 한 것은 어째서인가? 노나라 국내의 큰 잘못은
숨기는 것이기 때문이다."라고 했다. 『백호통의(白虎通義)』「간쟁(諫諍)」에 "임금을 위해 잘
못을 숨겨 주는 까닭은 무엇인가? 임금은 지존(至尊)이기 때문에 보좌관을 두고 간관(諫官)
을 설치하니, 본래는 마땅히 잘못이 있어서는 안 된다."라고 했지만, 그럼에도 임금이 허물
과 잘못이 있는 것은 역시 신하의 책임이다. 소공의 시대는 공자가 본래 벼슬하지 않았으니
이미 간언할 수도 없었지만 그래도 임금을 위해 숨겨 주었기 때문에 「주」에서 "도가 크다"라
고 한 것이다.

원문 「坊記」, "善則稱君, 過則稱己, 則民作忠." 此夫子言"有過", 是稱己同
於爲臣之義. 皇「疏」云: "若使司敗無譏, 則千載之後, 遂承信我言, 用昭公
所行爲知禮, 則禮亂之事從我而始. 今得司敗見非而我受以爲過, 則後人
不謬, 故我所以爲幸也."

역문 『예기』「방기」에 "잘한 일은 임금의 공으로 돌리고 허물은 자기의 잘
못으로 돌리면 백성들이 충성한다."라고 했는데, 여기에서 "허물이 있으
면[有過]"이라고 한 것은 허물을 자기의 잘못으로 돌린 것이니, 신하가 되
었다는 뜻과 같다. 황간의 「소」에 "만약 사패가 나를 비난하지 않았다
면, 천년 뒤에는 마침내 영원히 나의 말을 받들고 믿고서 소공의 소행을
예를 안 것이라고 여길 것이니, 그렇게 된다면 예가 어지러워지게 되는
일이 나에게서부터 비롯될 것이다. 그런데 지금 사패의 비난을 듣고 그
것을 받아들여 나의 허물로 삼을 수 있게 되었으니, 후대의 사람들이 그
릇되지 않을 것이기 때문에 내가 사패의 비난을 다행으로 여긴 까닭이
다."[253]라고 했다.

7-32

子與人歌而善, 必使反之, 而後和之. 【注】 樂其善, 故使重歌而自和之.

공자는 남과 함께 노래를 부르다가 잘 부르면 반드시 다시 부르
게 한 뒤에 화답(和答)했다. 【주】 그가 잘 부르는 것을 즐거워했기 때문에
거듭 노래를 부르게 하고서 직접 화답한 것이다.

253 『논어집해의소』 권4, 「논어술이제7」 황간의 「소」.

원문 正義曰: 孫氏奇逢『四書近指』, "聲比於琴瑟謂之歌.『史記』云: '『詩』三百, 夫子皆弦歌之, 以求合「韶」·「武」·「雅」·「頌」之音.'" 如孫此說, 是與人歌爲敎弟子樂也. 合「韶」·「武」·「雅」·「頌」則善矣.『說文』, "咊, 相應也." 今作和, 偏旁移易. "子與人歌", 謂夫子倡, 使人和之也. "反之" 者, 冀其善益嫻熟, 故使人倡, 乃後和之也.

역문 정의에서 말한다.

손기봉(孫奇逢)[254]의 『사서근지(四書近指)』에 "소리를 거문고와 비파에 맞추는 것을 가(歌)라 한다. 『사기』에서 말했다. '『시경』3백 편을 공자는 모두 현악기에 맞춰 노래를 불러 「소(韶)」·「무(武)」·「아(雅)」·「송(頌)」의 음악에 맞추려고 하였다.'"라고 했는데, 손기봉의 이 말대로라면 이는 사람들과 함께 노래 부르는 것을 제자들에게 음악을 가르치는 것으로 삼았다는 것이다. 「소」·「무」·「아」·「송」의 음악에 맞으면 잘

---

254 손기봉(孫奇逢, 1585~1675): 명말청초 때 직례(直隷) 용성(容城) 사람. 자는 계태(啓泰) 또는 종원(鍾元)이고, 호는 하봉선생(夏峰先生)이다. 만력(萬曆) 29년(601) 거인(擧人)이 되었다. 녹선계(鹿善繼), 좌광두(左光斗), 위대중(魏大中), 주순창(周順昌) 등과 교유했다. 천계 (天啓) 연간에 동림당(東林黨)의 옥사가 일어나자 독사(督師) 손승종(孫承宗)에게 몰래 황제의 주변을 일소할 것을 부탁했지만 듣지 않았다. 좌광두 등이 죽자 장례를 치러 주었는데, 녹정(鹿正), 손승종과 함께 '범양삼열사(范陽三烈士)'로 불렸다. 숭정(崇禎) 9년(1636) 용성을 지키면서 남하하는 청나라 군대를 막아 냈다. 명나라 말기 혼란한 세태를 피해 역주(易州) 오공산(五公山)에 들어갔고, 나중에 소주(蘇州) 하봉산(夏峰山)에 은거하여 강학했다. 젊어서 가난했지만 학문에 힘썼다. 육왕(陸王)의 심학(心學)을 종주로 했는데, 만년에는 정주(程朱)의 이학(理學)과 융합시키려 했다. 학자가 오면 밭을 내주어 농사를 짓게 했다. 경전의 문구에 천착하는 것을 싫어했으며, 치용(致用)을 중시했다. 학문이 널리 전파되었는데, 특히 북방의 학자들에게 큰 영향을 끼쳤다. 저서에 『사서근지(四書近指)』와 『상서근지(尙書近指)』, 『경서근지(經書近指)』, 『독역대지(讀易大旨)』, 『성학록(聖學錄)』, 『이학종전(理學宗傳)』, 『이학전심찬요(理學傳心纂要)』, 『북학편(北學編)』, 『낙학편(洛學編)』, 『중주인물고(中州人物考)』, 『하봉선생집(夏峰先生集)』 등이 있다.

하는 것이다. 『설문해자』에 "화(咊)는 서로 응함[相應]이다."²⁵⁵라고 했는
데, 지금은 화(和)로 쓰니, 글자의 왼쪽인 편(偏)과 오른쪽인 방(旁)[偏旁]
이 바뀌었다. "공자가 사람들과 함께 노래를 불렀다"라는 것은 공자가
선창을 하고 사람들로 하여금 화답하게 했다는 말이다. "다시 부르게 했
다"라는 것은 제자들이 더욱 익숙하게 잘 부르기를 바랐기 때문에 사람
들로 하여금 선창하게 하고 그런 뒤에 화답했다는 것이다.

7-33

子曰: "文莫吾猶人也, 躬行君子, 則吾未之有得."【注】孔曰:
"'莫', 無也. 文無者, 猶俗言文不也, 文不吾猶人者, 凡言文皆不勝於人, 身爲君
子, 己未能也."

공자가 말했다. "힘쓰고 노력함[文莫]은 내가 남과 같지만, 군자의
도를 몸소 실천하는 것은 내가 아직 터득하지 못했다."【주】공안
국이 말했다. "막(莫)'은 없다[無]는 뜻이다. 문무(文無)는 속언(俗言)의 '문불(文不)'
과 같으니, '문(文)'은 내가 남만 같지 못하다[文不吾猶人]'라는 말은 무릇 문은 모두
자신이 남보다 낫지 못하다는 말이니, 몸소 군자의 도를 실천하는 것은 자기가 아직
능하지 못하다는 말이다."

원문 正義曰: 先從叔丹徒君『駢枝』曰: "楊愼『丹鉛錄』引晉 欒肇『論語駁』曰:
'燕·齊謂勉强爲文莫.' 又『方言』曰: '俌莫, 强也. 北燕之外郊, 凡勞而相

---

²⁵⁵ 『설문해자』 권2: 화(咊)는 서로 응함[相應]이다. 구(口)로 구성되었고 화(禾)가 발음을 나타
낸다. 호(戶)와 과(戈)의 반절음이다.[咊, 相應也. 從口禾聲. 戶戈切.]

勉, 若言"努力!"者, 謂之"侔莫".' 案, 『說文』, '忞, 强也. 慔, 勉也.' 文莫
卽忞慔, 叚借字也. 『廣雅』亦云: '文, 强也.' 黽勉, 密勿, 蠠沒, 文莫, 皆一
聲之轉. 文莫, 行仁義也, 躬行君子, 由仁義行也."

역문 정의에서 말한다.

작고하신 종숙 단도군의 『논어변지』에 "양신(楊愼)[256]의 『단연록(丹鉛
錄)』에 진(晉)나라 난조(欒肇)의 『논어박(論語駁)』에서 '연(燕)나라와 제나
라에서는 노력하고 힘쓰는 것[勉强]을 문막(文莫)이라 한다.'라고 한 것을
인용했고, 또 『방언』에 '모막(侔莫)은 힘쓴다[强]는 뜻이다. 북연(北燕)의
교외에서 무릇 수고롭게 서로 힘쓸 때 쓰는 말인데, 예컨대, "힘쓰네[努
力]!"라는 말과 같은 것을 일러 "모막"이라 한다.'라고 한 것을 인용했다.
살펴보니, 『설문해자』에 '민(忞)은 힘쓴다[强]는 뜻이다.[257] 모(慔)는 힘쓴

---

256 양신(楊愼, 1488~1559): 중국 명(明)나라의 문인으로 자는 용수(用修), 호는 승암(升菴)이
다. 신두(新都) 사람으로, 정덕(正德) 6년에 진사 시험에 급제, 수찬(修撰)이 되었다. 세종
(世宗) 재위 시 대례(大禮)에 대한 의론이 생기자 이를 간하다가 미움을 사서 운남 지방으로
유배, 그곳에서 사망했다. 책을 많이 읽고 많이 외며 저술이 풍부하기는 명대(明代) 제일이
라고 한다. 사후 목종 융경(隆慶) 초년에 광록시소경(光祿寺少卿)으로 추증되었고, 희종 천
계(天啓) 연간(1621~1627)에 문헌(文憲)이란 시호를 받았다. 독서를 좋아하여 집에 쌍계당
(雙桂堂)이란 독서당을 만들고 많은 서적을 보관했다고 한다. 그래서 일찍이 『양씨서목(楊
氏書目)』을 썼다. 훗날 청나라 초기 인물 강소서는 명대의 대표적인 장서가로 양신을 포함
하여 양사기, 오관, 모곤, 송렴 등을 거론하기도 했다. 양신은 평생 저술한 서적이 4백여 종에
달하는데 대부분 유실되고 1백여 종이 남았다. 소학(小學) 방면의 서적으로 『고음(古音)』,
『단연(丹鉛)』, 『육서박증(六書博證)』 등이 있고, 경학(經學) 방면으로 『승암경설(升庵經說)』,
『역해(易解)』, 『단궁총훈(檀弓叢訓)』 등이 있다. 역사와 지방지 방면으로는 『운남산천지
(雲南山川志)』, 『남조야사(南詔野史)』가 있으며, 문학 방면으로 『승암시화(升庵詩話)』, 『예
림벌산(藝林伐山)』, 『절구연의(絶句衍義)』, 『화품(畫品)』, 『전촉예문지(全蜀藝文志)』, 『승
암시집(升庵詩集)』, 『승암장단구(升庵長短句)』, 『도정악부(陶情樂府)』 등이 있고, 『고금풍
요(古今風謠)』, 『고금언(古今諺)』, 『여정집(麗情集)』 등을 편찬했다.

257 『설문해자』 권10: 민(忞)은 힘쓴다[彊]는 뜻이다. 심(心)으로 구성되었고 문(文)이 발음을 나

다[勉는 뜻이다.²⁵⁸'라고 했으니, 문막은 바로 민모(忞慔)이고, 가차자이다. 『광아』에도 역시 '문(文)은 힘쓴다[强는 뜻이다.'라고 했다. 민면(黽勉: 힘쓰고 노력함), 밀물(密勿: 애쓰고 힘씀), 밀몰(蠠沒: 힘쓰고 노력함), 문막(文莫: 힘쓰고 노력함)은 모두 같은 발음이었다가 바뀌어 달라진 것이다. 힘쓰고 노력함[文莫]은 인의(仁義)를 행하는 것이고, 군자의 도를 몸소 실천하는 것은 인의를 따라서 행하는 것이다."라고 했다.

원문 謹案, 『淮南子』「繆稱訓」, "猶未之莫與." 高誘「注」, "莫, 勉之也." 亦是借"莫"爲"慔". 夫子謙不敢居安行, 而以勉强而行自承, 猶之言學不敢居生知, 而以學知自承也.

역문 삼가 살펴보니, 『회남자』「무칭훈(繆稱訓)」에 "오히려 아직 힘쓰지 못하고 있다[猶未之莫與]."라고 했는데, 고유의 「주」에 "막(莫)은 힘쓴다[勉之]는 뜻이다."라고 했으니, 역시 "막(莫)" 자를 가차해서 "힘쓰다[慔]"의 뜻으로 쓴 것이다. 공자는 겸손해서 감히 편안히 행함[安行]을 자처하지 못하고, 노력하고 힘써서 행함을 가지고 스스로 자처하였으니, 이는 학문을 말하면서 감히 태어나면서부터 안 자임을 자처하지 않고 배워서 안 자임을 자처했던 것과 같다.

원문 胡氏紹勳『拾義』以"莫"訓"定", 屬下"吾猶人也"爲句, 引『詩』"求民之莫"爲據, 於義亦通. 蓋夫子言爲學可以及人, 至躬行則未能矣. 又一說以"莫"

타낸다. 『서경』「주서」에 "수(受)의 덕이 어두울 때"라고 했다. 민(旻)과 같은 음으로 읽는다. 무(武)와 건(巾)의 반절음이다.[忞, 彊也. 從心文聲. 「周書」曰: "在受德忞." 讀若旻. 武巾切.] "강(彊)"을 유보남은 "강(强)"으로 썼다.

258 『설문해자』 권10: 모(慔)는 힘쓴다[勉]는 뜻이다. 심(心)으로 구성되었고 막(莫)이 발음을 나타낸다. 막(莫)과 고(故)의 반절음이다.[慔, 勉也. 從心莫聲. 莫故切.]

爲"其"字, 古文相近之誤, 嫌易經字, 所不敢從. 皇本"得"下有"也"字.

역문 호소훈의 『사서습의』에는 "막(莫)"의 뜻을 "정(定)"으로 새기고, 아래의 "오유인야(吾猶人也)"에 붙여서 한 구절로 삼고는, 『시경』의 "백성의 안정을 구함[求民之莫]"[259]을 인용해서 근거로 삼았는데, 의미상 역시 통한다. 대체로 공자는 학문을 하는 것은 남에게 미칠 수 있지만 몸소 실천하는 데 이르면 아직 능하지 못하다고 말하곤 했다. 또 일설에는 "막(莫)"을 "기(其)" 자라고도 하는데, 이는 옛 글자가 서로 유사하게 생김으로 인한 잘못이니, 경전의 글자를 바꾼다는 혐의가 있으므로 감히 따르지 않는다. 황간본에는 "득(得)" 아래 "야(也)" 자가 있다.

7-34

子曰: "若聖與仁, 則吾豈敢? 【注】孔曰: "孔子謙不敢自名仁聖." 抑爲之不厭, 誨人不倦, 則可謂云爾已矣." 公西華曰: "正唯弟子不能學也." 【注】馬曰: "正如所言, 弟子猶不能學, 況仁聖乎?"

공자가 말했다. "성(聖)과 인(仁)으로 말할 것 같으면 내가 어찌 감히 자처할 수 있겠는가? 【주】공안국이 말했다. "공자는 겸손해서 감히 스스로를 인자와 성인이라고 자칭하지 않았다." 그러나 성과 인을 배우기를 싫어하지 않으며, 다른 사람을 가르침에 고달프다고 여겨 그만두지 않는 것은 반드시 그렇다고 말할 수 있다." 공서화가 말했다. "바로 저희들이 배울 수 없는 점입니다." 【주】마융이 말했다. "참으로

---

259 『시경』 「대아(大雅)·문왕지십(文王之什)·황의(皇矣)」.

원문 正義曰: "爲之"謂爲學也. 『孟子』「公孫丑篇」, "子貢問於孔子曰: '夫子聖矣乎!' 孔子曰: '聖則吾不能, 我學不厭而教不倦也.' 子貢曰: '學不厭, 知也; 教不倦, 仁也. 仁且智, 夫子旣聖矣." 與此章義相發. 鄭「注」云: "『魯』讀'正'爲'誠', 今從『古』." 胡氏紹勳『拾義』, "'爾', 當作尒, 『說文』云: '尒, 詞之必然也.' 經傳'尒'字, 後人皆改作'爾'. 『廣雅』「釋詁」訓'云'爲'有', 正此經確詁, '云爾'卽有此之詞. 若『孟子』'是何足與言仁義也云爾', 趙「注」以爲絶語之辭, '爾'當讀'如'字, 與『論語』異. '薄乎云爾'亦然."

역문 정의에서 말한다.

"위지(爲之)"는 배운다[爲學]는 말이다. 『맹자』「공손추상」에 "자공이 공자에게 묻기를 '선생님께서는 성인이십니다!'라고 하자, 공자가 말했다. '성인은 내가 자처할 수 없지만 나는 배우기를 싫어하지 않고 가르치기를 게을리하지 않는다.' 자공이 말했다. '배우기를 싫어하지 않음은 지혜이고 가르치기를 게을리하지 않음은 인입니다. 인하고 또 지혜로우시니 선생님께서는 이미 성인이십니다.'"라고 했는데, 이 장과 뜻이 서로 발명된다. 정현의 「주」에 "『노논어』에서는 '정(正)'을 '성(誠)'의 뜻으로 읽는데, 지금은 『고논어』를 따른다."[260]라고 했다. 호소훈의 『사서습의』에 "'이(爾)'는 마땅히 이(尒)로 써야 하니, 『설문해자』에 '이(尒)는 말이 반드시 그렇다는 뜻이다.'[261]라고 했다. 경전의 '이(尒)' 자는 후대의

---

[260] 『경전석문』 권24, 「논어음의·술이제7」.

[261] 『설문해자』 권2: 이(尒)는 말이 반드시 그러하다는 뜻이다. 입(入)과 곤(丨)과 팔(八)로 구성되었다. 팔(八)은 기(氣)가 분산됨을 상형한 것이다. 아(兒)와 씨(氏)의 반절음이다.[尒,

사람들이 모두 '이(爾)'로 고쳐 놓았다. 『광아』「석고」에 '운(云)'을 '유(有)'의 뜻으로 해석했는데, 바로 이 경전의 확실한 훈고(訓詁)이니, '운이(云爾)'는 곧 그러한 점이 있다는 말이다. 『맹자』의 '이런 임금이 어찌 족히 함께 인의를 말할 것이 있겠는가'라고 생각해서일 뿐이니[是何足與言仁義也云爾][262]와 같은 경우는 조기의 「주」에 문구를 마치는 말이라고 했는데, 이때의 '이(爾)'는 마땅히 '여(如)' 자의 뜻으로 읽어야 하니, 『논어』에서 쓰인 것과는 다르다. '죄가 적다고 할 수는 있을 뿐일지언정[薄乎云爾][263] 역시 그러하다."라고 했다.

- 「注」, "正如"至"聖乎".
- 正義曰: 學不厭, 教不倦, 卽是仁‧聖. 「注」義非是.
- 「주」의 "정여(正如)"부터 "성호(聖乎)"까지.
- 정의에서 말한다.

  배우기를 싫어하지 않고, 가르치기를 고달프다고 여겨 그만두지 않음이 바로 인과 성이니, 「주」의 뜻은 옳지 않다.

7-35

子疾病, <u>子路請禱</u>. 【注】包曰: "'禱', 禱請於鬼神." 子曰: "有諸?"
【注】周曰: "言有此禱請於鬼神之事." <u>子路對曰</u>: "有之. 『誄』曰: '禱

詞之必然也. 從入丨八. 八象氣之分散. 兒氏切.]

262 『맹자』「공손추하」.

263 『맹자』「이루하(離婁下)」.

爾于上下神祇.'"【注】孔曰: "子路失指. '『誄』', 禱篇名." 子曰: "丘之
禱久矣."【注】孔曰: "孔子素行合於神明, 故曰'丘之禱久矣.'"

공자가 병환이 위중하자 자로가 기도(祈禱)할 것을 청하였다.
【주】포함이 말했다. "도(禱)'는 기도하여 귀신에게 복을 청하는 것이다." 공자가
말했다. "그런 예가 있었느냐?"【주】주생렬이 말했다. "이렇게 기도하여
귀신에게 청하는 일이 있었느냐는 말이다." 자로가 대답했다. "있었습니다.
『뇌(誄)』에 '위아래의 천신[神]과 지신[祇]에게 기도하였다.'라고
했습니다."【주】공안국이 말했다. "자로가 공자의 뜻을 이해하지 못한 것이다.
'『뇌』'는 기도한다[禱]는 뜻의 책 이름이다." 공자가 말했다. "나의 기도는
오래되었다."【주】공안국이 말했다. "공자의 평소 행실이 신명(神明)에 부합했
으므로, '나의 기도는 오래되었다.'라고 한 것이다."

원문 正義曰: 『釋文』云: "子疾, 一本云子疾病, 鄭本無病字." 阮氏元『校勘記』,
"案『集解』於「子罕篇」始釋病, 則此有病字, 非."

역문 정의에서 말한다.

『경전석문』에 "자질(子疾)은 다른 본에는 '자질병(子疾病)'으로 되어 있
고, 정현본에는 병(病) 자가 없다."라고 했다. 완원의 『십삼경주소교감
기』에 "『논어집해(論語集解)』의 「자한(子罕)」에서 처음 병(病)을 해석한
것을 살펴보니, 여기에 병 자가 있는 것은 잘못이다."라고 했다.

원문 吳氏嘉賓『論語說』, "父兄病而子弟禱, 此不當使病者知也. 周公之冊祝
自以爲功, 雖祝史皆命之, 使勿敢言, 況請之乎? 子路之請禱, 欲聖人之致
齊以取必於鬼神也."

역문 오가빈(吳嘉賓)의 『논어설(論語說)』에 "부모와 형이 병이 들면 자제는 기도하는데, 이때 마땅히 병자로 하여금 알게 하지 않아야 한다. 주공이 책에 축문을 쓰고[冊祝] 스스로 공을 내세움에, 비록 축사(祝史)에게 모두 명하였지만 감히 말하지 못하도록 했는데, 하물며 청함에 있어서이겠는가? 자로가 기도할 것을 청한 것은 성인이 재계[致齊]하여 귀신에게서 기필하기를 취하게 하고자 한 것이다."라고 했다.

원문 翟氏灝『考異』, "『說文』, '讄, 禱也. 累功德以求福. 『論語』云: "讄』曰: '禱爾于上下神祇.'" 從言纍省聲.' 重文䜍, 或不省. 又'諡, 諡也. 從言耒聲.' 此『論語』所引, 自有一書名『讄』, 與誄異訓, 然經典不妨叚借之. 故『周禮』「大祝」, '作六辭, 其六曰誄.'「注」曰: '誄謂積累生時德行以錫之命.'『春秋傳』, "孔子卒, 哀公誄之." 或曰: "誄, 『論語』所謂『誄』曰: '禱爾于上下神祇.'"「疏」曰: '生人有疾, 亦累列其德而爲辭.' 故引『論語』文以相續. 又「小宗伯」, '禱祠於上下神示', 「注」引'『讄』曰: "禱爾于上下神祇."' 是知'誄'·'讄'通也."

역문 적호의 『사서고이』에 "『설문해자』에 '뇌(讄)는 기도한다[禱]는 뜻이다. 공덕을 쌓아 복을 구하는 것이다. 『논어』에 "'뇌(讄)』에서 말했다. '위아래의 천신[神]과 지신[祇]에게 기도하였다.'라고 했다."라고 했다. 언(言)으로 구성되었고 유(纍)의 생략형이 발음을 나타낸다. 이체자(異體字)는 뇌(䜍)인데, 혹체자로서 생략형이 아니다.'[264]라고 했다. 또 '뇌(誄)는 시호

---

[264] 『설문해자』 권3: 뇌(䜍)는 기도한다[禱]는 뜻이다. 공덕을 쌓아 복을 구하는 것이다. 『논어』에 "'뇌(讄)』에서 말했다. '위아래의 천신[神]과 지신[祇]에게 기도하였다."라고 했다. 언(言)으로 구성되었고 유(纍)의 생략형이 발음을 나타낸다. 뇌(䜍)는 뇌(讄)의 혹체자인데, 생략형이 아니다. 역(力)과 궤(軌)의 반절음이다.[䜍, 禱也. 累功德以求福. 『論語』云: "讄』曰: '禱尔于上下神祇.'" 從言, 纍省聲. 䜍, 或不省. 力軌切.]

[諡]이다. 언(言)으로 구성되었고 뇌(耒)가 발음을 나타낸다.'[265]라고 했다. 여기『논어』에서 인용한 것은 본래 제목이『뇌(讄)』인 일종의 책이 있으니, 뇌(誄)와는 뜻이 다르지만, 경전에는 해가 되지 않으므로 이 글자를 가차한 것이다. 그러므로『주례』「대축(大祝)」에 '여섯 종류의 사[六辭][266]를 짓는데, 그 여섯 번째를 뇌(誄)라 한다.'라고 하였고, 「주」에 '뇌(誄)는 살아 있을 때의 덕행을 쌓아 칭송하기 위해 천자가 내리는 명(命)을 이른다. 『춘추좌씨전』에 "공자가 졸하자, 애공이 뇌문(誄文)을 지었다."[267]라고 했는데, 혹자들은 "뇌(誄)란『논어』의 이른바,『뇌(讄)』에서 말했다. '위아래의 천신[神]과 지신[祇]에게 기도하였다.'라는 것이다."라고 한다.'[268]라고 했고, 「소」에서는 '살아 있는 사람이 질병에 걸려도, 역시 그의 덕을 모아 열거하면서 뇌사(誄辭)를 짓는다.'[269]라고 했다. 그러므로『논어』의 문장을 인용해서 서로 연결한 것이다. 또『주례』「소종백(小宗伯)」에 '위아래의 천신[神]과 지신[示]에게 복을 구하고 재물을 빌게 한다.'라고 했는데, 「주」에 인용하기를 '『뇌』에서 말했다. "위아래의 천신[神]과 지신[祇]에게 기도하였다."'라고 했으니, 이에 '뇌(誄)'와 '뇌(讄)'가 통용됨을 알 수 있다."라고 했다.

---

265 『설문해자』권3: 뇌(讄)는 시호[諡]이다. 언(言)으로 구성되었고 뇌(耒)가 발음을 나타낸다. 역(力)과 궤(軌)의 반절음이다.[讄, 諡也. 從言耒聲. 力軌切.]
266 육사(六辭): 여섯 종류의 사(辭)를 지어 위와 아래, 친하고 소원함, 멀고 가까운 곳을 통하게 하니, 첫째를 사(祠)라 하고, 둘째를 명(命)이라 하며, 셋째를 고(誥)라 하고, 넷째를 회(會)라 하며, 다섯째를 도(禱), 여섯째를 뇌(誄)라 한다.[作六辭以通上下・親疏・遠近, 一曰祠, 二曰命, 三曰誥, 四曰會, 五曰禱, 六曰誄.]『주례』「춘관종백하・대축(大祝)」.
267 『춘추좌씨전』「애공」16년.
268 『주례주소』권25,「춘관종백하・대축(大祝)」정현의「주」.
269 『주례주소』권25,「춘관종백하・대축」가공언의「소」.

역문 적호의 말에 의거해 보면 여기에서 『논어』의 의미로는 마땅히 "뇌
(譸)"가 되어야 하니, "뇌(誅)"라고 통용해서 쓰고 있지만, 당연히 『고논
어』와 『노논어』의 글자는 다르다.

　"도이(禱爾)"

　"이(爾)"는 어사(語辭)이다. 『전한서』「교사지(郊祀志)」에 "효무황제(孝
武皇帝)가 처음으로 위와 아래의 제사[上下之祀]를 지냈다."라고 했는데,
안사고의 「주」에 "위와 아래는 하늘[天]과 땅[地]을 말한다."라고 했다.
천신(天神)을 신(神)이라 하고 지신(地神)을 기(祇)라 한다. 『설문해자』에
"기(祇)는 지신[地祇]이니, 만물을 끌어내는 것이다."[270]라고 했다. 『태평어
람』권529에는 「구주(舊注)」를 인용해서 "뇌(誅)는 천신(天神)[271]의 말이
다."라고 했다.

원문 『困學紀聞』, "『太平御覽』引『莊子』曰: '<u>孔子病, 子貢出卜. 孔子</u>曰: "子
待也. 吾坐席不敢先, 居處若齊, 食飮若祭, 吾卜之久矣."'" <u>子路請禱, 可
以參觀.</u>" 皇本 "<u>丘之禱久矣</u>", "禱" 下有 "之" 字.

역문 『곤학기문』에 "『태평어람』에는 『장자(莊子)』에서 '공자가 병이 들자

---

270 『설문해자』권1: 기(祇)는 지신[地祇]이니, 만물을 끌어내는 것이다. 시(示)로 구성되었고 씨
(氏)가 발음을 나타낸다. 거(巨)와 지(支)의 반절음이다.[祇, 地祇, 提出萬物者也. 從示氏聲.
巨支切.]

271 『태평어람』권529, 「예의부팔(禮儀部八)・도기(禱祈)」의 「주」를 근거로 "大"를 "天"으로 고
쳤다.

자공이 나가 점을 치려고 하니, 공자가 말했다. "자네는 기다리게. 나는 자리에 앉을 때 감히 남보다 먼저 앉지 않고, 평소 거처할 때는 재계하듯 하며, 먹고 마실 때는 제사 지내듯 하였으니, 나는 점을 친 지가 오래라네."라고 한 것을 인용했으니, 자로가 기도할 것을 청한 것은 여기에 참조해서 볼 수 있다."[272]라고 했다. 황간본에는 "나의 기도는 오래되었다[丘之禱久矣]"라고 한 문장에서 "도(禱)" 아래 "지(之)" 자가 있다.

● 「注」, "'禱', 禱請於鬼神."
● 正義曰: "請"者, 請福也. 鄭「注」云: "禱, 謝過於鬼神." 謂謝過以求福也.
○ 「주」의 "'도'는 기도하여 귀신에게 복을 청하는 것이다."
○ 정의에서 말한다.
　"청(請)"이란 복을 청함이다. 정현의 「주」에 "도(禱)는 귀신에게 사과(謝過)함이다."라고 했는데, 잘못에 대해 용서를 빌려 복을 구한다는 말이다.

● 「注」, "言有此禱請於鬼神之事."
● 正義曰: 夫子問已有此禱請於鬼神之事否, 意以子路或有因而請禱也. 此正夫子戰戰兢兢, 常若不足之意. 鄭「注」云: "觀子路曉禱禮否." 又一義.
○ 「주」의 "이렇게 기도하여 귀신에게 청하는 일이 있었느냐는 말이다."
○ 정의에서 말한다.
　공자가 이미 이렇게 기도해서 귀신에게 청하는 일이 있었는지 아닌지를 질문한 것이니, 자로가 혹시라도 거기에 기인해서 기도할 것을 청한 것이라고 여긴 것이다. 이것이 바로 공자가 전전긍긍해서 언제나 부족한 것처럼 여기는 뜻이다. 정현의 「주」에 "자로가 기도의 예를 깨닫고 있는지 아닌지를 알아본 것이다."라고 했는데, 이 또한 하나의 의미가 있다.

---

272 『곤학기문(困學紀聞)』 권7, 「논어(論語)」.

- 「注」, "<u>子路失指</u>. 「誄」, 禱篇名."
- 正義曰: 指與旨同. <u>子路疑夫子問古有此禮否</u>, 故引「誄篇」之辭以對, 爲失夫子本旨也. "誄 · 禱"當讀斷, 與『說文』"讄 · 禱"訓同.
- ○「주」의 "자로가 공자의 뜻을 이해하지 못한 것이다. 『뇌』는 기도한대[禱]는 뜻의 책 이름 이다."
- ○ 정의에서 말한다.

  지(指)는 지(旨)와 같다. 자로는 공자가 옛날에 이러한 예가 있었는지 아닌지를 묻는 것이라 고 생각했기 때문에 『뇌』의 글을 인용해 대답했으니, 공자의 본래 취지를 이해하지 못한 것 이다. "뇌(誄)와 도(禱)"는 마땅히 구두를 끊어야 하니, 『설문해자』에서 "뇌(讄)는 기도한다 [禱]는 뜻이다."라고 풀이한 것과 같다.

- 「注」, "<u>孔子</u>素行合於神明."
- 正義曰: 鄭「注」云: "<u>孔子</u>自知無過可謝, 明素恭肅於鬼神, 且順<u>子路</u>之言也." 爲<u>孔</u>此「注」當 略本之. 『論衡』「感虛篇」亦云: "聖人修身正行, 素禱之日久, 天地鬼神知其無罪, 故曰'禱久' 矣." 案, 夫子平時心豐兢業, 故恭肅於鬼神, 自知可無大過, 不待有疾然後禱也. 言此者, 所 以<u>止子路</u>.
- ○「주」의 "공자의 평소 행실이 신명에 부합했다."
- ○ 정의에서 말한다.

  정현의 「주」에 "공자는 스스로 용서를 빌 만한 허물이 없음을 알았으므로 분명 평소에 귀신 에게 공손하고 엄숙히 하였으며, 또 자로의 말을 따른 것이다."라고 했으니, 위공의 이 「주」 는 당연히 대략 이것을 근거로 한 것이다. 『논형』「감허편(感虛篇)」에도 "성인은 몸을 수양 하고 행실을 바로잡아 평소에 기도하는 날이 오래되었으므로, 천지의 귀신도 그가 죄가 없음 을 알았기 때문에 '나의 기도는 오래되었다'라고 한 것이다."라고 했다. 살펴보니, 공자는 평 상시 마음이 넉넉하면서도 일을 삼가기 때문에 귀신을 공손하고 엄숙하게 대해서 가히 큰 허 물이 없다는 것을 스스로 알았으므로, 질병에 걸린 뒤에 기도할 필요가 없었던 것이다. 이렇 게 말한 것은 자로를 만류하기 위한 것이었다.

子曰: "奢則不孫, 儉則固, 與其不孫也, 寧固." 【注】孔曰: "俱失之, 奢不如儉. 奢則僭上, 儉則不及禮. '固', 陋也."

공자가 말했다. "사치스러우면 불손하고 검소하면 고루하지만, 불손하기보다는 차라리 고루한 것이 낫다." 【주】공안국이 말했다. "다 잘못이지만 사치가 검소함만 못하다. 사치스러우면 윗사람을 참람하고, 검소하면 예에 미치지 못한다. '고(固)'는 고루함[陋]이다."

원문 正義曰: 『說文』, "孫, 順也." 引『書』"五品不孫". 今通作"遜", 或省作 "孫".

역문 정의에서 말한다.

『설문해자』에 "손(孫)은 따른다[順]는 뜻이다."[273]라고 하면서 『서경』의 "오륜의 도리를 따르지 않는다[五品不孫]"[274]라는 말을 인용했다. 지금은 일반적으로 "손(遜)"으로 쓰는데, 혹체자로서 생략된 자형이 "손(孫)"이 되었다.

● 「注」, "俱失"至"及禮".

---

273 『설문해자』 권10: 손(孫)은 따른다[順]는 뜻이다. 심(心)으로 구성되었고 손(孫)이 발음을 나타낸다. 『당서(唐書)』에 "오륜의 도리를 따르지 않는다.[五品不孫.]"라고 했다. 소(蘇)와 곤(困)의 반절음이다.[孫, 順也. 從心孫聲. 『唐書』曰: "五品不孫." 蘇困切.]

274 『서경』 「우서 · 순전」.

- 正義曰: 禮貴得中, 奢則過禮, 而有僭上之失. 儉但不及乎禮, 無他失也.

○ 「주」의 "구실(俱失)"부터 "급례(及禮)"까지.

○ 정의에서 말한다.

예는 중용의 도에 적중함을 귀하게 여기니, 사치스러우면 예에 지나쳐 윗사람을 참람하는 잘못을 저지르게 된다. 검소하면 단지 예에 미치지 못할 뿐, 다른 잘못은 없다.

7-37

子曰: "君子坦蕩蕩, 小人長戚戚." 【注】 鄭曰: "'坦蕩蕩', 寬廣貌; '長戚戚', 多憂懼."

공자가 말했다. "군자는 평온하고 느긋하지만 소인은 늘 조마조마하고 근심한다." 【주】 정현이 말했다. "'탄탕탕(坦蕩蕩)'은 너그럽고 넓은 모양이고, '장척척(長戚戚)'은 근심과 두려움이 많은 것이다."

- 「注」, "坦蕩"至"憂懼".

- 正義曰: 『說文』云: "坦, 安也." 君子居易俟命, 無入而不自得, 故心體常安. 下篇"蕩蕩乎民無能名焉", 包曰: "蕩蕩, 廣遠之稱." 與此"寬廣"訓同. 『釋文』引「注」更云: "『魯』讀坦蕩爲坦湯, 今從『古』." 案, 『詩』「宛丘」, "子之湯兮", 毛「傳」, "湯, 蕩也." 王逸『楚辭章句』引作"蕩", 二字音義本同, 故鄭仍從『古』. 皇「疏」引江熙曰: "君子坦爾夷任, 蕩然無私; 小人馳兢於榮利, 耿介於得失, 故長爲愁府也."

○ 「주」의 "탄탕(坦蕩)"부터 "우구(憂懼)"까지.

○ 정의에서 말한다.

『설문해자』에 "탄(坦)은 편안함[安]이다."[275]라고 했다. 군자는 평이하게 살면서 천명을 기다려 입문하는 곳마다 스스로 터득하지 못함이 없기 때문에 몸과 마음이 항상 편안하다. 아래 「태백」에 "넓고도 넓어서 백성들이 무어라 형용할 수 없다.[蕩蕩乎民無能名焉.]"라고 했는데, 이에 대해 포함은 "탕탕(蕩蕩)은 넓고 원대함[廣遠]을 일컫는다."라고 했으니, 여기의 "너그럽고 넓대[寬廣]"와 뜻이 같다. 『경전석문』에는 「주」를 인용하면서 다시 "『노논어』에서는 탄탕(坦蕩)을 탄탕(坦湯)으로 읽는데,[276] 지금은 『고논어』를 따른다."[277]라고 했다. 살펴보니, 『시경』「완구(宛丘)」에 "그대의 방탕함이여[子之湯兮]"라고 했는데, 모형(毛亨)의 「전」에, "탕(湯)은 방탕함[蕩]이다."[278]라고 했다. 왕일의 『초사장구』에 인용된 것은 "탕(蕩)"으로 되어 있는데, 두 글자는 발음과 뜻이 본래 같기 때문에 정현이 그대로 『고논어』를 따른 것이다. 황간의 「소」에는 강희(江熙)[279]를 인용하여 "군자는 평온하여 온화하게 임하고, 너그럽고 느긋해서 사심이 없지만, 소인은 영리(榮利)로 치달아 전전긍긍하고, 득실(得失)에 번뜩이며 개입하기 때문에 늘 근심 보따리를 만든다."라고 했다.

7-38

子溫而厲, 威而不猛, 恭而安.

---

[275] 『설문해자』 권13: 탄(坦)은 편안함[安]이다. 토(土)로 구성되었고 단(旦)이 발음을 나타낸다. 타(他)와 단(但)의 반절음이다.[坦, 安也. 從土旦聲. 他但切.]

[276] 蕩의 중국어발음은 "ㄉㄤˋ(dàng)"이고, 湯의 중국어 발음은 "ㄕㄤˉ(shāng)" 또는 "ㄊㄤˉ(tāng)"이다.

[277] 『경전석문』 권24, 「논어음의・술이제7」.

[278] 『모시주소』 권12, 「국풍・진(陳)・완구(宛丘)」 모형의 「전」.

[279] 강희(江熙, ?~?): 동진(東晉)의 학자. 자는 태화(太和)이며, 제양(濟陽) 사람이다. 저서에 『논어강씨집해(論語江氏集解)』가 있다.

공자는 온화하면서도 엄숙하고 위엄이 있으면서도 사납지 않으며 공손하면서도 편안하였다.

원문 正義曰:『釋文』云: "一本作'子曰', 皇本作'君子', 案此章說孔子德行, 依此文爲是." 阮氏元『校勘記』, "案今皇本仍與今本同, 不作'君子', 疑有脫誤. 觀後「子張篇」'君子有三變'章「義疏」云: '所以前卷云"君子溫而厲" 是也.' 則皇本此處當脫一'君'字." 案, 皇以"君子"卽"孔子".『文選』「冊魏公九錫文」「注」引『論語』鄭「注」云: "厲, 嚴整也." 當卽此文之「注」.『後漢』「崔駰傳」「注」, "厲, 謂威容嚴整."『釋文』, "厲一本作烈." 案, "烈山" 亦作"厲山", 疑一本用叚借也.

역문 정의에서 말한다.『경전석문』에 "어떤 본에는 '자왈(子曰)'로 되어 있고, 황간본에는 '군자(君子)'로 되어 있는데, 이 장이 공자의 덕행을 설명하고 있음을 감안하면 이 황간본의 문장을 의거하는 것이 옳다."[280] 완원의『십삼경주소교감기』에 "지금의 황간본이 여전히 지금의 판본과 같은 것을 살펴보니, '군자'라고 되어 있지 않은데, 아마도 탈자(脫字)나 오자(誤字)가 있는 듯싶다. 뒤쪽「자장」의 '군자는 세 가지 변화가 있다[君子有三變]'라고 한 장의「의소」에서 '그러므로 앞 권[「술이」]에서 "군자는 온화하면서도 엄숙하다"라고 한 것은 이 때문이다.'[281]라고 한 것을 살펴보면, 황간본의 이 문장에서는 '군(君)' 한 글자를 빼는 것이 마땅하다."라고 했다. 살펴보니, 황간은 "군자(君子)"를 바로 "공자(孔子)"라고 본 것

---

280 『경전석문』 권24,「논어음의 · 술이제7」.
281 『논어집해의소』 권10,「논어자장제19(論語子張第十九)」황간의「소」.

이다. 『문선』「책위공구석문(冊魏公九錫文)」의 「주」에 『논어』 정현의 「주」를 인용하면서 "여(厲)는 엄정(嚴整)함이다."라고 했으니, 바로 이 문장의 「주」임이 당연하다. 『후한서』「최사전(崔駰傳)」의 「주」에 "여(厲)는 위용(威容)이 엄정(嚴整)하다는 말이다."라고 했다. 『경전석문』에는 "여(厲)는 어떤 본에는 열(烈)로 되어 있다."[282]라고 했는데, 살펴보니, "열산(烈山)" 역시 "여산(厲山)"으로 되어 있으니, 아마도 다른 판본에서는 가차자를 사용한 것인 듯싶다.

원문 皇本"威不猛", 無"而"字, 似誤脫.『說文』,"猛, 健犬也." 引申爲剛烈之義. 凡人生質, 皆由受天地五行之氣, 剛柔厚薄, 各各不同, 故惟備中和爲難也.

역문 황간본에는 "위불맹(威不猛)"으로 되어 있고 "이(而)" 자가 없으니, 오탈(誤脫)된 것 같다. 『설문해자』에 "맹(猛)은 건장한 개[健犬]이다."[283]라고 했는데, 의미가 확장되어 강렬(剛烈)하다는 뜻이 되었다. 모든 사람들이 타고난 바탕은 모두 천지와 오행의 기를 받음으로 말미암지만 강(剛)하고 부드러우며[柔] 후(厚)하고 박(薄)함은 각각이 다르기 때문에 중화(中和)를 갖춤이 어려워지는 것이다.

원문 『書』「皐陶謨」言"九德之事"云:"寬而栗, 柔而立, 愿而恭, 亂而敬, 擾而毅, 直而溫, 簡而廉, 剛而塞, 彊而義." 鄭「注」,"凡人之性有異, 有其上者, 不必有下; 有其下者, 不必有上; 上下相協, 乃成其德." 卽此義也. "恭而

---

282 『경전석문』 권24, 「논어음의 · 술이제7」.
283 『설문해자』 권10: 맹(玃)은 건장한 개[健犬]이다. 견(犬)으로 구성되었고 맹(孟)이 발음을 나타낸다. 막(莫)과 행(杏)의 반절음이다.[玃, 健犬也. 從犬孟聲. 莫杏切.]

安"者, 恭而有禮, 故安也.

역문 『서경』「고요모(皐陶謨)」에 "구덕(九德)의 일"을 말하면서, "너그러우면서도 위엄이 있는 것[寬而栗], 부드러우면서도 꿋꿋한 것[柔而立], 성실하면서도 공손한 것[愿而恭], 다스리면서도 공경하는 것[亂而敬], 온순하면서도 굳센 것[擾而毅], 곧으면서도 온화한 것[直而溫], 간략하면서도 세심한 것[簡而廉], 억세면서도 착실한 것[剛而塞], 날래면서도 올바른 것[彊而義]"이라고 했는데, 정현의 「주」에 "모든 사람의 성품[性]에는 차이가 있으니, 최상의 성품을 가진 자는 최하의 성품이 있기를 기필하지 않고, 최하의 성품을 가진 자는 최상의 성품이 있기를 기필하지 않으며, 위아래가 서로 화합을 해야 이에 그 덕을 이룬다."라고 했는데, 바로 이 뜻이다. "공손하면서도 편안하다[恭而安]"라는 것은, 공손하면서도 예가 있기 때문에 편안하다는 말이다.

색 인

사항 색인

410

저자 유보남(劉寶楠)

1791년 강소성 보웅현에서 아버지 이순(履恂)과 어머니 교씨(喬氏) 사이에서 태어났으며, 다섯 살에 아버지를 여의고, 어머니의 가르침 속에 성장하였다. 종부 태공(台拱)의 학문이 깊고 정밀하였으므로 그에게 전수받기를 청하여 학행으로 향리에서 명성이 자자하였다. 제생(諸生)이 되었을 때 의징(儀徵)의 유문기(劉文淇)와 명성을 나란히 하여 사람들이 "양주이유(揚州二劉)"라고 칭송하였다. 도광 20년(1840) 진사가 되어 직례성 문안현의 지현(知縣)을 제수받았다. 문안현은 지형이 웅덩이에 비해 낮았는데도 둑이나 제방이 닦이지 않아 장마가 내리거나 가을 홍수가 나면 번번이 백성들의 해가 되곤 하였다. 이에 유보남은 제방을 두루 걸어 다니면서 병폐와 고통을 묻고 옛 서적들을 검토하여 일군의 주둔병과 백성이 함께 정비하도록 독촉하였다. 함풍 원년(1851) 삼하(三河)를 수비하고 있었는데, 동성(東省)의 군대가 국경을 지나는 것을 맞닥뜨리고는 병거를 모두 마을 아래로 출동시켰다. 병사가 많아 들쭉날쭉하니 백성들이 감당할 바가 아니라 생각해 수레 품삯을 백성들의 값으로 지급하자 백성들이 동요하지 않을 수 있었다. 16년 동안 관직에 있었는데, 항상 의관이 소박하여 마치 제생 때와 같았다. 송사를 처리함에 삼갔고, 문안에서 관직 생활을 하는 동안 쌓인 현안 1,400여 건을 자세하게 살펴 결론을 내렸으며, 새벽닭이 처음 울 때면 당청에 앉아, 원고와 피고가 모두 법정에 나오고 증거가 구비되면 때에 맞춰 상세히 국문하였다. 큰 사건이건 작은 사건이건 할 것 없이 균등하게 자기의 뜻대로 안건을 판결했고, 패도한 자는 법의 판례에 비추어 죄를 다스렸다. 무릇 소송에 연루된 친척이나 오랜 친족은 내외척 간의 친목[睦嫻]으로 깨우쳐, 대체로 화해하고 풀도록 하였다. 송사와 옥사가 한가해지고 나면 아전들은 자리를 떠나 돌아가 농사를 짓게 하였으니, 멀고 가까이에 있는 자들이 화합하여 순량(循良)이라는 칭호를 붙여 주었다. 『논어정의』는 그가 38세에 뜻을 두고 착수하여 평생을 바친 저작으로, 청대『논어』연구의 결정판으로 널리 알려져 있다. 24권까지 지었으나 완성하지 못하고 아들 공면에게 이를 이을 것을 맡긴 후 함풍 5년(1855)에 죽으니, 향년 65세이다.

저자　유공면(劉恭冕)

광서 5년(1879)에 거인(擧人)이 되었다. 가학을 지켜 경훈(經訓)에 통달했고, 경학을 공부해 거처하는 당의 이름을 광경당(廣經堂)이라 했다. 안휘성의 학정(學政) 주란(朱蘭)의 막에 들어가 이이덕(李眙德)의 『춘추가복주집술(春秋賈服注輯述)』을 교정하여 백수십 가지의 일을 옮겨서 보충하였다. 후에 호북성의 경심서원(經心書院)에서 주강(主講)이 되었는데, 돈독한 품행과 신중한 행실로 질박한 학문을 숭상하였다. 어려서 『모시(毛詩)』를 익혔고, 만년에는 『공양춘추(公羊春秋)』를 연구해서, "신주(新周)"의 뜻을 발명하여, 하휴(何休)의 오류를 물리치니, 같은 시대의 모든 선비가 그것을 아름답게 여겼다. 역대 제가의 이설(異說)을 참고하고 비교하여 아버지가 완성하지 못한 『논어정의』를 완성했다. 『면양주지(沔陽州志)』와 『황주부지(黃州府志)』, 『한양부지(漢陽府志)』, 『황강현지(黃岡縣志)』를 편찬했다. 향년 60세이다.

역주자　함현찬(咸賢贊)

1963년 강원도 영월에서 태어나 고등학교까지 마쳤다. 1987년 성균관대학교 동양철학과를 졸업하고, 같은 대학교 대학원 유학과에서 석사와 박사과정을 마쳤으며, 2000년 중국 송대 철학 전공으로 박사학위를 받았다. 성균관 한림원에서 한문을 공부하였으며, 현재 성균관대학교 유학·동양학과 및 대학원 초빙교수로 재직하고 있고, 아울러 성균관 한림원 교수로 재직하고 있다. 저서로는 『장재: 송대 기철학의 완성자』(2003), 『주돈이: 성리학의 비조』(2007), 『(교수용 지도서) 사자소학』(1999), 『(교수용 지도서) 추구·계몽편』(1999), 『(교수용 지도서) 격몽요결』(2010) 등이 있고, 함께 번역한 책으로는 『논어징』 전 3권(2010), 『성리논변』(2006), 『증보 동유학안』 전 6권(2008), 『주자대전』 전 13권(2010), 『주자대전차의집보』 전 4권(2010), 『역주 예기집설대전 2』(2021), 『왕부지 중용을 논하다』(2014) 등이 있다. 이 외에 연구논문으로는 「《논어징》에 나타난 오규 소라이의 성인관」(2015), 「《논어징》에 나타난 오규 소라이의 도 인식」(2011), 「성리학의 태동과 정체성에 대한 일고찰」(2011) 등이 있다.